ISBN 978-0-656-30239-0
PIBN 11012394

1 MONTH OF
FREE
READING

at
www.ForgottenBooks.com

By purchasing this book you are
eligible for one month membership to
ForgottenBooks.com, giving you
unlimited access to our entire
collection of over 1,000,000 titles via
our web site and mobile apps.

To claim your free month visit:

www.forgottenbooks.com/free1012394

Vor= und Fürwort.

———

Der Verfasser dieser Schrift darf es nicht bereuen, den ersten Theil derselben geschrieben und herausgegeben zu haben. Das Publikum hat sie mit einer nicht gehofften und nicht erwarteten Theilnahme aufgenommen, so daß diejenigen, die den König Friedrich Wilhelm III. kannten, Ihn in dieser Schilderung wiederfanden; die Ihm ferne standen, Ihn dadurch noch inniger verehrten und lieber gewannen; diejenigen aber, welche Ihn verkannten, Ihm nun wenigstens Gerechtigkeit angedeihen lassen werden. In kurzer Zeit folgten vier starke Auflagen und die Urtheile sachkundiger Männer, wie öffentliche Beurtheilungen, waren günstig. *)

———

In der Wahrheit und Treue, womit der Hochselige Herr

a*

Aber es war weder wohlgethan, noch weise, daß der Verfasser im ersten Theil den zweiten, der noch erst geschrieben werden sollte, und sogar seinen Inhalt, schon ankündigte; denn in meinem 74. Jahre überfiel mich plötzlich eine lebensgefährliche, anhaltende Krankheit, und es konnte nur des zweiten Theiles erste Abtheilung, welche eben fertig geworden war, erscheinen. Jetzt, durch Gottes Güte so ziemlich wie-

---

hier geschildert ist, wie Er wirklich war, glaubte man darin Nahrung für den Patriotismus der Preußischen Nation zu finden und man bedauerte, daß diese Schrift in ihrer Fassung und Sprache nicht für den Bürger und Landmann passe. Nach dem laut gewordenen Wunsche erschien sie darum in einem mehr populären Gewande, als ein Volksbuch, in einer wohlfeileren Ausgabe, in derselben Verlagshandlung, die ebenfalls mit dem Absatze zufrieden ist. Die Uebersetzung in's Englische ist erschienen unter dem Titel: **The religious life and opinions of Frederic William III., King of Prussia, by Jonathan Birch, London, Hatshord et Son 1844.** Diese Schrift enthält nur einen Auszug besonders in religiöser Hinsicht; vollständig aber ist aus dem Deutschen in's Holländische übersetzt erschienen: **Karakter-Trekken en historische Fragmenten uit het Leven van den Konig van Pruissen Frederik Wilhelm III. door van der Hoeve, Pradikant te Kappel. Te Amsterdam bii F. Brink et de Vries 1844.**

der hergestellt, erfolgt hierbei die zweite Abtheilung, für welche ich, dem Grabe soviel näher gekommen und in dem fühlbaren Stadium des höheren Alters, die Humanität und Nachsicht des geneigten Lesers in Anspruch nehme. Ich hoffe sie; denn Wahrheit und Treue, welche im Historischen das höchste Princip sind, war und blieb bei der Abfassung stets das meinige. Zwar habe ich nach meiner Individualität erzählt — und wie konnte ich anders? — aber Nichts aufgenommen, als Solches, welches dem hohen Original, das ich, nahestehend und in mehr als 30 Jahren beobachtend, wohl kennen zu lernen Gelegenheit genug hatte, vollkommen ähnlich und analog ist; auch war das leicht, da der Vollendete, wo es nicht diplomatische Staatsgeheimnisse betraf, besonders gegen Alle, zu welchen Er einmal Vertrauen gefaßt, einen geraden, wahren, offenen und sich hingebenden Charakter hatte. Diesen faßt Jeder nach seinem Maßstabe auf, mithin kann ich irren; aber jedes geschriebene Wort verbürge ich mit der Versicherung subjectiver Ueberzeugung; bei jedem Urtheil, das ich fällte, hatte ich des Königs eigene Aeußerungen und die Data aus Seinem Leben vor Augen. Nie hat mich besonnener Ernst und das Gefühl der Wichtigkeit der Sache verlassen; nh dieß ist vor dem ehrwürdigen Forum des großen

Publicums, das mit vielen Fabeln und nachgesagten Erzählungen genug heimgesucht ist, bis zur ängstlichen Gewissenhaftigkeit gesteigert. Aber jeder Biograph hat das unverkümmerte Recht, nach seiner Ueberzeugung und seiner individuellen Einsicht zu reden und zu schreiben. Wie machen es denn die besten Historiker, welche längst verflossene Jahrhunderte, von denen sie keine agirende Personen persönlich gekannt haben, detaillirt beschreiben? Sie verlassen sich auf die glaubhaftesten Urkunden und Nachrichten ihrer damaligen Verfasser; aber diese sind dabei doch auch ihrer subjectiven Ansicht gefolgt!

Hier ist der Fall ganz anders. Die Meisten, welche den Hochseligen König, Sein Thun und Wirken, Sein Sein und Wesen gekannt haben, leben noch; und die haben Ihn am Besten und Genauesten gekannt, welche persönlich um Ihn waren und Ihm am Nächsten standen; und ich gestehe offenherzig, daß in dieser Beziehung ein gebildeter Diener, der den König ganz in der Nähe täglich sah, über Ihn richtiger urtheilen kann, als der Hochgestellte, der nur perspectivisch beobachtete, und wenn er auch noch so viel Intelligenz hat. Die meisten Menschen leben in Illusionen; aber diese verschwinden mit ihrer Poesie vor der Wirklichkeit, und erwacht aus Träumen, will man, besonders im Alter, nur Wahrheit und Treue mit ihrer ungeschminkten Einfalt.

Wenngleich nun in diesem Geiste und Sinne das hier aufgestellte Bild nach dem Original gezeichnet und gehalten ist, so ist es doch unvollständig; man lernt hier den König nicht kennen als Soldaten und Befehlshaber der Armee, nicht als Finanzier, nicht als Verwalter, nicht als Diplomat und Politiker, also in den wichtigsten und wesentlichsten Beziehungen nicht, in welchen Er Monarch war und in denen Er so Vieles geleistet hat. Aber Dinge der Art verstehe ich nicht, und über Alles, was ich nicht kenne, kann ich auch nicht urtheilen; am Wenigsten mag ich es hier, wo das Urtheil rein persönlich ist, und einen hochgestellten regierenden Herrn betrifft; ich überlasse das billigerweise Seinem jetzigen und künftigen sach= kundigen Biographen. Meine Mittheilungen betref= fen hauptsächlich nur die moralischen Seiten; aber indem sie den verewigten Herrn, wie Er als Mensch und Christ war, charakterisiren, enthalten sie doch den Schlüssel zu manchem Uebrigen.

Um das Bild voller und vielseitiger zu machen,

habe ich in den Kreis desselben hineingezogen die Cha=
rakteristik (nicht die Biographie) solcher Männer,
durch die Er als Werkzeuge Seine Ideen verwirk=
lichte und Seine Plane ausführte; mir jedoch solches
nur bei genauer Personenkenntniß erlaubt, und auch
da zwar manches Neue, bis dahin Unbekannte, aber
Nichts gegeben, als was ich genau wußte, — meinem
Grundsatze, „Nur Wahrheit und Wahrhaftigkeit!" un=
erschütterlich treu. Wenn der Zusammenhang von
selbst darauf führte, habe ich auch manche wichtige
persönliche Lebens = Erfahrungen mit eingeflochten; je=
doch nur insofern, als ich solche dem verewigten
Könige mittheilte. Wenn man darin Eitelkeit finden
will, so kann ich mir das ruhig gefallen lassen, da
ich selbst und meine Freunde, die mich kennen, es
wohl besser wissen. Von dem Verhältnisse, in wel=
chem ich gegen den König zu stehen die Ehre hatte,
habe ich nur dann Erwähnung gethan, wenn die Be=
gebenheiten selbst, die zu erzählen vorlagen, solches
nothwendig in ihrem historischen Zusammenhange er=
forderten; jedes Unwesentliche ist weggelassen und
über Alles, was nicht zur Sache gehörte, bin ich so
schnell wie möglich (sicco pede) weggegangen. Die
Eitelkeit plagt nicht mehr im hohen Alter, und er=
scheint als leerer, widerlicher Dunst, wenn man dem

Grabe und der Ewigkeit nahe ist. Es ist auch ge=
tadelt worden, daß manche moralisch = psychologische
Betrachtungen, sogar geistliche Reden, vorkommen.
Sonderbar! gerade dieß hat man von andern Seiten
gelobt; einsichtsvolle Männer und gebildete Frauen
haben in diesem Sinne diese Schrift ein christliches
Erbauungsbuch genannt, welches sie ihren Kindern
empfehlen und geben.   Der Verfasser aber ist der
Meinung, daß seine Schrift nicht nach den subjectiven
Ansichten des Recensenten, sondern vielmehr nach
ihrem Zweck, den sie wenigstens bei der Mehrzahl
der Leser erreichen will, beurtheilt werden muß.
Diesem Grundsatze ist man auch bei dieser Fortsetzung,
namentlich in letzter Beziehung, gefolgt; es ist nun
einmal nicht möglich, Allen es recht zu machen; auch
muß man dieß nicht wollen.   Obgleich nun diese
Schrift nur Fragmente und Rhapsodien enthält, so
sind solche doch logisch und planmäßig geordnet, und
das Ganze derselben enthält übersichtlich die Inhalts=
Anzeige.   Aus dem Leben des Hochseligen Königs,
insofern ich es beschreiben kann, sind noch zurück:
1) Die moralische Restauration der Armee; 2) die Li=
turgie und Agende; 3) die kirchliche Union; 4) Seine
zweite Vermählung; 5) Seine Neigung zum Thea=
ter; 6) Nachlese einzelner Charakterzüge; 7) Rück=

blick. Dieß Alles sind Gegenstände, über die ich ur=
theilen darf und kann. Es wäre also noch Stoff
für einen dritten Theil da; aber ich, gewarnt, ver=
spreche nicht, daß er erfolgen wird, denke vielmehr
an den weisen Spruch: „So der Herr will
und wir leben!"

Potsdam, den 3. Juni 1845.

Dr. Eylert.

Inhalt und Plan.

Zweiter Haupt-Abschnitt
des zweiten Theils.

Zweiter Abschnitt.

Zweiter Haupt-Abschnitt.

Die verewigte Königinn von Preußen Luise.
Eheliches und häusliches Leben.
Ihr Tod und Andenken.

Unaussprechlich ist die stille Kraft und Seligkeit, welche die wunderbar schaffende Natur in das Mutterherz und seine Liebe gelegt hat. Die Mutterliebe ist in ihrer Quelle so rein, in ihrer Kraft so tief, in ihrer Aeußerung so zart, in ihrer Dauer so unauslöschlich, daß keine andere Liebe und ihre Freude damit verglichen werden kann; und unsere reiche Sprache ist zu arm, um für sie den rechten, erschöpfenden Ausdruck zu finden. In sich selbst abgeschlossen, ist sie sich selbst genug, und ihr Glück ist ihre Welt. Der Blick, mit dem die Mutter ihr neugeborenes und geschenktes Kind ansiehet; das Gefühl, womit sie es an sich drückt und schließt, ist ein Blick und Gefühl stiller, tiefer Wonne. Alle Wehen, alle Schmerzen sind vergessen, wie als wenn sie gar nicht da gewesen wären, um der Freude willen, daß das theure Wesen nun glücklich da ist. Wenn irgend Etwas als Eigenthum im vollsten, tiefsten und reichsten Sinne angesehen und besessen werden kann, so ist es das Kind der Mutter. Unter ihrem Herzen ist es zum Leben erwacht; da hat es gelegen und geruhet; ihr Blut fließt in seinen Adern, unter den Einflüssen ihres Temperamentes ist es gebildet, ihre Existenz ist die seinige. Das Band, welches hier knüpft und um=

schlingt, ist ein ewiges, unauflösliches, — das zarteste, was es
giebt, und in der Zartheit zugleich das stärkeste. Darum
hat das Mutterherz auch seine ganz eigenthümlichen Rechte,
die es geltend macht und in deren Besitze und Genusse es
nicht gestört und getrübt sein will. Was diese beschränkt
und verletzt, beengt und verwundet das ganze Wesen; was
sie verdunkelt und der kalten Vernunft unterordnen will,
wird auch in seiner Wahrheit und Klarheit nicht begriffen,
und Liebe, oft bis zur Schwäche, ist und bleibt der Angel-
punkt, um welchen sich das Leben in der Gesammtheit aller
seiner Kräfte bewegt. Darum giebt es keinen Schmerz in
der Welt, der tiefer, nagender, unaussprechlicher und ver-
wirrender ist, als der Mutterschmerz über ein leidendes Kind;
und er steigert sich bis zur Angst und Noth, wenn es ein
pflichtvergessenes und undankbares, in Sünde gefallenes Kind
ist. Für solchen Schmerz hat unsere tiefe, gemüthvolle Sprache
das Wort: „Herzeleid", ein Leid, das man in sich verschließt und keinem Menschen klagen kann und mag. Alle
Gründe der Vernunft, die zu ernsten, züchtigenden, bessern-
den Maßregeln rathen, verhallen; der Verstand erkennt sie als
wahr und gut, das Herz aber widerstrebt ihnen, und schweigt
nicht, wenn auch der Mund verstummen muß. Es ist als
wenn die Liebe sich gerade in dem ungerathenem Kinde con-
centrire und mit der Noth wüchse. Es ist als ob, von
dieser gedrängt, nun weiter kein Raum mehr im Herzen
wäre. Es kann Alles, die ganze friedliche Heerde verlassen
und wegeilen, um nur das Eine verlorene, in der Wüste her-
umirrende Schaf zu suchen, um, würde es gefunden, dasselbe auf die Schultern zu nehmen und es heimzutragen mit
Freuden in's Vater- und Mutterhaus. Und wunderbar!
selbst den Schmerz gewinnt das Mutterherz lieb, hegt und

nährt ihn. Es hängt ihm nach, vorzüglich an den Gräbern
der früh Vollendeten; in seiner stillen Wehmuth liegt Trost,
und ihn vergessen und verschmerzen, ist unmöglich. *) Die
Mutterliebe will, wenn sie trauert, sich nicht
trösten lassen, sagt mit tiefer Kenntniß des menschlichen
Herzens die heilige Schrift. Und wenn sie fröhlich sein
kann und glücklich ist, genießt sie stillvergnügt eine Wonne,
der keine andere an Tiefe und Befriedigung gleichkommt.

---

*) Referent hat in seiner Gemeinde eine gebildete, geistreiche Frau
aus den höheren Ständen gekannt, deren zwanzigjähriger Sohn
durch selbst verschuldete, erst verschwiegene, dann verkehrt behandelte Krankheit in den erschrecklichsten Zustand verfiel, daß
sein ganzer mit Geschwüren bedeckter Körper in Verwesung
gerieth und lebendig allmählich in seinen äußeren Theilen ver-
faulte. Die Ausdünstung in der Nähe war unerträglich und
nicht länger als 15 Minuten konnte ich's, so oft ich den Kranken als Seelsorger besuchte, aushalten. Und doch wollte und
konnte die Mutter, wie wohl sie reich war, und abwechselnd
geschickte Krankenwärterinnen ihr zu Gebote standen, sich die
Wartung und Pflege des armen leidenden Sohnes in eigener
Person nicht nehmen lassen. Sie war ununterbrochen Tag
und Nacht bei ihm, und dieser entsetzliche Zustand dauerte volle
3 Jahre. Als er endlich gestorben und begraben, war es der
Mutter nicht so, als wenn sie nun eine schwere Last los geworden sei, vielmehr beklagte, beweinte und betrauerte sie anhaltend den Tod des Schmerzenkindes. Auf meine Frage:
„Wollten Sie denn wohl, daß er noch lebte?" antwortete sie
mit Thränen: „Ach Gott! ja, und wenn der Jammer auch
noch 10 Jahre gedauert haben sollte; ich hätte meinen Ludwig
dann doch noch und könnte ihm in's Auge sehen: gerade in seinen und meinen Schmerzen wurde er mir so lieb und unentbehrlich." Die Tiefe der Liebe eines mütterlichen Herzens ist
unerschöpflich und unergründlich. Können und dürfen das Kinder vergessen?

Und nun vollends eine Mutter, wie die Königinn Luise es war. Alles an Ihr war gesund, dem Leibe und der Seele nach. Von der Unnatur, wie sie häufig in den höchsten Ständen vorkommt, das neugeborene Kind von sich zu entfernen und es fremden Händen zu übergeben, hatte Sie sich rein und unbefleckt erhalten. Die Kraft und Herrlichkeit, wie sie dem Throne eigenthümlich ist, hatte den König, wie auch Sie, die gleichgestimmte Lebensgefährtinn, nur im äußern Menschen umgeben, war aber nicht in das Innere eingedrungen. Dieses war vielmehr der Natur und ihren Forderungen treu geblieben und sah, erkannte und liebte in ihren Gesetzen und Bedürfnissen den Willen und die Stimme des schaffenden Gottes. Der Ton Ihres ganzen Wesens war rein und unverstimmt und fand überall einen harmonischen Anklang; wie hätte er da nicht Ihr in Liebe schwimmendes Herz in Bewegung setzen sollen, wo in der Hülflosigkeit eines neugeborenen menschlichen Wesens die Natur am Lautesten spricht? Schon fremde Kinder liebte Sie und fühlte sich, wo Sie solche erblickte, von ihnen angezogen; wie hätte Sie an Ihren eigenen nicht mit allen Trieben hängen sollen? Sie hätte Ihre Natur und deren Beschaffenheit ablegen müssen, wenn Sie anders hätte sein können. Sie war darin an der Seite Ihres hohen Gemahls Seiner ganz würdig, weil Sie, wie Er, die Menschenwürde ehrte und bewahrte; die Königliche Würde strahlte darum an Beiden so herrlich, so mild und bezaubernd, weil Sie in ihrem hohen Standpunkte nicht über Andere, die äußerlich niedriger stehen, sich hochmüthig erhoben, vielmehr als Menschen dieselben Rechte und Pflichten haben, darum in Jedem, auch dem Aermsten und Niedrigsten, sich Selbst wiederfanden. Die Königliche Würde war aus der mensch=

lichen gesund und frei erwachsen; jene hielt diese, die eine
unterstützte die andere. Beide waren Eins und bildeten die
Individualität; darum konnte Sie, eine Königinn, ganz
Mutter sein, und diese schadete Jener nicht nur nicht, son=
dern umgab sie mit einer Liebenswürdigkeit, wodurch Sie
geehrt und geliebt, verstand und verstanden wurde. Die
Wochen= und Kinderstube war Ihre Welt im Kleinen, wor=
über Sie die große vergessen konnte, und in jener glücklich,
dachte Sie an die Unruhen, die Leiden und Räthsel dieser
nicht. Umgeben von Ihren Kindern, voll zärtlicher Wach=
samkeit über die neugeborenen, war Sie in Ihrem natur=
gemäßen Element, in welchem Sie lebte und webte. Ihre
Mutterliebe war der Ableiter Ihrer Schmerzen und tröstete
und erfreute Sie. Nehmet der Mutter Alles, was die Erde
Schönes, Gutes und Bequemes hat, aber laßt ihr ihre Kin=
der, und sie hat genug, um glückselig zu sein. Wo der
Schatz ist, da ist auch das Herz. Die besten Schätze
der Mutter sind ihre Kinder; und im Herzen liegt der Born
des Lebens. Die Königinn Luise war mitten im Unglück
glücklich in Ihren guten Kindern. Sie genoß die Freuden
einer reich gesegneten Mutter und die erquickende Harmonie
einer zufriedenen Ehe.

In den Jahren 1808, wo Sie den 1sten Februar eine
Tochter, die Prinzessinn Luise, und 1809, wo Sie einen
Sohn, den Prinzen Albrecht, den 4ten October gebar, war
Hufeland Leibarzt der Königlichen Familie. Er, seinem
Körper, seinem Geiste, seinen Kenntnissen, seinem Gemüthe
nach, ganz dazu gemacht, Achtung und Liebe einzuflößen,
hatte und besaß vorzüglich das Vertrauen des Königs, und
er erhielt und bewahrte dasselbe, (was namentlich beim Arzte

viel sagen will), bis an sein Ende. Dieß rührte daher, daß
Beide miteinander so sympathisirten, wie dieß wohl bei Kei=
nem sonst noch in der Königlichen Umgebung der Fall gewesen.
Ein charakteristischer Zug, der das psychologische Wort:
„Sage mir, mit wem Du am Liebsten umgehest, und ich
will Dir sagen wer Du bist", bestätigt. Hufeland war ein
Freund des Königs, Seiner Gemahlinn und Ihrer Kinder,
ohne zu vergessen, daß er besonders in kranken Tagen Ihr
Diener war. Ehrfurcht und Zutraulichkeit wußte sein rich=
tiger Tact miteinander glücklich zu vereinen, immer auf der
rechten Stelle. Er war freimüthig, ohne scharf; liebevoll,
ohne schwach; theilnehmend, ohne geschwätzig; demüthig, ohne
kriechend; consequent, ohne eigensinnig zu sein. Sein gan=
zes Sein und Wesen war Humanität und er blieb auch als
Arzt in verdrießlichen, widerwärtigen Fällen sich darin gleich,
weil Liebe sein ganzes Innere durchdrang und beseelte. Das
Feierliche und Gehaltene seines ganzen Wesens, welches beim
ersten Anblick, wenn auch nicht entfernte, doch hemmte und
lähmte, verlor sich immer mehr und sein Anfangs starrer,
messender Blick gewann im Fortschritt der Unterredung im=
mer mehr an Innigkeit, die um so rücksichtsloser gewann,
je gediegener und gehaltreicher sie war. Er war (was jeder
Arzt in seiner Sphäre sein sollte, weil Vertrauen besonders
hier, wie überall, so wichtig ist) ein Freund der Königlichen
Familie; dieß dehnte sich aus auf die seinige, da seine Kin=
der mit den Königlichen umgingen, und hier, wie bei Kin=
dern, wenn sie wahr und kindlich sind, der Unterschied der
Stände sich verlor. Darin hat es vorzüglich seinen Grund,
daß sein 50jähriges Amtsjubiläum auf eine seltene Art auch
dadurch gefeiert wurde, daß sämmtliche Königlichen Kinder
dem Jubilar ein Album schenkten, in welches sie, jedes für

sich besonders, herzliche, gedankenvolle Worte zum Andenken niederschrieben. *)

Dieser Mann war es, der in seiner Rüstung seltener theoretisch-praktischer Kenntnisse mit einem Herzen von Liebe und Anhänglichkeit als Arzt und Hausfreund über die Gesundheit der höchsten Herrschaften zu einer Zeit, wo ein

---

*) Der berühmte Boerhave erhielt einen Brief aus Amerika; die Adresse war: in Europa, und auf jeder Post wußte man wo, an welchem Orte, der seltene Mann lebte und wohnte. Einen ähnlichen Ruf hatte der Königlich Preußische Staatsrath und erster Leibarzt Dr. Christoph Wilhelm Hufeland. Wer kennt sein treffliches Buch: „Die Kunst das menschliche Leben zu verlängern", wer seinen Namen nicht? Derselbe ist eine Zierde der Aerzte geworden und in das Volk eingedrungen, so daß man ihn mit Achtung nennen wird von Geschlecht zu Geschlecht. Er war ein ganzer Mann und nichts that er halb. Sein Wissen in der Medicin war ein gründliches, und bis zur Grenze gebracht, ging es in Glauben über. Dieser fromme Aufblick zu dem Schöpfer der Kräfte und Gesetze der Körperwelt, dieses stille wissenschaftliche Lauschen auf die wechselnden Erscheinungen derselben, die immer offen bleibende Empfänglichkeit, alle Tage, an jedem Krankenbette zu lernen, bewahrte ihn vor dem gefährlichen Abschließen des Systems; in das alte, wie in das neue, war er tief eingedrungen, und es erhielt ihm die Demuth und Bescheidenheit, die Mysterien der Natur nicht ergründen zu können. Alles in ihm war zur klaren Einheit verbunden, und diese machte seine vielen Schriften so interessant: weil sich in ihnen die Persönlichkeit des Mannes nicht in todten Buchstaben, sondern im lebendigen Geiste ausspricht. Es schwebt darüber ein göttlicher Sinn (sensus numinis), und dieser ist es, der ihn so ansprechend macht. Jeder, der etwas Analoges in sich fand, fühlte das auch, — der Laie, besonders der Kranke, und unter diesen vorzüglich das mehr gemüthliche weibliche Geschlecht. Er flößte

schweres Unglück Sie traf, wachte und der, sorgsam beob=
achtend, an dem Wochenbette der Königinn stand. Alles

Vertrauen zu seiner wissenschaftlichen Kenntniß, zu seiner Theil=
nahme und Frömmigkeit ein, und dieß Vertrauen wurde durch
seine ganze Persönlichkeit, besonders durch seine sonore, treu=
herzige Stimme geweckt und genährt. Der Kranke nahm die
verordnete Arznei mit der Ueberzeugung ein: Wenn irgend Et=
was in der Welt noch hilft, so ist es die Verordnung von ihm.
Darum übte er eine stille Gewalt über seine Patienten aus,
und darin, verbunden mit seinem gründlichen Wissen, hat es
seine Ursache, daß er so Vieles vermocht, gewirkt und geleistet
hat. Hufeland war ein kenntnißreicher, erfahrener Arzt, ein
edler Mensch, ein gebildeter Christ. Als solchen habe auch ich
ihn kennen gelernt, da er mehrere Sommermonate im König=
lichen Neuen Garten, wo ihm der König eine hübsche, ange=
nehm gelegene Wohnung einräumte, wohnte. Er war in dieser
Zeit ungewöhnlich heiter, da er seine Wünsche für eine zärtlich
geliebte, kränkliche Tochter erfüllt sah. Er hielt sich in dieser
Zeit zu meiner Gemeinde und ich sah, sprach und genoß ihn
häufig. Wohlhabend und gastfrei, umgeben von einer liebens=
würdigen Gattinn, von guten talentvollen Kindern aus erster
Ehe, und interessanten Verwandten, liebte er es, diejenigen,
die er gern hatte, um sich zu sehen, und am sogenannten grü=
nen Hause im Neuen Garten sind frohe Stunden verlebt. Be=
sonders war er heiter und gesprächig, voller Witz und froher
Laune, bei Familienfesten, die sein Geist und seine Liebe würz=
ten. Er war bei seiner Gutmüthigkeit satyrisch und sprach von
seinen Gegnern in der Wissenschaft mit Ernst und Würde, aber
auch nicht ohne Stachel. Seine Lebensregeln, eine Makro=
biotik in Knittelversen, bewiesen seine humoristische Stimmung,
und in dieser Färbung erzählte er gern und gut, angenehm,
zum Lachen reizende Anekdoten. Er, gebürtig aus Weimar,
gewesener Professor in Jena, stand in Verbindung mit den in=
teressantesten Männern seiner Zeit und mit Göthe, Schiller,
Kant und Fichte, führte er einen lebhaften Briefwechsel. Er
war vielseitig gebildet; über das gelehrte Studium hatte er die

ging gut und nach Wunsch; das eheliche und häusliche Glück und seine stillen, erquickenden Freuden machten erträglicher

---

Aesthetik, über die Philosphie hatte er das Christenthum nicht vergessen. Er faßte dasselbe auf in seinen tiefsten Gründen und schätzte es um seiner Mysterien willen noch höher, da er sie in der ihn umgebenden Natur fand. „Jeder Kranke ist ein Tempel der Natur. Nahe dich ihm mit Ehrfurcht und entferne von dir Leichtsinn und Gewissenlosigkeit; dann wird sie gnädig auf dich blicken und ihr Geheimniß dir aufschließen," sagte er.

Mit einem Worte: er war ein seltner, vortrefflicher Mann, dessen Andenken in der Wissenschaft unsterblich ist und den, die ihn persönlich kannten, nicht vergessen werden. Die mit ihm verlebten Stunden, sein Vertrauen, zähle ich zu den besten Gütern meines Lebens und sein ernstes würdiges Bild ruht tief in meinem Herzen.

Er starb nach vielen körperlichen Leiden sanft und ruhig 1836, und bald nach seinem Tode ließ ich in die Berliner Vossische Zeitung Nro. 203 folgenden Necrolog, oder vielmehr Charakteristik, einrücken:

„Es ist ein köstlich Ding, wenn ein berühmter Gelehrter, dessen wissenschaftliche Leistungen allgemein anerkannt sind, zugleich ein edler Mensch ist, und Beides sich wechselseitig unterstützt und trägt, so daß es sich zur persönlichen Würdigkeit, zur Einheit und Identität verschmilzt. Bekanntlich ist dieß nicht immer der Fall, vielmehr erscheinen manche gelehrte Männer nach dem umgekehrten Gesetze der Perspective in der Entfernung theoretisch groß und in der Nähe, bei persönlicher Bekanntschaft, als Menschen praktisch klein. Bei unserm nun selig vollendeten Hufeland stand jenes und dieses in vollkommener Harmonie und so groß er als Arzt war, so ausgezeichnet und liebenswürdig war er als Mensch. Man kann ihn im vollen Sinne des Wortes einen ehrwürdigen Mann nennen. Der erste Eindruck, den er machte, war der einer gewissen Feierlichkeit; die aber nichts Beengendes hatte und mit der Achtung zugleich Vertrauen einflößte. Man fühlte in seiner Nähe das Einnehmende seines Geistes; in Allem, was er sprach, lag

die dunkeln Stürme, die den Thron umhüllten. Der König, wenngleich ernst und nachdenkend, doch nie mürrisch

---

Wahrheit, Tiefe und Vielseitigkeit, und wer im Einklange mit
ihm stand, war bald mit ihm im Zuge einer interessanten Unterredung. Für das gewöhnliche Gerede über Tagesgeschichten
schien er kein Organ zu haben, und wenn er hineingezogen
wurde, wußte er bald auch diesem eine bessere Stimmung und
Richtung zu geben. Sein physiologisches und psychologisches
Studium der menschlichen Natur, seine vertraute Bekanntschaft
mit ihren Kräften und Gesetzen, fand stets und richtig im Allgemeinen das individuell Eigenthümliche, und in klarer Auf-
fassung durchschaute er mit seltener Schärfe den äußeren und
inneren Menschen. Durch ernstes, anhaltendes Forschen und
einen rein sittlichen Lebenswandel war er zu der Höhe und
Reife gekommen, die in edler Einfalt sich kund thut, und den
Wahlspruch des berühmten Arztes Börhave: simplex signum
veri (das Einfache ist das Zeichen und das Siegel des Wahren) war der seinige. Darum besaß er eine heitere Mäßigung,
die nichts übertreibt, immer Maß hält und parteilos und ruhig
abwiegt, und wenn er in seiner Ansicht der Wissenschaft Gegner fand, so hatte er in seinem Leben doch keine Feinde, und
auch jene ließen ihm stets Gerechtigkeit widerfahren, so daß es
nicht viel Gelehrte giebt, die einer so allgemeinen und ungetheilten Achtung sich erfreuen, als er sie genoß. Die imponirende Gravität seiner Persönlichkeit wich schnell seiner Offenheit und Harmlosigkeit und sein reiches Gemüth ergoß sich in
den lehrreichsten und angenehmsten Mittheilungen. Wo er sich
in seinem Elemente fühlte, bewegte er sich leicht, frei und heiter, und er verschmähte es nicht, seine gedankenreiche Unterhaltung mit sinnreichen Erzählungen und witzigen Allegorien
zu würzen. Eine heitere Ruhe und höherer Friede erfüllte sein
ganzes Wesen und große Besonnenheit lag in Allem, was er
sagte und that. Ein gehaltener Ernst war in ihm das Vorherrschende; aber ebenso groß war seine Milde, und diese um
so anziehender, je tiefer sie aus seinem Herzen kam, so daß sie
nicht wechselndes Gefühl, sondern reine Menschenliebe, der

und Gottverlassen, blieb offen und empfänglich für alles Gute und Milde, was Er in Seinem Hofen, Seinem Hause,

---

Grundzug seines Charakters war. Darum war der Eindruck, den er namentlich auf Kranke machte, belebend und stärkend, und das große Glück, welches er vorzüglich in den mittlern Jahren seiner praktischen Wirksamkeit am Krankenbette hatte, lag vorzüglich auch in der sanften Gewalt, die er über Alle übte, die sich ihm anvertrauten. Unzählige Fälle lassen sich namhaft machen, wo Leidende durch das volle hingebende Vertrauen, was sie bald zu ihm faßten, belebt und gestärket wurden und dann schneller zur Genesung gelangten. Seine Zusprache hatte etwas ungemein Zartes, Erweckendes und Wohlthuendes, und der Blick seines seelenvollen, oft schwermüthigen Auges drang tief in's Herz. Seine herrschende Gemüthsstimmung hatte, wie man es bei allen wahrhaft großen Menschen findet, eine sanfte Beimischung von Wehmuth; man fühlte sich zu dem Manne hingezogen und ahnte bald seine höhere Natur. Sein ganzes Sein und Wesen athmete etwas Ungewöhnliches, dem ein Siegel des Uebersinnlichen aufgedrückt war. Im Umgange mit ihm fühlte man sich gehoben, angeregt, erquickt und weiter gefördert. Was man an ihm wahrgenommen, was man geistig von ihm empfangen hatte, ließ tiefe Verehrung und das Verlangen zurück, bald wieder in seine Nähe zu kommen. Seiner Vorzüge und seines Uebergewichtes war er sich selbst nicht bewußt, so einfach, kunstlos und rein, man kann sagen kindlich, war sein Gemüth. Je mehr Verdienst und Glück ihn hob, je mehr sein Ansehn stieg, desto anspruchsloser und demüthiger wurde er. Bei der glänzenden Feier seines 50jährigen Dienstjubiläums war er wie Einer, der alle empfangenen Beweise der Verehrung und Liebe nicht auf sich anwenden dürfe, meinend, es sei dabei nicht von ihm selbst, sondern von einem Andern die Rede. „Ich muß mich besinnen und fragen," hörte man ihn sagen, „ob ich der bin, dem Alles gilt," und nichts Schöneres kann man lesen, als den Dank, den er nachher in ungeschminkter Demuth öffentlich aussprach. „Ich," heißt es darin, „beuge heute meine Knie vor dem Allliebenden, der mich

fand und überraschte Seine Gemahlinn, die holdselige Mut=
ter, mit dem Wunsche, „daß die neugeborene Tochter auch

---

würdigte, ein halbes Jahrhundert hindurch fast ununterbrochen
thätig zu sein, der mir Kraft und Gesundheit dazu schenkte,
der mich in die dazu gehörige äußere Lage setzte, und dessen
Gnade allein meinem Worte und Wirken den wahren Segen
und das Gedeihen verlieh. **Ihm allein gebührt das Verdienst und die Ehre.** Auch dafür sei ihm Dank und Preis
gebracht, daß er mir seit 32 Jahren einen König und Herrn
gab, der mir zum Segen ward, so wie er seinem ganzen Volke
ist, und der mir ein ruhiges, sorgenfreies und friedliches Alter
schenkte." Daß Hufeland's fester und milder Charakter und die
Reife seiner edlen Natur ihre Wurzeln und Lebenskräfte in echt
christlicher Religiösität hatte, wissen Alle, die ihn persönlich
kannten. Die heilige Schrift lag fortwährend neben ihm, sie
war sein tägliches Erbauungsbuch und er verehrte sie in tiefer
Ueberzeugung als eine göttliche Offenbarung. Wahre Pietät
war die Grundlage seiner wissenschaftlichen und sittlichen Bildung, und das höhere Gepräge, welches alle seine Leistungen
charakterisirte, hatte hier seinen Ursprung. Gleich seinen großen Vorgängern Börhave und Haller, war der lebendige
Glaube an den Erlöser der Welt, wie seine Hoffnung im Tode,
so sein Leitstern im Leben. In dieser festen Richtung auf das
Ewige errang er eine stille, vollendete Größe, wie sie nur
Wenigen beschieden ist. Er ist einer der merkwürdigsten Männer unseres Jahrhunderts, und sein Name ist der Geschichte
zur Unsterblichkeit übergeben. In seinem Tode hat die Welt
einen der ersten Aerzte und einen der edelsten, besten Menschen
verloren. Die ihm näher standen, beweinen seinen Verlust und
segnen sein Andenken. Quidquid in Eo amavimus, quidquid
mirati sumus, manet in animis hominum, in eternitate tem-
porum, fama rerum. .(Was wir in ihm geliebt, was wir an
ihm bewundert haben, lebet fort in den Gemüthern der Menschen und bleibet in öffentlicher Anerkenntniß von Geschlecht zu
Geschlecht). Man sehe die vortreffliche, gehaltreiche Schrift:
„Dr. Hufeland's Leben und Wirken, von dem Königlichen Ge=

Luise heißen möchte." In solcher Auswahl lag eine Zartheit, Liebe und Achtung, welche die Königinn tief fühlte und anerkannte. Ihren hohen Werth hatte Er in der Noth, die Sie redlich und ganz mit Ihm theilte, erst kennen und schätzen gelernt. Er wußte, was Er an Ihr hatte, und Ihr und Ihrer Liebenswürdigkeit verdankte Er die sanfte Aufheiterung, die Er in Ihrem Umgange auch in trüben Stunden fand. Ganz nach Seinen Geschmack hatte Sie zur Zeit des Unglücks, um sich dasselbe aus dem Sinn zu schlagen, nicht in zerstreuenden Festen und Lustbarkeiten, sondern in Zurückgezogenheit und Einschränkung, durch ein weises, christliches Schicken in die böse Zeit, sich noch mehr Seine Achtung und Liebe erworben.

Wie konnte Er diese sympathetische Einheit, diese feste Anhänglichkeit treffender und wahrer an den Tag legen, als wenn er der hinzugekommenen Tochter den theuren Namen der verehrten und geliebten Luise gab! Es war damit ein unvergängliches Denkmal der Liebe und Treue, zur Zeit großer Drangsal in der Königlichen Familie, in Ihrer und des Vaterlandes Geschichte gestiftet und über Beide war ein Hoffnungsstern aufgegangen. Auch für das Vaterland; denn der König bewies bei dieser feierlichen Veranlassung, daß Er wohl wisse, wie die wahre Kraft und Stärke nicht in

---

heimrath Dr. Augustin. Potsham 1837 bei Riegel." Hufeland schätzte und liebte seinen Collegen Augustin schon längst, durch vereinte wissenschaftliche Bestrebungen mit ihm innig verbunden. Am Krankenbette eines Gemeindegliedes hörte der Referent ihn sagen: Nichts Angemesseneres und Besseres kann ich verordnen, als Augustin; wo Er ist, bin ich nicht nöthig.

einzelnen bevorzugten Ständen, sondern in der aller Volksklassen bestehe, und daß das Wohl des Ganzen nur allein
aus der Zufriedenheit und Eintracht von selbst hervorgehe.
Er ließ zu dem Ende zu Pathen alle Stände Ostpreußens
einladen; Grafen und Edelleute, Bürger und Bauern erschienen durch ihre Repräsentanten. — Die heilige Handlung
der Taufe wurde den 28sten Februar 1808 im Königlichen
Schlosse zu Königsberg durch den Oberhofprediger Weil verrichtet. Die Vertreter waren in gleicher Anzahl aus der
Mitte des Volkes gewählt, und mit diesem schloß der Landesherr einen neuen Bund der Treue und Liebe und knüpfte
dieselben fest durch die zartesten Bande an ein Kind, das
unter den unglücklichsten Umständen geboren war. Die Hoffnung, daß bessere kommen würden, schwebte wie ein Morgenstern über der heiligen Scene und alle Herzen durchdrang
eine Liebe und ein Kummer. Die Seufzer und Gebete, die
aufstiegen, theilten die Wolken und trugen die künftige Ge-
währung, wenngleich man nicht begriff, woher sie kommen
sollte, in dem inneren Frieden, der die Seelen erquickt, und
der höher ist, als alle Vernunft. Die Königinn, auf einem
Ruhebette, wohnte mit voller andächtiger Seele der frommen
Weihe bei, und Alle waren, wenngleich von der damaligen
unglücklichen Zeit niedergedrückt, doch gehoben und gestärkt.

Eine ähnliche fromme Feier fand bei der Taufe des
Prinzen statt, dem man den in der Geschichte des Königlichen
Hauses theuren Namen Albrecht gab. *) So sah die Köni-

---

*) Der Ahnherr Albrecht, bedeutungsvoll in der Geschichte Achil-
les und Ulisses genannt, war geboren den 24sten November 1414
zu Tangermünde, und starb 72 Jahre alt zu Frankfurt a. M.,

ginn den Kreis Ihrer Königlichen Kinder erweitert, und war
in der Fürsorge und reinen Liebe für sie um so glücklicher,
je zarter, freundlicher und aufmerksamer Sie der König,
glückselig in Ihrem Besitze, behandelte. Alles, was Ihr un=
angenehm sein konnte, wußte Er von Ihr abzuhalten: Er
verschwieg Ihr Vieles, was die öffentliche Calamität ver=
mehrte. Er hatte zu dem Ende Ihre nächste Umgebung sorg=
fältig instruirt, und sie beobachtete seinen Willen mit großer
Vorsicht, da Ihm nichts wichtiger war, als die Ruhe und
Zufriedenheit der durch freundliche Herzensgüte Alles gewin=

während des Reichs= und Wahltages den 11ten März 1486;
begraben zu Heilbronn. Er war ein Herr voll hoher Einsicht,
von redlichem Charakter, schön, stark und groß. Ihn beseelte
militairischer Muth und er vermochte Alles auch über seine Ar=
mee, wegen seiner hinreißenden Beredsamkeit, weßhalb er auch
„der Deutsche Cicero" genannt wurde. Er war in der Reli=
gion ein klarer und hellsehender Herr; von Herzen fromm, ein
guter katholischer Christ, aber keineswegs ein Römischer. Er
war fern von aller Intoleranz und wollte nicht gegen die Huf=
siten Krieg führen, weßhalb der Pabst Pius II. ihn in den
Bann that, von welchem er erst nach vier Jahren 1471 befreiet
wurde. Die Hierarchie war ihm zuwider, und er wollte, daß
die Geistlichen sich nicht mehr anmaßten, als ihnen von Chri=
stus und den Aposteln gestattet worden; sie sollten lehren, aber
nicht herrschen. „Aber sie wollen," sagte er, „das weltliche
Schwerdt zu dem geistlichen." Sein Gewissen mochte er nicht
beherrschen lassen und er folgte, seine eigenen Wege gehend, sei=
ner geprüften Ueberzeugung. Er war Generalissimus der
Reichsarmee wider die Türken, die er, wie später Luther, als
Feinde des Christenthums ansah. Er war zweimal verheirathet,
zum Erstenmal mit Margarethe, Markgraf Jacobs zu Baden
Prinzessinn Tochter; zum Zweitenmal 1458 mit Anna, Chur=
fürst Friedrich II. zu Sachsen Prinzessinn Tochter. Er war
glücklich in der Wahl und lebte in einer zufriedenen Ehe.

nenden Königinn. Ganz vorzügliche Dienste leistete mit
weiblichem Tacte die Wittwe Madame Bock. Dieser würdi=
gen, christlichen und gebildeten Frau war die erste, vorzüg=
lich die physische Erziehung der Prinzessinn Luise übergeben.
Mit gottesfürchtiger Aufmerksamkeit wachte sie über das
Wohlsein des Königlichen Kindes und ihr frommer durch
die heilige Schrift genährter Sinn wirkte wohlthätig auf die
ihrer Obhut Empfohlene und die ganze Umgebung. Dieß
Verdienst ist anerkannt und selbst von dem Neide, der sonst
Alles, auch das Beste, benagt und verunreiniget, nie in Ab=
rede gestellt. Niemand schätzte dieß höher und belohnte es
Königlicher, als der treue und gerechte König. Mit Ver=
gnügen sah der Königliche Herr, daß Seine Tochter Luise
ihrer ersten Wärterinn und Wohlthäterinn mit unverstellter
Dankbarkeit ergeben und an sie gefesselt war. Was sie ihr
gewesen und geleistet hatte, wurde nie, auch später von
Ihm nicht vergessen. Er würdigte sie eines vorzüglichen
Vertrauens, und die edle Frau wußte sich dasselbe zu erhal=
ten durch Demuth und Bescheidenheit. Sie hatte und be=
hielt das Recht und den Vorzug, wie zur Königlichen Fa=
milie zu gehören und in und mit derselben zu leben. Sie
wohnte der Privat=Andacht derselben bei; blieb auch spä=
terhin im Königlichen Schlosse, speiste aus der Küche, wurde
von Königlicher Dienerschaft bedient, und erfreute sich im
ehrenvollen Alter einer sorgenfreien Lage. Jedermann ehrt
und liebt die würdige Frau, als eine theure Reliquie aus
der Zeit Königs Friedrich Wilhelm III. und der Königinn
Luise. Des jetzt regierenden Königs Majestät Friedrich Wil=
helm IV. setzt diese Königliche Gunst und Fürsorge fort
und erhält ihr, mit der ganzen Königlichen Familie, beson=
ders der Prinzessinn der Niederlande, Luise, diese Theilnahme.

Möchten alle Eltern und Kinder, nach Maßgabe der verliehenen Kraft, die ihnen von gewissenhaften Wärterinnen und treuen Lehrern erwiesenen Wohlthaten in dankbarem Andenken behalten! Leider werden sie oft vergessen, und die Beispiele sind nicht selten, daß diejenigen, die ihre Kräfte und Zeit denen, die späterhin im Wohlstande leben, in der Jugend widmeten, in ihrem hohen Alter mit Nahrungssorgen kämpfen und kummervoll in nicht mehr geachteter Verborgenheit dem Tode entgegen seufzen. Ach, der Tod hat Vieles, besonders solchen schnöden Undank, zu vergüten, um die Disharmonie des Lebens wieder in das Gleichgewicht zu bringen.

Wenngleich die Königinn, als Gemahlinn des besten Ehemanns und als Mutter gut gerathener, talentvoller und gesunder Kinder, in ihrer nächsten Umgebung sich glücklich fühlte, so konnte Sie doch das Unglück und die Schmach der Zeit nicht vergessen. Sie war allseitig gebildet und Ihr reifer Verstand begriff die böse Zeit, ihre Tendenzen und verwickelten Verhältnisse. Dabei sah Sie in vielen Unglücksfällen die gerechte Nemesis. Sie fühlte sich als Königinn von Preußen, Sie kannte dessen Geschichte, seinen ehrenvollen Ruhm, und fühlte seinen Sturz und seinen Schmerz um so tiefer, je höher es in der öffentlichen Meinung bis dahin gestanden. Verrathen, geschlagen, überwunden und zurückgedrängt bis zur Grenze, hatte Sie oft dunkle, kummervolle Stunden, deren Wehen und Schmerzen Sie tief empfand, mehr als Sie sagen und aussprechen konnte und mochte. Daß es so bei Ihr war und also in Ihrem Innern sich gramvoll drängte, erhöhet Ihren Werth. Wäre es anders bei Ihr gewesen, hätte Sie leichtsinnig vergessen können die Zeit und

ihre Forderungen, vergessen können die Leiden und Drangsale
eines überwundenen, geschlagenen und doch treuen Volkes; hätte
Sie in den Genüssen und Zerstreuungen eines frivolen Ho=
fes Trost, Aufheiterung und Vergessenheit gesucht und ge=
funden: so würde Sie und Ihr Name in den Annalen der
Geschichte, gleich andern hochgestellten Personen, in dem heim=
suchenden Unglück auf einer gewöhnlichen, niedrigen Stufe
stehen, und die rechtrichtende Nachwelt würde sich unwillig,
mit gerechtem Unwillen, von Ihrem Bilde, wenn auch im=
mer physisch schön, abwenden. Aber so ist und war Sie
nicht; Sie fühlte das Verhängnißvolle in seiner ganzen
Schwere, aber Sie trug es mit Demuth und Ergebung,
mit Würde und der tröstenden Hoffnung: es werde unter
Gottes Leitung, den Sie von Herzen liebte, zum Besten
dienen. Eben darin, daß der letzte Zweck der geschickten
Heimsuchung an Ihr erreicht war, so daß Sie auf der einen
Seite ernst und in sich gekehrt war, und auf der andern
ruhig, menschenfreundlich und liebenswürdig blieb, erscheint
und ist Sie wahrhaft groß, würdig, und christlich. Glück=
licherweise sind die Briefe, in welchen Sie sich in dieser Zeit
ausspricht, zu der Geschichte gekommen, und in ihre Annalen
aufgenommen, werden sie das lehrreiche und anziehende Bild
der Königinn treu und wahr erhalten. *) Es sind, ohne daß
Sie den Gedanken hatte, daß sie jemals bekannt werden
könnten, offene und redliche Herzensergüsse, gerichtet größ=
tentheils an einen hochverehrten und innig geliebten Vater,
den damals regierenden Herzog von Mecklenburg=Strelitz,

---

*) Referent hat sie aus einer authentischen Quelle und er stattet
für deren gütige Mittheilung auch hier seinen innigsten Dank ab.

denen man es gleich anfühlt, daß sie aus dem Innern, das
Nichts scheinen will, sondern sich hingiebt, wie es ist, kunstlos fließen. Einfach und wahr, versetzen sie in die damalige
Zeit und ihre schweren Leiden und lassen einen tiefen Blick
thun in das Gewebe derselben. Der König und die Königinn standen mitten in ihnen; und doch über ihnen. Sein
und Ihr Geist erhielten sich frei in richtiger Beurtheilung,
und wie es auch von außen drängte und stürmte, Nichts,
kein Unglück, wie groß es auch war, konnte den Frieden
des Innern trüben und die gefaßte christliche Glaubensstim-
mung unwirksam machen. Immer, wenngleich oft verdunkelt, brach sie, gleich der Sonne aus vorüberziehenden dunklen Gewitterwolken, mit ihrem erleuchtenden und erwärmenden Lichte wieder hervor und bezeichnet einen rein = menschlichen und darum einen wahrhaft göttlichen Charakter, der
seine Lebenskräfte aus dem Ewigen und Unvergänglichen
schöpft.

„Geliebter Vater!" schrieb Sie, „die Abreise des General Blücher giebt mir Gottlob ein Mal eine sichere Gelegenheit, offenherzig und ohne Rückhalt mit Ihnen zu reden.
Gott, wie lange entbehrte ich dieses Glück und wie oft habe
ich an Sie gedacht, wie Vieles Ihnen zu sagen! Die Sendung des vortrefflichen Blücher nach Pommern, der Patriotismus, der jetzt in jeder Brust sich regt, Alles belebt mit
neuen Hoffnungen. Ja, bester Vater, ich bin es überzeugt,
es wird noch ein Mal (wann? wissen wir freilich nicht)
Alles gut werden, und wir werden uns glücklich wiedersehen.
Die Belagerung von Danzig geht gut; die Einwohner benehmen sich außerordentlich; sie erleichtern den Soldaten die
großen Beschwerden, indem sie ihnen Fleisch und Wein in

Ueberfluß reichen; sie wollen von keiner Uebergabe hören, sie wollen lieber unter Schutt und Trümmern begraben werden, als untreu an dem Könige handeln; eben so halten sich Kolberg und Graudenz. Wäre es mit allen Festungen so gewesen! *) — Doch genug von den vergangenen Uebeln; wenden wir unsere Blicke zu Gott, zu ihm, der uns nie verläßt, wenn wir ihn nicht verlassen und mit unserm Herzen nicht von ihm weichen. — Der König ist mit dem Kaiser Alexander bei der Armee. Er bleibt bei derselben, so lange der Kaiser bleibt. Diese herrliche Einigkeit, durch unerschütterliche Standhaftigkeit im Unglück begründet, giebt die schönste Hoffnung zur Ausdauer; durch Beharrlichkeit wird man siegen, früh oder spät, davon bin ich überzeugt. In dieser Ueberzeugung blicke ich zu Gott getrost in eine bessere Zukunft und bin und bleibe, bester Vater, Ihre dankbare und gehorsame Tochter

Luise."

„Mit der innigsten Rührung und unter Thränen der dankbarsten Zärtlichkeit habe ich Ihren letzten Brief gelesen. Wie soll ich Ihnen würdig danken, bester, zärtlichster Vater, für die vielen Beweise Ihrer Liebe, Ihrer Huld, Ihrer unbeschreiblichen Vatergüte. Welcher Trost ist dieß für mich, und welche Stärkung! Wenn man so geliebt wird, kann man nicht ganz unglücklich sein. Es ist wieder aufs Neue ein ungeheueres Ungemach über uns gekommen und wir ste-

---

*) Daß die Königinn über eine scandalöse, unerhörte Sache, die mit blutendem Griffel in die Geschichte eingegraben steht, und damals, als neu, viel besprochen wurde, mit Schonung hinweg geht, beweist einen ächt weiblichen Charakter.

hen auf dem Punkte, das Königreich zu verlaſſen. Bedenken Sie, wie mir dabei iſt; doch bitte ich Sie, verkennen Sie Ihre Tochter nicht. Glauben Sie ja nicht, daß Zweifel und Kleinmuth mein Haupt beugen. Zwei Hauptgründe habe ich, die mich über Alles erheben; der erſte iſt der Gedanke: wir ſind kein Spiel des blinden Zufalls, ſondern wir ſtehen in Gottes Hand und die Vorſehung leitet uns, wenngleich durch Finſterniß, doch am Ende zum Licht, denn ſein ganzes Weſen iſt Licht; der zweite: wir gehen mit Ehren unter. Der König hat bewieſen, der Welt hat er es bewieſen, daß Er nicht Schande will, ſondern Ehre, und Er iſt beſſer, als ſein Schickſal. Preußen will nicht freiwillig Sclavenketten tragen. Auch nicht einen Schritt hat der König anders handeln können, als Er gehandelt hat. Er, der die Wahrheit und Treue ſelbſt iſt, konnte ſeinem Charakter nicht ungetreu und an ſeinem Volke nicht zum Verräther werden. Wie dieſes mitten im Unglück ſtärkt und hebt, kann nur der fühlen, den wahres Ehrgefühl durchdringt. Doch zur Sache. Durch die unglückliche Schlacht bei Friedland kam Königsberg in Franzöſiſche Hände. Wir ſind vom Feinde gedrängt und wenn die Gefahr nur etwas näher rückt, ſo bin ich in die Nothwendigkeit verſetzt, mit meinen Kindern Memel zu verlaſſen. Der König wird ſich wieder mit dem Kaiſer vereinigen. Ich gehe, ſobald dringende Gefahr eintritt, nach Riga; Gott wird mir helfen, den Augenblick zu beſtehen, wo ich über die Grenze des Reiches muß. Da wird es Kraft erfordern; aber ich richte meinen Blick gen Himmel, von wo alles Gute und alles Böſe kommt, und mein feſter Glaube iſt, Gott ſchickt nicht mehr, und legt nicht mehr auf, als wir tragen können. Noch einmal, beſter Vater, wir gehen unter mit Ehren, ge-

achtet von Nationen, und werden ewig Freunde haben, weil
wir sie verdienen. Wie beruhigend dieser Gedanke ist, läßt
sich nicht sagen. Ich ertrage Alles mit einer solchen Ruhe
und Gelassenheit, die nur der innere Frieden des Gewissens
und reine Zuversicht geben kann. Deßwegen sein Sie überzeugt, bester Vater, daß wir nie ganz unglücklich sein können, und daß Mancher, mit einer glänzenden Krone geschmückt
und vom Glück umgeben, nicht so froh ist, als wir, mein
Mann, unsere gesunden Kinder und ich, es sind. Gott schenke
allen guten Menschen den Frieden der Brust, und noch immer wird auch der Unglücklichste Ursachen und verborgene
stille Quellen der Freude haben. Noch eins zu Ihrem Troste:
daß nie etwas von unserer Seite geschehen wird, das nicht
mit der strengsten Ehre verträglich ist, und was nicht mit
dem Ganzen gehet. Denken Sie nicht an einzelne Erbärmlichkeiten. Der König steht mitten im Unglück ehrwürdig und charaktergroß da. Das wird auch Sie trösten; das
weiß ich, so wie Alle, die mir angehören. Ich bin auf
ewig Ihre treue, gehorsame, Sie innig liebende Tochter,
und, Gottlob, daß ich es sagen kann, da Ihre Gnade mich
dazu berechtigt, Ihre Freundinn

Luise."

„Noch immer sind meine Briefe hier, weil nicht nur
Wind, sondern Stürme alles Auslaufen der Schiffe unmöglich machten. Nun schick ich Ihnen einen sichern Menschen,
und fahre fort, Ihnen Nachrichten mitzutheilen. Die Armee ist genöthigt gewesen, sich immer mehr und mehr zurück-
zuziehen und ist von Russischer Seite ein Waffenstillstand
auf vier Wochen abgeschlossen worden. Oftmals klärt sich
der Himmel auf, wenn man trübes Wetter vermuthet; es

kann auch hier fein. Niemand wünſcht es ſo wie ich; doch
Wünſche ſind nur Wünſche und noch keine feſte Baſen.
Alſo Alles von Dir — dort oben, du nie wankende Güte!
Mein Glaube ſoll nicht aufhören; aber hoffen kann ich nicht
mehr. Ich berufe mich auf meinen Brief, er iſt mir aus
der Seele geſchrieben, Sie kennen mich ganz, wenn Sie ihn
geleſen haben, beſter Vater! Auf dem Wege des Rechtes
leben, ſterben, und wenn es ſein muß, Brod und Salz
eſſen, das iſt unſer feſter Vorſatz. Nie werde ich ganz un=
glücklich ſein; nur hoffen kann ich nicht mehr. Wer ſo von
ſeinem Himmel herunter geſtürzt, der kann nicht mehr hoffen.
Kommt das Gute — o! kein Menſch kann es dankbarer
empfinden, als ich es empfinden werde — aber erwarten
thu ich nichts mehr. Kommt noch größeres Unglück, ſo wird
es mich auf Augenblicke in Verwunderung ſetzen; aber beu=
gen kann es mich nie, ſobald es nicht verdient iſt. Nur
Unrecht unſerer Seits würde mich zu Grabe bringen; doch
dahin kommen wir nicht, denn ich fühle es mit edlem Be=
wußtſein, wir ſtehen bei Gott hoch. Sehen Sie, beſter
Vater, ſo kann der Feind der Menſchen nichts über mich
vermögen. Der König bleibt mit dem Kaiſer vereint. Seit
geſtern ſind ſie in Tauroggen, nur einige Meilen von Tilſit,
wo der Franzöſiſche Kaiſer iſt. Ich bin zu Ihren Füßen
ganz die Ihrige

Luiſe."

Einige Zeit ſpäter ſchrieb Sie:
  „Beſter Vater!
  Mit uns iſt es aus, wenn auch nicht für immer, doch
für jetzt. Für mein Leben hoffe ich nichts mehr. Ich habe
mich ergeben und in dieſer Ergebung, in dieſer Fügung des

Himmels bin ich jetzt ruhig, und in solcher Ruhe, wenn auch nicht irdisch glücklich, doch, was mehr sagen will, geistig glückselig. Es wird mir immer klarer, daß Alles so kommen mußte, wie es gekommen ist. Die göttliche Vorsehung leitet unverkennbar neue Weltzustände ein und es soll eine andere Ordnung der Dinge werden, da die alte sich überlebt hat, und in sich selbst als abgestorben zusammen stürzt. Wir sind eingeschlafen auf den Lorbeern Friedrich des Großen, der, der Herr seines Jahrhunderts, eine neue Zeit schuf. Wir sind mit derselben nicht fortgeschritten, deßhalb überflügelt sie uns. — Das siehet Niemand klarer ein, als der König. Noch eben hatte ich mit Ihm darüber eine lange Unterredung. und Er sagte in sich gekehrt wiederholentlich: das muß auch bei uns anders werden. Auch das Beste und Ueberlegteste mißlingt und der Französische Kaiser ist wenigstens schlauer und listiger. Wenn die Russen und die Preußen tapfer wie die Löwen gefochten haben, müssen wir, wenn auch nicht besiegt, doch das Feld räumen, und der Feind bleibt im Vortheil. Von ihm können wir Vieles lernen, und es wird nicht verloren sein, was er gethan und ausgerichtet hat. Es wäre Lästerung zu sagen, Gott sei mit ihm; aber offenbar ist er ein Werkzeug in des Allmächtigen Hand, um das Alte, welches kein Leben mehr hat, das aber mit den Außendingen fest verwachsen ist, zu begraben. Gewiß wird es besser werden; das verbürgt der Glaube an das vollkommenste Wesen. Aber es kann nur gut werden in der Welt durch die Guten. Deßhalb glaube ich auch nicht, daß der Kaiser Napoleon Bonaparte fest und sicher auf seinem, jetzt freilich glänzenden Thron ist. Fest und ruhig ist nur allein Wahrheit und Gerechtigkeit, und er ist politisch, das heißt klug, und er richtet sich nicht nach ewigen Gesetzen, sondern nach Umständen, wie sie nun eben sind. Dabei befleckt er seine Regierung mit vielen Ungerechtigkeiten. Er meint es nicht redlich mit der guten Sache und mit den Menschen. Er und sein ungemessener Ehrgeiz meint nur sich selbst und sein persönliches Interesse. Man muß ihn mehr bewundern, als man ihn lieben kann. Er ist von seinem Glück geblendet und er meint Alles zu vermögen. Dabei ist er ohne alle Mäßigung, und wer nicht Maß halten kann, verliert das Gleichgewicht und fällt. Ich glaube fest an Gott, also auch an eine sittliche Weltordnung. Diese sehe ich in der Herrschaft der Gewalt nicht; deßhalb bin ich der Hoffnung, daß auf die jetzige böse Zeit eine beßere folgen wird. Diese hoffen, wünschen und erwarten alle beßere Menschen und durch die Lobredner der jetzigen und ihres großen Helden darf man sich nicht irre machen laßen. Ganz unverkennbar ist Alles, was geschehen ist und was geschieht, nicht das Letzte und Gute, wie es werden und bleiben soll, sondern nur die Bahnung des Weges zu einem beßeren Ziele hin. Dieses Ziel scheint aber in weiter Entfernung zu liegen, wir werden es wahrscheinlich nicht erreicht sehen, und darüber hinsterben. Wie Gott will; Alles, wie Er will. Aber ich finde Trost, Kraft und Muth und Heiterkeit in dieser Hoffnung, die tief in meiner Seele liegt. Ist doch Alles in der Welt nur Uebergang! Wir müssen durch. Sorgen wir nur dafür, daß wir mit jedem Tage reifer und besser werden. — Hier, lieber Vater! haben Sie mein politisches Glaubensbekenntniß, so gut ich, als eine Frau, es formen und zusammensetzen kann. Mag es seine Lücken haben, ich befinde mich wohl dabei; entschuldigen Sie aber, daß ich Sie damit behellige. Sie sehen wenigstens daraus, daß Sie auch im Unglück eine fromme, ergebene Tochter haben, und daß die Grundsätze christlicher Gottesfurcht, die ich Ihren Belehrungen und Ihrem frommen Beispiele verdanke, ihre Früchte getragen haben, und tragen werden, so lange Odem in mir ist.

Gern werden Sie, lieber Vater, hören, daß das Unglück, welches uns getroffen, in unser eheliches und häusliches Leben nicht eingedrungen ist; vielmehr dasselbe befestigt und uns noch werther gemacht hat. Der König, der beste Mensch, ist gütiger und liebevoller, wie je. Oft glaube ich in Ihm den Liebhaber, den Bräutigam zu sehen. Mehr in Handlungen, wie Er ist, als in Worten, ersehe ich die Aufmerksamkeit, die Er in allen Stücken für mich hat, und noch gestern sagte Er schlicht und einfach, mit seinen treuen Augen mich ansehend, zu mir: „Du, liebe Luise! bist mir im Unglück noch werther und lieber geworden. Nun weiß ich aus Erfahrung, was ich an Dir habe. Mag es draußen stürmen, — wenn es in unserer Ehe nur gut Wetter ist und bleibt. Weil ich Dich so lieb habe, habe ich unser jüngst geborenes Töchterchen Luise genannt. Möge es seine Luise werden." Bis zu Thränen rührte mich diese Güte. Es ist mein Stolz, meine Freude und mein Glück, die Liebe und Zufriedenheit des besten Mannes zu besitzen, und weil ich Ihn von Herzen wieder liebe und wir so miteinander Eins sind, daß der Wille des Einen auch der Wille des Andern ist, wird es mir leicht, dieß glückliche Einverständniß, welches mit den Jahren inniger geworden ist, zu erhalten. Mit einem Worte, Er gefällt mir in allen Stücken und ich gefalle Ihm, und uns ist am wohlsten, wenn wir zusammen sind. Verzeihen Sie, lieber Vater! daß ich dieß mit einer gewissen Ruhmredigkeit sage; es liegt darin der kunstlose Ausdruck meines Glückes, welches Keinem auf der

Welt wärmer am Herzen liegt, als Ihnen, bester, zärtlicher Vater! Gegen andere Menschen, auch das habe ich von dem Könige gelernt, mag ich davon nicht sprechen; es ist genug, daß wir es wissen.

Unsere Kinder sind unsere Schätze und unsere Augen ruhen voll Zufriedenheit und Hoffnung auf ihnen. Der Kronprinz ist voller Leben und Geist. Er hat vorzügliche Talente, die glücklich entwickelt und gebildet werden. Er ist wahr in allen seinen Empfindungen und Worten, und seine Lebhaftigkeit macht Verstellung unmöglich. Er lernt mit vorzüglichem Erfolge Geschichte und das Große und Gute zieht seinen idealischen Sinn an sich. Für das Witzige hat er viel Empfänglichkeit und seine komischen, überraschen=den Einfälle unterhalten uns sehr angenehm. Er hängt vor=züglich an der Mutter und er kann nicht reiner sein als er ist. Ich habe ihn sehr lieb und spreche oft mit ihm davon, wie es sein wird, wenn er einmal König ist. Unser Sohn Wilhelm, (erlauben Sie, ehrwürdiger Großvater, daß ich Ihre Enkel nach der Reihe Ihnen vorstelle,) wird, wenn mich nicht Alles trügt, wie sein Vater einfach, bieder und verständig. Auch in seinem Aeußeren hat er die meiste Aehn=lichkeit mit Ihm; nur wird er, glaube ich, nicht so schön. Sie sehen, lieber Vater, ich bin noch in meinen Mann ver=liebt. Unsere Tochter Charlotte macht mir immer mehr Freude; sie ist zwar verschlossen und in sich gekehrt, verbirgt aber, wie ihr Vater, hinter einer scheinbar kalten Hülle ein warmes, theilnehmendes Herz. Scheinbar gleichgültig geht sie einher; hat aber viel Liebe und Theilnahme. Daher kommt es, daß sie etwas Vornehmes in ihrem Wesen hat. Erhält sie Gott am Leben, so ahne ich für sie eine glänzende Zukunft. Carl ist gutmüthig, fröhlich, bieder und talent=

voll; körperlich entwickelt er sich eben so gut, als geistig.
Er hat oft naive Einfälle, die uns zum Lachen reizen. Er
ist heiter und witzig. Sein unaufhörliches Fragen setzt mich
oft in Verlegenheit, weil ich es nicht beantworten kann und
darf; doch zeigt es von Wißbegierde — zuweilen, wenn er
schlau lächelt, auch von Neugierde. Er wird, ohne die
Theilnahme an dem Wohl und Wehe Anderer zu verlieren,
leicht und fröhlich durch's Leben gehen. — Unsere Tochter
Alexandrine ist, wie Mädchen ihres Alters und Naturells
sind, anschmiegend und kindlich. Sie zeigt eine richtige Auf-
fassungsgabe, viel Verstand, eine lebhafte Einbildungskraft,
und kann oft herzlich lachen. Für das Komische hat sie viel
Sinn und Empfänglichkeit. Sie hat Anlage zum Satyrischen und siehet dabei ernsthaft aus, doch schadet das ihrer
Gemüthlichkeit nicht. Von der kleinen Luise läßt sich noch
nichts sagen. Sie hat das Profil ihres redlichen Vaters
und die Augen des Königs, nur etwas heller. Sie heißt
Luise; möge sie ihrer Ahnfrau, der liebenswürdigen und
frommen Luise von Oranien, der würdigen Gemahlinn des
großen Churfürsten, ähnlich werden. Da habe ich Ihnen,
geliebter Vater, meine ganze Gallerie *) vorgeführt. Sie
werden sagen: das ist Mal eine in ihre Kinder verliebte
Mutter, die an ihnen nur Gutes siehet, und für ihre Mängel und Fehler keine Augen hat. Und in Wahrheit, böse
Anlagen, die für die Zukunft besorgt machen, finde ich an
allen nicht. Sie haben, wie andere Menschenkinder, auch
ihre Unarten; aber diese verlieren sich mit der Zeit, so wie

---

*) Der Prinz Albrecht, das jüngste Kind, war damals, als die
Königinn dieß schrieb, noch nicht geboren.

fie verständiger werden. Umstände und Verhältnisse erziehen den Menschen, und für unsere Kinder mag es gut sein, daß sie die ernste Seite des Lebens schon in ihrer Jugend kennen lernen. Wären sie im Schooße des Ueberflusses und der Bequemlichkeit groß geworden, so würden sie meinen, das müsse so sein. Daß es aber anders kommen kann, sehen sie an dem ernsten Angesicht ihres Vaters, und an der Wehmuth und an den öftern Thränen der Mutter. Besonders wohlthätig ist es dem Kronprinzen, daß er das Unglück schon als Jüngling kennen lernt; er wird das Glück, wenn, wie ich hoffe, künftig für ihn eine bessere Zeit kommen wird, um so höher schätzen und um so sorgfältiger bewahren. Meine Sorgfalt ist meinen Kindern gewidmet für und für, und ich bitte Gott täglich in meinem sie einschließenden Gebete, daß er sie segne und seinen guten Geist nicht von ihnen nehmen möge. Mit dem trefflichen Hufeland sympathisire ich auch in diesen Stücken. Er sorgt nicht bloß für das physische Wohl meiner Kinder, auch für das geistige derselben ist er bedacht; und der biebere, freimüthige Borowsky, den der König gern sieht und lieb hat, stärkt darin. Erhält Gott sie uns, so erhält er meine besten Schätze, die Niemand mir entreißen kann. Es mag kommen, was da will, mit und in der Vereinigung mit unsern guten Kindern werden wir glückselig sein. Ich schreibe Ihnen dieß, geliebter Vater, damit Sie mit Beruhigung an uns denken. Ihrem freundlichen Andenken empfehle ich meinen Mann, auch unsere Kinder alle, die dem ehrwürdigen Großvater die Hände küssen; und ich bin und bleibe, bester Vater, Ihre dankbare Tochter

Luise."

Dieser schöne, aus dem Herzen kunstlos und wahr ge=
flossene Brief der Königinn läßt einen tiefen Blick thun
in Ihr Innerstes. Wir sehen, daß Mutterliebe in ihrer
tiefen Kraft es war, was in Ihr lebte und wogte; und
wenn sie unglücklich war, in Hinsicht auf Weltereignisse,
die Alles in ihrem tobenden Strudel mit fortrissen, so war
Sie doch die glücklichste Ehefrau und Mutter. Diese Com=
pensation erhielt in Ihr eine Erhebung des Gemüthes, eine
Ruhe der Seele, die Sie fähig machte, sich aufrecht zu er=
halten und Alles, was eingebrochen war, mit Fassung und
Würde zu ertragen. In dieser Stimmung und Richtung
vermochte Sie es, bei dem endlich eintretenden Frieden, des=
sen Schmach unter dem Namen des „Tilsiter" bekannt ist,
den fürchterlichen Mann persönlich zu sehen und zu sprechen,
der ihn als Sieger dictirte, in dessen damals Alles vermö=
gender Hand die Macht lag. —

Er, der Kaiser Napoleon Bonaparte, hatte dieß ge=
wünscht, theils um seinen Ehrgeiz und Stolz zu befriedigen,
dann aber auch aus Neugierde, um die schönste Frau, die
gedemüthigte Königinn, von Angesicht zu Angesicht zu sehen.
Seine nächste Umgebung, besonders der schlaue Talleyrand,
der die Empfänglichkeit seines Herrn für weibliche Schönheit
und Reize kannte und fürchtete, *) hatte seine Zusammen=
kunft mit der Königinn zu verhindern gesucht und legte aller=
lei Schwierigkeiten, um sie zu verhüten, in den Weg. Sie kam
aber doch zu Stande, weil der Kaiser sie wollte, und die Kö=
niginn war willig, sich diese Demüthigung und Selbstverleug=

*) Man sehe die Nachrichten von ihm und über ihn.

nung gefallen zu lassen. „Was mich das kostet,“ schrieb Sie
damals, „weiß mein Gott; denn wenn ich gleich den Mann
nicht hasse, so sehe ich ihn doch als den an, der den König
und sein Land unglücklich gemacht. Seine Talente bewundere ich, aber seinen Charakter, der offenbar hinterlistig
und falsch ist, kann ich nicht lieben. Höflich und artig gegen ihn zu sein, wird mir schwer werden. Doch das Schwere
wird einmal von mir gefordert. Opfer zu bringen, bin ich gewohnt.“ *) Vollkommen mit sich einig, voll von der Würde,
welches ein ruhiges Selbstbewußtsein giebt, ging Sie mit
der Unbefangenheit, die Ihr eigenthümlich unter allen, auch
den traurigsten Verhältnissen und schwersten Aufgaben als
Wahrheit des Charakters blieb, nach Tilsit, um den Kaiser
Napoleon zu sehen und zu sprechen.

Welche Contraste! — vielleicht hat die Welt sie nie
ärger und schreiender gesehen. Er der Sieger, der König
der Besiegte, Sie und Ihr Haus. Er der Glückliche, Sie
die Unglücklichen. Er der Ueberwinder, Sie die Gedemüthigten.
Er mit Pracht, Stärke und Herrlichkeit umgeben, Sie auf
die Grenze Ihres Reiches reducirt und ohnmächtig. Er in
dem stolzen Gefühl seiner Alles vermögenden Stärke, Sie
nach allen Anstrengungen und Opfern klein und ohne Land
und Leute. Er das Schicksal und die Verfügung in seiner
Willkühr, Sie von seiner Gnade abhängig. Er stolz und
gebieterisch, Sie herabgedrückt und unglücklich. Die Geschichte, besonders die ältere, stellet uns Beispiele ähnlicher

---

*) So schrieb Sie damals in Ihr Tagebuch auf dem ominösen
Wege nach Tilsit.

Art, von der einen Seite des Uebermuthes im Glücke, von der anderen der tiefen Demüthigung und Widerwärtigkeit, vor Augen; aber die Zusammenkunft des siegreichen Französischen Kaisers Napoleon mit dem Könige von Preußen Friedrich Wilhelm III. und Seiner Gemahlinn Luise gehört zu den seltenen Weltbegebenheiten, wie man sie nicht weiter in dieser Art gesehen hat.

Um das Zwingende, die innere Disharmonie dieser unnatürlichen Zusammenkunft zu verstecken und zu befirnissen, ließ der reiche Kaiser die Königinn, sie äußerlich zu ehren, in einem prachtvollen achtspännigen Staatswagen unter einer zahlreichen und glänzenden Bedeckung von den Dragonern der Garde abholen. Der König, der die äußere Herrlichkeit nicht wollte, weil Er ihrer nicht bedurfte, *) war

---

*) Er fuhr in einem einfachen Wagen, auch nachher, wieder groß und reich, wenn Er nicht auf Reisen war, immer nur mit 2 Pferden, ohne Bedeckung, und mit einfach gekleideter, nur nöthiger Bedienung. Es lag in Seiner Natur, einfach zu sein und alles Unnöthige von sich zu thun. Wo zwei Pferde hinreichten, um schnell und sicher von einem Orte zum andern zu kommen, brauchte Er nie viere. Aufsehen machen und die Augen der großen Menge auf sich zu ziehen, liebte Er nicht und Sein Inneres gab sich kund und trat hervor in Allem, was Ihn umgab. Er war wahr in allen Stücken; nie konnte Er Etwas scheinen, was Er nicht war; vielmehr schien Er weniger, als Er war. Ein wahrer Deutscher Charakter. Das Wort „Equipage" ist Französischen Ursprungs; und es ist psychologisch lehrreich, daß ein Einspänner in dieser Sprache ein demi-fortune heißt. Einen Einspänner hält sich, wer nicht zwei Pferde halten kann. Bei einer Equipage ist von der fortune nicht mehr die Rede. — Das wahre Glück und die Zufriedenheit wohnet da, wo man nur das hat, was man eben braucht und genießt. Der Reichthum macht satt, und diese Sattheit, die nichts vermißt, macht unlustig. Zufällig nach

ernst, voll innerer und äußerer Haltung; die Königinn voll Herz gewinnender Anmuth und Unbefangenheit. Diese verließ sie auch in dem Augenblick nicht, der Alles in sich vereinigte, was befangen und verlegen machen konnte. Befangen und verlegen war aber der mächtige Kaiser, und überrascht von der Würde des Königs und der Schönheit der Königinn, sagte er viel Verbindliches und Schmeichelhaftes, wobei Er vorzüglich die Rede an Sie richtete. Sie, ohne darauf zu achten, nahm das Wort, — bedauerte, daß die Treppe des Hauses, welches zu der Zusammenkunft gewählt war, für ihn unbequem sei, und erkundigte sich nach seinem Befinden in dem schon nördlichen und unfreundlichen Clima. Nachdem er, die Gerte in der Hand hin und her bewegend, hierauf geantwortet, wandte er sich zum Könige und sagte: „Sire! Ich bewundere die Größe und Stärke Ihrer Seele bei so vielem und großem Unglück." Und der König antwortete wahr, ruhig und fest: „Die Stärke und Ruhe der Seele giebt nur die Kraft eines guten Gewissens." Sei es nun, daß Napoleon durch diese

---

einander besuchten mich ein reicher Graf, der mit Vieren fuhr, und ein unbemittelter Rector. Beide erzählten mir, daß sie eine Reise nach dem Harze gemacht. Bei Jenem war von der Art und Weise nicht die Rede, es verstand sich von selbst, daß sie bequem war. Dieser konnte in seiner Heiterkeit nicht aufhören, zu rühmen, wieviel Freude ihm, seiner Frau und seinen Kindern, der von ihm selbst gefahrene und gemiethete Einspänner gemacht hätte. Wer von Beiden war am Besten daran? Der reiche Graf, oder der unbemittelte Rector? Jener ist glücklich, dieser glückselig. Es ist ein wahres und tiefes Wort: „Es ist ein großer Gewinn, wer gottselig ist, und läßt sich genügen an dem, was da ist": Genügsamkeit setzt Beschränktheit voraus, ohne Schranken aber ist Zerflossenheit.

treffende Aeußerung gereizt (piquirt) wurde, oder daß er seiner stolzen Natur übermüthig folgte, genug er sagte, wenigstens in Gegenwart der Königinn, unzart: „Aber wie konnten Sie es wagen, mit mir, der ich schon mächtigere Nationen besiegt, Krieg anzufangen?" Der König, wohl fühlend, daß in dieser Frage viele anderen lagen, und daß jede Antwort weitläuftige Debatten mit sich führen würde, sah ihn fest und scharf an; die gewandte Königinn antwortete dagegen mit Würde: „Sire, dem Ruhme Friedrich's des Großen war es wohl erlaubt, über unsere Kräfte uns zu täuschen. Wir haben uns getäuscht; so war es beschlossen." Die Königinn brach dieses dornigte Gespräch ab und gab ihm eine leichtere andere Wendung. *) Man ging darauf zu Tische, bei welchem prächtigen Diner Napoleon den Wirth machte und die Königinn zur rechten, der König zu seiner linken Seite saß. Der König, ernst und in sich gekehrt, sprach wenig, aber treffend und gut. Ohne alle politische Beziehung, wenigstens nicht ausgesprochen, war von jugendlichen Erinnerungen die Rede und der König brauchte das Wort: die Wiege. Napoleon lachte auf seine Art und machte die Bemerkung: „Wenn der Junge erwachsen ist, vergißt er die Wiege, und diese wird bei Seite geschafft." „Ja," antwortete der König, „aber die Ab= und Anstammung kann man nicht vergessen und der gute Mensch siehet mit Nachdenken, Gefühl und Dank die Wiege an, worin er als Kind gelegen." Diejenigen, welche den König in diesem Augenblick beobachtet, versichern, es habe in Seiner Stimme und

---

*) Aus der mündlichen Mittheilung eines anwesenden Ohren= und Augenzeugen.

in Seinem Tone etwas Eigenes, Bezeichnungreiches, gelegen.
Wahrscheinlich dachte Er in Schmerz an die Seinem Hause
angestammten alten Provinzen, die Er abtreten sollte. Un=
fähig, sich zu verstellen, war Ihm in dieser Nähe nicht wohl.
Er antwortete noch kürzer, als es Seine Gewohnheit war, doch
stets fest und männlich. Napoleon nannte nachher dieß: „stätsch."
Er und seine Wahrhaftigkeit blieb in jedem Augenblick, auch
dem verhängnißvollen, sich selbst treu. Er überließ lieber
die Unterhaltung Seiner gewandten Gemahlinn, die bei al=
ler Treue und Unschuld des Charakters mehr die Sprache
in Ihrer Gewalt hatte und sich leichter in beliebte Formen
gewandt schmiegen konnte. Mit vieler Klugheit vermied Sie
politische Corden, und ohne dem mächtigen Französischen
Kaiser zu schmeicheln, was Sie nicht konnte und wollte,
sprach Sie viel und, Ihrer Ueberzeugung gemäß, mit
Achtung und Wohlwollen von der damaligen Kaiserinn Jo=
sephine. Der Kaiser war von der Königinn Luise ganz ein=
genommen. Eine solche weibliche Anmuth und Würde war
ihm noch nicht vorgekommen. Seine Bewunderung wuchs
mit jedem Augenblick und er sagte nachher zu Talleyrand:
„Ich wußte, daß ich eine schöne Königinn sehen würde, und
ich habe die schönste Königinn und zugleich die interessanteste
Frau gefunden": ein Urtheil des Mannes, der zuvor die
Königinn bei jeder Gelegenheit verhöhnte, sie als eine Intri=
guantinn schilderte und lächerlich machte, zum Beweise, daß
Sie Etwas besaß und Etwas in Ihr lag, was auch
Feinde versöhnen und gewinnen konnte.

Nach dem unglücklichen Frieden von Tilsit, der dem
Könige die Hälfte Seines Königreiches nahm, und die andere
Hälfte in den Händen der Feinde ließ, so daß man sich nicht

frei regen und bewegen konnte, schrieb die Königinn an Ihren verehrten Vater:

„Der Friede ist geschlossen; aber um einen schmerzhaften Preis: unsere Grenzen werden künftig nur bis zur Elbe gehen. Dennoch ist der König größer, als sein Widersacher. Nach Eylau hätte Er einen vortheilhaften Frieden machen können; aber da hätte Er freiwillig mit dem bösen Prinzip unterhandeln und sich mit ihm verbinden müssen; jetzt hat Er unterhandelt, gezwungen durch die Noth, und wird sich nicht mit ihm verbinden. Wir sind moralisch frei geblieben; das wird zur politischen Freiheit führen. Ich bin gewiß, lieber Vater! Preußen wird dieser schmähliche Friede und die Art und Weise, wie er geschlossen, einst, wenn ich es auch nicht erlebe, über kurz oder lang, Segen bringen. Auch hätte der König einen treuen Alliirten verlassen müssen; das wollte, das konnte Er nicht, der die Treue und Wahrheit selbst ist. Noch einmal: diese Handlungsweise wird Preußen einst Glück bringen, das ist mein fester Glaube.“

In diesem festen Glauben, den das Unglück immer tiefer wurzeln ließ, sah die herrliche, wahrhaft erlauchte Frau die großen Begebenheiten der Welt und ihren Gang an. So räthselhaft und verworren er auch schien, so wurde Sie doch nicht irre und wankend in Ihrem Vertrauen auf die göttliche Weltregierung. In dieser war das Sittliche die Hauptsache, um welche sich alles Aeußere nur als Schale anschließt, die abfällt von selbst, sobald der Kern reif ist. Mit sinnigem Blick betrachtete Sie die großen Analogieen zwischen den Erscheinungen der Natur und den Begebenheiten der Welt. Wie in jedem einzelnen Menschen, so sei in Allen, also auch in ganzen Völkern und Nationen, wenngleich in mannigfachen

Modificationen und Gradationen nach dem Standpunkte
der Cultur, das Sittengesetz, oder die moralische Natur, der
feste Punkt, um den sich Alles drehe und bewege. — Dieß
sei der goldene Faden, der durch alle Jahrhunderte in
der Geschichte der Völker fortlaufe. Sie glaubte als gleichbleibende Regel und als leitenden Grundsatz zu bemerken und
in den Begebenheiten der Welt zu finden, daß durch Sitten-
losigkeit und Uebermuth, durch Stolz und Sicherheit ver-
derbte und eingeschlafene Völker, durch natürlich einbrechen-
des Unglück gezüchtiget und durch Leiden und Drangsale
gestählt und gebessert, wieder gehoben und mächtig würden.
Wenn Sie in diesem moralischen Kreislaufe, der gleichwohl
ein fortschreitender zum Besseren sei, auf der einen Seite,
eine Demüthigung in Ihrem Schmerze fand, so fand Sie
darin auf der andern Seite Erhebung, Trost und Hoffnung.
Darum verzagte Sie nicht. Es hatte sich zwar in Ihrer
Gemüthsstimmung eine gewisse Wehmuth eingefunden; aber
da diese nicht Weinerlichkeit, sondern mit Klarheit und Lebendigkeit verbunden war, so machte diese Ihren weiblichen
Charakter um so anziehender. Dazu kam, daß Sie nur
mit Geistesverwandten über Ihre Lage und die Leiden der
Zeit sprach; im gewöhnlichen Leben war Sie heiter und
man merkte es Ihr nicht an, daß Sie in einsamen Stunden ernsten Betrachtungen nachhing. Ihre Frömmigkeit war
nicht (was man durchgängig bei schwer geprüften Frauen
findet) eine gedrückte, weinerliche, sondern, zum Beweise der
Gesundheit und Wahrheit, eine ruhige und heitere, so daß,
wenn man Sie sah und sprach, man hätte glauben sollen,
es mangle Ihr gar nichts und es wäre Alles so, wie
es sein sollte. Sie las und studirte, wie schon oben bemerkt, Geschichte, besonders die ältere, und fand darin

Trost und Aufheiterung. Sie erbaute sich am Meisten, wenn Sie sogenannte profane Schriften las. So schrieb Sie unter Anderem an den alten Herzog, Ihren Vater, vor dem Sie, eine gute Tochter, am Liebsten Ihr Herz ausschüttete: „Ich lese viel und denke viel, und, wenngleich von Leiden und Leidenden umringt, giebt es Tage, mit denen ich zufrieden bin, besonders dann, wenn ich aus den Begebenheiten der Vergangenheit, selbst den unglücklichsten und verhängnißvollsten, lerne, wie gerade sie das Mittel und der Weg zu Größerem, zur in der Hitze gereiften Tugend, geworden sind. Es ist wahr, daß die Menschen und die Gegenwart keinen Antheil daran haben, in meinem Innern bereitet sich Alles. Das Bedürfniß, in Idealen zu leben, war mir von jeher eigen und gehört zu meiner Natur. Vor allen Dingen (darauf kommt Sie am Liebsten und immer wieder zurück) ist es die Freundschaft des Königs, Sein Zutrauen und Seine liebevolle, zarte Begegnung, welche mein Glück ausmachen. Der König ist herzlicher und besser, als je, für mich. Großes Glück und große Beruhigung für mich nach 14 jähriger Ehe; wir sind uns neu geblieben und unentbehrlich geworden."

Bei jeder schicklichen Gelegenheit, aber auch nur bei dieser, denn Sie war bei aller Offenherzigkeit doch nicht geschwätzig, sprach Sie Ihre Gedanken und Ansichten über Gegenwart und Zukunft, über den Gang und die Lage der Dinge aus, und Sie that es um so lieber, da Sie auch hierin mit dem Könige übereinstimmend dachte. Mit Ihm theilte Sie zwar den Schmerz über die vernichtenden Bedingungen des Tilsiter Friedens; aber Sie empfand es mit Dank, daß der Preußische Staat, der ganz in den Händen des siegreichen Feindes war, nicht ganz vernichtet wurde. Es war von ihm so viel übrig geblieben, daß sich das neue Werk denn doch an das alte wieder anknüpfen ließ. Deßhalb war Sie ohne Murren und mißbilligte dasselbe bei Anderen. Sie tadelte gewaltsame Maßregeln und Eingriffe, welche das Uebel nicht heben, sondern leicht dasselbe, wenn sie mißlangen, härter und ärger machen konnten. Deßhalb versprach Sie sich von dem sogenannten „Tugendbunde" wenig; und noch weniger der König. Er duldete ihn, oder vielmehr Er that, als wenn er nicht da wäre, und ging ruhig Seinen Weg. Mit Ihm war die Königinn der Ueberzeugung, daß die Zeit und ihre große Sache in den Händen der göttlichen Vorsehung liege und ihre Fügungen und Winke in wirklichen Begebenheiten abgewartet werden müßten. Dieß Vertrauen dürfe aber kein unthätiges sein, sondern Alles, was gethan werden müsse, um eine bessere Zukunft herbeizuführen, müsse geschehen. Vorzüglich zeichnet sich in dieser Beziehung ein Schreiben der Königinn aus an den damaligen Probst Hanstein, der Sie gebeten hatte, das zum Besten armer Kinder errichtete Institut „Luisen=Stift" nennen und unter Ihr Protectorat stellen zu dürfen. Sie antwortete darauf eigenhändig Folgendes:

„Neigung zum Wohlthun war von jeher ein hervorstechender Zug in dem Charakter der Berliner; nie hat sich derselbe schöner entwickelt, als in dem eben beendigten unglücklichen Kriege, und durch die von Ihnen, würdiger Herr Probst, angezeigte Stiftung zum Unterhalte, Erziehung und Unterricht unberathener Knaben von armen noch lebenden Eltern. Für Waisen fehlt es nicht an Stiftungen mancherlei Art; aber an Hülfsbedürftige aus der genannten Klasse

war nicht bisher gedacht. Diese Anstalt verdient daher allgemeinen Dank und lebhafte Theilnahme. Ich aber bin
sehr gerührt durch den zarten Beweis von Achtung, Ver-
trauen und Liebe, den die Stifter nach Ihrem Schreiben
vom 12. dieses Monats mir dadurch gegeben, daß sie die
Stiftung nach meinem Namen nennen und unter meinen
Schutz stellen wollen. Mit Freuden nehme ich nicht nur
Beides an, sondern übernehme auch die nach dem Etat aus-
gemittelten Unterhaltungskosten für vier Zöglinge, indem ich
Sie, Herr Probst, ersuche, solche auszuwählen, und nach
Inhalt des Reglements ihnen einen Vormund zu setzen.
Beikommende 100 Stück Friedrichsd'or bitte ich zur ersten
Einrichtung der Anstalt zu verwenden. *) Der Krieg, der
so viel unvermeidliches Uebel über die Nation brachte, deren
Landesmutter zu sein mein Stolz ist, hat auch manche schöne
Frucht zur Reife gebracht und für so vieles Gute den Sa-
men ausgestreut. Vereinigen wir uns, ihn mit Sorgfalt zu
pflegen, so dürfen wir hoffen, den Verlust an Macht
durch Gewinn an Tugend reichlich zu ersetzen.
Sie, Herr Probst, haben redlich das Ihrige gethan, nach
diesem Ziele hinzuwirken. **) Mehrere Ihrer würdigen Amts-

---

*) Am Neujahr desselben unglücklichen Jahres 1807 hatte Sie
1000 Thaler in Gold zur Vertheilung an die Hülfsbedürftigen
durch das Armendirectorium geschickt: eine für die damalige
trübselige Zeit, in der Sie sich selbst behelfen mußte, große
Summe. Aber Sie gab fröhlich, was Sie hatte, und wenn
Sie selbst kein Geld hatte, gab Sie das Umschlagetuch, das
Sie eben trug. Siehe 2ten Theil, 1ste Hälfte, S. 227 dieser
Schrift.

**) Damals lebende und wirkende Männer, wie Sack, Ribbeck,
Hermes, Schleiermacher, und mehrere Andere, standen unstreitig

brüder haben mit Ihnen gewirkt. Sie haben dadurch in den Berlinern den Geist erweckt und erhalten, in welchem allein

---

höher; doch gehört auch zu ihnen der Probst Hanstein und sein Name wird immer, wenn jener Zeit gedacht wird, unter den würdigen Geistlichen in Ehren gedacht werden. Er war ein Mann, der theologische Bildung und Popularität glücklich mit einander verband. Er war ein vorzüglicher Prediger, den der gemeine Mann und der Gebildete gern hörte. Die praktischen Wahrheiten des Christenthums trug er in einer angenehmen Sprache zeitgemäß mit einem sonoren und wohlklingenden Organe so vor, daß er, vorzüglich früher, in Tellers, seines Amtsvorgängers, Zeiten, leerer nun eine volle Kirche hatte. Er war ein Mann des Volkes und in seinem menschenfreundlichen Charakter, wiewohl er in complicirten Aemtern lebte und wirkte, und seine Zeit und Kräfte sehr in Anspruch genommen waren, doch immer bereit, Jedermann zu helfen. In der schweren Zeit 1806 — 1812 gab es viele Unglückliche; aber fast jede Collecte übernahm er, und sein geliebter, Vertrauen erweckender Name stand immer an der Spitze. Er war in dieser Beziehung sehr glücklich, und dieß wohl fühlend, und von dem Weihrauch, den der große Haufe ihm streute, berauscht, nahm er eine gewisse Gravität an, die zu seiner körperlichen Kleinheit nicht gut passen wollte. Der schlichte und einfache, aber besonders in früherer Zeit satyrische und humoristische Schleiermacher machte bei jeder Gelegenheit diese Würde, wo ihm und seinem scharfen Geiste nicht genug dahinter war, lächerlich, und in seiner geharnischten Schrift gegen den G. O. J. R. Schmalz sagt er unter Anderem: „es blieb mir in der bangen Stunde (wo er und Hanstein, citirt, vor dem Französischen Gouverneur in Berlin standen) nur der einzige Trost über, de= und wehmüthig hinzublicken nach dem strahlenden Haupte unsers allverehrten Herrn Probstes Hanstein." Uebrigens gereicht es demselben zur unvergänglichen Ehre, daß er in der gefährlichen Zeit in seinen Predigten Liebe, Treue und Anhänglichkeit für den rechtmäßigen König, Sein Haus und Seine Sache, mit großer Gewandtheit und Freimüthigkeit zu stärken und zu be=

man sich im Unglück mit Würde betragen kann. Dadurch
ist das Band der Liebe, welches die Nation mit ihrem Herr=
scher verbindet, nur um so fester geknüpft worden; sowie die
Freude des Wiedersehens, wonach die Sehnsucht wechselseitig

festigen suchte. Da die meisten seiner gern gehörten Kanzel=
vorträge oft in mehreren Auflagen gedruckt wurden, so wirkte
er auch auswärts viel Gutes; wiewohl die ebenfalls gedruck=
ten Predigten von Ribbeck, Sack und Schleiermacher, gründ=
licher, logisch geordneter, geistreicher und lehrreicher sind.
Im Leben war Hanstein exemplarisch; mit großer Vorsicht
wachte er über seine Zunge und seine Schritte, und sein Haus
war der Wohnsitz der Gastfreundschaft. Er starb, weil er Al=
les weggab, in dürftigen Umständen, und sein von Berlin ge=
feiertes Begräbniß bewies die große Liebe und Achtung, die er
in der Stadt genossen.

Gern gedenke ich bei dieser Gelegenheit seines Bruders,
des Predigers Hanstein zu Potsdam an der Nicolaikirche. Er
ist weniger bekannt; aber es war ein würdiger Mann und sein
Andenken lebt noch in Segen fort. Er war ein gewissenhafter
Diener der Gemeinde und besaß die schöne Gabe, gründlich,
biblisch, zeitgemäß und natürlich beredt, angenehm zu sprechen.
Seine nachgelassenen gedruckten Predigten sind davon ein satt=
samer Beweis. Im Umgange war er bescheiden und demüthig;
er ging still einher; in seinem Charakter und in seiner Stimme
lag eine Wehmuth, die wohlthuend war, weil sie eine feste
Männlichkeit hatte. Er lebte nur seinem Amte, den Gemeinde=
gliedern, und vorzüglich den Armen. Als Sekretair der Bibel=
gesellschaft war er derselben sehr nützlich und beförderte die
Verbreitung der heiligen Schrift auf eine ihrer göttlichen Würde
angemessene Weise. Die mit ihm in Amtsgeschäften und Freund=
schaft verlebten Stunden zähle ich zu den besten. Weil er
mehr war, als er schien, wurde er oft verkannt, und erst nach
seinem Tode, der ihn im Berufe überraschte, erst recht gewür=
diget. **Ave pia anima.**

gleich groß ist, desto reiner sein wird. Ihre wohlaffec-
tionirte Luise."

Memel, den 31sten August 1807.

Das große Drama der Zeit war nach dem Tilsiter
Frieden in einem Acte geschlossen und jeder Patriot fühlte,
daß die große Angelegenheit damit nicht zu Ende sei, wiewohl Keiner einsah, wie und woher die ändernde Hülfe kommen sollte und könnte; Jeder fürchtete nach dieser bösen Zeit
vielmehr eine noch bösere. Der Kaiser Napoleon, den ein
unersättlicher Ehrgeiz trieb und drängte, war froh und glücklich, den mächtig geglaubten König von Preußen gedemü-
thigt, und mit der Hälfte seines Reiches bereichert, sich größer und mächtiger gemacht zu haben. Er stand damals auf
dem Culminationspunkte seiner Stärke, dem kein Ding unmöglich schien; selbst Johannes Müller, bis dahin Preußischer
Historiograph, sprach ohne Scheu das blasphemische Wort
aus: „Gott habe dem allmächtigen Sieger die Welt übergeben." In dieser Selbstvergötterung sah man ihn damals
als einen wunderbaren Mann an; seine Soldaten nannten
mit Begeisterung seinen weltberühmten Namen, und Jeder,
der in seine Nähe kam, beugte sich und zitterte vor ihm.
Selbst der Kaiser von Rußland, Alexander, scheint von ihm
eine große Meinung gehabt zu haben. Den Französischen
Heroismus hatte die Tapferkeit der Russischen Truppen nicht
besiegen können; sie mußten, als stumpf vor der größeren
Schärfe, die Waffen niederlegen; und doch ist es die Frage,
ob der Tilsiter Friede ohne den Einfluß des Russischen
Kaisers nicht noch kläglicher ausgefallen sein würde. Beide
kehrten, freilich mit ganz verschiedenen Empfindungen, der
Eine nach Paris, der Andere nach Petersburg zurück.

Beide nahmen mit militairischem Prunke Abschied von einander.

Die Stadt Tilsit ist von Süden nach Norden von einer
breiten und großen Straße durchschnitten. Kaiser Napoleon
wohnte an ihrem nördlichen Ende; für Kaiser Alexander war
in einem Hause am südlichen Ende der Straße ein Absteige-
quartier bereit gehalten; neben diesem Hause ging die Sei-
tenstraße zum Memelstrome hinab. Am 13ten Juli 1807,
Morgens 9 Uhr, ertönte die prachtvolle Regimentsmusik der
unter Anführung des Großfürsten Constantin in die Stadt
einrückenden Russischen Garden. Es war das glänzendste
Truppencorps, das man sehen konnte, und das in dicht auf-
einander geschobenen vierfachen Reihen sich auf der westlichen
Seite der Straße vom Quartiere Alexander's bis zu dem
Napoleon's aufstellte. Gleichzeitig marschirten von einer andern Seite her die Französischen Garden auf, und besetzten
die östliche Seite der Straße zwischen den beiden kaiserlichen Quartieren. Die Französischen Garden waren der
Zahl nach geringer, als die Russen, und diesen, ausdrucksvollen orientalischen Ansehens, gegenüber, erschienen die Franzosen klein und schmächtig. Die Regimentsmusiken der beiderseitigen Truppen spielten abwechselnd. Die Soldaten
standen still, mit feierlichem Ernste sich einander gegenüber,
und Sieger und Besiegte hatten sich so nahe wohl noch nie
angesehen; doch bemerkte man in den Physiognomien und
in der Haltung der Franzosen siegreichen Hohn, und bei
den Russen Verbissenheit. Plötzlich erschien Kaiser Alexander
in größter Galla zu Pferde, umgeben und gefolgt von einer
glanzvollen zahlreichen Suite, und ritt inmitten der aufgestellten Truppen zum Kaiser Napoleon. Es dauerte nicht

lange, so kehrten beide Monarchen zu Pferde auf demselben Wege zurück. Napoleon war im einfachen grünen Rocke mit dem kleinen dreieckigen Hute, wie man ihn gewöhnlich abgebildet siehet. Sein Auge war scharf, messend und ernst, auf die Russischen Garden gerichtet. Man ritt langsam; seinen Mund umspielte ein ganz eigenes feines Lächeln. Am rechten Flügel der Russen angelangt, hielt Napoleon sein Pferd an, und schien, nach den höflichen Verbeugungen Alexander's und Constantin's, verbindliche und angenehme Aeußerungen über die Russischen Truppen zu machen. Es war eine interessante Scene, drei verschiedene hochgestellte Männer, den mächtigen Französischen, den gewandten Russischen Kaiser, und den Großfürsten mit seinem asiatischen Gesicht und Wesen, nach blutigem Kampfe in diplomatisch artiger und höflicher Weise in dieser Gruppirung unter solchen Umständen zu sehen. Nachdem dieß vorüber war, zog der Kaiser Napoleon aus der Westentasche ein Ordenskreuz hervor. Auf das Commando Constantin's trat der riesenartige Flügelmann hervor, und der Französische Kaiser reichte es ihm unter verbindlichen Aeußerungen, die er diesem und dem ganzen Corps machte. Als dieser das Zeichen der Ehre und Tapferkeit zum Andenken im Namen Aller empfangen hatte, ertönte von allen Seiten ein donnerndes Hurrah bei dem Wirbeln hundertfältiger Trommeln, und der Freudenschall der Militairmusik stürmte dazwischen. Die beiden Kaiser reichten sich brüderlich die Hände, Constantin lächelte faunenhaft, und Alle ritten langsam nach dem Quartier Alexander's, wo sie abstiegen und in welches dieser seinen kaiserlichen Freund zum Frühstück hineinführte. Nachdem sie solches eingenommen, kehrten sie zurück, bestiegen wieder die Pferde, und ritten an dem Memelstrom hinab, wo Barken

in Bereitschaft lagen. Noch lange sprachen die gekrönten
Herrscher und der Großfürst, währenddem das glänzende Gefolge in ehrerbietiger Entfernung stand, unter gegenseitigen
Höflichkeitsbezeigungen miteinander, und sie umarmten sich
zu verschiedenen Malen herzlichst. Der Russische Kaiser und
Constantin bestiegen das für sie bestimmte prächtige Schiff;
die übrigen dazu Gehörigen die andern Kähne. Man stieß
ab und unter dem donnernden, lange anhaltenden Hallen
und Verhallen der Kanonen fuhren durch die schäumenden
Wellen in harmonischen Ruderschlägen die Russischen Schiffe
vorüber und weiter. Napoleon blieb mit entblößtem Haupte
so lange am Ufer stehen, bis die kaiserliche Barke die Mitte
des Stromes erreicht hatte; dann schwenkte er zum Abschieds-
gruße nochmals seinen Hut, empfing in tiefen Verbeugungen
die gegenseitige Erwiederung, bestieg seinen arabischen Schim-
mel und galoppirte nach seiner Wohnung zurück.

Die beiderseitigen Garden waren inzwischen wieder ab-
marschirt, die Russischen in das Lager zurück, die Französischen nach Königsberg, um dort mit ihrem Kaiser beisam-
men zu sein, und die kurz vorher erfüllten Straßen der
Stadt waren nun wieder öde und still. Es hieß aber:
Nachmittags würden noch andere Französische Feldtruppen
aus dem Lager in die Stadt rücken. Es mochte etwa 3 Uhr
Nachmittags sein, als die angesagten Französischen Feldtrup-
pen, die sogenannte Löffelgarde, bei dem Quartier ihres
Kaisers vorüber in die Stadt einzogen; kleines bewegliches
Volk und nicht zu wohl accostumirt. Die ganze Breite der
Straße war von ihnen eingenommen, und sowie sie das
Haus des Kaisers hinter sich hatten, liefen sie, Gewehr über,
pêle-mêle durcheinander wie die Ameisen. In diesem

Augenblick erschien plötzlich eine hohe, edle Gestalt zu Pferde, angethan mit einem ganz einfachen grauen Oberrock mit hoch aufstehendem rothen Kragen, gefolgt von einem Reitknechte, wie als wenn er nicht zu dem reitenden Herrn gehörte. Es war unser König; Er war mitten unter die Französischen Truppen gerathen, und sah sich genöthiget, Sein Pferd ganz langsam vorschreiten zu lassen. Wie gewöhnlich sah Er sehr ernst, doch ruhig und wohlwollend aus. Seine Gesichtszüge hatten etwas, was Sympathie einflößte, und Seine ganze Haltung und Gestalt etwas Königliches. Er besaß eine stille Gewalt über die Gemüther der Menschen. Dieß fühlte Jeder, wer Ihn ansah, und hat sich bei jeder Gelegenheit geltend gemacht. So auch hier; denn mit Einemmale änderte sich die Scene. Ein Französischer Soldat rief: „C'est le Roi de Prusse. Le Roi de Prusse — le Roi de Prusse!" ertönte es weiter und weiter in der durcheinander laufenden Menge. „Ah! voyez le brave, le vertueux, le malheureux prince;" — und ohne daß man ein Offiziercommando vernahm, schlossen sich plötzlich die Reihen der Soldaten; die Gewehre wurden angezogen; Alles ordnete sich schnell in Glieder; die Gesichter waren militairisch nach dem Könige gerichtet, und bei geöffnetem Wege ritt Er ruhig durch, mit Ernst und Würde, und die Truppen sahen Ihn an in ehrerbietiger, militairischer Stellung. Er blieb sich aber in Seiner würdigen Haltung ganz gleich und begrüßte im Weiterreiten die Soldaten durch mehrmalige Berührungen des Czacko's mit der Hand, die Er bekanntlich auf eine eigenthümliche Art hob und senkte. Alle Umherstehenden freuten sich; aber Er selbst wußte nichts von dem Triumphe, der Seinem persönlichen Werthe und Seinem Edelmuth gebracht wurde; gebracht durch herzliche Theilnahme des ge=

meinen Soldaten, nicht auf Commando, sondern aus freiem Antriebe. Die schlichte, einfache Begebenheit, die nicht vorbereitet war, sondern, vom Zufalle herbeigeführt, sich von selbst machte, berührte das Herz; wogegen die Glanz=Prachtaufzüge am Morgen, als vorbereitet und künstlich wie ein Theateract angelegt, nicht nur kalt vorüber gingen, sondern sogar eine gewisse Erbitterung erweckten. Für mich *) und Andere, die umher standen, war der Augenblick ergreifend und rührend, und ich habe mich gern und oft daran erinnert.

Und wer denkt nicht gern daran, daß der König zur Zeit Seiner tiefsten Erniedrigung sich nie niedrig und kriechend gegen Seinen mächtigen Gegner benahm? Er bewahrte und behauptete Seine persönliche Würde; gab keine schmeichelnden Worte, weil Heuchelei Seiner Natur zuwider war, ging ruhig und fest durch alle Lagen und Verhältnisse, wie traurig sie auch sein mochten; blieb sich selbst gleich. Er war, der Er war, und stand moralisch höher, als Sein Schicksal. Diejenigen, welche Ihn und Seinen inneren Gehalt nicht kannten, verkannten Ihn und hielten Seine Ruhe und Seinen inneren Frieden für Trotz und Verbissenheit,

---

*) Ich verdanke mit dem vaterländischen Publicum die Mittheilung dieser köstlichen Lebensscene aus der Geschichte des Königs Friedrich Wilhelm III. einem Augenzeugen, den jetzigen Provinzial=Steuerdirector für den Regierungsbezirk D. und M., Herrn Geheimen Ober=Finanzrath M., der sich zu dieser Zeit in Militairverpflegungs=Angelegenheit in Memel und Tilsit aufhielt. Dieser ausgezeichnete Staatsmann war Zögling und Liebling des Ministers von Stein.

besonders Seinem Feinde, den Französischen Kaiser, in den
Tagen des unglücklichen Friedensabschlusses, persönlich gegen=
über. Daher die Aeußerung: „Sire! ich bewundere die Ruhe
Ihrer Seele bei so vielem Unglück"; und nachher, weil er
nichts bewundern wollte, und Ruhe der Seele und ihre
Quellen nicht kannte, die verächtliche, höhnende Sprache:
„Er ist stätsch, wie ein schlecht zugerittenes Pferd." Alle,
die den König in diesen verhängnißvollen Tagen beobach=
teten, stimmen in Seiner Beurtheilung darin überein, daß
Er nicht aus Seiner Fassung gekommen. Der nächsten Um=
gebung des Französischen Kaisers war dieses Verhalten des
Königs von Preußen so befremdend und auffallend, daß sie
äußerten: „Er benimmt sich, als wenn Er Sieger, und wir
die Besiegten wären." Die so urtheilten, wußten freilich
nicht, daß es eine stille Größe der Seele giebt, die mäch=
tiger ist, als das Glück, wenn es hebt, und das Unglück,
wenn es stürzt. In Beidem, da wo der König besiegt in
Tilsit, und wo Er siegreich in Paris war, war und blieb
Er derselbe, Seine Grundsätze waren stärker und fester als
die Erscheinungen der Zeit.

Indessen war der König froh, den Französischen Kaiser,
mit dessen Denkart und Gesinnung Er nicht sympathisirte,
nicht mehr in der Nähe zu haben, und nachdem Er die
dazu erforderliche Zeit abgewartet und die nöthigen Vorkeh=
rungen getroffen, reiste Er mit Seiner treuen Lebensgefähr=
tinn, der Königinn, nach wiederholter herzlicher Einladung
nach Petersburg. Die Reise hin und zurück, der Aufenthalt
in der prächtigen Russischen Residenz und in den benach=
barten Schlössern, waren reich an Aufmerksamkeiten, Hul=
digungen, Hof= und Stadt=, Militair= und Kirchenfesten,

Geschenken aller Art. Alles war vereinigt, was den Aufenthalt der hohen Gäste angenehm machen konnte. Der Ernst und die Würde des Königs und die Anmuth und Freundlichkeit der Königinn gewann auch hier Aller Herzen. Sie sprach gern von Ihrem Aufenthalt in Petersburg; weniger von den Festen, die Ihr und dem Könige zu Ehren gegeben, als wie von dem, was Ihr Herz dort gefunden. In dieser Beziehung war die Kaiserinn Mutter, eine hohe und kräftige Frau, Ihr vorzüglich auch darum wichtig, weil sie, bekanntlich, allen weiblichen Anstalten, die sie zum Theil selbst gestiftet, mit praktischer Lebensweisheit vorstand, und mit denselben, insofern sie in Petersburg waren und blühten, die Königinn durch einen fleißigen Besuch bekannt machte. Ganz besonders aber fühlte Sie sich hingezogen zu der Kaiserlichen Gemahlinn, der Kaiserinn Elisabeth. Diese hohe Frau vereinigte Geist und Herz, war aber zur Schwermuth geneigt. Sie liebte die Einsamkeit und ihre stillen geistigen Genüsse. Erzogen und gebildet von ihrer trefflichen Mutter, der würdigen Markgräfinn von Baden, (die für mehrere Throne in Europa ihre liebenswürdigen Töchter erzog) hatte sie das stille Bruchsal liebgewonnen, und weniger stimmte sie überein mit dem geräuschvollen Leben an dem prächtigen Hofe zu Petersburg.

Beide, sie und die Königinn, stifteten einen innigen Freundschaftsbund für Zeit und Ewigkeit. Beide hingen mit zärtlicher Liebe aneinander und wurden sich immer werther und unentbehrlicher. Die Königinn gedachte ihrer oft und gern, und erwähnte mit Begeisterung, wie Ihr eine Freundinn geworden sei, die Sie nicht genug achten könne und deren große und schöne Eigenschaften Sie für immer an

sie fesseln würden. Die Königinn Luise hatte das, allen vor=
züglichen Frauen eigene Talent, bei Ihrer vielseitigen Bil=
dung und allumfassenden Liebe, sich schnell mit richtigem
Tacte in die eigenthümliche Denk= und Gefühlsweise An=
derer hineinfinden zu können.

· Die Rückreise des Königs und der Königinn mit den
Königlichen Kindern nach Berlin glich, wenngleich das Un=
glück im reichsten Maße über Sie ausgeschüttet war, dennoch
einem Triumphzuge. Ungern trennte sich die Königinn von
Königsberg; denn wenngleich Sie eine sehr traurige Zeit dort
verlebt hatte, so war diese doch versüßt durch die Achtung,
Liebe und Anhänglichkeit seiner Bewohner; und dann war
Sie reicher geworden als Mutter; mit 5 Kindern war Sie
hingezogen, mit 7 kehrte Sie zurück. Oft überfallen das
Herz, besonders das weibliche, welches mehr in Gefühlen,
als in Ideen lebt, unerklärliche bange Ahnungen. In der
Regel sind sie das räthselhafte Spiel der regellosen Einbil=
dungskraft und nichts mehr als Träume, bald frohe, bald
traurige, und jene und diese sind bald vergessen; zuweilen
sind aber auch, besonders in reinen Gemüthern, Ahnungen,
prophetische Stimmen, die tief in der Seele ankündigen, was
werden und kommen kann, und unvermeidlich kommen wird.
Es ist dieß eine Erscheinung, die wir in den ältesten Zeiten schon
finden, und die mehr oder minder mit der übersinnlichen Welt
und durch diese mit der Gottesfurcht zusammenhängt. Grie=
chen und Römer reden viel vom Genius und einem gött=
lichen Anhauche. Je tiefer indeß die Wissenschaft in die Gründe
der rationalen und empirischen Psychologie bringt, und je
aufgeklärter ein Zeitalter wird, desto häufiger verlieren sich
Ahnungen, die mehr ein Product der Dämmerung sind, als

der Wahrheit und des Lichtes. Ob dieß in der Natur der
Sache liegt, nach welcher die Unwissenheit den Aberglauben
erzeugt, und die Zunahme an Licht dem Glauben nicht
immer günstig ist, oft sogar Unglaube und Indifferentismus
wird, bleibe hierununtersucht. Genug es giebt Ahnungen, *)

---

*) Es sei dem Referenten vergönnt, von den vielen Ahnungen,
die er kennt, nur zwei, deren Gewißheit er verbürgen kann
und deren Gewicht und Nützlichkeit der Erfolg rechtfertigt,
hier anführen und erzählen zu dürfen. Es war den 12ten December 1805, als mit dem Concionator der katholischen, dem
Prediger der lutherischen, der reformirten Gemeinde und deren
Rentmeister, der Prediger N. zu M. den gewöhnlichen jährlichen Umgang von Haus zu Haus der Stadt hielt, um die
Subscription der Einwohner zur Armenpflege für das Jahr
1806, nach den Grundsätzen und der Einrichtung der dortigen
Armenanstalt, einzuholen. Sie waren bis an das Clevische Thor
gekommen, als sie bei dem in der Nähe desselben wohnenden
Bürgermeister, dem Assistenzrath W., kamen, um bei den Director des Armendirectoriums Rechenschaft über das Resultat
ihrer Bemühungen abzulegen. Hier blieben sie und ruheten
bei freundschaftlicher Bewirthung von ihrem mühevollen Tagewerke aus. Es wurden allerlei lustige Schnurren über die gehabten Collecten erzählt, unter andern auch, daß durchgängig
das weibliche Geschlecht karger und an sich haltender bei der
Subscription gewesen wäre, als das männliche, und daß manche
drollige Scene dabei zwischen Mann und Frau, wenn jener
mehr geben wollte als diese, vorgefallen sei. Auf einmal, ohne
allen historischen und psychologischen verbindenden Zusammenhang, überfällt den P. N. ein seltsames Gefühl, dem er noch
jetzt keinen rechten Namen zu geben weiß; es war ein sonder-
bares Gemisch zwischen Freude und Traurigkeit. Es war ihm,
als wenn er eine Stimme von innen heraus hörte, die ver-
nehmlich und deutlich sagte: „in diesem Augenblick geschieht Etwas, was dein Schicksal aus seinen Angeln hebt." Er verschwieg, was er fühlte und gehört hatte. Er schämte sich, es
zu sagen; es wurde ihm aber wunderlich zu Muthe, so daß er

wie die besten und ernstesten Menschen wissen, und in ihrem
wunderbaren Anhauche schrieb die Königinn folgende Worte

Unwohlsein vorschützte, sich entfernte und nach Hause ging, wo
er Alles in guter heiterer Ordnung fand. Seiner Frau, für
die er kein Geheimniß hatte, erzählte er das Erlebte und trug
es genau und pünktlich in sein Tagebuch ein. Des andern
Tages theilte er seinen Aeltern, denen er Alles sagen konnte,
das Vorgefallene mit. Der Vater, der gern die Schriften von
Lavater und Jung Stilling las, erklärte es ernst und gottesfürchtig für eine Ahnung, deren Erfolg abzuwarten sei. Dieser blieb auch nicht lange aus; denn in der nämlichen Woche
am Sonnabend erhielt der Prediger N. einen Brief von B.,
in welchem der damalige Minister v. Th. ihm schrieb, „daß er
(der Prediger N.) allerhöchsten Orts zum Hofprediger in P.
vorgeschlagen sei; er möge im Frühjahr des kommenden Jahres
herüberkommen, um eine Gastpredigt zu halten. Den Erfolg
könne er zwar nicht verbürgen; auf jeden Fall wäre es aber
angenehm, B. bei der Gelegenheit sehen und kennen gelernt zu
haben." Er erstaunte und las den überraschenden Brief wiederholentlich durch. Der Vater fand eine Verknüpfung, und war,
in derselben eine Stimme Gottes hörend, (bath — koll, wie
er sich ausdrückte) der Meinung: er müsse die Aufforderung annehmen und in P. die verlangte Gastpredigt halten. Die treue
gläubige Mutter schwieg; sah aber den geliebten Sohn, den
sie gern in ihrem Alter bei sich behalten hätte, mit ihren treuen
Augen bedeutend an. Er war in einem schweren Kampfe mit
sich selbst. Er wußte aus der Geographie nur, daß es ein P.
in der Welt gab. Er hatte sich um die vacante Stelle nicht
beworben, er war mit der seinigen, die er inne hatte, durch
Liebe und Vertrauen und ein sorgenfreies Auskommen glücklich
und so zufrieden, daß er mehrere, wenngleich einträglichere und
ehrenvolle, ausgeschlagen hatte. Aber das bath — koll machte
ihm viel zu schaffen, bei ängstlichen Tagen und schlaflosen Nächten. Die Ueberzeugung, daß die ganze Sache ohne eigenes
Zuthun von Oben komme, dem man nicht widerstreben dürfe,
trug endlich den Sieg davon. In dieser Ansicht, die ruhig
machte, wurde dann offen und männlich gehandelt. Es lag

in Ihr Tagebuch: „So werde ich denn bald in Berlin zurück sein und wiedergegeben so vielen treuen Herzen, die mich

---

darin Ermunterung und Trost für Gegenwart und Zukunft; und wie er wirklich die Stelle erhalten, erfuhr er von dem expedirenden Secretair, dem Kriegsrath Th., daß der Minister die Sachen, die nach Westphalen gingen, Abends zwischen 5 und 6 Uhr zu unterschreiben pflege; also unterschrieben hatte wahrscheinlich in demselben Augenblick, wo der Prediger R., ohne daß er etwas davon wußte, das Vorgefühl hatte, daß Etwas geschehe, was seinem Lebensgange eine ganz andere Richtung gebe. Bis zu seinem 45sten Jahre hatte er oft solche Anhauche und hörte solche Stimmen; jedoch wurden sie immer seltener, und sie hörten, je klarer er mit der Zunahme der Jahre wurde, zuletzt ganz auf, und er überzeugte sich immer lebendiger, daß Pflicht und Pflichtgefühl des Lebens feste Anker sind.

Noch lehrreicher und klarer ist folgende Thatsache. Der Hofmarschall B. an dem Hofe des Fürsten v. L. D. war von demselben wegen seiner Einsicht, Rechtschaffenheit und Gabe der geselligen Unterhaltung so gern gesehen und geliebt, daß er ohne ihn nicht mehr sein und namentlich keinen Mittag ohne seine angenehme Gesellschaft zubringen konnte. Ganz gegen seine Natur und Gewohnheit war er eines Mittags stille und in sich gekehrt und auf die an ihn deßhalb gerichtete Frage antwortete er: ihn habe eine namenlose Angst überfallen und es treibe ihn nach Hause; er war aber Hofmann genug, zu bleiben, als er darum ersucht wurde. Aber seine innere Unruhe nahm zu, und wie er die Erlaubniß dazu erhalten hatte, eilte er mit verstärkten Schritten. Auf der Haustreppe fand er sitzend seine beiden Kinder, Eduard und Mariechen. Auf die Frage: „wo die Mutter sei?" die eine häusliche Frau war, antworteten die Kinder: „auf dem Hausboden, beschäftigt mit der Wäsche." „Kommet mit," antwortete der geängstigte Vater. „Nein," antworteten sie, „die Mutter hat uns befohlen, stille hier sitzen zu bleiben." Der Vater faßte aber die Kinder mit unruhigem starken Arme, und sie mußten wider ihren Willen mit hinaufgehen. Als er, an jeder Hand eins, mit ihnen auf der Bo-

lieben und achten. Mir wird es bei dem Gedanken ganz
beklommen vor Freude, und ich vergieße viele Thränen,
wenn ich daran denke, daß ich Alles auf dem nämlichen
Platze finde, und doch Alles so ganz anders ist, daß ich nicht
begreife, wie es dort werden wird. Schwarze Ahnungen
ängstigen mich; immer möchte ich allein hinter meinem
Schirmleuchter sitzen, mich meinen Gedanken überlassen. Ich
hoffe, es wird anders werden."

Und es wurde wieder anders. Die herzliche Freude
und Anhänglichkeit aller Menschen aus allen Ständen in
den Gegenden, durch welche der Weg führte, verfehlte ihren
ungesuchten Eindruck nicht. Diese Freude war um so rührender, da sie Menschen äußerten, die als Unterthanen des
Königs von Preußen durch den unglücklichen Krieg großen-
theils verarmt waren. Leiden und unverschuldete Drangsale sind Proben der Liebe und Treue. Wo diese dennoch
bestehen, bestehen unter ungünstigen Einflüssen und Umstän-

---

dentreppe war, hört er mit starkem Geräusch ein Knarren und
Fallen. Seine Angst nahm zu, und er fand seine Frau sprach-
los mit zugehaltenem Angesichte auf der Erde liegen. „Was
ist dir?" fragte der erschrockene Mann. „Ach!" antwortete sie,
„ich bin die unglücklichste Mutter. Ich habe, weil es auf dem
Boden nicht hell genug war, die Luke über der Haustreppe
aufgetreten, und diese, verrostet in den Angeln, ist soeben her-
untergefallen, und gewiß auf unsere Kinder, denen ich geheißen,
da stille zu sitzen." „Siehe! hier sind sie, gesund und wohl!"
war die Antwort des hocherfreuten Vaters, den die Angst des
Herzens nun verlassen, zu der bis zu Freudenthränen gerührten
Mutter. — Die nachher an den Hauptmann v. D. verheira-
thete Tochter, Marie, hat mir diese merkwürdige Begebenheit
selbst erzählt.

ben, da müssen die Wurzeln derselben tief liegen und in das innere Leben eingedrungen sein. Wie Kinder ihren Vater und ihre Mutter empfangen, von denen sie schmerzhaft getrennt waren, und über die Freude des Wiedersehens alle ausgestandenen Schmerzen vergessen, so empfingen die Unterthanen ihren rechtmäßigen Landesherrn und die Landesmutter; sie waren ihnen durch gemeinschaftliche Leiden noch werther geworden. Von allen Seiten liefen die Menschen zusammen, Ihn und Sie zu sehen; sie standen da mit entblößten Häuptern, Thränen wehmüthiger Freude glänzten in ihren treuen Augen; dem Könige that diese Anhänglichkeit wohl, die Königinn aber kam nicht aus tiefer Gemüthsbewegung. Auch das ärmste und kleinste Dorf blieb nicht zurück; Jeder gab willig und freudig, und sollte es nur ein Scherflein sein, zur allgemeinen Freudenbezeigung her.

Es war Winter und er lag mit seinem eigenthümlichen Lichte auf der Gegend ringsumher. Weihnachten war in der Nähe, und mit ihm seine Hoffnungen, seine Christbäume, seine Lichter und stillen Freuden. In Freienwalde waren die Eichbäume mit silbernem Reif geschmückt und die Bergleute sangen unter dem Zuströmen des Volkes mit frischer Lebenslust:

> „Glück auf! Verfahren ist die Schicht,
> Und bei des Christtags holdem Licht
> Seh'n wir den König wieder;
> Wie immer kommt Er uns von Gott.
> Uns glänzt ein schönes Morgenroth,
> Ihm jauchzen unsre Lieder.“

> „Dort sangen Hirten in der Nacht,

Hier singen Bergleut' ohne Pracht
Und kunstlos ihre Lieder.
Gelobt sei Gott! Das Lied ist wahr,
Wie dort das Lied der Engelsschaar,
Wir seh'n den König wieder."

In Weißensee, eine kleine Meile von Berlin, wo Alles, besonders das Landhaus, worin die Königlichen Herrschaften abstiegen, festlich geschmückt war, wurden Sie von Deputationen feierlich empfangen, und die hohe Frau wurde bis zu Thränen gerührt, als Sie von mit Rosenkränzen geschmückten, weiß gekleideten Jungfrauen empfangen wurde und mit einem gesprochenen, überreichten Gedichte ein allegorisches Gemälde, auf welchem der Schutzgeist Berlin's der aufgehenden Sonne die Arme entgegenstreckte, in dem geschmackvollen Saale aufgestellt war. Die Königinn setzte sich darauf mit Ihren jüngsten Kindern in den von der Bürgerschaft Berlin's geschenkten Wagen. Dieser viersitzige prächtige Wagen war von außen reich mit Silber verziert und innen mit Lillasammt*) und Silberstickerei geschmackvoll ausgeschlagen. Als Sie dieß sinnvolle symbolische Geschenk dankvoll annahm, schrieb Sie noch von Königsberg den 1sten December:

„Sie, meine Herren, sind überzeugt, daß Sehnsucht und Freude mich nach Berlin begleiten. Die schönste Ent=

---

*) Lilienfarbe liebte besonders die Königinn. Ein Blindgeborener, der vorzüglich gut hören und fein fühlen konnte, verglich diese Farbe mit dem sanften Tone einer Flöte und das Scharlachroth mit dem einer Trompete. Es ist zwischen der Natur- und Geisterwelt eine wunderbare Analogie!

schädigung für die lange, schmerzliche Trennung ist die Anhänglichkeit und Liebe, wovon ich einen neuen, rührenden
Beweis durch Ihre schriftliche Versicherung von den guten
treuen Bürgern Berlin's erhalte. Mit Vergnügen und herzlicher Dankbarkeit nehme ich das mir angekündigte Geschenk
an, das, als Beweis erprobter Liebe, meinem Herzen stets
theuer, und durch den ersten Gebrauch, welchen ich davon
machen werde, von unvergeßlichem Werthe sein wird. Empfangen Sie als würdige Repräsentanten einer so achtungswerthen Bürgerschaft meinen lebhaftesten Dank und bezeigen Sie dieser solchen mit der Versicherung, daß ich den
Tag mit Ungeduld erwarte und unter die feierlichsten meines Lebens zählen werde, der mich in die Mitte meiner
guten Berliner zurückführt, und an welchem ich Ihnen, meine
Herren, mündlich die Achtung und das wohlwollende Vertrauen bestätigen kann, womit ich bin u. s. f."

In diesem Wagen saß und fuhr jetzt die Königinn mit
Ihren Kindern. Je näher Sie Berlin kam und die Thürme
der Stadt sah, desto lauter schlug Ihr Herz. Die Schlagbäume vor Werneuchen waren mit Blumenguirlanden um-
wunden und an jedem der vier Einwohnerhäuser befanden
sich auf einer antikgeformten Tafel folgende Sehnsucht und
Liebe verkündenden Inschriften:

Willkommen auf gebahnten Wegen.

Vergessen sei der Trennung Schmerz.

Der Freudenruf tönt Dir entgegen.

Für Dich schlägt jedes treue Herz.

In Berlin war Alles in Bewegung und man fah Menfchenmaffen auf den Straßen, in den Fenftern und auf den Dächern der gefchmückten Häufer. Unter feierlichem Empfange, dem Geläute aller Thurmglocken und dem Donner der Kanonen, gefchah am Mittag bei klarem Winterhimmel der Einzug. Ueberall weheten weiße Fahnen und Tücher. Der König ritt langfam, ernft und mild, hinter Ihm der Kronprinz und der Prinz Wilhelm, und dann die Königinn in dem neuen mit 8 Pferden befpannten Wagen. Angekommen vor dem Palais wurde Sie von Ihrem an der Spitze ftehenden erlauchten, ehrwürdigen Vater empfangen, dem Sie mit kindlicher Liebe und unbefchreiblicher Rührung in die Arme fank. Diefe wurde noch durch die Erinnerung vermehrt, daß gerade an dem Tage vor 15 Jahren Sie als Braut, freilich unter ganz andern Gefühlen, Ihren Einzug hielt.

Das Ganze hatte etwas Eigenthümliches. Es war ein Trauer-, und doch ein Freudentag; Beides in einer Mifchung. Ein Trauertag: die Größe und der Ruhm Preußen's war dahin, gedemüthiget war man auf's Tieffte; und was hatte man gelitten, und was litt man noch! Und doch war man froh, den treuen redlichen König und die geliebte Königinn mit den Königlichen Kindern wiederzufehen. Gefühle, widerfprechend, niederfchlagend, und dann wieder fröhlich und erhebend, durchkreuzten fich, ebbeten und flutheten. Jeder fühlte das, und man las es auf's Neue in dem noch ernfter gewordenen Angefichte des Königs, und dem ausdrucksvollen, angenehmen der Königinn, wo die Sonne durch Regenwolken fchien. Man fah in diefen Zügen, was Jeder fühlte. Man konnte fich nicht losreißen von der Er-

innerung trüber Vergangenheit; noch fühlte man den Druck
der Gegenwart, und doch wollte und mochte man sein Herz
heiteren Hoffnungen auf eine bessere Zukunft nicht verschließen. Dieß erzeugte jenes Gefühl, welches unsere Sprache
ausdrucksvoll mit dem Namen Wehmuth bezeichnet. Sie
ist der Träger unseres Lebens; besonders dann immer, wenn
es ein stilles pflichtmäßiges geworden ist. Sie ist der Dämpfer der jubelnden Freude; und doch verhindert sie die gemüthliche, sanfte Freude nicht und giebt eine innere Hebung
und ein Selbstbewußtsein, wobei Einem wohl ist. Sie verhindert die Lustigkeit, sie läßt die Traurigkeit nicht aufkom-
men; sie hält die Wagschale im Gleichgewichte; das Schwanken derselben hört auf, und steht fest in der Mitte. Darum
giebt es, die frohe Jugend ausgenommen, die mit Bienen-
lippen an der Gegenwart hängt, kein vollkommenes Glück
auf Erden, weil das Menschenleben nicht vollkommen ist
und immer die Vergangenheit die Gegenwart trübt und in
dieser Trübung die Zukunft ungewiß ist.

Man gab sich alle mögliche Mühe, diesem Feste die Färbung des vollen irdischen Glückes zu geben. Das Wogen
der Menschen auf den Straßen, besonders um das Palais
des Königs und der Königinn, hörte nicht auf; der Em-
pfang derselben in dem Opernhause und Nationaltheater
war fröhlichstürmisch; die Stadt war prächtig erleuchtet
und die Musik ertönte von allen Seiten. Aber die Wehmuth tönte durch; man hörte sie selbst in dem Gesange des
in dem Schauspielhause dicht versammelten Volkes: „Den
König segne Gott". Sie wurde auf's Neue geweckt
durch das in allen Kirchen gefeierte Dankfest und durch
die Speisung der Armen, wozu allein die Kaufmannschaft

5000 Thaler zusammen gebracht hatte. Aber in dieser Weh=
muth wurde der unsichtbare tiefe und feste Grund zu der
nachherigen Größe gelegt; die Thränen, die vergossen wur=
den, befruchteten den in diesen Tagen ausgestreuten guten
Samen, und der Berichterstatter sagt ebenso wahr, als
schön: „Alles, was geschah, war nicht Form und Sitte, es
war vielmehr ein hoher ehrwürdiger Vertrag des Herzens; die
mit Thränen säen, werden mit Freuden ernten.‟

Der König, ruhig, ernst und gefaßt, wenngleich ge=
müthlich, doch kein Freund von Gefühlen und Phantasien,
sah die Rückkehr nach Berlin als einen neuen Zeitabschnitt
in der Geschichte des Staats an, und arbeitete, statt über
das Verlorene muthlos zu klagen, rüstig und wacker als ein
Mann an dem Wiederaufbau. Er bezeichnete Seine neue
Regierung mit Handlungen der Wohlthätigkeit; Ihm und
Seinem Herzen war und blieb theuer das Begnadigungs=
recht und Er erließ die Strafen, die nur leichte Vergehungen
zur Ursache hatten. Alle 1 Jahr oder nur 6 Monate zum
Gefängniß Verurtheilten erhielten die Freiheit und Er gab
den Armen durch den Magistrat 5000 Thaler.

Er war schmerzhaft durch die jüngste Vergangenheit
belehrt, daß es nicht der vornehme Stand allein sei, der
den Thron stütze, vielmehr hatten Ihn Viele aus demselben,
welche Er mit Ehren, Würden und Gütern geschmückt und
beschenket, treulos verlassen. Angenehme Erfahrungen der
Pflichttreue und Anhänglichkeit aus den verschiedenen Klas=
sen des Bürgerstandes hatte Er dagegen gemacht. Immer
klarer stellte es sich thatsächlich heraus, daß die wahre Stärke
des Staates in der Nation, in dem Volke liege, und daß

Talente, gute Gesinnungen, Vaterlandsliebe und Heroismus, nicht ausschließungsweise ein Vorzug der höheren Stände, sondern ein Geschenk der Natur sei, verliehen den Hütten so gut, als den Palästen. Jede Zeit hat ihr Gutes; aber auch ihre Vorurtheile. Ueber diese und ihre Stagnation war ein Licht aufgegangen, in dessen Strahlen matt und bloß dastand, was früher in dem falschen erborgten Schimmer äußerer Vorzüge geglänzt hatte. Das Unglück der Zeit hatte Vieles klar gemacht, dem bis dahin Gewohnheit und Vertrauen einen Werth beigelegt hatte, den es in sich nicht besessen. Wahres, ächtes Besitzthum, worauf auch bei allgemeinen Calamitäten zu rechnen sei, und das in der Probe bestehe, läge tiefer, und könne nicht von Andern empfangen, sondern müsse selbst durch Intelligenz und Sittlichkeit erworben werden. So liegt es in der Natur und in jeder gerechten Sache; aber Vorurtheile, wenn sie einmal Wurzel schlagen, ziehen sich, geschützt durch die Begünstigten, zähe oft von Generation zu Generation durch Jahrhunderte fort, so daß selbst der Einsichtsvolle ihnen huldiget und sie, verflochten und eingewachsen in die ganze Organisation, nicht angetastet werden. Ein gewaltiger Stoß zersprengt die Fugen und Bequemlichkeiten, in denen man sich bewegte und lebte und wie einem Blinden, so ist und wird Allen, denen geistig der Staar gestochen ist. Die Zeit, bereichert durch theuer und schmerzhaft eingekaufte Erfahrungen, war eine neue geworden.

Niemand verstand ihre Forderungen besser, Niemand fühlte ihre Tendenz richtiger, Niemand merkte auf ihre Pulse, sie richtig von bloßen vorübergehenden Wallungen unterscheidend, aufmerksamer, als König Friedrich Wilhelm III.

Seine Ahnherren und Vorfahren hatten zu ihrer Zeit nur bereits Hochgestellten öffentliche Auszeichnungen und Orden verliehen; Er ehrte jeden Stand, wollte also auch in jedem das wahre Ehrgefühl wecken und jedes Verdienst, wo es sich auch fände, anerkennen, bemerklich machen und heraus= heben. Er gab zu dem Ende, eine Erweiterungs=Ur= kunde für die Königlich Preußischen Orden und Ehrenzei= chen, und sprach laut, daß die ganze Welt es hörte, die merkwürdigen Worte: „Bei dem Werth, welches das Verdienst jeder Art für mich und den Staat hat, will ich es auch allgemein öffentlich ehren, be= lohnen und ermuntern. Sämmtliche Orden= und Ehrenzeichen geben den Besitzern das Recht, außer den Amtsverhältnissen, als die Ersten ihres Ranges und Standes geehrt zu werden. Das Krönungs= und Ordensfest, am jedesmaligen 18ten Ja= nuar, nun neu in Form und Bedeutung, wurde dadurch ein frommes und frohes Nationalfest, an welchem alle Ehren= männer der Nation mittelbar und unmittelbar Antheil nah= men, mit der Excellenz feiern es der Bürger und Hand= werker durch alle Stände. *)

Tiefer noch legte der König den Grund zum Wieder= aufbau des zertrümmerten Staates durch Errichtung einer Universität zu Berlin. Es ist merkwürdig und Aufschluß gebend, daß Er das schwere Werk der Reorganisation damit

---

*) Dieß war späterhin noch mehr der Fall bei dem eisernen Kreuze, welches man auch auf der Brust des Tagelöhners siehet. Er ist ein Ehrenmann und vor ihm nimmt man den Hut ab.

begann; die Zeit dazu schien nicht die rechte zu sein. Alles
lag in Bruchstücken chaotisch in- und durcheinander und der
übermüthige Gegner, wie er das Land und seine Bewohner
ausgesogen hatte, drückte fortwährend durch unerschwingliche
Contributionen, die er mit unerbittlicher Härte forderte.
Die Sache fand darum vielen Widerstand, den die Gegner
laut aussprachen. Aber der König ließ sich nicht irre machen. Wie fest in Seinen Grundsätzen Er mit Unwillen die
vorgeschlagene Erklärung des Staatsbanquerotts zurückgewiesen *), so war Er, unterstützt von einem guten Gewissen und lebendigen Vertrauen auf Gott, ruhig in Seiner Hoffnung; Er wußte, daß alles Heil vom Geiste und
seiner Bildung ausgehe, und daß die geistige Welt über
die körperliche am Ende den Sieg davon trage. Solchen
ehrenvollen Sieg herbeizuführen und dazu die vorbereitende
Einleitung zu treffen, war Sein Tagwerk; einsichtsvolle,
tiefblickende Rathgeber standen Ihm zur Seite. Gedanken
und Gesinnungen läutern, regieren und bestimmen den Menschen; es kommt nur darauf an, daß diese Gedanken und
Gesinnungen gut sind, und hat man dieß erreicht, so ist der
Erfolg gewiß. Nicht durch seine geographische Lage, nicht
durch seine physische Größe, nicht durch seine Reichthümer, —
durch Intelligenz hat der Preußische Staat sich empor-

---

*) „Ich kann," das sind seine eigenen Worte, „unglücklich sein;
aber keine Macht kann mich zwingen, unredlich zu handeln.
Unglücklich genug, daß meine Unterthanen so viel gelitten haben. Gott soll mich bewahren, irgend Etwas zu thun, wodurch ich sie und ihre milden Stiftungen um das Ihrige bringe.
Wenngleich die jetzige Zeit böse ist, so kann und wird sie mit
Gottes Hülfe doch besser werden."

geſchwungen. Die verlorene Höhe kann er nur durch Bildung, durch Religioſität und Kirchlichkeit wieder erlangen.
So dachte und handelte in allen Stücken der unvergeßliche
Herr, und die Folgezeit hat Seine Maßregeln als zweckmäßige
gerechtfertigt.

Der König fand den beſten Ableiter für Seine Schmerzen in der Thätigkeit und in Beſtellung der Saat für die
Zukunft. Er war in Seiner Art heiter und zufrieden. Weniger war es die Königinn. Hier tritt Ihre weibliche Natur hervor und macht ſich geltend. So lange Sie in Königsberg und Memel geweſen, befand Sie ſich in einer Spannung, die alle Kräfte in Anſpruch nahm. Nachdem Sie wieder nach Berlin zurückgekehrt war, ließ dieſe Spannung nach.
Sie verglich natürlich Ihre vorige Lage mit Ihrer jetzigen,
und die Vergangenheit war glänzender, als die Gegenwart;
Ihr war zu Muthe, wie einem Wachenden, der angenehme
Träume gehabt hat und das Gegentheil von ihnen in der
Wirklichkeit findet. Der König, aufmerkſam beſonders auf
Die, welche Ihm über Alles werth und theuer war, unterließ
Nichts, was Sie aufheitern konnte. Ihr Geburtstag wurde
als ein Familienfeſt zutraulich und nachher in dem weißen
Saale des alten Königlichen Schloſſes prächtig durch ein Te
Deum gefeiert. Aber die trüben Ahnungen, die Sie früher
gehabt hatte, kehrten zurück und mitten in dem Jubel der
Glückwünſche ſagte Sie zu einer vertrauten Freundinn: „Mir
iſt es ſo, als wäre es das Letztemal, daß ich meinen Geburtstag feiere. Ich bin dankbar für alle Beweiſe der Liebe
und Theilnahme; aber ich weiß nicht, wie es mit mir iſt,
ich kann mich nicht mehr ſo freuen, wie ſonſt".

II. (1)

In dieser Gemüthsstimmung empfing Sie in der heiligen Woche aus den Händen Ihres Beichtvaters, des Probstes Dr. Ribbeck *), das heilige Abendmahl. In dieser heiligen Handlung, die in ihrer edlen Einfalt, in ihrer hohen Bedeu-

---

*) Der Probst und Oberconsistorialrath Dr. Ribbeck war ein sehr würdiger Mann und ein Geistlicher im vollen Sinne des Wortes. Schon als Prediger an der h. Geistkirche zu Magdeburg wurde er sehr gern gehört und war er als Redner ebenso geschätzt, wie als edler, offener Mensch geliebt. Seine Vorträge zeichnen sich durch Ordnung und Klarheit aus, auch fehlt es ihnen nicht an sanfter Wärme; doch ist diese dem Lichte, das sie durchdringt, untergeordnet. Seine Predigten, die er früher und später herausgab, sind den besten der damaligen Zeit beizuzählen. Seine Schrift: „Ueber die Nothwendigkeit und Nützlichkeit der frommen Sonntagsfeier"; und die andere: „Ueber Unsterblichkeit und Wiedersehen in einer besseren Welt", behalten ihren Werth. Mit Beifall wurde er auch in Berlin gehört und man mußte früh zur Kirche gehen, wenn man einen Platz gewinnen wollte. Diese Aufmerksamkeit und Beachtung wäre, als eine verdiente, ihm bis an sein Ende zu wünschen gewesen; sie ließ aber in den letzten Jahren seines Lebens nach. In seinem auf consequenten Grundsätzen ruhenden Charakter war er fest und sich gleich bleibend, und seine Gravität, die aber nichts Angenommenes und Affectirtes hatte, verließ ihn nicht; deßhalb war er vorsichtig und behutsam in seinen Mittheilungen und nur gegen Freunde offenherzig. Er und Hanstein waren verschiedenartig; aber Beide ehrlich und aufrichtig, nicht nur als Collegen, innige, warme Freunde, bis an's Ende. Von Vergnügungen, besonders öffentlichen, war er kein Freund; er liebte und suchte die Einsamkeit, und weil er seinen complicirten Beruf liebte, ging Pflicht ihm über Alles, und Arbeit war bei ihm an der Tagesordnung bis in die Nacht. Die Königinn liebte und schätzte ihn; gern sprach Sie von ihm und nie anders als mit Achtung und Wohlwollen. Seinem Lebensbilde kann man, wie dem von dem unsterblichen Beza, keine bessere Unterschrift geben, als wenn man ihn Ribbeck venerabilis nennt.

tung, in ihrer frommen Liebe, in ihrer stillen Größe, von
Ihr verstanden und gewürdigt wurde, war Sie ganz Andacht und Hingabe an den Erlöser. Sie feierte eine Stunde,
für die Ewigkeit verlebt, der Sie mehr angehörte, als der Erde,
die Sie in ihren Schrecken und Trübsalen kennen gelernt
hatte. Ueber dieselbe fühlte Sie sich erhaben; Vorgefühle der
besseren Welt durchdrangen Ihre Brust und in derselben beb-
ten die angeregten Saiten noch lange fort. „Wer Sie in diesen heiligen Augenblicken gesehen", sagte der ehrwürdige Ribbeck, „vergißt Sie nimmer; der Schimmer der Verklärung um-
floß Sie, alle Ihre edlen Züge wurden himmlisch, Sie trug
ein Unterpfand ewiger Seligkeit in sich."

Inzwischen war Sie nach Potsdam gekommen, wo der
König mit der reformirten Gemeinde, nach dem damaligen,
noch bestehenden trennenden Unterschiede der Confession, in
der Hof- und Garnisonkirche das heil. Abendmahl am Char-
freitage, nachdem Er am grünen Donnerstage der Vorbereitung beigewohnt, genossen hatte.

Der Frühling war besonders schön in dem Jahre 1810;
sein belebender Anhauch wirkte wohlthätig auch auf den Körper und die Seele der Königinn. Sie sah das Ihr besonders werthe Sans souci wieder; wiewohl gerade in seinen
Räumen die Contraste zwischen vormals und jetzt Sie berühr-
ten, so ward Sie doch froher und die vorigen trüben Ahnungen wurden verdrängt von einer süßen Wehmuth, der
Sie sich gern hingab. In stiller und fruchtbarer Zurückgezogenheit verlebte Sie in dem ehrwürdigen Haine Friedrich's
des Großen, in dem zutraulichen Paretz, in dem anmuthigen Neuen Garten, und auf der idyllischen Pfaueninsel, frohe

und heitere Tage, so daß Sie die traurigen Zerstörungen ver=
gaß. Besonders beschäftigte Sie sich viel mit dem seelenvol=
len, lebensfrohen, schon mehr herangewachsenen Kronprinzen,
und der sinnigen, kindlichen Prinzessinn Tochter Charlotte, und
der lebensvollen Prinzessinn Friederike. In dieser Umgebung
gab und nahm Sie Alles, was die Natur Großes, der Geist
Tiefes und die Liebe Süßes hat. In diesem milden Lichte
sonnte sich damals Alles, was zum Hofe gehörte, und die
ganze Stadt Potsdam wurde seiner verlängerten Anwesen=
heit froh. Auch Referent war von dieser Gunstbezeigung
nicht ausgeschlossen. *) Als er Sie zum Erstenmal wieder=
sah, war er, wiewohl eine angreifende Zeit mit allen ihren
Uebeln dazwischen lag, von der Schönheit, Stattlichkeit und
Anmuth der Königinn überrascht. Es lag in Ihrem Wesen
eine Hoheit und Würde, die mit Ehrfurcht, und in Ihrem
Entgegenkommen eine Freundlichkeit und eine Herzensgüte,
die mit Vertrauen erfüllte. Sie versicherte, daß Sie seine
Schrift **) mit Erbauung gelesen; vorzüglich habe Ihr die
Predigt: „Warum weinte Jesus über Jerusalem? Haben
wir Ursache über unsere Stadt zu weinen?" wohlgefallen.
Diese, wie mehrere andere Reden, habe Sie mit Ihren Kin=
dern gelesen, und Sie sagte viele Stellen aus dem Buche

---

*) Dabei wird besonders an das erinnert, was Vorrede Theil I.
Seite XX. über die fatale Nothwendigkeit des Verfassers, von
sich selbst hie und da reden zu müssen, gesagt ist. Gern ließ
er das weg, wenn es, unmittelbar gegeben und vernommen, nicht
zur Charakteristik nothwendig gehörte; doch wird auch nur sol=
ches angeführt.
**) „Worte der Belehrung und des Trostes, gesprochen in den Ta=
gen der Noth in der Hof= und Garnisonkirche zu Potsdam.
Potsdam bei Horvath. 1808."

mit Nachdruck und bedeutungsvoller Betonung her, die Sie vorzüglich angesprochen. Ueber das Unglück der Zeit redete Sie wie eine erleuchtete Christinn, im Glauben an eine göttliche Weltregierung, die heimsuche, um heim zu führen. Ueber verschuldete und unverschuldete Leiden sprach Sie sehr schön, und wie beide, gut benutzt, Heil brächten. Indem Sie sich so äußerte, wurde Nichts von dem sicht- und fühlbar, was zu beschleichen und anzukommen pflegt, wenn beredte Frauen, welche wissen und fühlen lassen, daß sie Geist und Einsicht haben, das Gesprochene auf eine eigene Art betonen. Von aller Affectation war Sie fern; Sie sprach nicht nach, was Sie von Andern gehört hatte, Selbstgedachtes und Selbstempfundenes floß aus Ihrem Innern, und dieß gab Ihren Worten, Ihren Bewegungen und Mienen, den Eindruck der Wahrheit in der Ihr eigenen eblen Einfalt. Man kam mit Ihr in ein Gespräch, und dieses wurde Unterhaltung, die sich immer wieder anknüpfte und wo ein Gedanke den anderen gab. Es war nicht bloß Aufwartung, die Ihr gemacht wurde, es war ganz etwas Anderes, als Audienzgeben, es war eine geistige Annäherung, die Sie gewährte, und wo Sie das nicht konnte, weil Sie keinen Anklang fand, wußte Sie doch selbst trivialen Dingen Schwung zu geben; nie verließ Sie Ihre Herzensgüte. Ihre Menschenliebe kam aus der Seele und diese Signatur fühlte Jeder.

Mit dem Könige und dem Hofe wohnte Sie die Sonn- und Festtage dem öffentlichen Gottesdienste regelmäßig und mit Andacht bei. Man sah es Ihr an, daß Sie hörte, und Sie verstand die Kunst, recht zu hören; darum sprach Sie so gut. Es war auch während der Zeit Ihrer Anwesenheit in kirchlicher Hinsicht die schöne Zeit, vom Oster- bis zu dem

Pfingstfeste; Buß- und Bettag und Himmelfahrtstag lagen dazwischen. Es fehlte also nicht an Veranlassung, die dieser Zeit gehörigen Wahrheiten des Christenthums so vorzutragen, daß über die Schmerzen und Wehen der Erde und des Unglücks die Herzen der gläubigen Christen hinweggerückt und empor zu einer höhern Ordnung der Dinge hingeführt wurden. Wo nur die verhängnißvollen Begebenheiten der Zeit leise angedeutet wurden, verstand die Königinn auch die zarteste Hinweisung und Sie wurde in dem Strome eigener Gedanken und Gefühle mit fortgeführt. Vortrefflich, gedankenreich und eigenthümlich, sprach Sie hernach darüber; das schöne, milde und erquickende Licht der Hoffnung ging in Ihr auf und zerstreute die düsteren Wolken der Schwermuth. Man sah Sie in dieser Zeit, besonders wenn Sie frisch von der neu belebten Natur zum hellen blauen Himmel aufblickte, ungemein heiter. Niemand merkte dieß früher und lieber, als der auf die Gemüthsstimmung Seiner Luise stets aufmerksame König. Er scherzte mit Ihr und man konnte nichts Zarteres, Gefälligeres hören, als die Witzworte von Beiden; Er war gutmüthig, bieder, und verbindlich, — Sie liebevoll, heiter, gewandt, und anmuthig. — Nach einem solchen genußreichen Mittag sagte Er innig froh: „Heute ist die Königinn wieder recht vergnügt gewesen, wie Sie sonst war. Werde es dankbar anerkennen, wenn auf Ihre Gemüthsstimmung, die sich zum Lügübern hinneigt, erheiternd gewirkt wird. Es ist nun einmal nicht anders. Es werden wohl wieder bessere Tage kommen."

Wenngleich der König vorzüglich in dem Schlusse des Krieges unglücklich war und die Preußische Armee keinesweges die Erwartungen erfüllte, zu welchen sie berechtigte, vielmehr im Ganzen, besonders in Vielen ihrer Vorgesetzten und Commandanten, sich unwürdig betragen, so hatte es, besonders in den letzten Acten, in Preußen doch an einzelnen Thaten des alten Muthes und der Tapferkeit nicht gefehlt. Fast alle Truppen hatten solche bewiesen, besonders aber das Regiment Garde du Corps und die Garde-Ulanen Escadron hatten sich rühmlich ausgezeichnet. Der König wollte dieß theils anerkennen,. theils wieder den Anfang zu einer neuen und besseren Ordnung der Dinge machen. Die öffentliche kirchliche Feier, die zu dem Ende angeordnet war, sollte beweisen, wie gern der Monarch die Pflichterfüllung auch da, wo sie den beabsichtigten Erfolg nicht gehabt, wenn sie nur als solche treu und brav sich gestaltet, belohne; und so wurde diese Feier, was man damals kaum zu hoffen wagte, der weissagende Anfang und das Vorspiel zu den künftigen ehrenvollen Acten, die einige Jahre später stattfanden. Eine Tafel, die den Namen der braven Männer nannte, die in gedachtem Regiment sich ausgezeichnet, war an der Gruft Friedrich's des Großen aufgestellt, und wurde nachher, nachdem eine dem Zwecke der Feier angemessene Rede gehalten, bekränzt. Vorzüglich hatte sich der Obrist, jetziger General und Commandant der Festung Colberg, von Ledebur, bei dieser Affaire ausgezeichnet. Das Wort und die Idee „Ergebung" war nicht in seiner muthigen Seele, bis daß er, von der überlegenen feindlichen Macht mit Wunden bedeckt, niedersank, und nicht mehr konnte. Der diesem ungleichen Kampfe zusehende, in seiner Kleidung zwar abentheuerliche, aber tapfere Mürat bezeugte dem gefangen genommenen, aber nachher wieder frei gegebenen braven Manne seine Hochachtung mit den Worten: „Hätte der König von Preußen nur solche Soldaten gehabt, wie Sie sind, so wäre er nicht besiegt und das Unglück

wäre nicht über ihn gekommen". Diese Aeußerung aus dem
Munde des sonst übermüthigen Feindes hat der gerechte König nie vergessen, und sie jedesmal wiederholt, wenn davon
die Rede war. —

Die religiöse militairische Feier machte, als das Hahn-
geschrei in der Dämmerung, die einen bessern Tag ankündigte,
einen tiefen Eindruck, der dadurch verstärkt wurde, daß die
Stadt daran warmen Antheil nahm. Der König sagte:
„Wir haben keine Ursache, Feste zu feiern und Te Deum
laudamus zu singen; aber doch wollen wir Deo vertrauen,
es werde besser werden; denn Recht bleibt doch Recht, wenngleich unterdrückt, kommt es doch wieder empor."

In dieser Zeit fragte mich die wieder heitere Königinn
unerwartet in Gegenwart des Grafen von Brühl: „Was und
wie denken Sie über die Erziehung des Kronprinzen?" Ich
wagte es nicht, diese wichtige Frage so zu beantworten, daß
man damit zufrieden sein könnte; ich hatte darüber aber
oft bei meinen Gängen im ernsten Sans souci nachgedacht.
Nach erhaltener Erlaubniß fuhr ich fort: „Ein Hauptfehler
schiene mir darin zu liegen, daß man den künftigen König
bei der Erziehung des Kronprinzen mehr im Auge gehabt,
als den Menschen. Und doch müsse auf diesen jener gepfropft werden, wenn etwas Rechtes und Ganzes daraus
werden solle. Niemand läugne, daß der König, wie der Erste
im ganzen Lande, so auch der Beste sein müsse. Der Beste
könne er aber nur dann sein, wenn er zugleich der Edelste und
Tugendhafteste sei. König sei er durch seine Geburt; aber gut
werde er nur vorzüglich durch Mühe und Kampf. Tugend
und Tapferkeit wären gleichbedeutende Begriffe. Zur Selbst-

beherrschung, woraus die wahre Herrschaft über Andere hervor=
gehe, gelange man nur durch Mühe und Achten auf sich selbst.
Anlagen, Fähigkeiten und Talente wären ein Geschenk der Na=
tur, die der Mensch, der Königs=Sohn nicht anders, als der
des Niedrigsten im Volke, mit auf die Welt bringe; Alles käme
darauf an, die angeborenen Anlagen zu entwickeln, und dieß
sei das Werk der Erziehung. Sie, die allerbeste, könne nicht
geben, was die Natur versagt hätte; was da wäre zu wecken,
sei ihr Werk und Geschäft. Der künftige Regent würde
aber durch Nichts mehr eingeschläfert, als durch früh beige=
brachte Ideen von seiner künftigen Macht, Herrschaft und
Herrlichkeit. Die Vorzüge seiner Geburt lerne er früher ken=
nen und üben, als die Pflichten, die er als Mensch zu ler=
nen und zu erfüllen habe. Man isolire den künftigen Re=
genten, und doch solle er für Alle leben; dieß könne und
werde er aber nicht ohne Humanität. Er müsse Mensch
sein, um menschlich fühlen zu können. Nichts sei daher ver=
kehrter und der wahren Ausbildung und der künftigen Be=
stimmung mehr zuwider, als das Verharren und Bleiben in
der nächsten, angeborenen Sphäre. Hier sei Alles dienstfer=
tig, unterthänig, und bereit, den Willen zu thun; dieser aber
müsse gebrochen werden. Niemand könne gut befehlen, der
nicht zuvor zu gehorchen gelernt habe. Dieß lerne aber der
Kronprinz in seiner nächsten Umgebung nicht, vielmehr sei
er überall, auch schon als Kind, der Erste nach dem Könige;
hiermit trete Ueberschätzung ein, die bald Hochmuth und Egois=
mus werde. Dieß zu verhüten, würde ich vorschlagen, an die
Directoren der Gymnasien zu schreiben, um vier der talent=
vollsten und reichbegabtesten Knaben, ohne Unterschied der
Geburt und des Herkommens, in Vorschlag zu bringen, und
diese mit dem Kronprinzen und den übrigen Königlichen Kin=

dern erziehen zu laffen, um früh schon zu lernen und zu begreifen, daß nicht Stand, Rang und Geburt, sondern nur Ein-
ficht und gute Gesinnung dem Menschen den wahren Werth
gebe. Diesen, den inneren wahren, unabhängigen Werth,
müßte aber der König vor allen Andern haben."

Die Königinn lächelte, indem ich dieß fagte; ich kam
dadurch aus dem Fluß der Rede, hielt inne, und bemerkte:
„ich habe nach meiner Ueberzeugung gesprochen; wenn dieß
ungeschickt und tactwidrig geschehen sei, so möge Sie das
entschuldigen." „Nein", antwortete die huldvolle Königinn,
„ganz und gar nicht. Wenngleich, was Sie sagen, von dem
Herkommlichen abweicht, so habe ich doch mit Vergnügen zu-
gehört. O! ich bitte Sie, fahren Sie fort". „Ich bin fertig", antwortete ich, „und wollte nur noch bemerken, daß das
große, stille Neue Palais in Sans souci vorzüglich dazu
geeignet sei, eine solche Königliche Erziehungsanstalt anzulegen."

Nach dieser interessanten Unterredung, die oft durch die
geistreichen Bemerkungen der Königinn gewürzt und gehoben
wurde, erzählte Sie, „wie der König und Sie oft die Kö-
nigsberger Schule, wo nach der Pestalozzi'schen Methode von
Zeller unterrichtet werde, besucht hätten. Sie wäre überzeugt, daß auf diesem Wege ein selbstdenkendes und kräftiges
Geschlecht erzogen würde; darum interessire Sie sich sehr für
diese wichtige Sache. Sie sehe es gern, wenn diese Lehrart
in alle Preußischen Schulen eingeführt würde, weßhalb Sie
mich ersuche, nach Königsberg zu reisen, — Sie wolle deßhalb mit dem Könige sprechen." Statt meiner schlug ich
den würdigen, damals bei der Geistlichen= und Schulabthei-

lung der Königlichen Regierung zu Potsdam mit Einsicht, Treue und Erfolg thätigen Ober=Consistorialrath Dr. Natorp vor, der mehr Kenntnisse im Pädagogischen und mehr Sinn für diese Angelegenheit besitze.

Zu dem Unglück, welches den Staat getroffen, gehörte vorzüglich der Verlust der alten treuen Provinzen von der Elbe an. Die Stadt Magdeburg war der Königinn vorzüglich werth und theuer; gern war Sie dort gewesen, die Vaterlandsliebe und Anhänglichkeit seiner wohlhabenden, guten Bewohner hatte Ihrem Herzen wohlgethan, und still trauerte Sie, daß das Alles nun Ihrem Hause und Lande nicht mehr angehörte. Man hörte Sie sagen: „Wie einst die Brittische Königinn von dem verlorenen Calais, so kann und muß ich von Magdeburg sagen: Wenn man mir das Herz öffnen könnte, so würde man mit blutigen Zügen den Namen Magdeburg darin lesen." Indem Sie dieß im Tone der Wehmuth sprach, und der König mit einem ernsten Gesicht, die rechte Hand auf dem Rücken und die linke in der Weste, auf= und abging, stand Er still, als von Westphalen und namentlich von der Grafschaft Mark die Rede war. „Es ist merkwürdig", sprach Er, „daß ich aus diesem Lande von den Unterthanen die wenigsten, fast gar keine Vorstellungen erhalte; Klagen und Bitten sehr selten; oft mehr aus einer Stadt, die ich nicht nennen mag. In Kirchen= und Schulsachen ist man dort weiter, als in anderen Ländern. Die Gemeinden selbst sorgen dafür und es herrscht dort ein besserer kirchlicher Sinn, als anderswo. Merkwürdig ist, daß man in der Grafschaft Mark keine Filiale hat, und doch die Menschen oft Stunden weit zur Kirche gehen. Es herrscht da viel Wohlstand und, was immer damit verbunden ist, eine alte gute Sitte. Es ist mir sehr schmerzhaft, daß ich auch diese, eine der besten Provinzen, verloren habe, um so mehr, da ich auf ihre vortreffliche Vorstellung *) geantwortet, wie

---

*) Diese Bittschrift verdient es ihres inneren Gehaltes, geistigen und sittlichen wegen, der Vergessenheit entrissen zu werden. Viele haben dieß herrliche Document der Volkstreue und Liebe noch nicht gelesen; und wo könnte es besser stehen, als in der Charakteristik Dessen, an den es gerichtet war!

„Ew. Königlichen Majestät nahen sich voll Ehrfurcht und Vertrauen mit uns der Süderländischen Gebirge in der Grafschaft Mark Bewohner in einer Lage, der ähnlich, darin sich einst unsere Voreltern an den großen Churfürsten wandten. — Bei einer Wendung der Unterhandlungen des Westphälischen Friedens, war, — so scheint's —, von Abtretungen und Vertauschungen die Rede, welche unser Gebirgsland betreffen sollten. Damals ertheilte der Unsterbliche unsern darüber bestürzten Voreltern (Cleve, den 31sten März 1647) das ehrende Zeugniß und die theure Versicherung: daß die Einwohner des Märkischen Süderlandes und deren Vorfahren Seiner löblichen Ahnherren, der Herzöge von Cleve und Grafen von der Mark, erste und gehorsamste Unterthanen seit vielen hundert Jahren gewesen wären. Darum sollten sie und ihre Nachkommen von Ihm und Seinen Nachfolgern und zu ewigen Zeiten, weder abgetreten, noch verwechselt, sondern immer und zu allen Zeiten bei Seinem Hause im Besitze ihrer Rechte und Freiheit erhalten werden." Es sind 700 Jahre her, da Graf Adolph von Altena, — Ew. Königlichen Majestät von mütterlicher Seite Ahnherr — in unsrem Gebirge, auf einem kleinen rauhen Erbtheil, aus der Nacht der Zeiten hervortrat. Seitdem haben unsere Berge unter keiner anderen Hoheit und Herrschaft, als der Seiner Nachkommenschaft gestanden. Diese ward durch Weisheit, Heldengeist, Gerechtigkeit und Glück im Mittelalter groß und mächtig. Unsrer Vorfahren Arm und Muth war vor allen andern dabei wirksam. Dafür ist die Grafschaft Mark dem

sich von selbst versteht, nach ihren Wünschen, welche die mei-
nigen waren. Die Vaterlandsliebe, die in dem angestamm-

Hause Graf Adolph's immer unter allen seinen Besitzungen die
liebste gewesen. Es war auf dem Wege zu Thronen, als sein
Mannesstamm im letzten Cleve'schen Herzoge erlosch. Durch
Schmeicheln und Drohen suchte das mächtige Oestreich unsere
Voreltern vom Blute Graf Adolph's abzulenken. Aber sie wi-
derstanden und warfen sich frei, kühn und freudig, dem damals
schwachen Hause Brandenburg in die Arme; denn es stammte
aus dem angebornen Fürsten-Geschlecht und war unter allen
Bewerbern der nächste rechtmäßige Erbe. Schweigend übergehen wir die langen und schrecklichen Drangsale, welche deßhalb
unser Land von den Spaniern erdulbet hat, und die Ludwig
XIV. ihm verursachte, weil es dem großen Churfürsten und
seinem Sohn Friedrich I. gehörte. Standhaft übernahmen sie
unsere Vorfahren für ihr geliebtes Haus Brandenburg, mit dem
sie stehen und fallen wollten. Ihr Geist und Sinn ist auf ihre
Nachkommen, alle Bewohner der Grafschaft Mark, vererbt.
Sie wären des Blutes der Väter nicht werth, die von denen
stammen, welche Norddeutschland's Vormauer in den Römer-
kriegen waren; nicht werth des Bodens, den sie bewohnen, auf
dem Herrmann geschlagen, gesiegt und die Legionen vertilgt
hat, wenn sie nicht dächten und fühlten, wie ihre Väter. —
Wir verehren bewundernd die Wege des Ewigen, der unsere
Voreltern vor 2 Jahrhunderten dem Hause Brandenburg zuge-
führt hat. Daburch ist unser Land ein Theil der Monarchie
geworden, die durch eine Herrscher-Reihe, wie nie ein Volk sie
hatte, von kleinen Anfängen eine der ersten und ehrwürdigsten
der Erde ward. Wir sind nie, wie andere Provinzen, von dieser Monarchie getrennt gewesen; sind nicht damals zu ihr gekommen, wie sie schon groß war. Wir waren mit die ersten
und ältesten derselben, von Anfang, und immer in der ehren-
vollsten erhabenen Laufbahn. Wir dürfen uns gleicher Verdienste um das heilige Regentenhaus und um das heilige Vaterland wie irgend ein edler Theil des letzteren rühmen. Die
Söhne unseres Landes waren in allen Kriegen des großen Kö-

ten alten Regentenhause Nahrung findet, ist den Markanern
angeboren; sie haben mit der Muttermilch Liebe und Anhäng-

---

niges an Seiner Seite; sie sind nie von den Besten im Heere
übertroffen worden. Ein großer ehrwürdiger Theil liegt begraben auf jenen Schlachtfeldern, wo Er Seine Siege — größer als die, mit denen manches glückverwöhnte Volk prahlt, —
errungen hat. Dafür ist Preußen's Ruhm der unsrige; dadurch
haben wir an des Vaterlandes Selbstständigkeit und Glückseligkeit so gerechten und hohen Anspruch, als die Bewohner der
Hauptstadt desselben; die Grafschaft Mark kann und wird so
wenig von der Monarchie getrennt werden, als eine der fünf
Marken, darin jene liegt. Mit dieser Ueberzeugung, an die
wir so fest wie an unser Dasein glauben, leben und sterben wir.
Für den größten Theil der Einwohner der Grafschaft Mark
bedarf es, wie für uns, darüber keine Versicherung. Aber wo
sind in unsern verhängnißvollen Tagen, — ähnlich denen, darin
der große Churfürst zu unseren Voreltern sprach, — nicht
Schwache, die an Dem bange zweifeln, daran man immer freudig festhalten sollte! Wie zu den Zeiten des Westphälischen
Friedens, spricht man von großen Veränderungen, die über Norddeutschland unterhandelt werden, von Abtretungen und Vertauschungen, die vorzüglich unsrem Kreise bevorständen. — Wir
sind ruhig dabei. Wir wissen, das Wort, welches der große
Churfürst zu unseren Vätern gesprochen hat, gilt ewig; das
kann und wird Keiner seiner erhabenen Nachfolger zurücknehmen. Am allerwenigsten jetzt, da auf dem preußischen Throne
ein Monarch ist, der die Regierungsgrundsätze Seines großen
Ahnherrn und des großen Königs durchaus befolgt; ein Monarch, der wie Churfürst Friedrich Wilhelm, die Grafschaft Mark
kennt und liebt; dessen erste und gehorsamste Unterthanen zu
sein unser edelster Stolz und unser höchstes Glück ist. — Dürfen wir ehrfurcht- und zutrauungsvoll die Bitte wagen: „daß
Ew. Königliche Majestät zur Beruhigung Aller, die unter uns
bekümmert sind, das heilige Wort des großen Churfürsten von
Neuem der Grafschaft Mark verkündigen lassen?"

„Wie damals, da es zum ersten Mal, vor länger denn an-

ichkeit an den König eingesogen, und darum kann man sich
auf sie verlassen. Man sollte sagen, was so ineinander ge-

___

derthalb Jahrhunderten, in ihr erscholl, ein allgemeiner Dank
und Jubel war, eben so groß und vielleicht noch größer wird
jetzt in ihr Freude sein. Wir ersterben mit tiefster Ehrfurcht
als Ew. Königliche Majestät alleruntertänigste treu gehorsamste
Unterthanen. Die Deputirten der Stände in der Grafschaft
Mark.
Wetter in der Grafschaft Mark."

Auf eine jetzt noch unerklärbare, nicht aufgehellte Weise kam
diese Vorstellung nicht zu den Händen des Königs, und da die
muthigen Markaner sie am 18ten Mai desselben Jahres wiederholten, erhielten sie eine ihren Wünschen entsprechende Antwort,
worin der König die ehrenvolle Aeußerung Seines unsterblichen
Ahnherrn, des großen Churfürsten, zu der Seinigen macht; den
treuen Unterthanen die erneuerte Zusage Seiner innigen ver-
trauungsvollen Liebe giebt, und versichert, daß Er keinen Augenblick daran gedacht habe, das Schicksal der Grafschaft Mark
von dem Seines Hauses zu trennen.

Der Verfasser dieser herrlichen patriotischen Vorstellung ist
Johann Friedr. Möller, Pfarrer zu Elsey in der Grafschaft
Mark. Er sah den Sturz seines geliebten Vaterlandes, und
tief gebeugt starb er bald nachher, den 2ten December 1807.
In Erinnerung an ihn und seine Verdienste ist ihm auf dem
hohen Berge, da, wo er so gern und oft stand, sinnend in die
Herrlichkeit der ausgebreiteten Natur schauend, dem roman-
tischen Limburg, dem Bergflusse Lenne, und der Brücke gerade
gegenüber, ein in das Thal herabschimmerndes Denkmal errichtet. Wer dort vorüber geht, stehet still, schauet hinauf, und
segnet sein Andenken. Ihm ist folgende Grabschrift gesetzt:

"Auf den Gebirgen des Süderlandes nährte sich sein Geist,
an vaterländischer Geschichte."

wachsen und Eins ist, könnte und dürfte nicht getrennt werden. Unsere Zeit ist aber eine gewaltige und gewaltsame und

---

„Unter ·dem Strohdache des Wiedenhofes las Er die großen
Todten der Vorwelt. Das Leben der Menschen spiegelte sich
vor seinem Geiste."

„Lehrer und Freund war Er seiner Gemeine; Er zeigte ihnen
den Weg des Lebens mit heiligem Ernste."

„Den Fall dessen, was Jahrhunderte gebauet hatten, sah sein
thränendes Auge. Seine Seele war voll Trauer, wie die Seele
Ossian's."

„Sein Leib fiel in Staub vor Jammer. Aber sein Andenken
lebt herrlich in dem Munde seiner Freunde."

„Ihre Gespräche ehren den Todten."

„Wenn die Nebel über die Haide ziehen, wenn die Winde
brausen durch den Wald";

„Wenn die Flamme auf dem Heerde brennt und die Nacht
lange liegt, ehe der Morgen grauet",

„Dann gedenken sie des Todten und genießen die Lust der
Thränen."

Wer von diesem unvergeßlichen Manne, dem Märkischen Ju-
stus Möser, mehr zu wissen wünscht, der lese die treffliche, von A.
Mallinkrodt, in 2 Theilen, Dortmund 1810, herausgegebene
Schrift: „Der Pfarrer von Elsey. Das Interessanteste
aus dem Nachlasse J. F. Möller's" cfr. „Beobachtungen auf
einer Reise durch einen Theil von Westphalen und Holland,
S. 250—261, von Dr. A. H. Niemeyer. Halle 1823."

Als geborener Märkaner kann ich der Lust nicht widerste-
hen, hier als gehörig einzurücken eine wahre und gelungene

darum weil fie eine unnatürliche ift, kann fie nicht beftehen
Gott weiß aber, wie lange fie dauern wird."

Die Verehrung, Liebe und Anhänglichkeit, die der König und Seine Sache in den gewaltfam abgeriffenen alten

---

Schilderung der Graffchaft Mark und feiner Bewohner, vorzüglich der Bauern, um fo mehr, da in derfelben auch die
Rede ift von König Friedrich Wilhelm III. Wer dieß fchon
gelefen, wird es gern hier wiederfinden; wer noch nicht, wird
eilen, fich mit der Schrift: „Münchhaufen, eine Gefchichte in
Arabesken von Carl Immermann", bekannt zu machen.

„Nicht fagen kann ich dir, wie wohl mir hier zu Muthe
geworden ift in der Einfamkeit der Weftphälifchen Hügelebene,
wo ich bei Menfchen und Vieh feit 8 Tagen einquartirt bin.
Und zwar recht eigentlich bei Menfchen und Vieh; denn die
Kühe ftehen mit im Haufe zu beiden Seiten des großen Flurs,
was gar nichts Unangenehmes oder Unreinliches hat, vielmehr
den Eindruck patriarchalifcher Wirthfchaft vermehren hilft. Vor
meinem Fenfter raufchen Eichenwipfel, und neben denen hin
fehe ich auf lange Wiefen und wallende Kornfelder, zwifchen
denen fich dann weiter wieder ein Eichenkamp mit einem Ge-
höfte erhebt. Denn hier geht es noch zu wie zu Tacitus Zeiten. Colunt diversi, ut fons, ut campus, ut nemus pla-
cuit. In folchen Höfen hat man eine Empfindung froher Ruhe
aller Sinne, wie fie Prachtgärten, Parks und Villen nicht zu
erregen vermögen. Denn das äfthetifche Landfchaftsgefühl ift
fchon ein Product der Ueberfeinerung, weßhalb es denn auch
in eigentlich robuften Zeiten nie auftritt. Diefe halten vielmehr
die Stimmung zur Muttererde, als zu der Allernährerinn, feft;
wollen und verlangen nichts von ihr, als die Gabe des Feldes,
der Viehweide, des Fifchteiches, und des Wildforftes. Die Weftphälifchen Bauernhäufer liegen abgebaut einzeln da; denn die
Bewohner wollten ftets ihre Wirthfchaft im Auge behalten.
Darum ift auch jeder einzelne Hof ein kleiner Staat für fich,

Provinzen fand, war Ihm und Seinem Hause ein süßer
Trost und oft blitzten große Hoffnungen durch. Bei jeder
Gelegenheit machte sich diese Gesinnung Luft und war oft

---

rund abgeschlossen, und der Herr darin ist so gut König, als
der König auf dem Throne. Mein Wirth ist ein alter prächtiger Kerl. Er heißt Hofschulze, obgleich er gewiß noch einen
andern Namen hat; denn jener bezieht sich auf den Besitz seines Eigenthumes. Ueberall ist das so hier zu Lande; denn der
Hof hat einen Namen. Der Name des Besitzers geht in dem
der Scholle unter (Glebae adscriptus). Daher das Erdgeborne,
Erdzähe und Dauerbare, des hiesigen Geschlechts. Das ist ein
Boden, den seit mehr denn tausend Jahren ein unvermischter
Stamm trat und die Idee des unsterblichen Volkes wehte mir
im Rauschen alter Eichen entgegen. Mein Hofschulze mag ein
Mann von etlichen 60 Jahren sein; doch trägt er den starken
großen, knochigten Körper noch ganz ungebeugt. In dem roth-
gelben Gesichte ist der Sonnenbrand der funfzig Ernten, die
er gemacht hat, abgelagert; die große Nase steht wie ein Thurm
in diesem Gesichte, und über den blitzenden blauen Augen han-
gen die weißen struppigen Braunen, wie ein Strohdach. Er
mahnt mich wie ein Erzvater, der dem Gotte seiner Väter von
unbehauenen Steinen ein Mal aufrichtet und Brandopfer darauf gießt und Oel; seine Füllen groß ziehet; sein Korn schnei-
det, und dabei über die Seinigen unumschränkt herrschet und
richtet. Nie ist mir eine compactere Mischung von Ehrwürdigem und Verschmitztem, von Vernunft und Eigensinn vorgekommen. Er ist rechter, uralter freier Bauer im ganzen Sinne
des Wortes; ich glaube, daß man diese Art Menschen nur noch
hier finden kann, wo das zerstreute Wohnen und die altsäch-
sische Hartnäckigkeit fern von großen Städten den privativen
Charakter Germaniens aufrecht erhalten hat. Alle Regierungen
und Gewalten sind darüber hingestrichen, haben wollen die
Spitzen des Gewächses abbrechen, aber die Wurzeln nicht aus-
rotten können, denen dann immer wieder frische Sprößlinge
entsprossen, wenngleich diese nicht mehr zu Kronen und Wip-
feln sich zusammenschließen durften."
(Erster Th. S. 158, 182 und 210).

unvorsichtig in der Aeußerung, woher auch wohl die Härte, womit der Französische Kaiser verfuhr. Unter vielen rüh=

Im 4ten Theile S. 132—133 heißt es:

„Halten wir auch die Herren von der Schreiberei nicht ganz sonderlich in der Estimation, so schlug uns doch jederzeit das Herz, wenn wir an den König dachten. Ja gegenwärtig schlägt mir mein Herz in meinem Leibe, da ich Seinen Namen aus= spreche. Denn der König, der König muß sein, und nicht ein Buchstabe darf abgenommen werden von Seiner Macht, und von Seinem Ansehn und von Seiner Majestät. Es ist der aller= oberste General, er der allerhöchste Richter, und der gemein= schaftliche Vormund. Denn es arriviren mitunter Sachen, in denen man sich nicht selbst helfen kann und nicht zu rathen weiß mit seinen Nachbarn. Da ist es denn Zeit, daß man den König anruft in der Noth. Aber wie ein ordentlicher Mensch den lieben Gott nicht um jede Bagatelle belasten mag, als zum Beispiel, wenn einem der kleine Finger wehe thut an der lin= ken Hand, sondern wo die Creatur nicht mehr ein noch aus weiß, da schreit sie zu Ihm: also soll der König nicht ange= schrien werden um jeden Groschen, der mangelt, sondern in der rechten Noth allein; aber zu allen übrigen Tagen soll man nur sein Herz erfreuen und erquicken an dem Könige. Denn Er ist das Abbild Gottes auf Erden. Zum Pläsir ist uns haupt= sächlich der König gesetzt und nicht zum Hans in allen Gassen. Aber wo nun der Geängstete und Bedrängte keinen Rath mehr weiß, da thut er sich aufmachen und steckt Brod und sonstigen Proviant zu sich, und thut viele Tage gehen. Und endlich stellt er sich, an Ort und Stelle, vor das Schloß und hebt sein Papier in die Höhe, und dieses siehet der König und schicket einen Lakaien oder Heiducken, oder was für Kramerei oder Package er sonst um sich hat zu seiner Aufwartung, her= unter und läßt sich das Papier bringen, und lieset es und hilft, wenn Er sonst kann. Wenn Er aber nicht hilft, so stehet nicht zu helfen, und das weiß dann der arme Mensch, geht still nach Hause, und leidet seine Noth wie Schwindsucht und Abneh= mungskrankheit. Sie sagen: Er mache sich nichts aus den Leu= ten! — Dieses ist aber eine grobe Lüge; Er hat die Unterthanen

renden Beispielen der Art verdient hier folgende Begebenheit eine Stelle.

In dem durch Berlin marschirenden Großherzoglich Bergischen Regimente befanden sich viele Soldaten aus der Grafschaft Mark; diese dienten dem mächtigen Unterdrücker gegen ihren Willen und hingen noch mit voller Liebe an dem Könige von Preußen, den sie, ob sie Ihn gleich verloren, noch immer den Ihrigen nannten. In Berlin anwesend, wünschen sie Ihn zu sehen und sie versammelten sich haufenweise

---

sehr gerne, aber Er behält es nur bei sich, und ein gutes Herz hat Er, wie ein deutscher Potentat haben muß, und ein sehr prächtiges. Es ist erstaunlich und eine Verwunderung kommt einen an, wenn man die Männer, die davon wissen, hat erzählen hören, wie Er sich in der grausamen Noth, als der Franzose im Lande hausete, so zu sagen das Brod am Munde abgebrochen hat, und hat Seinen Prinzen und Prinzessinnen zu Geburtstagen und Weihnachten nur ganz erbärmliche Präsenter gemacht, bloß damit Er den armen Unterthanen, die ganz ausgesogen waren, nicht viel koste. Dieses segnet Ihm nun der liebe Gott in Seinen alten Tagen in Fülle, und Er ist wieder in guten Umständen und ganz wohl auf. Gott erhalte Ihn lange dabei! Noch neulich hat Er einen armen Menschen in unserer Nachbarschaft, den Einer wegen Zinsen und Kosten mitten im Winter hatte vom Hofe herunter subhastiren lassen wollen, das Geld aus Seiner Tasche gegeben. Wenn er kann, soll Ihm der es wieder geben, und wenn er nicht kann, so thut's auch nichts, hat der König gesagt. Deßhalb haben wir immer von vielen Geschichten um uns herum nichts wissen wollen; wir stießen an und ruften und rufen: „Der König soll leben!" Zwar habe ich nie von Ihm etwas zu bitten beburft, und ich gebrauche Ihn nicht zu meines Leibes Nothdurft; aber voll Freuden bin ich immer gewesen, Sein Unterthan zu sein; Er ist ein geborner Fürst und mein Herz habe ich an Ihm erfrischt all mein Lebtage."

am Arsenal, dem Palais des Königs gegenüber. Ihm, der nichts davon wußte, fiel dieß auf. Nachdem Er es erfahren, ließ Er ihnen sagen, sie möchten mit ihren Kameraden zusammen in's Schloß kommen. Mitten trat der stattliche Herr unter sie, und den treuen Landeskindern schlug lauter das Herz, als sie ihren rechtmäßigen König sahen. Umgeben von Menschen, die es redlich meinten, dankte der König nun mit beredter Zunge für die Beweise treuer Anhänglichkeit; sprach von dem Unglücke verhängnißvoller Zeit, und ermahnte die tapfern Markaner, treu ihrem geleisteten Soldateneide dem neuen Herrn gewissenhaft zu dienen. Es herrschte eine feierliche Stille in dem Saale und Jeder sah innig und wahr den König an. Seine Rede, wie Sein ganzes Wesen, machte einen tiefen, unauslöschlichen Eindruck, und wie Er sich entfernt hatte, konnten vor Rührung die braven Männer nicht sprechen. Die anwesenden Adjutanten redeten mit ihnen, überreichten Jedem im Namen des Königs ein angemessenes Geldgeschenk, auch wurden sie von den umhergehenden Königlichen Lakaien anständig mit Erfrischungen aller Art bedient.

Vorzüglich hat diese gegenseitige Liebe und Anhänglichkeit genährt und erhalten der Oberpräsident von Westphalen, der wirkliche Geheimrath, Freiherr von Vincke. Eine edle Natur, wie es in dieser Wahrheit, Einfalt und Fülle, wenige giebt. Da hier von Westphalen die Rede ist, so stehe hier episodisch, wenngleich nicht ganz sincronistisch, ein kleines Denkmal auf dem noch frischen Grabe des Ehrenmannes, der viele Jahre die belebende Seele dieses Landes war. Schon Niemeyer nannte ihn, auf dem Pädagogium zu Halle gebildet, einen seiner trefflichsten Schüler, und Heinrich

Stilling in seiner Biographie, Lehrjahre 5ter Theil (Berlin und Leipzig 1804), sagt Seite 69: „Seit einiger Zeit studirt (1790) ein junger Kavalier aus Westphalen, von Vincke, zu Marburg; er logirt in Stilling's Hause und speiset auch an seinem Tische; er gehört unter die trefflichsten Jünglinge, die jemals hier studirt haben." Edelmuth und sittliche Kraft bewies er still und unbemerkt schon in seiner Jugend dadurch, daß er mit seinem akademischen Freunde, dessen Vater plötzlich ohne Vermögen gestorben war, seinen Wechsel theilte, sich einschränkte, und keine Schulden machte. Als König Friedrich Wilhelm II. bei seiner Anwesenheit zu Minden den jungen von Vincke, der sich seine Jugend lange erhielt, ansah und den damaligen Oberpräsidenten, nachherigen Staatsminister von Stein fragte: „Macht man hier Kinder zu Landräthen?" antwortete derselbe: „Ja, ein Jüngling von Jahren, aber ein Mann am Verstande"; und das wurde er immer mehr mit der Zeit und ihrer Erfahrung. Ganz Ostfriesland (das wir leider verloren haben) segnet sein Andenken, das des Präsidenten zu Aurich. Er machte mit seinem Freunde, dem Regierungsrath Hecht, eine Reise nach Spanien, und die veredelte Schafzucht in Preußen, und dann in ganz Deutschland, war das Resultat dieser Sendung. Bei seinem Aufenthalte in England lernte er die Verfassung desselben kennen und seine Schrift darüber fand bei allen Sachkundigen ungetheilten Beifall. Er war ein klarer, denkender, mehr gut componirender, als erfinderischer Kopf, und hatte von allen Gegenständen, die im Leben vorkommen, eine gesunde, richtige und frische Ansicht. Seine amtliche Laufbahn führte ihn in praktische Dinge; doch ruheten fruchtbar und orientirend die Theorien in seiner wissenschaftlichen Bildung. Zwar hatte er nicht Zeit, Philosophie, Sprachen

und Geschichte, die er liebte, fortzustudiren, aber er erhielt
sich mit den neuesten Erscheinungen auf diesem Gebiete in
Bekanntschaft. Er war unermüdet thätig, und da er die
Kunst verstand, auch Augenblicke zu benutzen, so leistete er
nicht nur unglaublich viel, sondern behielt auch noch Zeit
für gesellige Verhältnisse. Ueberall war er gewesen, keinen
erwarteten Besuch unterließ er, und oft erschien er da, wo
man es nicht erwarten durfte; besonders auf Geschäftsreisen,
und denen, die er zum Vergnügen machte, war er ein aufmerksamer Beobachter und lernte das Unbekannte kennen,
um das Gute wieder anzuwenden. Als Präsident war er
musterhaft; ein thätiger, pflichtliebender Vorgesetzter, ging
er sämmtlichen Mitgliedern des Collegiums, den Höhern wie
den Subalternen, als ein lehrendes Beispiel voran, und
Jeder, auch der Träge, that seine Pflicht; Jeder strebte, sein
Wohlgefallen zu erhalten; Jeder fürchtete sein Mißfallen.
Er controlirte sehr aufmerksam und behielt Alles im Auge.
Der kleine unscheinbare Mann war ernst und streng, wenn
er auf dem Präsidentenstuhle saß, und er konnte zornig und
heftig werden, wenn er Verschleppung und Flunkerei bemerkte. Er hatte, was ein Vorgesetzter, besonders ein so
hochgestellter, haben muß, Achtung, Verehrung und Furcht.
Doch war Liebe für ihn das vorherrschende Gefühl, da er
ebenso gut als einsichtsvoll war. Schon mit dem guten
Willen war er zufrieden, und selbst im höchsten Grade gutmüthig, war er gewonnen, wenn er Gutmüthigkeit sah.
Bei dieser hatte er unglaubliche Nachsicht und Geduld und
blieb sich darin gleich. Immer war er zufrieden, gewöhnlich
heiter und still, wenn er Körperschmerzen und Seelenleiden
hatte. In seinen Sitten und in seiner Lebensweise höchst
einfach und schlicht, wurde er, wo es auch sein mochte, nir-

gends lästig. Auf das, was er aß und trank, achtete er
nicht, und er konnte bei den gewöhnlichsten Speisen ebenso
froh sein, als bei dem üppigsten Mahle. Er liebte es nicht,
lange bei Tische zu sitzen, und was das heißt, sich gütlich
thun, kannte er nicht. In dem reichen Schlosse, welches
er in Münster bewohnte, war er ein durchgehender Pilger
und Gast. Er hielt sich gern im Freien auf, wo ihm die
Pfeife gut schmeckte, und achtete nicht darauf, ob der Taback
köstlich war, oder nicht. Orden, deren er eine Menge hatte,
trug er nur dann, wenn es diplomatisch schicklich war; doch
war ihm das eiserne Kreuz, welches seine breite Brust schmückte,
vorzüglich werth und theuer. So wie er schien, so war er
auch, und Etwas scheinen wollen, was er nicht war, kannte
er nicht. Nie machte er sich wichtig; er ging einher und
stand da unscheinbar. Der Fremde war erstaunt, daß der
kleine und demüthige Mann, der sich nicht hervordrängte,
ein Oberpräsident war. Aber sah man ihm in's Gesicht,
in die klaren, blauen, denkenden Augen; beobachtete man
die gewölbte Stirn, die gefüllten, gutmüthigen, sanft ge=
schlossenen Lippen; hörte man ihn sprechen, kurz, gedanken=
reich und einfach, so wurde der Menschenkenner bald inne,
daß eine große Seele in dem kleinen Körper wohnte. Er
wurde oft verkannt, oft nicht gekannt, weil er gern zu Fuße
reiste und es liebte, vorzüglich dann den bequemen West=
phälischen blauen Kittel zu tragen. In diesem hat man ihn
häufig für einen Bauer gehalten, und er ließ sich, weil er
diesen achtungswerthen, biedern Stand kannte, achtete und
liebte, gern dafür halten. Dieß war nicht Affectation, wozu
die Natur ihm die Anlage versagt hatte, sondern wahre
Stimmung. Er wies darum die Zumuthungen und Forde=
rungen nicht zurück; und einmal, im blauen Kittel von

Aalen nach Münster gehend, half er, aufgefordert von einem Fuhrmanne, der auf schlechten Wegen fest gefahren war, durch beschwerliches Heben und Schieben der Räder. Er hatte die ächte Popularität, die aus dem Herzen und der wahren Menschenliebe kommt. Er sah in jedem Menschen den Menschen, und die Kleidung, die er trägt, war ihm, was sie ist, nur die äußere Hülle. Wahrheit und Nichts als Wahrheit war in Allem das Ziel, das er suchte und wollte, und Wahrhaftigkeit die Luft, in der er immer lebte und athmete. Dabei gutmüthig und bieder, paßte er ganz zu dem Nationalcharakter der Westphälinger und verstand namentlich den Bauer und den Bürger. In der Regel sind diese mißtrauisch, besonders gegen Beamte, und der Meinung, daß man ohne Kniffe mit ihnen nicht fertig werde. Zu dem Oberpräsidenten hatten sie ein unbedingtes Vertrauen, dem es vorzüglich zuzuschreiben ist, daß von Vincke so viel Gutes im Lande stiftete, und, seinen Bewohnern lieb und werth, nicht vergessen werden wird. Achtung, Liebe und Vertrauen nahmen mit den vielen Jahren seines Wirkens zu, und er war stets umlagert mit Leuten aus allen Ständen, die seinen Rath verlangten; sie befolgten, was er ihnen aus dem Schatze seiner Erfahrung rieth, und befanden sich wohl dabei. Er hatte, wiewohl er einen energischen Charakter, besonders in Geschäften, an den Tag legte, wenig oder gar keine Feinde, da er alle Interessen zu berücksichtigen und zu vereinbaren wußte. Er stand über jeder Partei und in seiner Natur lag das Princip der Versöhnung. Weil an ihm nichts Geschrobenes und Geschminktes und, wie man dort zu sagen pflegt, kein falsches Haar an ihm war, vielmehr er sich so hingab und hingeben durfte, wie er war, blieb er sich auch immer gleich. Er war heute, wie gestern, und

weil er immer wahr war, redete und fühlte, blieb er auch
stets consequent. Sein Stand, Rang und Einfluß, war auf
den guten Menschen gepfropft, und dieser blickte immer
durch. Er wußte nichts von Hochmuth, und wahre männliche Demuth war in Allem, er mochte stehen vor wem er
wollte, sein Eigenthum. Darum machte er, wiewohl er
einen zarten Tact hatte, und Personen, Zeit und Ort richtig unterschied, keinen Unterschied; so war es ihm eine Sache,
die sich von selbst verstand, bei regnigtem Wetter den Lohn-
lakaien bei sich in den verdeckten Wagen zu nehmen. Darum
reiste er gewöhnlich ohne Bedienten und der Excellenz fiel es
nicht ein, besser als andere honette Leute es haben zu wollen.
Mit einem so edlen Menschen läßt sich wohl leben und
überall gut fertig werden. Was mögen erst Frau und Kinder, denen er das volle und treue Herz hingab, an dem
Gatten und Vater gehabt haben! Was seine Verwandten,
Freunde, Collegen, an ihm hatten, wissen sie; was die Armen und Nothleidenden, denen er im Stillen wohlgethan,
wird erst jetzt bekannt werden, da er vom Schauplatz des
Irdischen abgerufen ist. Daß ein so vollendeter Mensch, (so-
weit als menschliche Unvollkommenheit und Beschränktheit es
zuläßt) ein Christ war, versteht sich von selbst. Wie hätte
er in der Seligkeit und Ewigkeit der Liebe sein und athmen
können, ohne Glauben an den Ewigen? Wie hätte er um-
hergehen und Gutes thun können, ohne ehrfurchtsvollen
Aufblick zu Dem, von dem alle Kraft und Neigung kommt,
die gerade steile Bahn still zu gehen, die mit seinen heiligen
Fußtapfen bezeichnet ist? Aber er machte nie Geräusch mit
seiner Frömmigkeit; von ihrem sanften und belebenden Anhauche beseelt, erkannte man ihre reifen schönen Früchte an
seinem gesunden Lebensbaume. Er war ein ganzer Mann,

aus einem Gusse und Stücke, männlich in seinem Charakter, kindlich in seinem Gemüthe. Er lebte und wirkte in einer wichtigen Zeit und Europäische Schicksale entwickelten sich vor seinen Augen. Mit den geistreichsten Männern stand er in Verbindung und er besaß ihre Achtung und ihr Vertrauen. Der hochselige König Friedrich Wilhelm III. erkannte, ehrte und liebte ihn; des jetzt regierenden Königs Majestät, ebenso gesinnt, zeichnete ihn bei jeder Gelegenheit aus, und bei seiner häufigen Anwesenheit zu Berlin war er, wie vor Kurzem noch, der jedesmalige gern gesehene Tischgenosse im alten Schlosse und in Sans souci. Im Juni 1845 sollte sein 50jähriges Dienstjubiläum gefeiert werden, und schon wurden die vorbereitenden Anstalten großartig dazu getroffen. Aus jeder Stadt und jedem Dorfe Westphalens sollten Deputirte in Münster erscheinen, und die Stände, katholische sowohl als protestantische, legten zusammen in brüderlicher Eintracht eine namhafte große Summe, wovon errichtet werden kann, würdig, eine milde Anstalt, die den unsterblichen Namen, die von Vincke'sche, führen soll. Jetzt hat der Himmel sein Jubiläum gefeiert; wir aber, die wir ihn so lieb hatten, sehen ihm mit thränenvollen Augen nach. —

Es war den zweiten Pfingsttag 1810 als der König und die Königinn, froh und heiter, dem äußeren Anscheine nach gesund, an einem schönen Frühlingstage, in seinem milden Lichte sich sonnend, auf dem großen Plateau vor Sans souci auf und abgehend, in der dort befindlichen Vertiefung die antiquen Büsten der Römischen Kaiser, auf einem hohen Piedestal nach ihrer Eigenthümlichkeit stehend, solche sinnend ansahen, und die Königinn sagte: „Haben sie wohl die Römischen Kaiser darauf angesehen und denjenigen herausgefunden, der in feiner Phyſiognomie die meiſte Aehnlichkeit mit dem Kaiſer Napoleon, dem gewaltigen Mann unſerer Zeit, hat?" Der König lächelte bitter; und da ich nicht gleich die Antwort hatte, fuhr die Königinn fort: „Kommen Sie mal auf dieſe Stelle, und ſehen die Büſte des Kaiſers Nero im Profil an; Sie werden eine frappante Aehnlichkeit mit ihm, dem Wunderbaren, finden; nur ſein Mund und ſeine Lippen ſind weniger gekniffen und ſchöner." Dieß gab Ihr Gelegenheit, über die damaligen Alles umkehrenden Begebenheiten der Zeit, wovon Ihre Seele ſo voll war, zu reden, und Sie redete darüber geiſtvoll mit großer Mäßigung

Unter Anderem ſagte Sie: „Der gegenwärtige Zuſtand der Dinge iſt ein gewaltſamer, durch das Uebergewicht der phyſiſchen, wenn ich auch zugeben will der intellectuellen, keinesweges der moraliſchen Kräfte, die dabei doch nicht aus der Acht zu laſſen ſind, — herbeigeführt. Er iſt durchaus nicht aus dem Willen und den Wünſchen der Nationen und Völker hervorgegangen; denn dieſe ſind beſiegt und unterjocht, ſie ſind damit unzufrieden und alle Welt iſt es. Die vermeinte Freiheit, der die Franzoſen ſich rühmen, iſt im Grunde nur Sklaverei, der allgemeine Wille wird verſchlungen von dem Willen der Willkür eines Einzigen, den ein unerſättlicher Ehrgeiz treibt. Seine Herrſchaft iſt Zwang, den man nicht fühlen will, weil ſie bis jetzt glücklich iſt. Alles iſt unnatürlich zuſammengepreßt, und darum kann es nicht von Dauer ſein; die Natur behauptet ewig ihre Rechte. Man fühlt es heraus, wir ſind noch nicht fertig, es kommt noch etwas Anderes; aber ach! darüber können wir ſterben." „Er iſt eine Zuchtruthe in der Hand Gottes, und wenn dieſe genug gebraucht iſt", ſetzte ich hinzu, „wird dieſe in's

Feuer geworfen und verbrannt." „Das haben Sie uns
an heiliger Stätte aus dem Worte Gottes verkündigt
und zur Ergebung und Hoffnung ermuntert. Ihre von
Ostern bis heute gehaltenen Predigten haben mich erbaut
und getröstet. Lassen Sie dieselben drucken und dediciren
sie mir; der König, mit dem ich vorher schon gesprochen,
ist damit vollkommen zufrieden. *) Wenn ich von Mecklenburg zurückkomme, lesen Sie uns vor; ich freue mich, den
guten Vater und die Heimath wieder zu sehen."

Bald darauf reis'te die Königinn dahin ab. Wie Sie
in's Mecklenburgische kam, wurde Sie wehmüthig und wieder
von trüben Ahnungen befallen. Als Sie in Fürstenberg in
den Schloßhof einfuhr, erblickte Sie alle Ihre Geliebten,
auf Sie wartend, Ihr entgegenkommend, und unter Thränen rief Sie: „Ach da ist mein Vater!" und sank gerührt
in seine Arme, an sein Herz. Desselben Tages, es war der
25ste Junius 1810, kam Sie am Abend in Strelitz an,
und fuhr mit dem Herzoge in einem Wagen unter Huldi-
gungen der Behörden und unter dem fröhlichen Zujauchzen
der Einwohner langsam durch die angefüllten Straßen. An
der Schloßtreppe stand die alte 81jährige Landgräfinn Luise,
und die Königinn rief gerührt und freudig: „Die liebe
Großmutter!" Die fürstliche Matrone war ehrwürdig
durch ihren milden, frommen Charakter, durch die vielen
Erfahrungen, die sie gemacht, durch ihre Jahre; ihr ganzes
Wesen trug das sichtbare sanfte Gepräge der weiblichen christlichen Ergebung, die, der Erde und ihrer nichtigen Erschei-

---

*) Der Folge wegen muß das angeführt werden.

nungen satt, auf eine höhere Ordnung der Dinge wartet. *)
Die Königinn verdanket ihr viel; sie hatten sich lange nicht
gesehen; es lag viel dazwischen, das fühlten Beide, als sie
sich mit Thränen frommer Rührung umarmten.

Als in dieser Umgebung, wo Alles im Hause des Vaters und der Großmutter innig, warm und zutraulich war,
des andern Tages in dem Kreise der Damen und Herren,
die aus der Stadt und dem Lande zur Aufwartung gekommen waren, die Königinn erschien, war man von Ihrer
Schönheit, Anmuth und Würde überrascht —; man hatte
Sie, von so schwerem Unglück gebeugt, niedergeschlagen und
verfallen sich gedacht. — Die Sie hier, einige Tage vor
Ihrem Tode, gesehen und gesprochen, reden mit Entzücken
von Ihrer Frische und Heiterkeit. Man glaubte aus zart-
sinniger Schonung von dem unerhörten Unglück, welches das
Königliche Haus und den Staat getroffen, schweigen und
diese schmerzhafte Corde nicht berühren zu dürfen. Aber
die Königinn fing immer mit edlem Selbstbewußtsein davon
wieder an, freilich mit Wehmuth, aber auch mit Ergebung,

---

*) Bei der weiblichen Natur wird mehr wie bei der männlichen
ihr innerer Gehalt fühlbar und hervortretend im hohen Alter.
Ist der Reiz und die Schönheit der Jugend verschwunden, also
dahin, was das andere Geschlecht angenehm und gefällig macht,
so kann es nur noch gefallen durch die Schönheit und Harmonie der Seele. Diese macht die Gesichtszüge sanft und mild
und die ganze Gestalt und ihre Haltung wohlgefällig. Ohne
diese innern Vorzüge bleibt nichts übrig als das alte Weib mit
allen seinen Attributen der Häßlichkeit. Von dieser fühlt man
sich abgestoßen, von jener sich angezogen. Jene ist verlassen
und öde, diese verehrt und gerne gesehen.

die Ihr ganzes Wesen verklärte, zu reden; Sie sprach mit Fassung und innerer Haltung. Unter Anderem sagte Sie zur Frau von Jaßmund, welche Ihre Perlen bewunderte: „Ich liebe sie auch sehr und habe sie zurückbehalten, als es darauf ankam, meine Brillanten hinzugeben. Sie passen auch für mich; denn Perlen bedeuten Thränen, und Thränen habe ich viele geweint. Hier auf meinem Herzen ist aber ein köstlicher Schatz: das Bild des Königs, das ähnlichste, welches ich besitze. Von Ihm, dem Stolze und dem Glücke meines Lebens, habe ich aber nie mich getrennt, — nur der Tod kann es." Als Er bald darauf selbst gekommen, war Sie ganz glücklich, wie man es nur in Familien findet, in welchen eheliches und häusliches Glück herrscht. Zu Ihrem Bruder sagte Sie: „Lieber George, nun erst bin ich selig!" Sie sprang auf und schrieb an dem dastehenden Schreibpulte auf ein Blättchen:

„Mein lieber Vater!

Ich bin heute sehr glücklich, als Ihre Tochter, und als die Ehefrau des besten Ehemannes.

Neustrelitz,   Luise."
den 28sten Juni 1810.

Ein kurzes, aber köstliches Document, das letzte, was die Unvergeßliche geschrieben hat, und welches als ein Heiligthum bewahrt wird.

Bald nachher fuhren Alle nach dem Herzoglichen Schlosse Hohenzieritz, gemäß dem Wunsche des Königs, weil Er hier ungestörter die Freude und Ruhe des stillen Landlebens genießen konnte. Mit Seiner Gemahlinn dachte Er nach Berlin zurückzukehren; da sich aber die Königinn unwohl befand und am Katarrh und starken Husten litt, so reiste Er, nichts

Böses ahnend, allein ab. Die Krankheit nahm aber zu, und Sie wurde bedenklich leidend, doch mit voller Geistes= gegenwart. Freundlich und liebevoll, wie immer, wurde Sie nur durch die Nachricht von dem Unwohlsein des Königs betrübt; doch verwandelte sich Ihre Traurigkeit in Freude und Dank, als Sie von Ihm selbst einen zärtlichen Brief erhielt. Diesen las Sie wieder und wieder, und legte ihn als ein Kleinod auf Ihr Herz. Ein anderer Brief von Ihrer Tochter Charlotte, der jetzigen Kaiserinn von Ruß= land, geschrieben von ihr an ihrem Geburtstage, den 13ten Juli, und der voll von kindlicher Dankbarkeit und Liebe und den innigsten Wünschen war, erfüllte die zärtliche Mut= ter mit Dank und Freude, und Sie sprach: „Wie bin ich doch so glücklich, daß ich solche Briefe erhalte!" Ihre Ge= danken waren daheim bei den Ihrigen, und Sie sprach am Liebsten von dem Kronprinzen und Ihren übrigen Kindern; jeden Tag kam Nachricht von Charlottenburg und in Sehn= sucht empfing Sie diese Briefe. Wenn es, bei der zu dieser Zeit geschehenen unglücklichen und verhängnißvollen Begeben= heit, der Feuersbrunst in Paris, daß die edle Fürstinn Pau= line von Schwarzenberg einen mütterlich schönen, aber schreck= lichen Tod fand, Sie tief betrübte, so erheiterte Sie die Theilnahme der edlen Kaiserinn von Oestreich und die Hoff= nung, sie bald zu sehen. Doch die Krankheit der Königinn wurde schlimmer und es kamen hinzu schmerzhafte Brust= krämpfe. Der König, von Allem täglich benachrichtigt, schickte den 16ten Juli (Hufeland war grade auf einer Reise nach Holland) den Geheimrath Heim *) und den General=

---

*) Christoph Ludwig Dr. Heim, Königlich Preußischer Geheimrath,

Chirurgus Görke nach Hohenzieritz und Beide waren mit
dem dortigen Leibarzt Hieronimy in der Behandlung der

----

als theoretischer Arzt bekannt, war als praktischer glücklich,
und als Mensch originell. Geschätzt und geliebt vom großen
Publicum in Berlin, vom Könige und Seinem Hause an bis
zu dem Geringen herab, wird sein Andenken in Segen bleiben
und er steht mit Hufeland in dieser Beziehung auf derselben
Linie, wenngleich in ganz anderer Art. Vom frühen Morgen
bis zum späten Abend unermüdet thätig, immer bereit, Jedem,
der ihn darum bat, uneigennützig auch dem Aermsten, den
er vielmehr noch unterstützte, zu helfen, — erreichte er ein ho=
hes Alter. Es erschien in Berlin 1823 in 2ter Auflage seine
Biographie, psychologisch treffend, historisch wahr, und schön
geschrieben von Keßler, G. O. F. R. und Präsident zu Arns=
berg. Ich erinnere mich nicht, folgende Charakterzüge, deren
Wahrheit ich verbürgen kann, und die Hufeland gern mittheilte,
gelesen zu haben. Heim war ein geborener Arzt; als solcher
hatte er einen richtigen, scharfen Blick, er durchschauete den
ganzen Menschen und viele Krankheiten erkannte er richtig schon
durch den Geruch und er überschauete mit seinen gesunden, fröh=
lichen Sinnen jedesmal den vorliegenden Zustand mit allen seinen
Symptomen. Einst wurde er zu einem Bürger gerufen, den,
an der Mundklemme leidend, schon die Aerzte aufgegeben hat=
ten. Heim, der aufmerksam den Kranken betrachtet, fragte
die Ehefrau: „ob ihr Mann vor kurzer oder längerer Zeit
sich verwundet hätte?“ Die Frau antwortete: „Daß ich nicht
wüßte! Doch fällt mir eben ein, daß er, bei einer Schmiede
vorübergehend, in einen Radnagel getreten und sich den Platt=
fuß verwundet hat; doch war dieß bald durch ein aufgelegtes
Pflaster geheilt.“ Heim, nachdem er den Fuß besehen, schnitt
alsbald in die Kreuz und Quere hinein, so daß Blut erfolgte.
Es währte nicht lange, so konnte der Patient wieder den Mund
öffnen und Heim stellte ihn glücklich wieder her. So wurde
er der Wohlthäter vieler Tausende. Es ist unbegreiflich, wie
er in einer so weitläufigen Stadt 60—80 Krankenbesuche be=
streiten konnte; aber ihm, immer heiter, ging Alles, was er
vorhatte, flugs von Statten. Man sah ihn ebenso vergnügt

Kranken ganz einverstanden. Sie war in den besten Händen und Nichts wurde versäumt. Der alte Vater bewohnte

in die Hütten der Armen kriechen, als in die Paläste der Reichen
gehen. Darum war er auch der Liebling des Volkes. Einmal
zu Pferde sich durch dichte Haufen drängend und einer Illumina-
tion zusehend, verwandelte sich der laut gewordene Unwille über
den unbequemen kecken Reiter, den man schon vom Pferde rei-
ßen wollte, in ein jubelndes Geschrei, sobald man den Vater
Heim erkannte. Darum, weil er im Volke und für dasselbe
lebte, hatte er in seinem ganzen Sein und Wesen etwas Freies
und Laconisches, was ihn, dem die Jovialität zur andern
Natur geworden, auch dann nicht verließ, wenn er mit den
höhern und höchsten Ständen umging. Er war Leibarzt der
Prinzessinn Amalie, der Königinn der Niederlande, des Churfürsten von Hessen, während ihrer Anwesenheit zu Berlin, und
der Prinzessinn Ferdinand. Diese hohe Frau hatte einen vortrefflichen, biedern, gutmüthigen Charakter; sie und ihr Hof
hatten aber noch die Färbung von Friedrich dem Großen, der alle
Leute Er nannte. Es fiel folgende charakterisirende Scene vor.
Die Prinzessinn sitzt in einem prächtigen Audienzsaale in einem
Sopha und besieht durch ein Vergrößerungsglas von der Fuß-
sole bis zum Scheitel den geforderten, vorgelassenen und eingeführten Heim. „Tret' Er näher!" spricht sie; und fährt dann
fort: „Ich höre von Seiner Geschicklichkeit und von Seiner großen und glücklichen Praxis sehr viel Rühmliches. Ich bin
darum entschlossen, Ihn zu meinem Leibarzt zu ernennen; und
solches habe ich Ihm kund thun wollen." „Ew. Königlichen Hoheit danke ich für Ihr Vertrauen; aber die Ehre, Ihr Leibarzt
zu sein, kann ich nur unter Bedingungen annehmen." Dieß
sagt Heim nach seiner Gewohnheit in einem heitern genialen
Tone. Lachend sagt die Prinzessinn: „Bedingungen? Die
hat mir in meinem ganzen Leben noch Niemand gemacht."
„Nicht?" antwortet Heim scherzend, „dann ist es hohe Zeit,
daß Sie das lernen!" „Nun," erwiedert sie, „ich bin neu-
gierig, diese Bedingungen kennen zu lernen; laß Er hören!"
„Die erste ist," antwortet Heim humoristisch, „daß Ew. Königliche Hoheit mich nicht Er nennen; das ist nicht mehr an der

den Flügel des Schloſſes, wo die geliebte Tochter ſchwer krank lag; die ehrwürdige betagte Großmutter ging beſorgt

Zeit; der König thut das nicht; ſelbſt meinen Bedienten nenne ich nicht Er. Die zweite Bedingung iſt, daß Sie mich dann nicht, wie ſoeben geſchehen, ſo lange antichambriren laſſen; ich habe keine Zeit zu verlieren, der längſte Tag wird mir ſtets zu kurz. Die dritte iſt, daß Ew. Königliche Hoheit mir nicht ſo nach den Füßen ſehen; ich kann nicht en escarpins, ſondern nur in Stiefeln und im bequemen Oberrock kommen. Die vierte iſt, daß Sie nicht verlangen, ich ſoll zu Ihnen zuerſt kommen; ich komme nach Beſchaffenheit der Krankheit, nach Lage der Straßen und Häuſer. Die fünfte iſt, daß Sie mich nicht zu lange aufhalten und nicht von mir verlangen, ich ſoll mit Ihnen von der wetterwendiſchen Politik und von Stadtneuigkeiten ſchwatzen; dazu habe ich keine Zeit. Endlich die ſechſte, daß Sie mich, weil Sie eine Königliche Hoheit ſind, Königlich honoriren."

Beide lachten herzlich, und er war in dieſem Verhältniſſe bis zum Schluſſe deſſelben gern geſehen, geachtet und geliebt.

Heim, der viel weggab, aber auch viel einnahm, hatte eine große Summe an ein Handlungshaus, welches banquerott machte, verloren. Hufeland bezeigte ihm einige Tage nachher ſeine Theilnahme. „Es iſt mir nicht lieb," antwortete er, „daß Sie mich daran erinnern; ich habe es Gottlob unter den Füßen." „Wie haben Sie das gemacht?" „So wie ich es zu machen pflege, wenn ich mir ſelbſt nicht helfen kann. Und das konnte ich hier nicht. Ich konnte die fatale Sache gar nicht vergeſſen, ich dachte Tag und Nacht daran. Das ſchöne Geld, ſo mühſam erworben, nun auf einmal verloren! Verflucht! ſelbſt meine armen unſchuldigen Kranken litten darunter; denn ich war immer zerſtreut. Auch zu Hauſe hatte ich keine Freude mehr; meine gute Frau, ſonſt immer ſo heiter, ließ ſelbſt bei Tiſche, wo der Menſch doch ſich erholen ſoll, den Kopf hängen; wir ſaßen ſtumm und verdrießlich gegeneinander über und unſere ſonſt fröhlichen Kinder ſahen uns ſchüchtern an. So konnte und durfte es nicht bleiben, das fühlte ich wohl. Das ſchöne Geld war einmal weg, und mit ihm hatten wir verloren das erſte Gut des Lebens, die Zufriedenheit. Ich arhin und her; die geliebte Schwester, die Prinzessinn Solms, nachherige Königinn von Hannover, pflegte und wartete zärtlich aufmerksam auf jede Bewegung; und die Aerzte stan-

---

mes Erdenwurm, unfähig aus dieser Noth herauszukommen, nahm meine Zuflucht zum Allmächtigen. Ich eilte auf mein Schlafzimmer, schloß die Thür hinter mir zu, und bat auf meinen Knieen recht inbrünstig, daß mir Kraft und Muth, Freudigkeit und Ruhe wieder gegeben würden. Da war es mir, als wenn der liebe Gott erschienen; und er sprach zu mir: „du bist eines armen Predigers Sohn, und ich habe dich gesegnet in deinem Berufe, wie in deinem Hause, so daß du ein gemachter Mann bist. Eine Reihe von Jahren habe ich dich spielen lassen mit dem Gelde, das du nun verloren hast. Nun Heim, sei kein dummer Junge, und höre auf zu plinseln; sonst komme ich dir noch ganz anders. Ich habe die Schlüssel zu allen Geldkasten und kann dir den Verlust hinlänglich ersetzen. Darum sei wieder guten Muths und gieb mir deine Hand darauf, daß du wieder fröhlich deinem Berufe leben willst." Das habe ich versprochen; Weib und Kinder sind auch wieder heiter, ich habe es wieder vergessen, es ist unter den Füßen, und bin nun wieder vergnügt in meinem Gott. Das thut und vermag ein Gebet, wenn es ernstlich ist; und nun lassen Sie uns von etwas Anderem sprechen!"

Der ehrliche, fromme, gemüthliche Heim hatte nicht Zeit, krank zu werden, und wurde, immer thätig, sehr alt. Sein Jubiläum feierte ganz Berlin, von den allerhöchsten und höchsten Ständen an, bis herab zu den Straßenjungen, und währte 3 Tage. Unaufhörlich in Anregung, war er endlich erschöpft, und befahl, daß Alles im Hause stille sein sollte. Am Abend spät kam eine unbemittelte Bürgersfrau, die ihn zu ihrem sehr kranken Kinde rufen wollte. Abgewiesen, drang, bekannt mit der Localität, sie in das Schlafzimmer von Heim, der die weinende und lärmende Frau unhöflich abwies. — Alles ist wieder still geworden und die Geheimräthinn sagt: „Lieber Heim, wie ist es mit Dir? Du wirfst Dich ja im Bette hin und her!" „Ich kann," antwortet er, „nicht schlafen; es ist doch ein eigen

den beobachtend am Bette. Die Königinn war ruhig, frei,
still, und für alle Liebe, die man Ihr erwies, dankbar.
Auch nicht einen Augenblick verlor Sie den inneren Zusammenhang in Ihrem Bewußtsein; Sie sah klar in Alles
hinein, was um Sie her vorging. In stillen Augenblicken
erhob Sie Ihre Seele in der Liebe der Andacht, und Sie
lag da wie ein Engel. Liederverse, die Sie in der Jugend
auswendig gelernt hatte, sagte Sie her; wenn die Großmutter
Sie an Ihre Kindheit erinnerte, wurde Sie wehmüthig=hei-
ter und Sie dachte mit Rührung Ihrer früh vollendeten
Mutter. Dieß war besonders bei schlaflosen Nächten der
Fall. Sie wollte, daß Ihre Umgebung sich zu Bette lege;
Sie war um Andere mehr besorgt, als um sich selbst.
Unbefangenheit, die der Grundzug Ihrer schönen Seele war,
blieb Ihr eigenthümlich, so daß Sie mit Allen, die sich Ihr
naheten, heiter und freundlich redete. Diese Unbefangenheit
verließ Sie selbst dann nicht, wenn die Brustkrämpfe häufiger eintraten, während welcher Sie mehrmals rief: „Luft
— Luft!" Kaum war dieß vorüber, so trat Ihr Zustand
der heitern Ruhe wieder ein, und auch nicht die leiseste Spur
von Ungeduld und Laune blieb zurück. Die zärtlich besorgte
Schwester, die nicht von Ihrem Bette wich und in Ihrer
Behandlung sehr aufmerksam war, fragte Sie: „Hast Du
viele Schmerzen, liebe Luise?" und Sie antwortete mit
einem freundlichen Angesichte: „Ach nein! aber ich bin sehr

Ding mit dem Gewissen! ich muß hin." Er klingelt und vergißt alle Müdigkeit, eilend zum Kranken, den er glücklich wieder herstellt. — Er hatte den gemüthlichen Sinn, der das öffentliche und häusliche Glück bis an's Ende rein genießet.

matt, und in den bösen Krämpfen ist mir so, als hörte ich auf, zu leben." Dann fragte Sie wieder, mit Sehnsucht den Tag erwartend: „Kommt er bald? Wie spät ist es? Wird es warm werden?" Und als Sie hörte, daß der Himmel voller Wolken sei, erwiederte Sie: „Ich wünsche einen kühlen Tag; mir ist immer so heiß!" Als Sie wieder heftige Brustkrämpfe gehabt, sagte Sie zum Geheimrath Heim: „Wenn ich in denselben einmal ausbleiben sollte! meine Beklemmung ist groß. Es wäre doch hart, wenn ich sterben sollte — der König und die Kinder!"

Es war der verhängnißvolle, unglückliche 19te Juli, als der König nach durchfahrener Nacht Morgens 4 Uhr in Hohenzieritz mit dem Kronprinzen und dem Prinzen Wilhelm ankam. Es war ein trüber, regnigter Morgen, der ganz zu Seiner Gemüthsstimmung paßte; denn auf Seine erste Frage: „Wie geht's hier?" hatte Er von den Aerzten die traurige, zermalmende Antwort erhalten: „daß, menschlichem Ansehen nach, keine Hoffnung mehr vorhanden sei." Er war still und in sich gekehrt; ein tiefer Schmerz drückte sich in Seinem Gesichte und in Seiner ganzen Haltung aus. So trat Er an das Sterbebette der vorbereiteten Königinn. Wissend, wie es mit Ihr stand, umarmte er Sie mit Wehmuth und Zittern, und konnte vor Traurigkeit nicht reden. Das war Sie an dem festen, ruhigen Manne nicht gewohnt; so hatte Sie Ihn im schweren Unglücke nicht gesehen, Er, der Starke, zitterte und zagte. „Lieber Freund," sagte Sie zu Ihm, „was bist Du so traurig? ist es denn so gefährlich mit mir?" Seine Versicherung: „Er sei nur so bewegt, weil Er Sie leiden sehe," beruhigte Sie wieder, um so mehr, da Er hinzusetzte: „Gott-

lob, daß ich hier bin!" Freudenthränen brachen aus den
Augen der Königinn. "Wie bist Du gekommen?" fragte
Sie. "In der gelben Chaise." "Doch nicht in dem offenen
Wagen, mit Deinem Fieber?" "Ja, in dem offenen!" erwiederte der König. "Wer ist mitgekommen?" fragte Sie
weiter. Und der Vater antwortete: "Fritz und Wilhelm."
"Ach Gott, welche Freude!" sagte Sie innigst gerührt. Der
König, wohl wissend und sehend, wo es hinaus wollte, und
voll von Schmerz, den Er nicht unterdrücken konnte, entfernte sich, unter dem Vorgeben, die Söhne zu holen. Während Er mit denselben beschäftigt war im Schlosse, sagte
inzwischen zu der Ihr allein gelassenen Kammerfrau die
Königinn: "Ich habe mir so viele Freude von der Ankunft
meines Mannes versprochen, und ich freue mich herzlich,
daß Er hier ist; aber Seine Erscheinung hat mich erschüttert; Seine Umarmung war so heftig, so stürmisch, als
wollte Er mir Lebewohl sagen, als sei es das letzte, — als
müßte ich ganz gewiß sterben."

Bald darauf seufzte Sie tief, und sagte: "Was ist
doch alle irdische Größe! man nennt mich eine Königinn,
und ich fühle mich so ohnmächtig, daß ich keinen Arm rühren kann."

Jetzt traten der Kronprinz und Prinz Wilhelm herein,
und Sie rief bei ihrem Anblick wiederholentlich aus: "Mein
Fritz! Mein Wilhelm!" Die tief gerührten edlen Söhne
weinten am Bette der sterbenden Mutter. Diese unterhielt
sich mit ihnen, so viel Ihr leidender Zustand in der Nähe
des Todes es gestattete; sah sie lange mit mütterlichen Blicken
an und fragte nach diesem und jenem. Nachdem dieß eine Zeit
lang gedauert, traten wiederum Brustkrämpfe, heftiger noch,

ein und die Königlichen Söhne entfernten sich, nachdem sie die Mutter noch einmal geküßt. Der König blieb; Er sah Seine Luise unverwandt an, umarmte Sie, und hielt dann Ihre Hand, die andere Ihre geliebte Schwester, die Prinzeßinn Solms. Die Brustkrämpfe wurden heftiger und heftiger; doch mit ruhiger und starker Stimme sagte die Königinn: „Ach, für mich ist nur Ruhe im Tode!" Der letzte Kampf begann, — die Sterbende rief: „Herr Jesus! kürze meine Leiden!" Sie bog den Kopf sanft zurück, seufzte tief, und schloß für immer die Augen. Es war bald 9 Uhr Morgens den 19ten Juli 1810. Der König saß da in sich selbst und in Schmerz versunken; dann stand Er auf und küßte die gebrochenen Augen, die Ihm so oft Freude, Ruhe und Frieden in's Herz gelächelt hatten. Als ein Mann und Christ stand Er da, der, wenn er dem gerechten Schmerze sich hingiebt, doch das Bewußtsein nicht verliert. Still und schweigend führte Er Seine Söhne an das Todtenbett der nun verewigten Mutter, und voll von kindlicher Traurigkeit knieten sie nieder. Der König ging ab und zu und kehrte immer wieder zu Seiner geliebten Luise zurück — sah Sie an, und Seelenschmerz zückte um Seinen Mund. Eine ehrfurchtsvolle Stille herrschte rings umher: da lag die Todte — Ihr Angesicht deckte der Frieden der besseren Welt, zu der Sie eingegangen war, und auf Ihrer blassen Stirn glänzte der Schimmer der Verklärung, deren Sie theilhaftig geworden.

Der frühe, ungeahnete Tod der Königinn machte einen tiefen, erschütternden Eindruck; er war bei der allgemeinen Achtung, welche Sie gehabt, eine Europäische Weltbegebenheit, und Alle, welche Sie persönlich gekannt, waren tief betrübt.

Das ganze Land war voll Trauer und die Todtenglocken hallten durch Städte und Dörfer. Stiller und ernster wurden die Gemüther, da von allen Kanzeln die Stimme ertönte:

„Nach so vielen und bittern Prüfungen ist ein neues und betrübendes Unglück über uns gekommen, da es dem allweisen Beherrscher der Welt gefallen hat, über das Leben unserer allverehrten und innigst geliebten Königinn zu gebieten und durch Ihr am 19ten dieses Monats Vormittags um 9 Uhr nach einer vierzehntägigen heftigen Brustkrankheit im 35sten Jahre Ihres Alters erfolgtes Absterben Seine Majestät, unsern allertheuersten König, Sein Königliches Haus, und alle getreuen Unterthanen in die tiefste Trauer und schmerzlichste Wehmuth zu versetzen. Der harte Schlag, der uns getroffen hat, zerreißt unsere Herzen und rechtfertiget unsere bange Bestürzung, unsere Thränen und unsere Klagen; aber es ist unsere Pflicht, uns in Demuth zu beugen unter die allgewaltige Hand, die uns verwundet, und anzubeten die Rathschlüsse des Ewigen. Geheiliget werde unser Schmerz durch den Glauben, daß doch gut sei, was uns böse scheint, und durch den Gedanken an die Glückseligkeit unserer frühvollendeten Königinn, die nun die Früchte Ihrer frommen Tugend, Ihrer Leutseligkeit und einer geprüften Geduld in einem besseren Leben genießt. Viel, viel war des Segens, der uns durch Ihre seltene Güte von Gott geworden ist; wie könnte je verlöschen in unseren Gemüthern die Dankbarkeit für Ihre landesmütterliche Treue und Liebe und für das erhabene Beispiel, das Sie uns hinterlassen hat? Sie hat ausgekämpft Ihren irdischen Kampf und eine bessere Krone ist Ihr geworden, als die irdische, die Sie so würdig getragen hat. Möge Trost von Gott mil-

dern den unaussprechlichen Schmerz unseres tief gebeugten
Monarchen, daß Er auch in dieser harten Prüfung den
Willen der Vorsehung ehre, und unverzagt fortfahre, Sei=
nes hohen Berufes wahrzunehmen und mit gleicher Güte
Sein treues Volk zu beherrschen! Der Segen der verewig=
ten Königinn komme in reichem Maße über Ihren Erstge=
borenen, unsern theuersten Kronprinzen. Sein Herz hing
mit gerechter Zärtlichkeit an der vortrefflichen Mutter, die
er beweint; es empfinde nun auch die Beruhigung des Glau=
bens an Gott, und es bleibe würdig der Zärtlichkeit, mit
der er geliebt worden ist. An allen theuren Kindern der
Vollendeten verherrliche sich die göttliche Güte, daß sie zum
Troste des Königs und zum Segen des Vaterlandes sich
ausbilden mögen in allen fürstlichen und christlichen Tugen=
den, damit sie erneuern den kommenden Geschlechtern das
Vorbild der Seelengröße und Seelengüte, das sie vor Au=
gen gehabt haben. Wir bitten den Allgütigen, daß er allen
hohen Verwandten und Angehörigen unserer entschlafenen
Königinn ein Gott des Trostes sein wolle, in kindlicher Un=
terwerfung unter seinen heiligen Willen. Mögen ihre Thrä=
nen fließen und die große Hoffnung des Christenthums lin=
dern ihre Schmerzen. An unser Aller Seelen aber heilige
der himmlische Vater diese neue, tief schmerzende Erfahrung
von der Unsicherheit des Irdischen, damit wir mit großem
Ernst nach den unvergänglichen und allein sicheren Gütern
trachten mögen." *)

---

*) Nicht bloß im Lande wurde das Gedächtniß der verewigten
    Königinn, sondern auch in den Provinzen gefeiert, die sonst
    zur Preußischen Krone gehört hatten, aber nach dem unglück-

Der harte Schlag war geschehen, und er fehlte nur
noch, um das Unglück zu vollenden. Daſſelbe hatte der
König mit ſtarker Seele ertragen, ohne zu erliegen; jetzt
hatte Er auch verloren Diejenige, die alles Leid ſtandhaft und
liebevoll mit Ihm getragen; die Ihn verſtand; mit Ihm in
allen Dingen übereinſtimmte; die Er über Alles liebte, die
Ihm unentbehrlich war. Wenn Er als König große Trüb-
ſal gehabt und als ſolcher die traurigſten Erfahrungen gemacht hatte, ſo war Er jetzt als Menſch von der empfind-
lichſten Seite angegriffen. Das liebevolle, treue Herz, in
welches Er ſonſt das Seinige ergoſſen, war gebrochen, —
allein ſtand Er da, verlaſſen ſollte Er ein Leben fortſetzen,
das Ihm nach ſchlafloſen Nächten jeden Morgen neue Sorgen brachte. Der Anblick Seiner Kinder hielt die tiefge-
ſchlagene Wunde offen; die jüngſten hatten die weggenom-
mene Mutter nicht mal gekannt! Die Geſchäfte der Regierung hatten wenig Angenehmes; von allen Seiten ſah Er
ſich gedrängt, mit einem ſiegreichen, übermüthigen, liſtigen
Feinde hatte Er es zu thun, und tauſend Bitten der Ihm
gebliebenen, ausgeſogenen Unterthanen konnte Er zu Seinem
Schmerze nicht erfüllen. Der Leichtſinn weiß ſich in ſolchen
Fällen zu helfen; er vergißt, was nicht zu ändern iſt, und
ſucht und findet in ſinnlichen Genüſſen Aufheiterung und
Zerſtreuung. Friedrich Wilhelm III. war aber nicht leicht-
ſinnig, vielmehr hatte Er von Natur die Anlage zum Trüb-
ſinn und Sein Ernſt ging oft in düſtere Laune über. Eine
andere Gefahr drohete Ihm; die Gefahr, den milden, trö-

---

lichen Tilſiter Frieden abgetreten waren. Man that dieß mit
einer Freiheit und Ehrwürdigkeit des Volksſchmerzes, den man
nicht verbieten konnte, und nicht zu verbieten wagte:

stenden Glauben an eine weise und gütige Vorsehung zu
verlieren, und mit stieren Blicken Seine beispiellose unglückliche Führung als ein unerbittliches blindes Schicksal (Fa-
tum) in's trübe Auge zu fassen. Er war redlicher Absichten
und reiner Menschenliebe sich bewußt; Seinem Glauben an
sittliche Weltordnung drohete jetzt die Versuchung, auch an
solchem Schiffbruch zu leiden, und sich als ein vom Unglück Verfolgter anzusehen. Solcher Gefahr war Er schon
oft nahe gewesen; wenn Er sie glücklich zurückgewiesen hatte,
so kehrte sie jedoch neu wieder zurück. Er hatte oft sehr
dunkle Stunden. Eine solche war es, als Er über den von
den Aerzten angekündigten Tod der Königinn trostlos war,
und Er der alten Großmutter derselben, auf die beruhigende
Bemerkung: „Gott sei allmächtig, bei ihm kein Ding unmöglich, er könne noch Hülfe senden, wenn alle menschliche
aufgehört" die bittere Antwort gab: „Wenn Sie nicht
mein wäre, so würde Sie leben; aber eben weil Sie m e i n e
Frau ist, darum stirbt Sie gewiß!" — Und Sie starb, —
und Er stand verlassen da.

Die Worte, welche Sie zuletzt geschrieben:
„Mein lieber Vater, ich bin heute sehr glücklich, denn
ich bin ja Ihre Tochter und die Ehefrau des besten Mannes.

Neustrelitz,
den 28sten Juni 1810.   Luise."

bewahrte der König wie ein Heiligthum. Als Er bald darauf
davon mit dem Geheimrath Heim sprach und dieser sich diese
Worte ausbat, antwortete der König: „Nein! was die
Unvergeßliche zum Letztenmal geschrieben, gebe ich nicht aus
den Händen; es bleibt mir als mein schönstes Erbe; aber

ich will es Ihnen abschreiben." Und der König stellte sich an's Pult, schrieb, und gab dann das Bekenntniß an Heim.

In diesem Zeitpunkte sprach Er viel von der Prädestinationslehre Calvin's und meinte, „es läge viel Wahres darin. Die Freiheit des Menschen sei zweifelhaft; offenbar hinge er in seinem Thun und Lassen von eintretenden Umständen ab. Umstände, die nicht in seiner Gewalt wären und die geschickt würden, bestimmten ihn, und müßten ihn bestimmen, zu handeln."

„Mithin wäre er in denselben nicht frei, er thue und müsse thun, was das Schicksal wolle." Finster blickte der König in das Seinige, und weil Er von demselbigen festgehalten wurde, und Er sich auch nicht losreißen konnte und wollte, reihete sich eine trübe Vorstellung an die andere und versenkte Ihn in ein Meer von Bekümmernissen und Zweifeln. Dieß war um so schlimmer, da Er sich in sich selbst verschloß, gar nicht über Seinen Schmerz mit Andern sprach, über denselben absichtlich brütete und nach Seiner Neigung ihn nährte. Als Er einmal darauf aufmerksam gemacht und bemerkt wurde: „daß dadurch dem Unglück Thor und Thüre geöffnet würden," antwortete Er: „Für mich giebt es kein Unglück mehr; mich hat das größte getroffen; dagegen sind alle anderen, die noch kommen können, ein wahres Nichts."

Damit war Er in eine Abspannung und Gleichgültigkeit (Apathie) gesunken, die sich gehen ließ und in der nur noch die letzten Funken der Lebenslust glimmten. An Nichts hatte Er mehr Freude; wenn man das Erheiternde Ihm vorhielt, so lächelte Er bitter. Er ging still vor sich hin, suchte

die Einsamkeit, festgehalten vom Lebensschmerz, den Er in
sich verschloß und über den Er mit Keinem sprach. In
dieser Zeit (1810) war es, wo Er etwas Scheues und
Misanthropisches hatte; Sein Gesicht änderte sich, die Züge
desselben bekamen etwas Markirtes, und unter den Augen
wurden Furchen sichtbar. Er hatte etwas Insichgekehrtes,
welches eine zuweilen furchtbare Geistesabwesenheit bezeichnete. *) Der König stand damit auf einem bedenklichen
Wendepunkte Seines Lebens und der Mensch in Ihm mußte
gehalten werden, wenn der Regent oben bleiben sollte; denn
Beides war bei Ihm nach Seiner ganzen individuellen
Natur identisch. Mit der Neigung zum Leben entsprang in
Ihm das Gefühl der Pflicht, und mit diesem auch die Lust
und die Kraft zum Regieren. Beides war in Ihm gestört und
getrübt; Er war irre geworden nun vollends, da die Stütze
zerbrochen war in dem Tode der holdseligen Frau, die Seine
Seele über Alles liebte. Er konnte nicht getröstet werden
mit Dingen, Gegenständen und Sachen, in denen Er vorher, als es noch gut ging, Freude und Genuß gefunden

---

*) Die Sprache, besonders die Deutsche, enthält, als Organ des
Innern, zur Bezeichnung des Gemüthszustandes, die wahre Psychologie und die echte Lebensphilosophie. Die Proposition ver
ist bezeichnend, drückt treffend die unmittelbare Beziehung aus,
und führt sicher zur Analogie. So sagt man z. B. um das
Herabgekommene auszudrücken: verkommen, verirren, verderben,
versinken u. s. w. So auch verzweifeln, in den Zweifeln
sich verlieren, sich darin so einzuspinnen, daß man nicht wieder
herauskommen kann. In der lateinischen Sprache wird es
durch desperare treffend ausgedrückt; denn der Lebenssatte ver-
zweifelt darum, weil er alle Hoffnung: es werde in ihm
besser werden, aufgiebt, und mit der Hoffnung das Leben von
sich stößt.

hatte. Nur das Verwandte schließt sich an das Verwandte
an, und es ist keine Empfänglichkeit da, das Heterogene in
sich aufzunehmen. Dieses wird abgestoßen und isolirt; nur
das Sympathetische verschmilzt sich. Deßhalb ist nicht für
alle Unglücklichen dasselbe ein Heilmittel. Der Beraubte
und Verlassene kann sich nicht helfen und trösten womit Andere es wollen, sondern womit er es kann. Es zeigt sich
besonders hier die belebende Kraft der Wahrheit: in ihr
liegt allein die Radicalhülfe, alles Andere, wie es auch scheinen mag, ist nur ein Palliativmittel. Diese ziehen freilich
oft einen Zauberkreis; aber ist dieser durchlaufen und seine
Wirkung verblaßt, so tritt eine Leere ein, die das Gefühl
des Unglücks in einsamen Stunden nur noch mehr zum Bewußtsein bringt. Es kommt nicht darauf an, den Schmerz
zu dämpfen und ihm durch Zerstreuung Ableiter zu geben,
sondern darauf, ihn in seinen Quellen gründlich zu heilen
und damit den getrübten Sinn wieder zu erheitern. Auf
diesem Wege nur konnte dem Könige geholfen werden, wenn
der Ernst, der Ihm von Natur schon eigen war, wieder ein
milder und klarer werden sollte. Sein innerer Lebenshim-
mel war von düsteren Wolken umhüllt und die Lebenssonne
mußte mit ihren erleuchtenden und erwärmenden Strahlen
wieder durchbrechen. Das wirkliche Leben kommt mit seinen
geschickten Ereignissen dabei zu Hülfe; aber vom Menschen
hängt es jedesmal ab, ob er sich will helfen lassen, und er
sein Herz nicht absichtlich hartnäckig verschließt. Ist die Licht-
seite untergegangen, so ist doch wenigstens das Andenken
daran übrig geblieben und die Vergangenheit, in der es einst
gut und hell und warm war, lieb und theuer. Durch die
Vergangenheit fand man natürlich, ohne daß man ihn ängstlich suchte, den Weg zum Herzen des Königs, da die Ge-

genwart und Zukunft für Ihn allen Reiz verloren hatten.
Die Sympathie, im wörtlichen und geistigen Sinne, war
es, die dem trauernden Könige den ersten Trost gewährte.

Nicht nur Seine nächste Umgebung und Sein Ihm
noch übrig gebliebenes Land, ganz Deutschland, ja ganz
Europa hallte wieder von Klagen über den so frühen Tod
der schönen und vortrefflichen Königinn. Man wußte, in
welcher glücklichen und zufriedenen Ehe das hohe Königs-
paar miteinander gelebt hatte, auf eine Art und Weise, wie
man es nur noch in Privatfamilien; aber fast noch nie auf
Thronen gesehen. Das böse Beispiel, was der Französische
und so mancher andere Hof in dieser Beziehung gegeben,
fand in den höhern und dann bald auch in den daran grenzenden Ständen Nachfolge; böse Beispiele verdarben gute
Sitten! Mit dem Französischen Worte „Maitresse" erhielt
man die böse Sache; die Idee der Heiligkeit der Ehe verlor sich immer mehr, und Viele vertauschten den heilsamen
moralischen Zwang, oder die Zucht, welche sie auferlegt, mit
dem Maitrisiren, der Beherrschung eines Kebsweibes, das als
Gattinn galt, oder, was noch schlimmer war, die rechtmäßige verdrängte. Dieß war durch das böse Beispiel der
Herrscher so allgemein geworden, daß man nichts Anstößiges
darin mehr fand, vielmehr dieß zum guten Ton der vornehmen Welt rechnete. Die unschuldsvolle, tugendhafte Ehe
des Königs und der Königinn, die auch im Unglück nicht
aufgehört hatten, unter großen Einschränkungen häuslich zu
bleiben, sah man mit Recht als ein Muster für Alle an,
und man erzählte in der ganzen Welt die rührendsten Geschichten davon. Diese Ehe war durch den Tod getrennt
und die allgemein verehrte Königinn, eine Mutter von

6 Kindern, war im Vaterhause, in der Blüthe Ihres Lebens, christlich gestorben; dieß erregte eine allgemeine Theilnahme und man sprach davon überall; in allen in- und
ausländischen Blättern war davon die Rede. Die Art und
Weise, wie der König den Tod Seiner geliebten Gemahlinn
betrauerte und Ihr Andenken ehrte, hatte etwas so Wahres, Herzliches und Ansprechendes, daß Alle Ihn als einen
Märtyrer ansahen und Ihn als einen rechten Ehemann
priesen. Dadurch entstand eine allgemeine Sympathie für
Ihn, und mit dieser Sympathie, Liebe und Zuneigung. Keiner,
auch selbst der Leichtsinnige widersprach nicht, und alle Jungfrauen und Bräute, Frauen und Wittwen sprachen laut.
Zu den interessanten Merkwürdigkeiten Seines Lebens gehört unstreitig, daß der, besonders vom Jahre 1806, vielfach
Getadelte von dem weiblichen Geschlechte von nun an nur
gelobt und gepriesen wurde. *)

Er war damals erst 40 Jahre alt, ein schöner Mann,
stattlich in Seiner ganzen Haltung, und Sein ganzes Wesen und Benehmen, an sich schon interessant, wurde noch

---

*) Wenn es erlaubt ist, hier eine freilich in einer ganz anderen
Gegend liegende Parallele anzuführen, so gehört es zu den
Merkwürdigkeiten des Lebens Jesu, daß in der heiligen
Geschichte viel von den herben Urtheilen und von den Ver-
folgungen seiner Gegner, wohin vorzüglich die Pharisäer
gehören, die nicht eher ruheten, bis sie ihn an's Kreuz gebracht
hatten, die Rede ist; nie aber von der Lieblosigkeit und Härte,
die gegen ihn das weibliche Geschlecht sich schuldig gemacht
hätte; selbst böse Weiber nicht, deren es gewißlich auch damals
viele gab und deren giftige, viel schwatzende Zungen zu allen
Zeiten eine Hauptrolle gespielt haben. Aber wohl theilt die hei-

interessanter durch den schwermüthigen Ernst, der über Sein
Wesen ausgegossen war. „Das ist noch ein Mann," hieß
es allgemein, „der seine Frau liebt, ehrt und ihr Bild in
seiner Seele mit einer Treue und Ausdauer festhält, wie
es unter Millionen selten ist!" Dieß Bild, das angenehmste
und zugleich das musterhafteste schon im Leben, wurde nun
vollends nach dem Tode vergöttert (apotheosirt) und man
dachte es sich nur im Lichtglanze der Verklärung. Die dü-
stere Trauerscene am Sterbebette der christlichen Königinn,
in welcher der König, in Schmerz versunken, Ihre Hand
hält, und von den Söhnen der Kronprinz und der Prinz
Wilhelm in kindlicher trauernder Liebe niederknien, wurde
überall mit Theilnahme betrachtet und man sah das Bild nur
mit Wehmuth an. In mancherlei Gestalten circulirte Ihr Ab-

---

lige Schrift im Gegentheil viele Beispiele der Verehrung und
Liebe mit, die dem Heiligen von dem andern Geschlechte gezollt
wurden. Mütter brachten ihm das Liebste, was sie hatten, ihre
Kinder, damit er sie nur anrühre und segne. Mitten im Volke
ertönte laut die weibliche Stimme: „Selig ist der Leib, der
Dich getragen; selig die Brust, die Dich getränket hat." Im
Gedränge war eine Kranke damit zufrieden, daß sie nur in
seiner Nähe sich befand, glaubend, daß schon diese ihr helfen
könne. Eine weibliche Person sprach von ihm mit Bewunderung, wenngleich sie unangenehme Wahrheiten gehört hatte.
Eine Andere wusch seine Füße mit wohlriechendem Oele und
trocknete sie mit ihren Haaren. Die Frau des Richters Pilatus
ließ diesen warnen, daß er nichts zu schaffen haben möge mit dem
Gerechten; sie habe viel gelitten seinetwegen im Traume. Und
die Töchter Jerusalem's folgten ihm, wie er zur Kreuzigung
abgeführt wurde, und weinten laut. — Noch heute ist das weibliche Geschlecht, vorzüglich die Mütter, der Herd des Christenthums in der christlichen Kirche. Und das wird es bleiben.
Das Christenthum ist kindlich in seinen Mitteln und Zwecken.

bild mit einem Sternenkranze; man fand es in allen Häusern der Vornehmen und Geringen, selbst in Bauerhütten, geschmückt mit Immortellen, oder mit Vergißmeinnichtblümchen. Ihr früher Tod war und blieb die Geschichte des Tages; man sprach überall von Ihr, wie von einer Heiligen. Diese Verehrung und Liebe trug das Volk auf den König über; und da sie von Wehmuth durchdrungen war, drang sie um so tiefer. Nie hat es einen Herrscher gegeben, der mitten im Unglück bei Allen und überall so viel Mitgefühl fand, und dessen so würdig war, als Friedrich Wilhelm III. Diese Theilnahme, die Ihm ungesucht überall entgegen kam, that Seinem trau=ernden Herzen wohl und söhnte Ihn mit den Menschen, an welche Er den Glauben zu verlieren auf dem bedenklichen Punkte stand, wieder aus. In dieser Theilnahme richtete Er sich zuerst wieder auf und Seine Sympathie war das zarte, verwandte, feste Band, das Ihn aus dem öden Zu=stande der Isolirung wieder in Verbindung mit der Welt brachte. Der Anklang, den Er zwischen ihr und sich fand, gab Seiner stillen Trauer Nahrung; aber keine misanthro=pische, sondern eine gesunde und stärkende. Der Schmerz verlor allmählich immer mehr die melancholische Beimischung, wurde ein denkender, ruhiger und ergebener. Er selbst blieb und hat Ihn nie verlassen; aber er wurde ein würdiger und christlicher. Seine Wirkung ist es vorzüglich, die Ihm die Stimmung des Gemüthes und die Richtung des Lebens gab, worin die Welt Ihn kennen gelernt, geliebt und bewundert hat. Der frühe Tod Seiner Gemahlinn, mit der Er glück=lich lebte und die Er über Alles liebte und nicht verges=sen konnte, setzte Seinem ganzen Wesen einen Dämpfer auf, der Seiner Denk= und Empfindungsweise den Ton gab, in welchem Er überall das Reinmenschliche gleich bei jeder Sache herausfühlte und hervorhob. Dieß beweist Alles, was Er zu Ihrem Andenken gethan, genehmigt, verworfen und veranstaltet hat. Dessen ist sehr Vieles, und das Wichtigste davon, weil es Ihn charakterisirt, verdient hier eine Stelle.

„Was wird nun," fragte Er, „aus den Predigten, die Sie von Ostern bis Pfingsten in Gegenwart der Königinn gehalten und von denen Sie wollte, daß sie gedruckt würden? Ich wünsche, daß Sie daran irgend Etwas knüpfen, wodurch das Andenken der Verewigten geehrt und erhalten wird. Eine milde Stiftung etwa, am Liebsten für das Volk, oder worin sich doch die Volksstimmung ausspricht. Mir schwebt so Etwas, nur noch unbestimmt, vor; aber der Art muß es sein. Denken Sie darüber nach und überreichen mir Ihre Vorschläge, die ich, wenn sie meinen Beifall haben, gern unterstützen werde."

Wohl erkannte und fühlte ich, daß dieß eine schwierige Aufgabe sei. Die verewigte Königinn stand mit Recht in der öffentlichen Meinung so hoch und geachtet da; Ihr Andenken sollte geehrt und erhalten werden, mithin mußte dieß auf eine angemessene, würdige Weise geschehen. Dieß durch einige unbedeutende Predigten, zu denen sich schon der herrschende Geschmack nicht hinneigte, zu bewirken, war eine bedenkliche, compromittirende Sache. Ich legte also das Werk so klein und demüthig als möglich an, nur den Zweck vor Augen habend, mit dem tröstenden Gedanken: daß Gott auch das Kleine segnen könne. Getrost überreichte ich dem Könige einen Plan, nach welchem in einer milden Stiftung ein wehmuthsvolles Todtenopfer den Manen der früh Vollendeten an Ihrem Todestage, jedesmal den 19ten Juli Morgens um 9 Uhr, in der Art in der Garnisonkirche gebracht werden sollte, daß, in dankbarer Erinnerung an die erste und glücklichste Ehe, 3 Brautpaare getraut würden. Diese Paare sollten gewählt werden von dem der Stiftung vorgesetzten Familienrathe aus dem untern Stande; die Bräute Solche, welche bei Einer Herrschaft treu und rechtschaffen mehrere Jahre gedient hätten. Ein jedes Brautpaar sollte aus dem Fonds, welcher durch Herausgabe der genannten Predigten, die auf Subscription zu 1 Thlr. 20 Sgr. herausgegeben werden sollten, sich gebildet, zur häuslichen Einrichtung 100 Thaler als Ausstattung erhalten, u. s. f. Der König billigte diese Idee; das vaterländische Publikum nahm sie wohlgefällig auf, und so entstand das „Luisendenkmal" zu Potsdam. *) Alle Jahre wird das An=

---

*) Die milde Stiftung besteht seit dem Jahre 1811 in Segen; cfr. die Stiftungsschrift: „Die Gedächtnißfeier der verewigten Königinn Luise von Preußen." Es wurde auf 4197 Exemplare ein Kapital von 8148 Thaler subscribirt. Die Anzahl der Theilnehmer und die Summe würde größer noch gewesen sein, wenn Kaiser Napoleon in den eroberten und abgetretenen Preußischen Ländern die Theilnahme daran nicht, als eine strafbare Anhänglichkeit an's Alte, verboten hätte. Späterhin wurde durch das Vermächtniß des edlen Generals von Köckeritz und dann durch die hinzuströmende Menge der wieder frei gewordenen, zu ihrem vorigen Zustande zurückkehrenden Preußischen Provinzen, von der Elbe an bis zum Rhein hin, der ökonomische Zustand der milden Stiftung sehr verbessert, so daß durch ihr sicher untergebrachtes Vermögen von 15,700 Thalern 6 tugendhafte unbemittelte Brautpaare alle Jahre ausgestattet werden können. Alles Gute in der Welt wird durch gute Menschen in das wirkliche Leben erst eingeführt, und so ist die belebende Seele der

denken der Seligen kirchlich und häuslich feierlich erneuert; und dieß Andenken veraltet nicht, da es das Leben in sich selber hat, und mit Wohlthaten verbunden ist, die in ihren Gebern und Empfängern immer wieder neu werden und bleiben. Dem Könige war diese aus der Liebe des Volkes hervorgegangene Stiftung vorzüglich werth. Er interessirte sich für ihr Bestehen fortwährend persönlich und ernannte zur Protectorinn derselben Seine Tochter, die Prinzessinn Charlotte, jetzige Kaiserinn von Rußland, und dann die Prinzessinn Friedrich der Niederlande, Luise.

Von größerer Bedeutung, von weiterem Umfange und schwerer in der Erhaltung ist die milde Stiftung in Berlin, die unter dem Namen die „Luisenstiftung" bekannt ist. Sie sollte, ihrer ersten Bestimmung nach, eine Erziehungsanstalt für künftige Erzieherinnen, also eine Schule für die Veredlung des weiblichen Geschlechts sein, dessen Muster und Krone im Lande die verewigte Königinn Luise war. Man kann die Ankündigung dieser Anstalt in dem Schmerze, der

---

milden Stiftung der ihr vorgesetzte Familienrath, der, neben seinen 8 permanenten Mitgliedern und seinen wechselnden 4 anerkannt würdigen Männern und ebensoviel würdigen Frauen, durch das Collegium der Stadtverordneten gewählt und ernannt wird. Dadurch ist Luisen's Denkmal eine Angelegenheit der Stadt geworden, die das öffentliche Vertrauen gewonnen hat. Es ist eine Ehre, ausgestattet zu werden, die um so größer ist, je Mehre sich um dieselbe bewerben, und als nur 6 Brautpaare der Ausstattung theilhaftig werden können. Darum hat die Stiftung auf den öffentlichen Geist der Stadt während den 34 Jahren ihres Bestehens wohlthätig eingewirkt, und wird so, will's Gott, ferner wirken.

sie geboren hat, nicht ohne Rührung und Theilnahme lesen.
Der König interessirte sich lebhaft für die Errichtung dieser
wichtigen Stiftung; das vaterländische Publikum nahm leb=
haften, thätigen Antheil; aber man hatte die ganze Idee zu
großartig angelegt, so daß sie nur zum Theil unter Be=
schränkungen zu Stande kam. So wie sie ist, als Erzie=
hungsanstalt, bestand und besteht sie in Segen; die erhabene
Protectorinn derselben ist Ihre Majestät die Königinn.

Von einem geringen Umfange, aber gemüthlich und
zum Herzen sprechend, ist das in dem Städtchen Gransee
zum Andenken an die verewigte Königinn errichtete Denk=
mal. Dasselbige kam sehr bald zu Stande, auf den Vor=
schlag des Sohnes des unsterblichen Generals von Ziethen,
des Landraths vom Ruppin'schen Kreise, Grafen von Zie=
then. Die Pyramide mit einer passenden Inschrift, mit
Blumen bepflanzt in ihren nächsten Räumen, umgeben von
einem schützenden Gitter, steht auf derselben Stelle, wo auf
dem Trauerwege von Hohenzieritz bis nach Berlin in der
Nacht die bewachte Leiche der entschlafenen Königinn stand, und
man kann diesem einfachen Denkmale sich nicht nahen, ohne
ernst und bewegt zu werden. Den 19ten Oktober 1811 wurde
es feierlich eingeweiht. Das Städtchen war von den De=
putirten und der aus nahen und entfernten Gegenden herbei
geströmten Menge angefüllt; der von des Königs Majestät
abgesandte würdige General von Minutoli war mit seinem
erhabenen Zögling, dem Königlichen Prinzen Carl, *) zugegen.

---

*) Des andern Tages hatte der Landrath von Ziethen seine Kö=
nigliche Hoheit den Prinzen Carl mit seiner Umgebung nach

Bei der feierlichen Einweihung herrschte die Stille der An-
dacht in der versammelten Menge. Sie sang mit entblöß-
tem Haupte ein in die Klage über die Entrissene eingehendes
Lied, dessen Eindruck durch ein von dem Orts-Oberprediger
Hartmann gesprochenes salbungsvolles Gebet verstärkt wurde.
Der zu dieser Feier abgeschickte Referent hielt folgende Rede:

„Ein ganz eigenes, mächtiges Gefühl ergreift und hebt
das Herz, wenn wir auf unserm Wege vor ein Denkmal
hintreten, das in edler Einfalt und stiller Größe an den
Namen und die Verdienste eines ausgezeichnet edlen und vorzüglichen Menschen erinnert. — Die Stelle, wo es steht,
dünkt uns ein heiliger Ort; in seiner Nähe wird es ernst
und stille in unserer Seele; bei'm Anschauen desselben drän-
gen sich die Gedanken; wir stimmen ein in die Gefühle der
Verehrung, Dankbarkeit und Liebe, die es errichteten; die
Vergangenheit geht unsern sinnenden Blicken lehrreich vorüber; was bleibet und verschwindet, wird uns anschaulicher;

Wustrau zum Mittagsessen eingeladen. Es wurde im Saale
gespeist, dessen Wände die ausdrucksvollen Bildnisse des großen Generals, seiner Offiziere, und der Husaren, die unter
seinem Commando im siebenjährigen Kriege durch Tapferkeit
sich ausgezeichnet, zierten. Bei dem dem Könige gebrachten
Toaste wurden Kanonen abgefeuert; der heftige Knall kam
ganz unerwartet, so daß die meisten Gäste erschraken. Auf
die Aeußerung des Herrn von Ziethen: „Nicht wahr, Eure Königliche Hoheit erschrecken nicht vor Kanonen?" antwortete ruhig, mit voller Gegenwart des Geistes, der damals 11jährige
Preußische Prinz, unter Hinzeigung auf die Helden seiner großen
Ahnherren: „Am Wenigsten in einer solchen Gesellschaft!" Eine Antwort, eines Hohenzollern würdig.

heilige Vorsätze heben die volle Brust, und in uns gekehrt gehen wir weiter unsere Straße."

"Wohl dem Lande, das Denkmäler, dem wahren Verdienst geweihet, als ein Heiligthum sie schützend, mit frommer Liebe in seinem Schoße trägt! Sie sind in der Geschichte eines Volkes hellglänzende Punkte und bedeutungsvolle Symbole; sie sind die stillen, aber beredten Zeugen der öffentlichen Achtung, welche der ausgezeichneten Tugend gebühret; sie sind ernste Erinnerer und freundliche Wecker, das Gemeine zu verschmähen und nach dem Großen zu ringen; sie eine heilige Stätte, bei der noch der späteste Enkel mit Ehrfurcht verweilt."

"Zwar die, welche, da sie noch unter den Sterblichen wandelten, mit göttlichem Sinne das Leben faßten, seine Bedeutung verstanden, und seine Aufgaben würdig und treu lösten, bedürfen kein Denkmal von Menschen erbauet: das, was sie glaubten, liebten, hofften, wirkten und festhielten, liegt in einer höhern, unsichtbaren Gegend, wo ganz anders gewürdigt, geurtheilt und vergolten wird. Aus dem Unsichtbaren ihre Kräfte und Schätze holend, entzogen sie sich hier schon mit ihren heiligsten Gefühlen und reinsten Handlungen dem Sichtbaren; — und wie könnte die Erde noch vergelten, wenn der Himmel schon mit ewiger Krone vergolten hat?"

"Aber steht ein schwer errungenes, mit Würde behauptetes und unter harten Prüfungen erprobtes Verdienst durch den Tod vollendet in seiner Größe und Reinheit der Welt vor Augen, dann verlangt die Achtung, die man ihm schuldig ist, eine öffentliche Anerkennung und Huldigung, und je edler ein Volk ist, je mehr es mit heiliger Liebe an Vaterland, König und Verfassung hängt, je tiefer es den Schmerz fühlt, ein ausgezeichnetes Mitglied aus seiner Mitte verloren zu haben, um so stärker wird das Verlangen, das Andenken desselben zu verewigen, und dieses, sei es nun in einem Denkmal, oder in einer Stiftung, als ein heiliges Vermächtniß der Nachwelt zu überliefern."

„Allgemein, tief und zart liegt in der Menschenbrust das Bedürfniß, aus dem dieser Sinn, welcher das Verdienst vollendeter Gerechten ehrt, mit seiner That hervorgeht. Welcher Sohn, welche Tochter, wünschet nicht das Andenken des verewigten Vaters, der heimgegangenen Mutter, bei sich, bei ihren Kindern und Enkeln, zu erhalten? — Mit diesen an der Hand gehen sie im stummen Schmerze zu ihrem Grabe, und es ist, als flössen ruhiger ihre Thränen, als würde sanfter der brennende Schmerz blutender Wunden, wenn sie dem Gefühl der Wehmuth und Dankbarkeit ein Genüge thun, und in einem Denkmal, und wäre es auch nur ein einfaches Kreuz, errichtet über der begrabenen Hülle, ihren Kummer und Verlust ausgesprochen haben. Mit nassen Augen sehen sie es an, und so oft sie hingehen, Erinnerungen der Liebe und Dankbarkeit anzufrischen, bringt tiefer in das weiche Gemüth der heilige Ernst der Religion, und leichter werden ihre Verpflichtungen, süßer ihre Verheißungen."

„Wir hatten einst eine Mutter, die mit umfassender Liebe und Güte dem Ganzen angehörte, und auf Ihrem erhabenen Standpunkte ein Eigenthum Aller war. — In

freier und froher Huldigung schlug jedes Herz Ihr entgegen, und in Ihrem großen edlen Herzen trug Sie uns
Alle, Ihre Kinder. Sie dachte, fühlte, wirkte, lebte in der
großen Ansicht des Ganzen, und man wußte nicht, ob man
mehr die bezaubernde Anmuth Ihrer zarten Weiblichkeit, oder
die Majestät Ihrer Königlichen Würde bewundern sollte, —
so war diese durch jene sanft gemildert, und jene durch diese
gehoben! — In Ihrem ganzen Wesen nichts Erborgtes und
durch Kunst Gehaltenes; jeder Ihrer Gedanken ein Funke
Ihres hellen Geistes, jedes Gefühl Erguß Ihres reinen liebevollen Sinnes; Ihr ganzes äußeres Leben Ausdruck und
Spiegel Ihres inneren Lebens, voll Wahrheit und Natur,
voll edler Einfalt und freundlicher Milde."

„Darum ging Sie auch wie eine seltene Erscheinung,
in welcher das Vollendete, ohne daß Sie es selbst wußte
und wollte, sich darstellte, den erstaunten Blicken vorüber,
und Ihr Blick gewann und fesselte alle Herzen. Die stille
Gewalt, welche Gott der Reinheit des Herzens und der
Kraft der Tugend wunderbar verlieh, ging von Ihr aus,
in Ihrer Nähe fühlte man sich besser, und wer Sie auch
nur einmal gesehen, konnte Sie nicht vergessen."

„Umgeben mit Allem, was die Erde Reiches, das Glück
Blendendes, die Schmeichelei Täuschendes, und ein so hoch
gestelltes Leben Verführerisches hat, blieb rein und unbefangen Ihr Sinn, heiter und kindlich Ihr Gemüth. Darum
gab Sie der Welt ein Beispiel der ehelichen Tugend und
häuslichen Glückseligkeit, wie man es auf Königlichen Thronen in diesem stillen, sanften Glanze, in dieser Wahrheit
und Treue des Gefühls, vielleicht noch nie erblickt hat. —

Wie war Sie in den Tagen des Glücks, und unter den
verheerenden Stürmen des Unglücks, so ganz die treue, nie
wankende Gefährtinn des Königs und Seines Lebens Engel!
Wie hing Sie mit ganzer Seele und voller mütterlicher
Zärtlichkeit an Ihren hoffnungsvollen Kindern! — Wie ver=
schwand in diesem heiligen Gebiete, wo Sie als Gattinn
und Mutter sich so unaussprechlich glücklich fühlte, und so
überschwänglich glücklich machte, jeder drückende Zwang, jedes
einengende peinliche Gefühl, womit die Großen und Mäch=
tigen der Erde, so oft an wahrer Lebensfreude arm, die
Pracht, welche sie umgiebt, theuer erkaufen müssen! O!
wem es vergönnt gewesen ist, ein ehrfurchtsvoller Augenzeuge
dieses reinen, in diesem Grade selbst in Privatfamilien sel=
tenen Glückes zu sein; wer die Herrliche da in Ihrem Her=
zensfrieden walten sah, wie mit Weisheit gewürzt die Rede
da von Ihren Lippen und Frohsinn aus Ihrem Liebe ath=
menden Herzen floß, — der erblickte ein heiteres Bild jener
patriarchalischen Zeiten, wo Emir und Könige im Schoße
der Natur und Unschuld ein von Engeln besuchtes Leben
führten, — ein Bild jener goldenen Zeit, die in hoher ed=
ler Einfalt und zarter Kindlichkeit das Herz in süßer Weh=
muth und frommer Sehnsucht so tief anspricht."

„Und einer erleuchtenden und wärmenden Sonne gleich,
umfaßte und beglückte die Fülle Ihrer Güte Alles, was in
Ihrer nächsten Umgebung lag; wie floß dieser milde Sinn,
in dem Ihr ganzes äußeres und inneres Leben sich bewegte
und verklärte, auch auf die über, welche Ihr zu dienen den
Beruf hatten! — Sie, eine Königinn, die nur gebieten
konnte, wie freundlich dankbar war Sie für jeden geleisteten
Dienst; mit welcher rührenden, seltenen Selbstverläugnung.

verzichtete Sie sogar auf Bequemlichkeit, in zarter rück=
sichtsvoller Sorge, Andern lästig zu fallen! — Stets und
überall in jedem Menschen die Menschheit und menschliche
Würde ehrend, waren Ihrem hochgestimmten, reinen und
geläuterten Gefühl Stolz und Härte fremd. — Darum ge=
sellten sich denn auch zu dem schuldigen und so gern ge=
brachten Tribut der Ehrfurcht die glücklichen Gefühle einer
innigen Liebe, einer festen Anhänglichkeit, eines unbedingten
Vertrauens; darum verschwanden unter dem Einflusse Ihres
einfachen, wahren und geraden Sinnes die das Hofleben so
oft vergiftenden Ränke des Neides, der Verläumbung und
Cabale; in Ihrer Nähe fühlte sich Alles ruhig, glücklich und
froh, wie im Hause einer gerechten und gütigen Mutter."

„Und wenn Sie aus diesem Ihrem Hause in Ihrer
hohen vom Zauber der Anmuth umflossenen Gestalt in's öf=
fentliche Leben und auf den Schauplatz der Welt trat, —
mit welcher Sach=, Welt= und Menschenkenntniß, mit wel=
chem tief eindringenden Blicke, mit welcher Reife und Viel=
seitigkeit des Urtheils, mit welchem regen, lebendigen In=
teresse umfaßte Sie dann Alles, was des Landes Beste,
seine Anstalten, sein Glück, seine Bestrebungen und den herr=
schenden Geist der Zeit betraf! Dabei zwar immer in der
Ihrem Geschlechte gezogenen Grenze des Weiblichen und Ge=
müthlichen bleibend, doch so, daß Männer über den Umfang,
den Reichthum und das Treffende Ihrer Ansichten erstaun=
ten. Ihrer Aufmerksamkeit, Ihrer Beurtheilung entging
nichts Wichtiges, und jede Ihrer Fragen war Beweis Ihres
ernsten Nachdenkens über des Volkes Wohl und Weh."

„Dabei war immer das Reine und Liebevolle Ihres in

Güte schwimmenden Herzens das Vorherrschende. Der An=
blick der Noth füllte Ihr sanftes, geistvolles Auge mit Thrä=
nen; mit Königlicher Milde und vollen Händen half und
gab Sie, wo Sie helfen und geben konnte; — der Arme,
dessen Sie ansichtig wurde, das verlassene Kind, das Ihr
auf Ihren Segenswegen begegnete, war ein Gegenstand
Ihrer Milde, Ihres Nachforschens, Ihrer dauernden Für=
sorge. O! ihr Tausende alle, ihr Wittwen und Waisen, ihr
Armen und Unglücklichen, denen Sie in Ihrem Leben, be=
merkt, und mehr noch unbemerkt, Trösterinn und Helferinn
war, — wäret ihr hier unter uns, umringtet ihr jetzt Ihren
Sarkophag, wie würden eure Seufzer und Klagen, eure
Thränen und Dankgebete die schönste Lobrede Ihres rein=
menschlichen und göttlichen Lebens sein!"

„Ja, göttlichen Lebens; denn was führte Sie auf
den höhern Standpunkt, in welchem Sie Ihr Verhältniß
so rein auffaßte, so richtig würdigte, so pflichtmäßig behaup=
tete, so menschenfreundlich benutzte, so genügend ausfüllte? —
Was gab Ihrem ganzen Wesen diese reine Harmonie, diese
Zusammenstimmung aller Geistes = und Gemüthskräfte, diese
Reife und Vollendung? Was verschaffte Ihr diese stille
Gewalt über die Herzen der Menschen, die Ihr ungetheilt
nicht nur in Liebe entgegenschlugen, sondern, durch Sie er=
weckt, gestimmt, zum Guten sich fanden? — Was bewahrte
und nahm in Schutz Ihr Gemüth unter den Schmeiche=
leien und Begünstigungen eines glänzenden Glücks? Was
erfüllte Ihre Seele mit Kraft und Muth, mit Geduld und
Hoffnung, mit Trost und Ergebung in den letzten, verhäng=
nißvollen Jahren Ihres Lebens, wo Alles, was die Erde
Schreckliches und die Gewalt des Schicksals Zerschmetterndes

hat, Sie bestürmte, so daß Sie zwar den Forderungen eines
fein und tief empfindenden Herzens die schuldigen Opfer
brachte, aber dabei mit einer Fassung, mit einer Ruhe, mit
einer Seelenstärke und Würde litt, daß Ihre fleckenlose Tu=
gend, im Feuer der Leiden geprüft und bewährt, nur schö=
ner und milder noch glänzte! Eine vertraute Bekanntschaft
mit den stillen und verborgenen, aber unaussprechlich loh=
nenden Segnungen der göttlichen Religion Jesu, eine daraus
entsprungene fromme und feste, zur Charakterstärke gewor=
dene Stimmung des Gemüthes war die heilige Quelle, aus
der Sie schöpfte, was Sie so groß und gut, so herrlich
und liebenswürdig machte. Darum widmete Sie so gern
die ersten und letzten Augenblicke eines jeden Tages einer
frommen Geistessammlung. Darum waren geistreiche reli=
giöse Schriften Ihre liebste Unterhaltung in einsamen Stun=
den. Darum erschien Sie regelmäßig an dem Orte, wo die
Andacht der Christen betet, und das ernste Wort ewiger
Wahrheit verkündiget wird. Darum glänzte auf Ihrem
Gesichte der Schimmer der Verklärung, wenn betend Sie
zum heiligen Altar hintrat, zu feiern das Gedächtniß des
Erlösers; darum war im Todeskampfe an Ihn Ihr letztes
Gebet gerichtet; darum schwebte auf Ihren sterbenden Lippen
noch Sein heiliger Name."

„So ausgezeichnet, so von Gott begnadigt war die Kö=
niginn, deren Namen Europa mit Achtung aussprach, und
die wir mit frohem Dankgefühl die Unsrige nannten.
Wer den ehrenvollen Beruf hat, öffentlich über Sie zu re=
den, darf den Vorwurf der Schmeichelei nicht fürchten, —
so ist Alles, was zu Ihrer Ehre gesagt werden kann, nur
der Wiederhall der lauten, ungetheilten Volksstimme. Und

ein solch theures, köstliches, schönes Leben, das Millionen zum Segen und zur Freude und auch nicht einem Men= schen zum Kummer dawar, das mußte mitten in der vol= len Kraft der Jahre so früh, so plötzlich, so unerwartet, enden? Uns, die wir so viel gelitten, so viel verloren, so viel zu beweinen haben, mußte nun auch noch des Landes Stolz und Kleinod, für dessen Verlust es durchaus keinen Ersatz giebt, vom Herzen gerissen werden! Ich weiß für unsern Kummer, für unsern Schmerz und unsere Klagen, keinen andern Trost, als den: bewährt erfunden, war Sie reif für eine höhere Ordnung der Dinge; fertig mit Ihrem Tagewerk auf Erden, gehörte Sie nicht mehr dieser, sondern dem Himmel an. Aber auch selbst von diesem Troste ge= stärkt, vergieb, Du Unerforschlicher, die heiße, dunkle Thräne der Zerknirschung, die heute auf die Stelle fällt, wo auf dem Wege zur Gruft, unter dem Gewölbe Deiner Nacht, Ihre Leiche stand. Auf dieser Stelle erschüttern uns des geheim= nißvollen Lebens furchtbare Wechsel, auf dieser Stelle fühlen wir mit blutendem Herzen des Glückes und Unglückes schnei= bende Contraste":

"An dieser Stelle sahen wir jauchzend Ihr ent= gegen, wenn Sie, die Herrliche, in milder Hoheit Glanz mit Engelsfreundlichkeit vorüber zog. An die= ser Stelle hier, ach! flossen unsere Thränen, als wir dem stummen Zuge betäubt entgegen sahen. — — O! Jammer, Sie ist hin!" *)

"Diese Stelle, wie ein heiliges Land, der Vergessenheit

---

*) Die Inschrift des Sarkophags.

zu entreißen, auf ihr ein Denkmal zu errichten, einfach und ernst, würdevoll und sprechend, war des unsterblichen Vaters würdigen Sohnes *) Gedanke und Wunsch, und kaum aus- gesprochen, eilte das edle Volk des ihm anvertrauten und des benachbarten Kreises, ihn zu erfüllen."

„Sanctionirt durch des Königs Genehmigung, in Gegen- wart Seines abgesandten Königlichen Sohnes, in Gegen- wart der dazu verordneten hohen Staatsbeamten, in Gegen- wart dieser zusammengeströmten Volksmenge, geben wir an dem Monatstage, wo die Sterbliche zu den Unsterblichen verklärt wurde, dem Ihr errichteten Denkmale die heilige Weihe des Patriotismus und der Religion."

„Und ist es möglich, daß Unsterbliche den Sterblichen nahe sein können, Vollendete! so umschwebe uns in diesem feierlichen Augenblicke Dein himmlischer Geist. Siehe, wie ein Theil Deines treuen Volkes heute die Stelle umringt und mit heißen Thränen benetzt, wo Deine abgelegte Hülle stand; siehe wie wir Dich lieben, wie heilig uns Dein An- denken ist. Zwar schmückt Dich jetzt die Sternenkrone der Unsterblichkeit, und unter Deinen Füßen liegt die Erde. Aber Du, erhaben über dem Staube, lächle mit Deiner Engelfreundlichkeit Dem Beifall zu, was wir, die wir noch im Staube leben, thun, auszudrücken, so gut wir es ver- mögen, wie theuer Du uns bist. — Nur schwacher Aus- druck des unvergänglichen Denkmals, das Deine Tugend und Liebe sich in unserm Herzen erbauete, soll dieses Denkmal sein. Die Hand der weiblichen Tugend und der kindlichen

---

*) Der Freiherr von Ziethen, Landrath des Ruppin'schen Kreises.

Unschuld bewahre und beschütze es, *) als ein Eigenthum
des Landes, als ein Kleinod dieser Stadt. — Der Wanderer
stehe still und spreche mit Achtung und Rührung den Namen
der Theuren aus, welcher es geweihet ist. Nie schlage ein
anderes Herz in seiner Nähe, als das es mit König und
Vaterland treu und redlich meint. Der Unglückliche, um
seine Abgeschiedenen Trauernde, finde bei seinem Anblick, in
Erinnerung des größten und schmerzlichsten Verlustes, Trost
und Kraft. Es trete, wenn auch uns Alle das Grab deckt,
noch unser spätester Enkel mit ernstem, frommen Sinne zu
diesem Denkmal hin. — Und so streue nur, o Herbst, deine
welken Blätter auf dasselbe; so geht nur in eurem stummen
Kreislaufe über ihm auf und unter, und unter und auf,
Sonne, Mond und Sterne; so rausche nur an ihm vorüber,
fliehender Strom der Jahre; so stürze es selbst, wenn
auch seine Stunde gekommen sein wird, in den Alles be-
grabenden, in den Alles verschlingenden Schoß der Zeit hinab:
ewig bleibt die Tugend, — unvergänglich die Wahrheit, —
unzerstörbar das echte Verdienst, — und Alles, was die
Erde, im Wechsel der Zeiten, Formen und Gestalten, Gutes
und Edles erzog, sammelt der Himmel zum ewigen Bunde."

Der König las diese Ihm geschickte, freilich im lebhaften Colorit geschriebene Gedächtnißrede nicht ohne Bewegung
des Herzens, und Er ließ mir durch Seinen damaligen
General=Adjutanten, den General=Lieutenant Grafen Henkel
von Donnersmark, Seinen Beifall bezeigen. Er hatte bei

---

*) Einigen würdigen Frauen und Töchtern zu Gransee ist die
   Aufsicht über das Monument übergeben.

Ertheilung dieses Auftrags diesem biedern Manne (eine lange Zeit der angenehme Domdechant des Dom=Capitels zu Brandenburg) gesagt: „So wie Sie hier geschildert ist, war die verewigte Königinn, — nach dem Leben getroffen."*)

Sie war vorzüglich gern in Charlottenburg gewesen und auch darum liebte dieses jetzt der König; es war, als wenn Ihr Geist dort, wo Er die Wege wandelte, die Sie so oft mit Ihm gegangen, Ihn umschwebe. Wehmüthigen Gedanken hing Er, einsam so viel es möglich war, hier nach, und ließ sich darin nicht gern stören. Des Lebens Schmerz, den Er so vielfach erfahren, hatte Ihn ermüdet, kalt, und, was schlimmer war, in sich gekehrt, verschlossen und ver= achtend gemacht; — die Theilnahme des Volkes, die würdige Todesfeier, das öffentlich gesetzte und feierlich eingeweihete Denkmal, that Seinem Herzen wohl. Tief verwundet, fand Er darin Anklang, und die stille Gewalt der humanen Sym= pathie machte sich auch an Ihm geltend; die Bilder des Le= bens, die erbleicht waren, erhielten wieder Farben; Er stand nicht mehr allein da, Er sah, daß Viele mit Ihm trauerten, und wenn von dunklen Schickungen der göttlichen Vorsehung die Rede war, hatte Er nicht selten den rührenden Anblick einer bis zu Thränen gerührten Gemeinde vor sich. Er wählte das beste Theil, das jeder Mensch, besonders ein König, in frohen wie in trüben Tagen ergreifen kann, Er schloß sich immer inniger an das allgemeine menschliche Ge=

---

*) Deßhalb ist diese Rede, cfr. die „Stiftungsschrift, Seite 215 bis 228" hier als Beitrag zur Charakteristik der verewigten Köni= ginn wieder abgedruckt.

fühl an. Vorzüglich war es ein freundliches Zeichen einer
gründlichen Genesung, daß Er gerne mit unschuldigen Kin=
dern umging, und wie Seine eigenen, so auch andere häufig
um sich sah. *)

So gestärkt und in sich wieder aufgerichtet, war Er
fähig, die Bildnisse der verewigten Königinn, die, in verschie=
denen Perioden Ihres Lebens gezeichnet und gemalt, in den
Schlössern zerstreut waren, mit Ruhe zu betrachten und,
bald mehr bald minder ähnlich, die Aehnlichkeiten mit dem
Originale aufzusuchen und darüber mit Andern, besonders
mit dem ersten Kammerherrn Fürsten von Wittgenstein und
dem Oberhofmeister Freiherrn von Schilden, zu reden. Der
König war dabei unerschöpflich; kein Bild, es mochte noch
so ähnlich und schön sein, that Ihm ein Genüge. An je=
dem hatte Er etwas auszusetzen; immer bemerkte Er kleine,
zartere Züge, welche die Vollendete gehabt; Ihr Bild, wie Geist
und Gemüth es beseelte, lebte anschaulich in Seiner Seele;
Er erinnerte sich der verschiedenen Scenen, die Er mit Ihr
in frohen wie in trüben Tagen verlebt, und natürlich sah

---

*) Tief liegt in der Brust jedes edlen Menschen, der weiß, was
göttliche Traurigkeit ist, die stille Hinneigung zu Kindern. Als
der vollherzige Dr. Luther, niedergeschlagen durch die vielen
feindseligen Hindernisse, welche die Reformation der Kirche fand,
eines Abends im Mondenschein in einem bei Wittenberg gele=
genen Dorfe hörte, daß eine Bauernfrau ihre Kinder beten
lehrte für ihn und seine große Sache, eilte er nach Hause zu
seinem sinnigen Freunde Melanchton und rief freudig aus:
Lieber Philipp, sei guten Muthes, Kinder beten für
uns. Ihr Gebet nennt das Wort Gottes eine Macht.
Psalm 5. v. 3. Der christliche Klopstock ging bekanntlich am
Liebsten mit Kindern um.

Er mehr, als der Künstler zu leisten und mit seinem Pinsel zu schaffen vermochte.

In dieser Zeit war es, als der Maler Ternite, später Königlicher Hofrath und Gallerie=Inspector zu Potsdam, nach Berlin kam. Auf Befehl des Großherzogs von Meck=lenburg=Strelitz hatte er das Bild der Königinn als Leiche nach der Natur gezeichnet. Dieß Bild sollte in Kupfer ge=stochen werden, und dazu bedurfte es der Königlichen Ge=nehmigung. „Da ich wohl fühlte" (sagt derselbe in einer gegebenen, am Besten in ihrer authentischen Gestalt hier eingerückten Mittheilung,) „daß ich jenes Bild nicht sogleich vorstellen dürfe, so ließ ich einige andere Arbeiten dem Könige vorzeigen, worauf sofort die Genehmigung zur Herausgabe jenes Kupferstichs erfolgte und ich selbst zum Könige beschie=ben wurde. Er fragte mich sogleich, wie ich die Hochselige Königinn vorstellen würde, wenn ich Sie malen sollte? Ich erwiederte, daß, nach meiner Kenntniß, alle vorhandenen Bilder Sie nur als Dame, aber nicht als Königinn darstell=ten". „Recht gut" erwiederte der König; „aber wir müssen Alles benutzen, um Sie so ähnlich als möglich darzustellen: wir müssen Sie in der Kleidung malen, die Sie zuletzt ge=tragen"! —

„Schon am Tage darauf kündigte mir die Prinzessinn von Radzivill an, daß der König befohlen, ich solle in Berlin bleiben und die Königinn malen; zugleich bot sie mir ein Atelier in ihrem Palais und ihren Rath bei der Arbeit an. Kaum hatte ich etwa 8 Tage nach Bildern, Büsten und meinem Leichenbilde, mein Werk begonnen, so bekam ich den Befehl, mich mit dem angefangenen Bilde und meinen Maler=

geräthschaften auf's Palais zu verfügen, wo mir neben dem Speisesaal des Königs mein Arbeitszimmer angewiesen wurde. Ich erkannte wohl, wie innig der König wünschte, daß das Bild die theuren Züge so treu als möglich wiedergäbe, und wie Er überzeugt war, daß das nur unter Seinen Augen und mit Seiner Hülfe geschehen könne; und ich irrte mich nicht."

"Er sah das Bild lange schweigend an, und sagte dann: "was noch daran fehle, könne wohl noch gemacht werden." Durch den Flügel = Adjutanten von Wrangel ließ Er mir aber sagen: "daß wenn es mich nicht geniren sollte, ich täglich dort essen könnte; aber wenn ich das nicht wollte, möchte ich wenigstens stets um 3 Uhr wieder in meinem Malzimmer sein." Ich nahm natürlich jenes gnädige Anerbieten dankbar an, und gleich nach der Tafel kam der König, und bemerkte bald dieß, bald jenes, was ich an dem Bilde thun, oder ändern solle. Dieß setzte Er tagtäglich regelmäßig fort. Immer kam Er um 10 Uhr in mein Malzimmer, blieb dort, zuweilen auch mit dem Durchlesen von Papieren beschäftigt, oder Er ging auf und ab und blickte, wenn ich arbeitete, von Zeit zu Zeit auf das Bild. Er machte dann einen kurzen Spazierritt und kehrte wenn die Tafel aufgehoben war zu dem Bilde wieder zurück. Oft brachte Er einige von den geladenen Gästen mit; aber wenn Er diese entlassen hatte, blieb Er selbst noch einige Zeit. Bisweilen besuchte Er, wenn ich des Abends spät schon weggegangen war, das Malzimmer noch mit Licht, um nachzusehen, was noch gearbeitet war; und dann fand ich des Morgens um 8 Uhr, wo ich mich einfand, Papierzettel mit einer Nadel am Bilde geheftet, worauf Er Seine Bemerkungen über das Geleistete mit Bleistift geschrieben hatte. Auf Seinen Befehl mußte das Fräulein von Reinbrecht, Kammerfrau der Hochseligen Königinn, sich ebenso ihre Haare ordnen, als die Vollendete getragen, und mußte mir dazu sitzen."

„Eines Tages öffnete sich langsam die Thüre, der König, beide Arme beladen, öffnete sie mühsam und vorsichtig, und brachte mir Bilder der Königinn, die Er im Palais zusammengesucht und die ich benutzen sollte. So entstanden einige Gemälde der Hochseligen in verschiedenen Anzügen. Aber wie ich damals noch in Pastell malte, sagte der König: „Die Pastellfarben verbleichen; ich möchte das Bild in Oel haben; wissen Sie einen jungen Maler, der Talent hat? Der soll es treu und einfach copiren. Wach nannte ich, der, von der Prinzessinn Radziwill dazu aufgefordert, dann auch zur Zufriedenheit des Königs es copirte. Noch immer hatte der König das Bild der Leiche nicht gesehen. Die Oberhofmeisterinn Gräfinn von Voß hatte mir gedrohet: „wenn ich es je dem Könige zeigte, so müsse ich fort, oder sie nähme den Abschied"; ich hatte darum stets Ausflüchte gesucht, wenn der König darnach fragte. Endlich sagte Er eines Nachmittags: „Ich kann mir wohl denken, warum Sie mir das Bild nicht zeigen wollen; bin aber darauf vorbereitet, ich habe heute die Maske von Strelitz bekommen, ich will es jetzt sehen." Da mußte ich gehorchen; kaum hatte Er aber einen Blick darauf geworfen, als Er in ein lautes Weinen *) ausbrach.

---

*) Vorher, bei dem Tode der Königinn, konnte der König nicht weinen; Sein ganzes Leben war erstarrt und Sein Blick stier. Thränen sind Erleichterung; erstickt, graben sie sich blutend in das Herz.

„Schrecklich wahr! Nie wiedersehen"! rief Er aus, und verließ tief erschüttert das Zimmer."

„Auch nach Potsdam mußte ich dem Könige mit meiner Arbeit folgen; und war in Seiner Nähe, in einem Zimmer auf demselben Corridor; späterhin wurde mir der Concertsaal Friedrich's des Großen zum Malen angewiesen. Täglich nach der Parade kam der König und betrachtete die fortgeschrittene Arbeit. Damals war es auch, als der Hofprediger Dr. Eylert seine Predigten zur Gründung des Luisen=Denkmals herausgeben wollte und das Bildniß der Hochseligen Königinn vorzusetzen wünschte. Der König genehmigte dieses, mit der Anordnung: daß der Kupferstich nach meinem Bilde und unter meiner Leitung ausgeführt werden sollte."

„Eines Nachmittags sagte Er zu mir in Seiner milden, fast verschämten Weise: „Ich möchte Ihnen wohl was an= muthen, wenn Sie es nicht unter Ihrer Würde halten; müssen aber nicht davon sprechen, — die Herren von der Academie und Kunstkenner würden mich sonst in den Bann thun. Da die Büste von Rauch die Augen geschlossen hat, und Ruhe und Schlaf ausdrückt, so sollen Sie es mal ver= suchen, die Büste mit der Farbe des Lebens zu beseelen; wir können wenigstens probiren, ob es geht. Weiß wohl, dieß ist wider die Regel; aber die Natur ist überall die erste Lehrerinn."

„Da nun die Büste von Gips war und die Oelfarbe einsog, so mußte sie erst in Oel getränkt werden; damals wußte ich selbst nicht damit Bescheid. Es wurde also Pro= vencer Oel aus der Königlichen Küche besorgt, und der Kö= nig betupfte selbst mit dem Pinsel die Büste, um sie zu sät=

tigen. Das Diadem, womit sie geschmückt war, wurde durch einen Bildhauer in die gewöhnliche Haartracht der Königinn umgemeißelt und sowohl dem Kopf und den Haaren, wie dem Ganzen, Lebensfarbe gegeben. Ehe die Büste fertig war, reis'te der König zu der Zusammenkunft nach Dresden; als Er zurückkehrte, wurde sie Ihm vorgestellt. Doch war Er, wie vorauszusehen, nicht befriedigt. Noch liegen im Schlosse zu Potsdam zwei solche angemalte Büsten, in einem Schranke verschlossen."

„Nach dem Pariser Frieden ließ mich der König, da ich die Feldzüge als Freiwilliger mitgemacht, neben meinem Geschäfte als Commissarius für die Zurückgabe unserer geraubten Kunstwerke daselbst die Oelmalerei studiren, damit ich auch in dieser Art die Ihm unvergeßlichen Züge der verewigten Königinn darstellen möge. Dieß geschah nach meiner Rückkehr im Jahre 1823 in verschiedenen Gemälden, und wenn auch Sorgen und Geschäfte der Regierung den Königlichen Herrn verhinderten, die frühere thätige Theilnahme am Malen selbst zu zeigen, so war doch das innige Interesse am Gegenstande selbst dasselbe geblieben. Seit jenem Uebergange in eine bessere Welt war Ihm vorzüglich die Darstellung von Engeln lieb und werth, und Er meinte, sie müßten in dem Reize der Jugend und Schönheit so gebildet werden, daß man in ihren menschlichen verklärten Physiognomien den Unterschied der Geschlechter nicht sehe. Er sprach darüber sehr sinnreich und schön und Seine ernsten einfachen und doch gedankenvollen Aeußerungen sind mir immer lehrreich gewesen und unvergeßlich geblieben. Ich genoß das seltene Glück, seit dem Jahre 1810 in vielfacher Beziehung dem erhabenen Verblichenen nahe zu stehen, und die

Tiefe und das lautere Wohlwollen Seines ganzen Wesens
zu erkennen und zu erfahren. Wenn je ein Ehemann zärtlich und treu seine Ehefrau geliebt hat, so war Er es, und
die Königliche Ehe war nicht nur die erste, sie war auch die
glücklichste im Lande, ein Vorbild für alle andern."

Auch die Bildhauer-Kunst brauchte und benutzte
der König, um das Andenken an die Vollendete in Seinem
Herzen und bei Allen, die Sie liebten, lebendig und wirksam
zu erhalten. Es gehört mit zu der außerordentlichen Zeit,
die Er erlebte, daß die schöne Kunst wieder erwachte und
merkwürdige Personen und Begebenheiten schön und treu
darstellt. Diese Beschauung wirkt mehr und lebendiger, auch
bei Gebildeten, als alle Kenntniß der Geschichte; sie ver-
leihet dem todten Buchstaben den lebendigen Geist und fesselt
und gewinnt auch den großen Haufen, da sie durch den Sinn
des Gesichtes in die Seele bringt, und, wenngleich dunkle
Ahnungen des Urschönen im Innern weckt. *) Zu denen,

---

*) Die schöne Kunst, selbst eine tiefe Wissenschaft, stehet im ge-
heimnißvollen Bunde mit der Wahrheit einer jeden das Gemeine verschmähenden höheren Erkenntniß. Sie bringt mehr, als
Begriffe vermögen, aus der unsichtbaren Welt die Wahrheit
in ihre Schöne, in die sichtbare, und schwebt darüber. Von
ihr festgehalten, bezaubert und hingerissen, erwachen in der Brust
Gefühle, die man bis dahin noch nicht hatte. Auf dem Strome
der Harmonie bemächtiget sich unserer eine seelenvolle Musik
und stimmt traurig und ernst, froh und heiter, wie sie es will.
In dem sinnenden Anschauen eines schönen Gemäldes, einer
seelenvollen Natur, verlieren wir uns; das Materielle tritt zurück, das Geistige tritt vor. Die ganze uns umgebende Natur
ist ein Bildersaal, und nimmt in Bergen und Thälern, in
Flüssen und Wasserfällen, in Früchten und Fluren, in Wäldern

welche viel und glücklich wirkten und der Zeit und ihren Re=
sultaten zu Hülfe kamen, gehört vorzüglich auch der Pro=
fessor der Bildhauerkunst und Hofbildhauer Ritter Rauch.
In dem kalten todten Stein und Marmor wußte sein die
Hieroglyphe der Natur belauschender Geist und sein reiches
Gemüth den Ton des warmen Lebens zu bringen, und das
Ganze mit einem Hauche zu beseelen, der in leichten Schat=
tirungen und in den treffendsten Aehnlichkeiten den Beobachter
so anspricht und fesselt, daß er nicht davon kann und be=
wundernd still steht. Wenn man in den Kunstwerken, die
uns die Helden des siebenjährigen Krieges darstellen, störend
afficirt wird von dem Steifen und Pedantischen, von dem
Gesuchten und Gezwungenen, was ihnen anklebt, wir nehmen
die Reiterstatue des großen Churfürsten auf der langen Brücke
aus: so lebt und webt, wie in den ältesten Werken der Bild=
hauerkunst, in den neuesten aus Rauch's Hand, frei und
offen, seelen= und gedankenvoll, die Natur, wie sie in ihrer
schöpferischen Wahrheit wirklich ist. Der kleinste verfehlte
Zug könnte störend entgegentreten; aber das Ganze ist in

———————

und Blumen, in singenden Vögeln, in wehenden Winden, uns
in Anspruch. Die schöne Kunst ist eine Tochter der Religion,
und namentlich der christlichen, und hat zu ihrer Verherrlichung
in Werken der Baukunst und der Malerei mehr beigetragen,
als ihre Dogmen. Wenn diese entzweiten in verschiedenen Sei=
ten, versöhnte jene und machte tolerant. Der neuerwachte
Sinn für Kirchenmusik und ihre herrlichen Lieder forderte die
Reformation. Lucas Cranach war ein Freund Luther's und
Melanchton's. Die schöne Kunst bereichert und erwärmt das
sonst arme und kalte Leben und von ihr umflossen, flicht ·euch
in trüben Stunden sie ihre duftenden Kränze. Je klarer und
besser der Mensch ist, je mehr holt er aus seiner Umgebung
heraus, je mehr legt er hinein.

seinen kleinsten Theilen gelungen und stellt nach unseren jetzigen Begriffen und Forderungen das Vollendete dar. Die angebrachten Ornamente und Allegorien sind passend, historisch und gedankenreich; sie sind eine lebendige Biographie, aber sie sind nicht drückend und überladen, und dienen nur, statt zu herrschen.

Rauch war schon als Knabe in seinen angeborenen Talenten zur schönen Kunst von der Hochseligen Königinn, deren helle Augen offen waren für alles Außerordentliche, bemerkt und beachtet. In den ersten Anfängen, zu denen sein Genius ihn trieb, bemerkte die seltene Frau schon das Idealische, Naturgemäße, und hatte Ihre Freude daran. Sie half weiter, Sie führte zur Entwickelung, und ordnete die Verhältnisse und Umgebungen des jungen Künstlers, so daß seine Anlagen frei und heiter sich ausbilden und vervollkommnen konnten. Was Rauch durch seinen früheren Lebensgang geworden, ist er geworden durch die freundliche Huld der Königinn, und Sie, die weckte und unterstützte, war es, die das Licht, welches jetzt in gelungenen Werken der Mit- und Nachwelt leuchtet, so hoch stellte. Den Künstler band also an die früh Verewigte das Gefühl ehrfurchtsvoller Dankbarkeit; und was diese in einem edlen Gemüth vermag, wie sie alle Schwierigkeiten besiegt, wie sie wählt und verwirft, wie sie sich nie ein Genüge thut, und eben darum das Außerordentliche leistet, wissen alle die, welche ihre himmlischen Kräfte kennen. Aus dieser reinen und edlen Quelle ist das bildhauerische Kunstwerk „Die Königinn im Tode" hervorgegangen; man hat es bewundert und wird es bewundern lange nach uns. Interessant ist es, zu erfahren, wie es sich damit gemacht hat; und wie könnte man dieß besser, als durch

Rauch selbst! *) Er erzählt: „Das Monument der hochseligen Königinn Luise im Mausoleum zu Charlottenburg ward
im Jahre 1811 begonnen und 1815 vollendet."

„Als Rauch im Monat März des erstgenannten Jahres
nach einem längeren Aufenthalte in Italien nach Berlin zurückkehrte, lagen dem verewigten Könige bereits Entwürfe
von anderen Künstlern vor. Rauch ward beauftragt, ebenfalls Entwürfe anzufertigen, über die der König Seine In-
tentionen mittheilte. Dem Allerhöchsten Herrn war anfänglich der Gedanke, in welcher Art die Gestalt der entschlafenen
Königinn dargestellt werden sollte, nicht ganz klar. Er wollte
nicht das erstarrte Todte der mittelalterlichen Monumente,
noch wollte Er, in Rücksicht der Bestimmung des Monuments, den irdischen körperlichen Schlaf dargestellt wissen.
Durch mehrfache Versuche, die Rauch in Skizzen vorlegte,
kam man endlich auf den richtigen Gedanken, einen Zustand,
der zwischen Seelenschlaf und Tod die Mitte hält, auszudrücken, und die Ausführung erfolgte."

„Die Skizzen, welche Rauch damals verfertigte, waren
etwa 2 Fuß Proportion; leider ist keine derselben erhalten
worden! Gleich nachdem sich der König in Seiner Wahl
entschieden hatte, erfolgte die Ausführung des Modells in
einem Maßstabe von 6 Zoll über Lebensgröße. Dem Künstler
ward dazu das Mausoleum in Charlottenburg, das inzwischen
für die Aufnahme des Monuments war errichtet worden,
angewiesen, wo ihn der König täglich bei der Arbeit be-

---

*) Ich verdanke ihm diese gütige, von ihm selbst dictirte Mit-
theilung, durch den Hofbaurath Persius.

suchte und seiner Phantasie durch Schilderungen zu Hülfe
kam. Das Modell, welches hier von der Hand des Künstlers hervorging, stellt die Gestalt der Königinn auf einem
Ruhebett liegend dar. Ueber das Ruhebett, dessen Form
nur entfernt an einen Sarkophag erinnert, ist eine weiße
Decke ausgebreitet, in deren Saum Adler und Krone (die
Königl. Embleme), eingewirkt zu sein scheinen. Es hat eine
mäßige Höhe, die dem Beschauen des Ganzen zu Hülfe
kommt. Der König wollte durchaus keine Königliche Auszeichnung für die Gestalt der Ruhenden angebracht wissen;
Sie sollte mit einem einfachen umgürteten Gewande (Tunica)
bekleidet sein. Kaum erlaubte Er es, das Haupt der Königlichen Schläferinn mit dem Diadem zu schmücken. Zur
künstlerischen Ausschmückung des Ruhebetts wurden an den
vier Ecken desselben architectonische Pilaster angebracht, zwischen denen am Kopf- und Fußende frei bewegte Adler in
Hautrelief sitzen. Es ward anfänglich beabsichtigt, daß Rauch
die Ausführung des Monuments in Berlin besorgen sollte;
die damals bewegte Zeit und die Märsche der Franzosen
nach Rußland machten jedoch die Beschaffung des Mar-
mors unsicher. Es ward demnach vorgezogen, daß Rauch
nach Italien ging, damit er den Marmor in Carrara
selbst auswähle, vorarbeite, und dann in Rom das Werk
vollende."

„So geschah es. Unmittelbar nach dem Frieden war
die Arbeit vollendet, und nun ward die Absendung eingeleitet."

„Das Monument ward auf einem Oestreichischen Fahrzeuge (Briganteur Alexander) verladen und trat im Herbst
1814 unter Englischer Flagge die Reise an. Gerade in dieser Zeit hatte sich, nur kurze Zeit während, ein Krieg zwischen

Amerika und England entsponnen. Es ereignete sich, daß das unter Englischer Flagge segelnde Schiff, welches das Kleinod am Bord hatte, von einem Amerikaner genommen wurde. Ein Englischer Caper, der leichter segelte, als die schwere Prise, jagte jedoch dem Amerikanischen Fahrzeuge bis zur Spanischen Küste nach, wo er den Alexander und den Americanischen Caper nahm und in Gersei aufbrachte. Rauch, inzwischen auf der Reise nach der Heimath begriffen, las zu München in der Zeitung die Wegnahme des Oestreichischen Schiffes. Bereits im Begriff, wieder nach Italien zurück-zukehren, um die Arbeit von Neuem zu beginnen, erhielt er von Berlin aus die Kunde, daß das Kunstwerk gerettet und von der Englischen Regierung zur Disposition des Königs gestellt worden sei. Die Kiste ward demnach in Gersei auf eine Englische Kriegs-Brigg Spy (Spion) verladen und kam so über Hamburg am 10ten Mai 1815 in Charlotten-burg an."

In dem Königlichen Garten zu Charlottenburg ist das die Leiche der entschlafenen Königinn und Ihr in Marmor darstellendes Bild, wie Sie im Tode war, enthaltendes Mauso-leum nun der wichtigste Punkt geworden. Wenn man die dunkle Trauerallee betritt, sieht man es schon in der Entfer-nung, und wird zu andächtigem Ernst gestimmt, je näher man ihm kommt. In stiller Verehrung siehet man den ein-samen, Tag und Nacht bewachten Ort, und über dem ein-fachen, aber in edlem Style gebaueten Gebäude liefet man des Christen triumpfirendes Glaubensbekenntniß in den beiden Buchstaben A und O. *) Man tritt still und schweigend

---

*) Offenbarung Johannis 1 v. 8: Ich bin das A. und O., der

hinein, — da liegt über der Gruft, als Sinnbild des abgeleg=
ten Körpers der Heimgegangenen, die Königinn wie Sie im
Tode war, gebunden von seiner Macht, und doch, von ihr er=
löset, frei und selig. Ein göttlicher Geist weht uns entgegen und
das Auge ruhet still und ernst auf der im Tode noch schönen
Hülle. Alle ihre Theile, vom ausdruckvollen Gesichte an,
dessen Mund ein bitter = süßes Lächeln umziehet, bis auf die
Füße, sind wahr und treu, und den ganzen Leib umgiebt ein
leichtes Todten = Gewand, durch welches man die Formen
schimmern siehet. Das Ganze ist höchst einfach; gerade in
dem Kunstlosen liegt der Zauber der vollendeten Kunst. Man
kann von dem Bilde nicht wegkommen, und fortgegangen,
kehrt man wieder, die den Todesschlaf ruhig Schlummernde
von Neuem zu betrachten. Man söhnt sich mit dem Tode
und seinen Schrecken aus, und lernt verstehen und schätzen,
was Seelenruhe, von ihm überwältigt, ist. Ein Geist der
Ruhe und des Friedens wehet uns an, umschlossen von dieser
Grabesstätte, die man ohne ernste Gedanken und gute Vor=
sätze nicht verlassen kann.

Am Todestage, den 19ten Juli, wird das Mausoleum
geöffnet, und Einheimische und Fremde in Berlin gehen hin,
auch heute noch. Das wahrhaft Schöne wird nie alt, es be=
hält den Reiz der Neuheit, — es kommt nur auf den inneren
Sinn, auf das Auge des Beschauers an. Auch an anderen

Anfang und das Ende, spricht der Herr, der da ist, der da
war, und der da kommt, der Allmächtige.
Ebräer 12 v. 2. Lasset uns aufsehen auf Jesum, den Anfänger
und Vollender des Glaubens. (Das Ω ist bekanntlich der letzte
Buchstabe in der griechischen Sprache, wie das Z in der deutschen.

Tagen wird auf Verlangen, besonders Fremden, das Mausoleum geöffnet; und wer zählt die guten Gedanken und frommen Gefühle, die sich hier entwickelt haben und aufgestiegen sind! Der Schlüssel zu dem wohl verwahrten eigentlichen Grabgewölbe befand sich in sicherer Verwahrung des Königs selbst.

Professor Dr. Rauch, von Verehrung und Dankbarkeit gegen seine verewigte hohe Wohlthäterinn erfüllt, hatte, dem Zuge seines Herzens folgend, im Stillen in seiner Werkstätte ein zweites Bild, dem ersten ähnlich, angefertigt. In dem zu Charlottenburg ist der Ausdruck des Todes vorherrschend, so daß man gleich die Leiche siehet; in diesem stellt er Sie auch liegend, aber gesund und schlafend, vor. Dieß Meisterwerk wollte er für sich behalten; aber er überließ es dem davon überraschten und erfreuten Könige. Dieser wies ihm, damit auch das große Publicum Genuß davon habe, in dem früheren, jetzt geräumten Antiken-Tempel in dem Haine von Sans souci, da, wo der Wald am Dichtesten ist und Schatten den großen Platz einhüllen, seinen schicklichen Ort an. Es zu sehen und zu betrachten, war der berühmte Archäolog C. A. Böttiger von Dresden nach Potsdam gekommen und ich führte ihn dahin. Sinnend und betrachtend, mit ernstem geistigen Kennerauge, stand mit entblößtem Haupte der vertraute Freund der schönen Alterthümer stillverloren im Anschauen da. Dasselbe hatte den sprechenden Ausdruck des Forschenden, des Zufriedenen, dann des Ehrerbietigen, dann der Bewunderung. Nachdem er lange schweigend das Bild in allen seinen Theilen und dann wieder das Ganze betrachtet hatte, faltete er die Hände und rief aus: „O mein Gott! Sehr schön! Hier vergißt die Kunst ihre Kritik, und die Natur überwältiget uns in ihrer

Kraft, Wahrheit, Einfalt und Stärke. Es ist als sähe und
hörte man die Schlafende und müßte leise reden, um nicht
zu wecken. Der liebliche und ansprechende Ausdruck der
Ruhe, der Erquickung und des Friedens, ist über das Ganze
vom hinneigenden Haupte, vom sichtbaren Athemzuge, der
Lage der Hände an, bis zu den Füßen, verbreitet und jeder
Theil verstärket diesen Eindruck. Man fühlt eben das Be-
hagliche und Wohlthuende; aber auch das Himmlische, was
man fühlt beim Anblick eines schönen schlafenden unschuldigen
Kindes, — man siehet eine schlafende Mutter, die Kinder geboren hat. O möchte Sie die Augen aufthun und wieder
erwachen! Ich weiß nicht, ob das Bild in Charlottenburg,
oder dieses hier schöner ist. Bei jenem steht man mit
Schmerz, bei diesem, wo Alles ein gesundes Leben ist, mit
Vergnügen." Er schwieg jetzt; betrachtete wieder; und ging
endlich, mit den Worten: „Diesen Eindruck werde ich für's
Leben behalten!"

Der König, der dieß Urtheil eines Kunstkenners und
eines edlen, gefühlvollen Mannes erfuhr, war erfreut über
die allgemeine sympathetische Theilnahme. Sein Schmerz
verlor immer mehr die herbe Säure, die er anfangs hatte,
ließ aber in Ihm einen wehmüthigen Anklang zurück, der
sich nie ganz wieder verlor. Wenn das Unglück, welches Er
mit traurigen Erfahrungen als König erlebt hatte, Ihn nachdenkend machte und alle Vorurtheile und Täuschungen zerstörte, so machte die Liebe Seiner anmuthigen Gemahlinn
und Ihr früher Tod Ihn wehmüthig, und Beides erzeugte
in Ihm die Klarheit und Wärme, die in ihrer wechselseiti-
gen Harmonie Ihn mit einer Kraft und sittlichen Würde
erfüllte, die man Ihm gleich ansah und anhörte. Durch

den läuternden Gang Seines Lebens war Er auf Wendepunkte gekommen, die für immer entschieden und abrundeten.
In dem Jahre 1806 lag, es ist nicht zu leugnen, ein ge-
wisses Schwanken und eine Unsicherheit und Unentschlossenheit
in Ihm, die Sein Wesen theilte, und jede innere Halbheit
erzeugt verderbliche halbe Maßregeln, die den Einsichtsvollen
und Guten einschüchtern und ermüden, den Schlauen und Bösen
aber muthig und verwegen machen. Der König hatte durch
den Verlust der Armee und des halben Landes, durch den
bald darauf erfolgten Tod Seiner Gemahlinn erfahren, daß
auf kein äußeres Gut dieser an vorübergehenden wechselnden
Erscheinungen so reichen Welt sicher zu rechnen sei. Alles,
was Ehre, Ruhm und Wohlstand, ja Alles, was Liebe heißen mag und Lebensfreude geben kann, war Ihm im zer-
schlagenden Sturm genommen. Er stand einsam und verlassen da, auf sich selbst zurückgeführt, und Gott und Seinem
Gewissen gegenüber. Alles mißlang, ja das Unglück schlug
mit seinen dunklen Wogen über Ihm zusammen. Alles noch
von Ihm Abhängige war zur morschen Stütze geworden, die,
wenn Er sich darauf lehnen wollte, unter Seinen Händen
zusammenbrach. Dieß führte Ihn zur Unabhängigkeit, und
in derselben erstarkte Seine Kraft. *) Diese Kraft war aber

---

*) „Derjenige, welcher alles Erdenglück aufgiebt, beginnt erst wahre
Lebenserfahrungen zu machen und Menschenkenntniß einzusam-
meln. Wenn alle seine Verhältnisse wanken und einstürzen, erfährt er erst gleichsam einen chemischen Prozeß, wo sich Alles
scheidet, läutert, und neu gestaltet; erst dann erkennt er Schlacken
und Schmutz, so sich an ihn hing, aber auch das lautere Gold
schimmert durch. Wenn unter solchen Schicksalschlägen dann
nicht, wird er niemals menschlichen Werth schätzen lernen; aber
von ihnen in sich aufgerichtet, wird er nicht mehr auf glänzende

milde; denn sie war aus = und durchgebildet, gereift nicht
bloß an dem erhellenden, sondern auch an dem erwärmen=
den Lichte der Liebe, ihrer Ruhe, Weisheit und Geduld.
Er wurde in den stillen Siegen über Seinen Schmerz in
sich selbst ein wahrhaft ritterlicher Mann aus einem Stück
und das Ganze in Ihm wurde ein fester Charakter, tief ge=
gründet auf christliche Gottesfurcht. Diese war es, die den
einfachen, schlichten Herrn auf geraden Wegen erhielt, die bei
Ihm siegreich eingeleitet wurden, als es noch Niemand ahnte,
und die Ihn im Bunde mit einem muthigen treuen Volke,
geführt von tapferen und einsichtsvollen Männern, die geistes=
verwandt sich um Ihn sammelten, im Angesicht der zujauch=
zenden Welt zum herrlichen, glorreichen Ziele geführt haben.

Dieser frische, ernste Lebensmuth offenbarte sich zuerst
und vorzüglich in der Stiftung des eisernen Kreuzes;
die Urkunde ist gegeben am Geburtstage der Hochse=
ligen Königinn, den 10ten März. An diesem Tage war
Ihm geboren Sein reinstes, bestes, unvergeßliches Erden=
glück, an diesem Tage mußte das Ehrenzeichen einer neu be=
ginnenden Zeit an den Tag treten. Zwar scheint es vor=

Außenseiten, nicht auf bloße Talente irgend einen Werth legen.
Er wird ein fester Charakter werden, und die, welche ihn ha=
ben, verstehen und schätzen. Alles vermag uns zu täuschen,
nur der Mann von edler Gesinnung und guter Bestrebung
täuscht uns nicht. Sittliche Lauterkeit, moralische Größe, sind
die am höchsten zu schätzenden Eigenschaften, — Güter, un=
wandelbar, die in allen Prüfungen bestehen."
.Siehe die Schrift: „Tirocinium eines deutschen Offiziers in
Spanien. Herausgegeben von Höfken, 1ster Band, Seite 108,
Stuttgart 1841."

eilig und gewagt, schon an den Sieg über einen bis dahin
unüberwindlichen, noch immer mächtigen Feind, und an Be=
lohnungen für diejenigen schon zu denken, die in diesen Sie=
gen sich auszeichnen würden, da dieselben erst erfochten wer=
den sollten; aber das ist gerade das Wesen des wahren, ech=
ten Muthes, daß ihm eine Zuversicht beiwohnt, die gewiß
ist: es werde damit gelingen. Er hatte sich selbst besiegt, und
damit alle Hindernisse, die sich Ihm entgegenstellten, hinweg=
geräumt. Alle vorhergehenden Zeichen der elastischen Kraft
Seiner freiwillig zusammengeströmten Armee und Seines
muthigen, treuen Volkes konnten nicht trügen. Den braven
Landwehrmännern gab Er auf Ihre Mützen die Inschrift:
„Mit Gott für König und Vaterland." Er war gewiß,
das sagte Ihm ein göttliches Bewußtsein: in dem Zeichen
des heiligen Kreuzes werde Er siegen. (In hoc signo vin-
ces). Er stiftete bei dem Anfange des großen, schweren
Kampfes den Orden der Tapferkeit, das „eiserne Kreuz," und
wählte dazu den Tag, an welchem die Entschlafene geboren
war, den 10ten März.

Das eiserne Kreuz! Kein Orden steht in Hinsicht der
Zeit, in welcher, in Hinsicht des Sinnes, mit welchem, in
Hinsicht des Zweckes, zu welchem er gestiftet wurde, höher
und sinnreicher, bedeutungsvoller und erhabener da, als der
Orden des eisernen Kreuzes. Eisern war die Zeit, in wel=
cher er gegründet wurde. (Seculum ferreum). Sinnreich
und bedeutungsvoll, lehrreich und erinnernd ist es geformt
aus einem Metall, dessen Farbe dunkel und finster, dessen
Beschaffenheit streng und hart ist, zu bezeichnen und abzu=
bilden das finstere, harte und schreckliche Zeitalter, in wel=
chem es sein Dasein und für dessen Bekämpfung es aus=

schließungsweise seine Bestimmung erhielt. Wie gefesselt von eisernen Ketten, in unwürdiger Knechtschaft und schimpflicher Abhängigkeit, erlag damals unser und das gesammte deutsche Volk unter der Uebermacht eines stolzen, höhnenden Feindes. Der zweideutige Frieden, welcher nach einem unglücklichen Kriege die Hälfte unseres Landes raubgierig verschlang, gab uns seine Segnungen nicht; der planmäßig berechnete Uebermuth schlug in seinen unaufhörlichen, erschöpfenden Forderungen noch tiefere Wunden, als der Krieg selbst. Das Mark des Landes ward ausgesogen; mitten im Lande hauste der Feind; in seinem Besitze blieben die Hauptfestungen; gelähmt war der Ackerbau; gehemmt die Freiheit des Handels; verstopft jede Quelle des Erwerbes und Wohlstandes; das ganze Land und Volk ein Raub der Verarmung! Die pünktlichste Erfüllung eingegangener Verbindlichkeiten änderte dieses schreckliche Loos nicht. Die reinsten Absichten wurden durch Uebermuth und Treulosigkeit vereitelt und Alles vereinigte sich, uns langsam zu verderben. Und so kam endlich nach langen siebenjährigen Erduldungen und zahllosen Leiden der ernste, große Augenblick, wo zwischen einem ehrenvollen Frieden oder ruhmvollen Untergange keine Wahl, kein Ausweg mehr war, wo das Ganze auf den entscheidenden Punkt gekommen und gestellt war, lieber Alles, auch das Letzte hinzugeben, als noch länger einen solchen unwürdigen Zustand zu dulden, lieber ehrenvoll zu sterben, als noch länger ehrlos zu leben. So hart, so gewaltig, so eisern war die Zeit, als ihre Schwere tief empfindend, und die Kraft, die ihr entgegengesetzt werden mußte, wohl berechnend, als sinnreiches Symbol das eiserne Kreuz gestiftet ward. Doch es erinnert nicht bloß an eine eiserne Zeit, es ist noch mehr auch ein Siegel und Unterpfand der geistigen, muthigen und frommen Kraft, welche die beseelte, die es verdienten und errangen. Es hat die Form und Gestalt eines Kreuzes, des heiligen, ehrwürdigen Sinnbildes unsers christlichen Glaubens an den Heiland und Erlöser der Welt, der für das menschliche Geschlecht am Kreuze starb, um es von allem Elende zu erlösen und zu versöhnen mit Gott. Dadurch und seit dieser Zeit ist das Kreuz bei allen christlichen Völkern das bedeutungsreiche, vielsagende Zeichen geworden, woran sich die erhabensten Wahrheiten, die rührendsten Vorstellungen, die heiligsten Pflichten, die stärksten Beweggründe, die glücklichsten Gefühle der Liebe und der Dankbarkeit, des Vertrauens, des Trostes und der Hoffnung knüpfen. Ein heiliges Sinnbild, das man nur an heiligen Stätten, auf Kirchen, auf Altären, auf Siegesfahnen, und nun auch, nach dem tiefen und frommen Sinne eines christlichen Königs, auf der Brust christlicher Helden erblickt.

Denn das sollte Jeder fühlen, daß bei diesem großen und schweren Kampfe gewöhnliche menschliche Einsicht und Klugheit, gewöhnliche menschliche Berechnung und Anstrengung nicht ausreichen würden. Der Blick auf das Kreuz sollte den Blick höher auf Den richten, von dem allein Hülfe und Rettung kommt. Der Blick aufs Kreuz sollte mit der höheren Kraft einer heiligen Begeisterung erfüllen, die vor keiner Gefahr erbebt, der jede Furcht fremd ist, und die keiner Beschwerde muthlos erliegt. Der Blick aufs Kreuz sollte zu dem kühnen Heldenmuthe erheben, entweder zu siegen, oder zu sterben. Darum war dieser Kampf, sowohl in dem Geiste, mit dem, als in dem Zweck, für den gekämpft wurde, ein heiliger Kampf, dem Gott, der Lenker der Schlachten, in dem Uebergewichte geistiger und sittlicher Kräfte die herrlichsten Siege verliehen.

Aber das eiserne Kreuz erinnert auch noch an die Pflichten derer, die dasselbe errangen und es würdig tragen wollen. Eisern ist das Kreuz. Dieß erinnert an die Pflicht der muthigen Selbstbeherrschung und an die Würde der festen Charakterstärke. Es warnet vor Bequemlichkeit und weichlicher Ruhe, vor Ausschweifung und erschlaffendem sündhaften Genusse. Es ist Aufruf zur Abhärtung, zur Stählung aller Gefühle. Ein Kreuz ist es; dieß lehre die köstlichste aller Tugenden, die Demuth und Bescheidenheit, damit der Hochmuth nicht wieder verliere, was der Hochsinn errang. Ohne Unterschied der Geburt, des Herkommens, des Ranges, ist das Kreuz ertheilt Jedem, der es verdient; es schmücket die Brust des Vornehmen und Geringen, des Vorgesetzten und Untergebenen. Dieß beseele Jenen mit Milde, Diesen mit willigem Gehorsam. Das Kreuz der ersten Klasse kann nicht anders erfolgen, als wenn die zweite schon erworben ist. Dieß lehre, nur auf offenem, geradem Wege treuer Pflichterfüllung das Glück zu suchen; wer lichtscheu krumme Wege geht, findet das wahre nicht. Drei Eichenblätter sind in der Mitte des eisernen Kreuzes; dieß erinnere an die unüberwindliche Kraft eines Volkes, dessen Kräfte in der Eintracht aller seiner Klassen und Stände Eine Kraft wird. Fest verbrüdert, als Theile eines Körpers, sei der Wehr=, der Nähr= und Lehrstand; jeder ist zur Erhaltung des Ganzen nothwendig und wichtig. Der Thor denket an äußere Vorzüge, — der wahre Held ist im Frieden ebenso bescheiden und verträglich, als im Kriege tapfer und muthig. Der Namenszug unseres Königs und Herrn ziert das eiserne Kreuz; dieß erinnert, daß tiefe Ehrfurcht, innige Anhänglichkeit und feste Treue für Ihn, den Vater des Landes, unsere Pflicht, unsere Ehre und unser

Ruhm ist. Das Zeichen des heiligen Kreuzes erinnert noch daran, daß der beste Christ auch immer der beste Soldat ist; denn größere Liebe hat Niemand, als daß er das Leben läßt für die Brüder. *)

„Haben," sagte der König demnächst zu mir, „in Ihrer Rede was im eisernen Kreuze liegt gut entwickelt. Alles das habe ich bei der Stiftung desselben mir auch gedacht und damit erreichen wollen. Sie ist übrigens vom 10ten März her; hätten dessen wohl auch noch mit einem Worte gedenken können!" „Dieß," antwortete ich, „habe ich nicht übersehen; aber absichtlich mit Stillschweigen übergangen, weil ich fürchtete, damit traurige Erinnerungen zu wecken." Der König ließ damit das Wort nicht fallen, sondern fuhr vielmehr so fort: „Es sind über 6 Jahre verflossen, daß ich das Liebste und Beste verlor, was ich auf Erden hatte, und es liegen große und erfreuliche Begebenheiten dazwischen. Durch dieselbigen bin ich abgezogen und habe nicht Zeit gehabt, meinen Gedanken nachzuhängen. Aber sie kehren immer wieder, und weil sie Gedanken, sind sie ruhiger geworden. Es ist davon in mir was zurückgeblieben, das ich hege und pflege, weil es mich nicht incommodirt, vielmehr wohlthut und mich belebt. Ich lebe in geistiger Gemeinschaft mit der Vollendeten und es ist mir so, als müßte Alles, was schwer und gut ist, besser gelingen, was ich an Ihr

---

*) Dieß ist ein Auszug aus der Rede, die ich bei der feierlichen Aufstellung der Gedächtnißtafeln des eisernen Kreuzes vom Königlichen Hochlöblichen ersten Garderegimente zu Fuß in der Hof- und Garnisonkirche zu Potsdam den 1sten November 1816 hielt.

Gedächtniß knüpfe. Anfangs war ich empfindlich, wenn diese Korbe berührt wurde; zur Empfindelei aber habe ich keine Anlagen, auch keine Zeit. Aber die Empfindung ihres Werthes hindert mich in keiner Sache, ist mir vielmehr förderlich und giebt mir einen Maßstab, der groß und zugleich voll Ruhe ist. Hätte es darum gerne gesehen, wenn Sie diese schickliche Veranlassung in diesem Sinne benutzt hätten." *)

Die genaue Verbindung, welche hier bei dem Könige zwischen dem Irdischen und Himmlischen sichtbar wird, ist um so lehrreicher und interessanter, je seltener sie ist. Bei frohen Veranlassungen und im Glücke wird der Todten in der Regel nicht gedacht; man schließt den Gedanken an sie, als nicht dahin gehörig, gewöhnlich aus, und bei den Meisten werden sie, wenn es wieder gut geht, ganz vergessen. Der König ehrt und liebt das Andenken an Seine verewigte Ge=

---

*) T. G. von Hippel sagt darum mit Recht in seinen „Beiträgen zur Charakteristik Friedrich Wilhelm III. Bromberg 1841, Seite 67": „Die Stiftung des eisernen Kreuzes am Geburtstage der verklärten Königinn, den 10ten März, aus dem Geiste und dem Herzen des Königs allein, ohne irgend eine vorgehende Berathung, ausgegangen, bedeutete, welche Erhebung des Gefühls Er, (der irrigerweise als aller Poesie abhold bezeichnet wird) fähig war. Die in dieser Stiftung liegende Fülle von bedeutungsreichen Gedanken ist vielleicht bisher nicht genug gewürdigt, und die sinnige Verbindung der Erinnerung an die eiserne Zeit der Gegenwart, an das ganz gleiche Ordenszeichen der im Kampfe gegen Unchristen und Undeutsche unermüdlichen deutschen Ritter, und an den Geburtstag der unser Beginnen aus Sternenhöhen hinab segnenden Königinn, ist aber der freudigen Begierde nach diesem höchsten aller Ehrenzeichen des ritterlichen Geistes nicht genug in ihrer ganzen Tiefe erkannt worden."

mahlinn, so daß es sich mit allen Seinen Gedanken und Ge=
fühlen verschmilzt, Ihn begleitet, im Hinblick auf Sie Ihm
vorschwebt, und daß Er etwas Wesentliches vermißt da, wo
Er es nicht erneuert und angefrischt hat. Dieß macht Ihn
nicht mehr traurig und verstimmt, Er ruft es zurück, indem
Er das Ehrenfest braver Männer feiert. Zeit und Ewigkeit,
das was jener und dieser angehört, fließen bei Ihm zusam=
men, und in diesem Zusammenhange steht Er ernst und hei=
ter da. Er verknüpft und hält beieinander, was der ge=
wöhnliche Mensch, der die niederschlagende Vergangenheit gern
vergißt und sich berauscht in der Gegenwart, ihren Ehren
und Freuden hingiebt, trennt. Wenn der Hochselige hier
liebenswürdig und unter allen Umständen treu und beständ=
dig erscheint als guter Mensch, so tritt nicht weniger der
Herrscher darin ehrenfest hervor. Mit Seiner bessern Ein=
sicht kommt Er entgegen und man versteht Seine Befehle.
Er verschweigt nicht, was Ihn bewegt, und sagt, wiewohl
Er sonst zufrieden ist, was Er vermißt und wie Er es gern
hätte, wenn Er sich erbauen soll. Aber gerade in diesem
Stücke wurde der König von Seiner Umgebung am Meisten
nicht verstanden; sorgfältig und mit einer gewissen Aengst=
lichkeit wich man allen Vorstellungen und Erinnerungen
aus, die man für niederschlagend hielt; und auch darin hat
es seinen Grund, daß Er so wenig sprach.

Uebrigens hat das eiserne Kreuz alle die Wirkungen
hervorgebracht, die es hervorbringen sollte, zum offenbaren
Beweise, daß in ihm selbst und in seiner symbolischen Be=
deutung das Leben liegt. Je seltener es ist, desto höher steht
es in der öffentlichen Meinung, und der Geist der Nation
schätzt es um so mehr, als man es in seinen verschiedenen

Abstufungen auf der Brust des hoch und niedrig Gestellten siehet. Der Fürst, der Graf, der Edelmann und Minister hat es sich errungen; aber auch der Bauer hinter dem Pfluge, der Tagelöhner in der Hütte, der Handwerker, der Acten=träger. Es ist nicht geknüpft an Stand, Rang und Ge=burt; es ist Jedem zu Theil geworden, der in der Stunde der Gefahr nicht feige erbebte und heldenmüthig tapfer war. Da es ausschließungsweise nach dem Willen des Stifters nur für den heiligen Krieg bestimmt ist, so wird mit jedem Jahre es seltener; wenn der Letzte, der es getragen, schlafen gegangen und mit ihm es verschwunden ist, wird es eine heilige Reliquie werden, und noch das Andenken des Kö=nigs Friedrich Wilhelm III. bewahren, der die Zeit und Sein Volk verstand, und der späteste Enkel wird noch mit Ehrfurcht und Dank nennen den König mit dem eisernen Kreuze.

Zum Beweise, daß der Sinn und die Bedeutung des=selben in die Volksmeinung eingedrungen, stehe hier folgende wahre Anecdote.

Ein Mann von hohem Range fuhr, mit Extrapost von Dresden kommend, von Beelitz nach Potsdam. Der Chaus=seeweg war damals noch nicht ganz fertig, der Postillon mußte über eine halbe Stunde im tiefen Sande fahren. Da dieß dem Reisenden zu langsam ging und er Eile hatte, so trieb er den Fuhrmann an. Dieser entschuldigte sich mit dem schlechten Wege, und versicherte, daß er auf bald gutem das Versäumte schnell wieder einholen werde. Damit war aber der Passagier nicht zufrieden und fuhr heftig den Po=stillon mit Schimpfreden an und mit der Drohung, daß er ihn durchprügeln werde, wenn er nicht aufhöre, zu raiso=

niren, und nicht rascher führe. Der Postillon, der sich fühlte, hielt seine Pferde an, drehete sich auf dem Bocke um, schlug seinen Mantel zurück, und sagte mit einem drohenden Blick: „Hier, Herr! ist, wie Sie sehen, das eiserne Kreuz! Ehren Sie das! Nun schlagen Sie mal!" Und der Vornehme, der dieß Ehrenzeichen nicht hatte, schlug nicht, wurde vielmehr und blieb still. Der wackere Postillon hatte mir, da ich desselben Weges kam, wie Andern diese Begebenheit erzählt; ich theilte sie dem Könige mit, und noch sehe ich, wie Er in die Hände klopfte und sagte, wiederholentlich: „Charmant! Das habe ich gewollt. Gewollt, daß der Mensch in jedem Menschen den Menschen sehe und ehre, und´inne werde, daß er darin sich selbst ehre; Du sollst Gott über Alles und deinen Nächsten (Nebenmenschen) lieben als dich selbst, als dich selbst; dieß ist das Gesetz und die Propheten. — Wie weit sind wir entfernt von diesem ersten Grundsatze der jüdischen und christlichen und jeder Religion überhaupt! Allein wir finden uns in der Annäherung, und dazu haben die Begebenheiten der Zeit und ihre Institutionen wesentlich beigetragen."

Deutlicher und bestimmter noch spricht sich dieß ehrende Andenken an Seine verewigte Gemahlinn in der vom Könige gegründeten Stiftung des Luisen-Ordens unmittelbar aus. Der patriotische Enthusiasmus des männlichen Geschlechts im ganzen Volke gegen den siegreichen, übermüthigen Unterdrücker desselben hatte wunderbarerweise auch das weibliche ergriffen. *) Es war ein Schrei und ein Ton, der

---

(* Eine zarte würdige Frau kam, wie der große, mit Sehnsucht

durch das ganze Land ging, und jede Brust hob sich, und
jedes Herz schlug lauter. In jedem Hause, dem bemittelten
und unbemittelten, wurde von weiblichen Händen in ein-
trächtigem Kreise Charpie gezupft und in großen Vorräthen
abgegeben. Es wurden in allen Städten, durch welche Verwundete kamen, Lazarethe, Kranken= und Verpflegungshäu-
ser angelegt und in geordnete Verwaltungen gebracht. Diese
Verwaltungen waren von achtbaren, verständigen Frauen
geleitet, also umsichtig, bequem und liebevoll. Abwechselnd
waren sie, von denen sich Keine ausschloß, selbst die ersten

---

erwartete Kampf losbrechen sollte, mit ihren drei Söhnen zu
mir, bittend, daß sie, aus eigenen Mitteln equipirt, als Frei-
willige in der Landwehr angestellt würden. „Das wird schwer-
lich geschehen, liebe Frau," war meine Antwort; „der älteste
Sohn Robert hat kaum das gesetzmäßige Alter und die für die
Strapazen des Krieges erforderlichen körperlichen Kräfte; die
andern Beiden sind noch zu sehr unausgewachsene Knaben, dazu
nicht einmal confirmirt." „Eben deßhalb," war ihre Antwort,
„ersuche ich Sie, als meinen Seelsorger, sich meiner Söhne
und meines Wunsches anzunehmen und ihre Annahme bei der
Behörde zu bewirken, — vielleicht gestattet man eine Ausnahme."
Auf's Beste unterstützte ich diesen mütterlichen Heroismus; aber
er wurde, als gesetzwidrig, zurückgewiesen; kaum der Aelteste angenommen und registrirt. Darüber war die Mutter, eine ver-
ständige Frau, traurig und betrübt, und ich mußte sie trösten.
Es war, als wenn die weibliche Natur, die den Frieden und
das Haus sonst liebt, und Gefahren von geliebten Kindern
sorgsam abhält, sich geändert und einen Spartanischen Charakter
angenommen hätte. Und so war es überall, in jedem Dorfe,
in jeder Stadt. Man sah Gelehrte, Candidaten der Theologie, Beamte, Väter, Studenten, Schüler, Bürger, Bauern-
söhne freudig zu den Waffen eilen, und Frauen, Mütter,
Schwestern und Bräute weinten beim Abschiede Freudenthränen.
Eine herrliche Zeit!

und vornehmsten nicht, mehrere Tage durch die Woche, so oft die Reihe an sie kam, beschäftigt, Ordnung und Unterordnung in diesen Verpflegungsanstalten zu erhalten, und welche Verwundete in dieselben nicht aufgenommen wurden, fanden freundliche Aufnahme und angemessene Wartung in Privathäusern. Jede Mutter, jede junge Gattinn, jede Schwester, jede Braut, war bewegt und liebevoll um den Kranken beschäftiget und dachte dabei an den mit in den Krieg gegangenen Sohn, Mann, Bruder, oder Bräutigam. Neu angekommenen Verwundeten eilten sie entgegen mit warmen erquickenden Suppen, und ein reines, bequemes Lager wartete ihrer. Man machte keinen Unterschied zwischen Freund und Feind; auch dieser, wenn er gefangen, krank, oder verwundet gebracht wurde, fand eine freundliche Aufnahme und Pflege. Die wahre Menschenliebe kennt keinen Unterschied und die Geschichte von dem barmherzigen Samariter ist nicht vergebens gegeben. Selbst da, wo die Aufwartung lästig, ekelhaft und gefährlich war, bei Lazareth=, Nerven= und Faulfiebern, bei Amputationen der Arme und Füße, siegte Liebe und ihr erbarmendes Mitleid über widrige Gefühle der Natur. Das weibliche Geschlecht ist in seinem wahren Element, wenn es helfen, erleichtern, Schmerzen stillen und Theilnahme beweisen kann. Weßhalb die vergleichungsweise besten Kranken=Anstalten diejenigen sind, welchen barmherzige Schwestern vorstehen. Das Herz dictirte und trieb hier, und Alles, was in Liebe aus demselben kommt, ist zart und gut. Die wahre Liebe ermüdet nie, sie ist und bleibt immer frisch und warm, und mit Recht wird das Weib die Gehülfinn des Mannes, die um ihn ist, genannt. Um die verwundeten und kranken Krieger, die von den Schlachtfeldern ankamen, waren während des Krie=

ges die Frauen, ordnende Hände leiteten ihr humanes Ge=
schäft, und an Geld fehlte es nicht, da Jeder nach Vermö=
gen beisteuerte.

Großes und unvergeßliches Verdienst hat sich in dieser
gewaltigen, heroischen Zeit das weibliche Geschlecht um die
gemeinschaftliche gute Sache durch diese seine liebevolle Theil=
nahme erworben und die Siege mit herbeiführen helfen.
Denn muthiger und tapferer wurden sie errungen, da die,
welche sie herbeiführten, wußten, daß sie, verwundet und
krank, daheim eine gute, liebevolle Aufnahme fanden. Das
Verdienst derselben ist um so größer, je geräuschloser und
allgemeiner es ist, unbefleckt von unreinen Nebenabsichten,
hervorgegangen und beseelt von edlem Pflichtgefühl. Darum
hatte dieß Werk der frommen Menschenliebe auch eine edle,
würdevolle Haltung; es wußte sich Nichts mit seinen Tha=
ten; es war aus einer Stimmung entsprungen, welche die
damalige Zeit mit sich brachte. Sie, diese Stimmung, war
eine allgemeine; Keiner sprach von Opfern; Jeder that, was
er nach seinem Berufe konnte; nie ist das Preußische Volk
größer gewesen! Wie hätte die Hälfte desselben, wie das
weibliche Geschlecht, wie unsere Mütter, Frauen und Bräute
zurückbleiben können? Es ist nicht zurückgeblieben, es hat
seine Kräfte und Gaben weiblich, demüthig, mit frommen
Sinn auf den heiligen Altar des wieder frei und glücklich
gewordenen Vaterlandes dargebracht.

Niemand erkannte dieß tiefer und lebendiger, als König
Friedrich Wilhelm III., und wie konnte Er diese Anerken=
nung zarter und besser an den Tag legen, als wenn Er
zum Andenken deſſen, was das weibliche Geschlecht in schwe=
rer Zeit freudig gethan und ruhig geduldet, einen Verdienst=

Orden stiftete und wie zugleich Seinem Herzen ein besseres
Genüge thun, wie das schöne Geschlecht ritterlicher und höher ehren, als wenn Er den, eben des weiblichen Geschlech-
tes wegen gestifteten Orden, den Luisen-Orden nannte?
Zum Beweise, wie werth und wichtig Ihm die Sache selbst
war, die Er im Auge und im Herzen hatte, wählte Er zur
Gründung den Tag, welchen das ganze glückliche Vaterland,
als einen Tag der Freude und des Segens, so oft er wieder-
kehrte, feierte, den 3ten August 1814. So wie Er am Geburtstage der Königinn das eiserne Kreuz, so stiftete Er an
dem Seinigen den Luisen-Orden, und dachte bei jenem und
diesem an Seine unvergeßliche heimgegangene Gemahlinn.
Beide haben dieselbe Tendenz, beide athmen denselben Geist;
was der eine für das männliche Geschlecht ist, soll der andere
für das weibliche sein; beide sind aus des Königs Innerstem
hervorgegangen und man erkennt daran Ihn, wie den Baum
an seinen Früchten.

„Als," sagt der Königliche Geber dieser Stiftung bei
Gründung derselben, „die Männer unserer tapferen Heere
für das Vaterland bluteten, fanden sie in der verpflegenden
Sorgfalt der Frauen Labsal und Linderung. Glaube und
Hoffnung gab den Müttern und Töchtern des Landes die
Kraft, die Besorgniß um die Ihrigen, die mit dem Feinde
kämpften, und den Schmerz um die Verlorenen durch aus-
dauernde Thätigkeit für die Sache des Vaterlandes zu stillen, und ihre wesentlichen Hülfleistungen für den großen
Zweck wurden nirgends vermißt. Unmöglich ist es, diese
Handlungen des stillen Verdienstes bei Allen öffentlich zu
ehren, die ihr Leben damit schmückten; aber wir finden es
gerecht, denjenigen unter ihnen eine Auszeichnung zu ver-

leihen, deren Verdienst besonders anerkannt ist. Die Auszeichnung soll in einem Ehrenzeichen bestehen, das den bedeutungsvollen Namen Luisen-Orden führt. Die Insignien dieses Ordens bildet ein schwarz emaillirtes goldenes
Kreuz mit einem himmelblauen Mittelschilde, das vorn den
Buchstaben L mit einem Sternenkranze und hinten die Zah-
len 1813 und 1814 zeigt; es wird an dem weißen Bande
des eisernen Kreuzes mit einer Schleife auf der linken Brust
getragen. Frauen und Mädchen können den Orden erhalten,
sofern sie dem Vaterlande durch Geburt oder Verheirathung
angehören, oder nationalisirt sind. Die Zahl der Ordens-
damen ist auf hundert beschränkt. Zu ihrer Auswahl ist
ein Capitel ernannt, in welchem die Prinzessinn Wilhelm
den Vorsitz führt und zu welchem die Gräfinn von Arnim,
die Generalinn von Bogaslawsky, die Ehefrau des Kaufmanns Welper, und die Wittwe des Bildhauers Eben, als
Mitglieder gehören. Das Capitel hat die Obliegenheit, aus
der gesammten Monarchie möglichst vollständige Nachrichten
über die verdienstlichen Handlungen des weiblichen Geschlechts
einzuziehen und nach vollständiger Prüfung diejenigen Hundert auszuwählen, welche entschieden die Würdigsten sind,
und diese dem Könige vorzuschlagen."

Die Prinzessinn Wilhelm, eine bekanntlich edle Frau,
die allen anderen Preußischen Frauen, wie überhaupt in allen christlichen häuslichen Tugenden, so besonders in zarter
Theilnahme an der Verpflegung der Verwundeten, ein hohes
Vorbild war, war und ist die Vorsteherinn dieses weiblichen
Ordens; aber ihr zur Seite stehen nicht bloß eine Gräfinn
und Generalinn, sondern auch die Ehefrau eines Kaufmanns,
und die Wittwe eines Bildhauers; und jetzt 1844, später

also 30 Jahre, sind die Wittwe des Kaufmanns Fetschow und Jungfrau Hotow auf dieser Ehrenstelle. Und nicht bloß die Prinzessinn des Königlichen Hauses, sondern auch Frauen und Jungfrauen aus allen Ständen, die solcher Ehre sich würdig machten, sind nach dem Willen und Anordnungen des von Vorurtheilen freigewordenen edlen Hochseligen Königs, Damen des Luisen-Ordens. So verband Er die längst abgetretene Königinn, die alle Leiden treu mit Ihm getragen, mit Seiner großen Zeit und knüpfte an die glücklichen Resultate derselben Ihren theuren, unvergeßlichen Namen. Jede sich Ihm darbietende ehrenvolle Gelegenheit ergriff Er, Ihr seelenvolles Bild im Herzen tragend, Ihr Andenken zu feiern; Er verewigte es und ehrte ritterlich das ganze weibliche Geschlecht in dem Luisen-Orden.

Das Andenken an Sie verwebt Er mit allem Wichtigen, was in Ihm sich regt und außer Ihm geschieht, Er hängt solchen Erinnerungen nach; aber sie machen Ihn nicht weich. Er ist mit sich Eins, also ruhig geworden, und in dieser Ruhe ist Er selbstständig und thut, was Ihm obliegt. Aber Er thut Alles in Liebe, weil ein Gott ergebener Sinn Seinem Leben eine höhere Weihe gegeben hat. In dieser Weihe bleibt Er, und Er ist darum nicht wie andere Menschen, die vergessen, und im Glücke, auf den Gipfeln der Ehre, voll von derselben sind. Er ist unter allen Umständen und ihren Wechseln Derselbe, und geht ruhig und still, nicht aus Temperament, sondern aus Grundsatz, wechsellos Seinen Weg, auch dann, wenn derselbe Ihn führt auf glänzenden Höhen und Lorbeerkränze ringsumher Seiner warten. Ein treffendes Beispiel, als Document dieser Gesinnung und Denkungsart, dient Sein Benehmen nach der Leipziger Schlacht und dem entscheidenden Siege, den sie errungen.

„Endlich war mit demselben der Tag des Zornes und des gerechten Gerichts gekommen, die ersehnte Zeit, worin der Lenker der Schlachten Ruhe gegeben von allem Jammer und Leid, und von dem harten Dienst, worin die deutschen Völker gewesen. Es war nun aus mit dem Treiber, und der Zins hatte ein Ende. Zerbrochen war die Ruthe, mit welcher der Uebermüthige, der sich allein die Ehre gab, die Völker schlug im Grimm und ohne Barmherzigkeit verfolgte. Nun ruhete alle Welt und ward stille und jauchzte fröhlich. Es freueten sich die Tannen auf den Bergen und die Cedern; weil er darnieder lag, kam Niemand mehr hinauf, der sie abhaute. Vor ihm erzitterte die Hölle und alle Könige standen vor ihm auf. Nun sprachen sie: Du bist auch geschlagen, wie wir, und gehet dir wie uns. Deine Pracht ist herunter gefahren in die Hölle, sammt dem Klange deiner Harfen. Wie bist du vom Himmel gefallen, du schöner Morgenstern! Wie bist du zur Erde gefallen, der du die Völker schwächtest! Gedachtest du doch in deinem Herzen: ich will in den Himmel steigen und meinen Stuhl über die Sterne Gottes erhöhen. Ich will mich setzen auf den Berg in Süden und in Norden, ich will über die hohen Wolken fahren und gleich sein dem Allerhöchsten. Und wer dich nun siehet, der siehet dich an und saget: „Ist das der Mann, der die Welt zittern und die Königreiche beben machte? O wie bist du vom Himmel gefallen, du schöner Morgenstern!" *)

So hallte es aus der alten prophetischen Zeit in die neue herüber, — das große Werk war so gut wie beendigt.

---

*) Jesaias, Cap. 14.

Die bis dahin siegreiche, bis zuletzt noch tapfere Macht des
Feindes, zerbrochen, die, welche ihn besiegt hatte, neu belebt.
König Friedrich Wilhelm III. aber zog sich zurück; Er fühlte
das Bedürfniß eines Lob- und Dankfestes, und das Verlangen, dasselbe zu feiern, treibt Ihn von dem siegreichen
Kampfplatze und von der jubelnden Stadt Leipzig fort nach
Seiner Haupt- und Residenzstadt Berlin. Mit den dankbaren Bewohnern betet Er im Namen und in der Seele
Seines treuen und geretteten Volkes in der überfüllten Hof-
und Domkirche. Man siehet Ihn wieder, ganz anders, als
man Ihn vorher sah, auf der Sonnenhöhe des Glückes;
aber Sein Gang, Seine Haltung, Sein Blick, Sein Gruß
ist noch ebenso, wie sonst; Er ist derselbe geblieben. Sein
Herz ist voll von Dank gegen den Allmächtigen, der Sein
und Seiner Nation schweres Leid gnädig gewendet und den
Sieg gegeben. Er betet, wie Er es im Stillen gethan, nun
öffentlich im Angesicht der Gemeinde und mit derselben.
Das ist Sein Erstes; Sein Zweites: Er eilt allein, schlicht
und einfach, wie immer, nach Charlottenburg. Er betritt
den stillen, ruhigen Garten. Hinter Ihm ist eine siegreiche
Armee, und ein jubelndes Volk; aber. — Er sieht nicht die
dankenden Heere, Er hört nicht das Schmettern der Trompeten, das Wirbeln der Trommeln, in Seiner Seele lebt
und treibt was Anderes: Er nimmt den von Fichten und
Tannen beschatteten Weg, den Ihm wohl bekannten, von
Ihm oft gegangenen Weg zum Mausoleum der heimgegangenen Luise. — Er ist stiller noch, wie sonst; Er entblößt
Sein Haupt und legt auf den Sarg der Allgeliebten den
Lorbeerzweig, den Er mitgebracht hat. *) Er verweilt

---

*) Diese redende Handlung und Thatsache ist rein poetischer Na-

und kann von dem heiligen Orte, wo die körperlichen theuren Ueberreste der Heimgegangenen aufbewahrt sind, und wo den Sarkophag jetzt eine Siegeskrone schmückt, sich nicht trennen. Er trägt tiefes stilles Leid um Die, welche Seine Seele liebt; nur an Sie denket Er und legt auf Ihren Sarg das Symbol des großen Werkes, das soeben vollbracht ist. Dann reißt Er sich los und eilt nach dem Rhein hin, und zu Frankfurt am Main hält bei'm feierlichen Gottesdienst der wackere Feldprobst Offelsmeyer vor dem Hauptquartier eine frischen Heldenmuth athmende treffliche Predigt über den biblischen Text: „Bis hierher hat der Herr geholfen," deren Tendenz ist: Vorwärts!

Er ging mit muthigen Heldenschaaren vorwärts und kam nach Paris. Auf dem Rückwege sehen wir Ihn auf den hohen Bergen und in den stillen Thälern der Schweiz stillvergnügt in Seinem gewöhnlichen Reisewagen. Er ist Sieger, und das, was Er mit Seinen Alliirten und deren tapferen Truppen zu Stande gebracht, ist eine Weltbegebenheit, von der die ganze Welt spricht. Aber Er reiset nicht als Sieger; Er umgiebt sich nicht mit einem Geräusch machenden prächtigen Gefolge. Er fährt still und unbemerkt als ein Privatmann durch's Land und neben Ihm sitzt im Wagen Sein treuer Gehülfe, der Obrist von Witzleben. *)

---

tur, zum Beweise, daß eine religiöse, ruhige und schöne Stimmung auch bei prosaischen Menschen, sobald sie nur wahr sind, auch immer eine poetische ist.

*) Jacob Wilhelm Ernst von Witzleben, der Sohn des Preußischen Obristen von Witzleben, eines biederen, echt deutschen

Der König verläßt die Hauptstraße; warum, werden wir gleich sehen und hören. Er nimmt Seinen Weg nach dem

---

Mannes, und einer vortrefflichen Mutter, ist geboren 1785 zu Halberstadt. Kaum 11 Jahre alt, wurde er Page am Hofe König Friedrich Wilhelm II., und als Offizier beim ersten Garderegiment machte er die Feldzüge von 1806 mit; er wurde rasch vorwärts schreitend dann Obrist, wo der König ihn zu Seinem Adjutanten ernannte.

Witzleben ist einer der merkwürdigsten, und man muß hinzusetzen einer der wichtigsten Zeitgenossen des Hochseligen Königs, der sich um Ihn, wie um den ganzen Preußischen Staat mittelbar, große Verdienste erworben hat und in der Geschichte nicht vergessen werden darf. Er gehört zu den glücklich organisirten Naturen, die bei gesundem, offenen, lebendigen Sinne die Fähigkeit für eine universale Bildung besitzen und Alles können, was sie wollen. Solche Naturen wollen aber leider in der Regel nicht ernstlich, und weil sie schnell allen eindringenden Eindrücken sich öffnen, eilen sie von Einem zum Andern, fassen Nichts tief und gründlich auf, und wenngleich angenehm im gewöhnlichen Umgange, vermag ihre Flachheit es doch nicht, etwas Tüchtiges, was innere Ausdauer und Selbstbeherrschung verlangt, zu leisten. Bei Witzleben war es anders. Mit den glücklichsten Anlagen für Klarheit verband er Tiefe, und bei dem ihm angeborenen Durste nach Erkenntniß war es ihm Bedürfniß, Alles in der Wurzel aufzufassen und gründlich wissen zu wollen. Bei aller intensiven Lebendigkeit war ihm (eine seltene Erscheinung) dennoch eine gewisse Stätigkeit eigen, in der er ruhig fortschritt, sonderte, ordnete und bewahrte, so daß Nichts bei ihm verworren und zerflossen durcheinander lag, sondern Alles klar in bestimmten Umrissen ihm vor Augen stand. Der König nannte ihn „einen glücklich organisirten Kopf." Zu der ungewöhnlichen Lebensrichtung, die er genommen und in welcher er so viel geleistet, hat das Meiste beigetragen der unglückselige Feldzug 1806, den er, 21 Jahre alt, mitmachte. Der Jammer, die Schmach und Zerschmetterung der damaligen verhängnißvollen Zeit öffnete dem edlen aufstrebenden Jüngling

ſtillen und abgelegenen **Colombieres**, um, Seinem Herzen folgend, zu beſuchen die nun ſchon alte, zurückgezogen

---

die Augen über die wahren, tief liegenden Urſachen der einge-
tretenen und verſchuldeten Landes-Calamität. In dieſer Züch-
tigung wurde er geheilt von den damals noch großen Vorurtheilen der Geburt, des Standes und Ranges, und ſein Blick
und Urtheil wurden klar, den wahren, bleibenden Werth des
Menſchen fortan nur da zu ſuchen, wo er allein, abgeſehen
von äußeren Begünſtigungen, zu finden iſt, in perſönlicher
Würdigkeit und Tüchtigkeit. Das ſchmachvolle Joch einer ei-
ſernen Zeit, welches ſein freier Nacken nicht zu tragen vermochte,
erfüllte ſeine Bruſt mit der ſtill verborgenen Gluth der Rache
gegen die höhnenden Fremdlinge, die ſein theures Vaterland
ſchändeten. Mit Begeiſterung las er die claſſiſchen Schriften
der Alten. Das Heroenbild Friedrichs des Großen ſenkte ſich
in ſeine Seele, und ſein biederer Vater, *) ein ehrwürdiger
Veteran aus der Zeit des ſiebenjährigen Krieges, nährte die lo-
dernde heilige Flamme in dem Herzen ſeines ſich immer hoff-
nungsvoller entwickelnden Sohnes. Ernſt, in ſich gekehrt und
brütend, ging er einher; die buſchigten Brauen über ſeinen
ſcharfen, fixirenden Augen ſenkten ſich immer tiefer, und ein Ritter wie Ulrich von Hutten und Franz von Sickingen, war
Herrmann ſein Held und Oſſian ſein Lieblingsdichter. So ge-
ſellte er ſich in Geſinnung und Richtung, ohne es ahnen zu
können, verborgen den großen Männern bei, die unter dem
Drucke einer läuternden Zeit für eine beſſere ſich ſtählten,
und als dieſe gekommen war, des unterdrückten Vaterlandes
Helden und Retter wurden. Wer die Geſchichte der Wie-
dergeburt des Preußiſchen Staates in ihrer leiſen Einleitung, in ihrer kräftigen Entwickelung und ihrer weiſen Er-

---

*) Der alte Obriſt von Witzleben lebte damals als Director der Gewehr-
fabrik mit ſeiner Familie zu Potsdam und da ich die jüngern Kinder derſelben, als zu meiner Gemeinde gehörig, im Chriſtenthum unterrichtete,
ſo ſah und ſprach ich im väterlichen gemüthlichen Hauſe oft den damaligen Lieutenant, nachherigen General und Kriegsminiſter von Witzleben,
und ſchon damals knüpften wir das Band der Freundſchaft.

lebende ehemalige **Erzieherinn Seiner** verstorbenen **Gemahlinn, die Demoiselle de Sellieu. Es** lagen viele Jahre

---

haltung kennt, der wird in militärischer Hinsicht nach den
unsterblichen Namen Scharnhorst, Gneisenau und Clausewiß,
(ist von leitender Intelligenz die Rede) Wißleben nicht vergessen.
Denn vom Jahre 1816 bis 1836, also durch volle 20 Jahre,
stand er nach seiner amtlichen Stellung im Mittelpunkte dieser
neuen Schöpfungen, und alles Große und Ausgezeichnete, was
nach errungenem Frieden zum Heil des Vaterlandes darin geschehen, hat zunächst er mit dem Könige besprochen, berathen
und bearbeitet. Seine klare, richtige und schnelle Auffassungs-
gabe, seine energische Kürze, in der er, namentlich schriftlich,
kein Wort zu viel und keins zu wenig sagte; seine Bestimmt-
heit und Consequenz, Zuverlässigkeit und Ausdauer, machten
ihn dem Könige werth, wichtig, und unentbehrlich, und in Seiner langen Regierung hat Er durch kein Organ unmittelbar
mehr gewirkt, als durch Wißleben, in den besten Jahren seiner
frischen männlichen Kraft. Da sein klarer, gesunder Verstand
alles Vorkommende richtig auffaßte und überall sich schnell orien-
tirte, so hatte der König für alle Aufträge auch keinen treuern
Ueberbringer und besseren Ausleger als ihn, selbst in kirchlichen
Angelegenheiten. Sein practischer Verstand, sein christliches
frommes Gemüth, sein ernster Sinn, faßte auch diese in ihrer
Tendenz scharf und richtig auf, und wenn ich in den mit ihm
gehabten vieljährigen kirchlichen Berathungen auch nicht den
gelehrten Theologen fand, so erfreute und erquickte mich doch
in dem General der klare gläubige, von Herzen fromme evangelische Christ. Bei seiner tief liegenden Neigung für göttliche
Dinge fand er, der Vielbeschäftigte, doch noch Zeit, die ascetisch-
liturgischen Schriften, besonders aus der Zeit der Reformation,
verglichen mit den Neuern, zu studiren, und offen kann es ausgesprochen werden, daß er an der ersten Einführung der Liturgie
für den Militär-Gottesdienst bei der Armee, und namentlich
an der Ausbildung der liturgischen Chöre, bei seiner theoreti-
schen und praktischen Liebe für Musik, einen nahen, wesentlichen
Antheil gehabt hat. So geschah es, daß ich bei dem Vortrage
dieser Sache im Cabinet Gelegenheit fand, Wißleben in seiner

dazwischen, Jahre des Glücks und des Unglücks; es war Alles
ganz anders geworden; der sonst bedauerte, von Vielen oft

Stellung gegen den König in unmittelbarer Anschauung kennen
zu lernen. Was ist es doch für eine köstliche Sache um die
Wahrheit und Liebe zu ihr, sobald man mit Ernst und von
Herzen nur sie allein, und sonst nichts Anderes will! Dieser
Wahrheitssinn, lebendig geworden in der Brust, giebt in der
ihm immer beiwohnenden Inspiration dem Verstande Klarheit,
dem Herzen Muth, der Sprache den rechten Ton, so daß die
Wahrheit selbst darin überzeugend und gewinnend hervor, ihr
Sprecher aber anspruchlos zurücktritt. So stand Witzleben
vor seinem Könige fest und ruhig, offen und unbefangen, jedes=
mal seiner Sache gewiß, im tiefen Respect vor seinem Landes=
herrn, aber in einem noch tieferen vor der Wahrheit und ihrer
ewigen Herrlichkeit. Freimüthig und ganz, wie er sie erkannt,
sprach er sich aus; Zweizüngigkeit und Zweideutigkeit war seiner
edlen ritterlichen Natur unmöglich. Für einen regierenden Herrn,
der nur angenehme Wahrheiten hören will und dem man die
unangenehmen nicht anders als im Dufte des Weihrauchs sagen
darf, hätte Witzleben auch nicht einen Tag gepaßt; für König
Friedrich Wilhelm III., den Wahrhaftigen, war er gerade der
rechte Mann. Er ehrte ihn als Seinen freisinnigen Rathgeber
und liebte ihn als Freund in nie getrübter wechselseitiger An=
hänglichkeit durch volle 20 Jahre bis zum Tode. Reiner und
treuer, mit ganzer Seele, aus vollem Gemüthe und aus allen
Kräften, kann man nicht dienen, als er gedient hat. Arbeit
war seiner stoischen Natur Genuß, und das, was die Welt ein
freudenvolles Leben nennt, und welches er, von allen Seiten
verehrt und begehrt, hätte genießen können, wollte und mochte
er nicht. Einsamkeit und ihre stillen Nächte liebte er am Mei=
sten und er fühlte sich am Glücklichsten in dem ruhigen Pots=
dam. Hochgestellt und vielvermögend, blieb er schlicht und
bieder, einfach und anspruchlos; auf seiner Brust war für
alle Orden und Ehrenzeichen nicht Raum mehr; aber gern und
allein trug der ernste eisenfeste Mann nur das eiserne Kreuz.
Tagtäglich von Menschen aus allen Ständen angesprochen, blieb
er in festgesetzten Sprechstunden zugänglich und ertrug die Qual

getadelte, nun gepriesene und gelobte König von Preußen kam als Sieger von Paris. Wen möchte es befremden, wer

---

des An = und Ueberlaufens mit sich gleichbleibender freundlicher Ruhe und Gelassenheit; doch war seine Antwort jedesmal be= stimmt und kurz. Gegen Zumuthungen und Insinuationen, um durch seine Empfehlung Etwas zu erlangen, schützte ihn schon sein ernstes Spartanisches Angesicht, und wo er Schleichwege witterte, flammte sein Zorn auf. Vorsichtig, klug, verschlossen, ansichhaltend und zurückweisend, wo er aus Pflicht es sein mußte, war er offen, heiter, gutmüthig, ausschüttend und hin= gebend, wo er es sein konnte. Vertrauliche Gespräche in der Abendlaube, im Anblick des von der untergehenden Sonne ver= goldeten Brauhausberges an der Havel, waren ihm Genuß und Erholung. Wer da ihn beobachtet und gehört, der hat in dem hochgestellten Staatsmanne zugleich den reinen, edlen und ge= müthvollen Menschen, den aufstrebenden Christen kennen ge= lernt. Am Liebsten und jedesmal mit Begeisterung sprach er von seinem Könige und Herrn. „Tagtäglich (das waren seine Worte) sehe und höre ich Ihn; aber nie gehe ich von Ihm, ohne mich nicht jedesmal wieder gehoben, gestärkt und befestigt zu finden. In stiller Gewalt bin ich an Ihn gefesselt und kann nicht von Ihm lassen, ob ich gleich fühle, daß ich in Seinem Dienste untergehen und vor der Zeit sterben werde." Und so ist's auch gekommen. Witzleben hat sich notorisch zu Tode ge= arbeitet, und ist, thätig bis zur Erschöpfung, auf langem, schmerzvollen Krankenlager eines zehnfachen Todes für König und Vaterland gestorben.

Süß ist ein solcher Tod auf dem Schlachtfelde; aber eben= so würdig, nach vieljährigen treu geleisteten Diensten, in stiller Schlafkammer. Groß und herrlich ist's, in heißer Schlacht den Sieg und in ihm Ehre und Freiheit und Ruhm dem Vater= lande zu erringen; aber ebenso verdienstvoll, das Errungene zu bewahren, zu erhalten und weiter zu bringen. Jenes ist das muthige Werk eines Tages, oft einer glücklichen Stunde; dieses das unter fortgehenden Anstrengungen langsam gereifte Product vieler Jahre. Jenes ist der glorreich erkämpfte, mit edlem Blute getränkte, feste, freie, gesicherte Boden, worauf

würde Etwas vermiſſen, wenn der Herr, mit wichtigen anderen Dingen beſchäftigt, an die alte Mamſell Gellieu nicht.

---

gebaut werden kann; dieſes das Gebäude ſelbſt. Und welch ein
ſtiller Baumeiſter, nach der Anordnung Seines Bauherrn, Witzleben in 20jähriger, raſtloſer Thätigkeit geweſen, das wird die
Folgezeit klar machen, wenn ſpäterhin, nach geöffneten Archiven,
eine vollſtändige Biographie Friedrich Wilhelm III. erſt möglich
ſein und den rechten Mann gefunden haben wird.

Und wie könnte man mit Erhebung, Rührung und Dank
zu Witzleben aufſchauen, und ſeinen neben ihm ſtehenden, vieljährigen Collegen, den Geheimen Cabinetsrath Albrecht, nicht
nennen? Verſchiedenartig, und doch innigſt miteinander zu
einem Zweck verbunden, wird eben in dieſer Verbindung das
ſich hier darſtellende Cabinets = Bild vollſtändig und damit ein
anziehendes Cabinet = Stück. Wenn man von dem klaren,
tiefen und treffenden Blick des Königs in der Selbſtwahl Seiner Diener, namentlich der erſten und wichtigſten, auch weiter
nichts wüßte, als die Wahl Witzleben's für das Militair =, und
die Wahl Albrecht's für das Civil = Cabinet, die Zuſammenſtel-
lung Beider und die Erhaltung und Bewahrung ihrer lang-
jährigen, zuſammenſtimmenden, vereinten Thätigkeit: ſo würde
dieß allein ſchon hinreichen, in ſolcher Wahl den Geiſt und das
Gemüth des Königs kennen zu lernen, nach der alten, richtigen
pſychologiſchen Lebensregel: „Wen man nicht, wie er an ſich
iſt, kennen lernt, den beurtheilt man doch richtig aus der Wahl
ſeines Umganges. Qui non noscitur ex se, noscitur ex
socio." Mit Wahrheit kann man ſagen, in Beiden iſt der
König Selbſt repräſentirt, und indem ſie Beide ſich gegenſeitig
ergänzen, bilden ſie ein Ganzes, in welchem das Bild des
Herrn geiſtig reflectirt. Witzleben allein für ſich hätte dem
Könige auf die Dauer kein Genüge gethan; aber ebenſowenig
Albrecht allein, — in Beiden zuſammengenommen fand Er,
was Er ſuchte, und beſaß Er, was Er wollte und bedurfte;
weßhalb denn auch Beide bei'm Vortrage der Militär = und
Civilſachen immer zuſammenſtanden, ſo daß, wenngleich Jeder
in ſeiner Sphäre lebte und ſich bewegte, doch der Eine immer die des Andern kannte, mitberathend auch beurtheilte, und

gedacht hätte. Höchstens hätte Er von Neufchatel, wo Er war, ein Paar artige Zeilen schreiben, oder: sie dahin kommen

der wechselseitige geistige Einfluß im steten Austausche blieb. Divergenz der Ansichten und Urtheile in wissenschaftlichen und technischen Dingen ist bei denkenden selbstständigen Köpfen un= vermeidlich; aber der gesunde praktische Menschenverstand, im Bunde mit zusammenfließender guter, redlicher Gesinnung, macht solche Divergenz nicht nur unschädlich, vielmehr wird sie, wenn man nur eines Sinnes ist, im Streben nach der gemein= schaftlichen guten Sache dieser förderlich, bewahrt vor Ein= seitigkeit, und bringt in die Berathung den immer frischen Reiz der Neuheit. Bei ernsten, wichtigen, täglich wiederkehrenden, leicht ermüdenden Geschäften ist dieß von großer Wichtigkeit; denn indem der Widerspruch reibt, electrisirt er zugleich, weckt und erhält lebendig und macht reicher das Resultat. Auf's Glücklichste war darum das Cabinet organisirt in Männern wie Witzleben und Albrecht, unter dem Präsidium eines Herrn, der die trefflichen Eigenschaften Beider in sich vereinigte, ihre Leistungen verschmolz, und dem Beide mit gleicher Verehrung und Liebe von Herzen zugethan waren. Witzleben genial, kühn, schöpferisch und weitsehend; Albrecht klar, wissenschaftlich, ge= setzkundig, besonnen, anhaltend, und auch das Kleine in seinen Formen nicht übersehend. Witzleben ernst, oft finster, strenge und treibend; Albrecht heiter, würdevoll, milde, ruhig und ge= lassen. Witzleben kurz, categorisch und absolut; Albrecht er= klärend, bedingt und nachgebend. Witzleben in sich gekehrt und sinnend, abfertigend, kaustisch; Albrecht offen, behaglich, scher= zend, auch satirisch, aber immer ohne verwundenden Stachel. Witzleben stoisch, abstract, isolirt; Albrecht frohsinnig, witzig, unterhaltend, gern fröhlich unter den Fröhlichen. Beide in hohem Grade liebenswürdig; aber Jeder anders in eigenthüm= licher Färbung. Witzleben voll strebenden Ehrgeizes, gehalten und geregelt von lebendigem Ehr= und Pflichtgefühl, hätte ein regierender Herr sein können; Albrecht, gewissenhaft und ge= müthlich, ruhig abgeschlossen in sich selbst, wollte und begehrte nichts mehr. Befriedigt und ganz glücklich, als der vertraute Rath seines Königs, den er wie seine Seele liebte, war er thä=

laſſen können; Jeder würde das in der Ordnung finden.
Aber das genügte Ihm nicht; Er dachte daran. Er konnte
und wollte Die, welche Ihm Alles geweſen war, und die
nicht vergeſſen, die in Ihrer Jugend Ihr Gutes gethan hatte.
Man kann ſich das Erſtaunen denken, als Er hereintrat in
das ſtille, beſcheidene Zimmer. Er wollte nur von der Herr=
lichen in Ihrer Jugend von der, welche Sie geleitet, hören;
Er drückte wiederholentlich der Gellieu die alte gute Hand,
und beſchenkte ſie mit einer bedeutenden Geldſumme und
einem koſtbaren Shwal, den die verewigte Königinn zuletzt
getragen hatte. Er hatte dieſes Ihm werthe Tuch von Char=
lottenburg mitgenommen und es bei ſich, als Er es mit den

---

tig bis an's Ende; noch auf dem Sterbebette und im Tode
lächelte der ſtille Frieden auf ſeinem edlen Angeſichte, der ihm
im Leben alle Herzen gewann.

Wer das Glück gehabt und genoſſen, den Hochſeligen Kö=
nig und dieſe Seine beiden Cabinetsräthe, Witzleben und Albrecht,
mit welchen und durch welche Er eine lange Reihe von Jahren
regiert, perſönlich zu kennen, der kann nicht ohne Erhebung
und Freude an dieß geiſtvolle und ſchöne Triumvirat denken.
Er ſieht darin die höhere leitende, beglückende Hand, die, wenn
ſie Millionen ſegnen will, alſo zu combiniren weiß, daß in einer
ſolchen ineinandergreifenden, ſich gegenſeitig unterſtützenden und
tragenden harmoniſchen Vereinigung Großes geſchehen und zu
Stande kommen kann; dieſelbe Hand, die für ein unermeß=
liches Werk neben den Petrus einen Johannes, und neben Luther
einen Melanchthon ſtellte, und im Großen, wie im Kleinen, im
Staate, in der Kirche, wie im Hauſe, überall da am Tiefſten
und Beſten ſegnet, wo ſie Kraft und Liebe miteinander verbin=
det und zur Einheit verſchmilzt. So hier! In Wahrheit, es
giebt in dieſer Beziehung kaum ein ſchöneres, anſprechenderes
Bild, als das Innere des Cabinets, in welchem wir König
Friedrich Wilhelm III., vor ihm ſtehend Witzleben und Albrecht,
vortragend und berathend, erblicken.

anderen auch eingewickelten Geschenken der bis zu Thränen Ueberraschten übergab und sich dann schnell entfernte.

Auf dem Rückwege sagte der König, tief seufzend: „Ach! hätte die selige Königinn doch diese Tage der Genugthuung, der Ehre und Freude, auch noch erlebt! Unbegreiflich, daß Sie so früh, mitten im Elend, in einer trüben, bösen Zeit sterben mußte, und die bessere nicht gesehen hat!" Indem Er dieß sagte, sah Er wehmüthig, mit ehrwürdigem Schmerz, den im Reisewagen neben Ihm sitzenden Witzleben *) an. Dieser antwortete: „Es ist Alles so gut gegangen, über Erwarten, als es gehen konnte, und nichts bleibt zu wünschen übrig." Der König fiel ein: „Das weiß ich wohl; selbst Fehler, die gemacht sind, sind unter der Leitung der göttlichen Vorsehung zum Guten ausgeschlagen. Aber es würde ebenso gut gegangen sein, wenn die Königinn gelebt hätte und noch lebte." „Das ist die Frage", erwiederte Witzleben. Der König wurde lebhaft, richtete sich auf und fragte in einem eigenen, befremdenden Tone: „Wie so? Warum soll mein natürlicher und gerechter Wunsch einer Frage unterliegen?" „Allerdings", fuhr Witzleben fort, „läßt sich fragen, ob die Hochselige Königinn, bei dem warmen Interesse, welches Ihr lebendiger Geist an der wichtigen Sache nahm, nicht Manches gemißbilliget, nicht zu Manchem gerathen hätte, was Ew. Majestät nicht ganz von der Hand hätten weisen können. Darüber läßt sich jetzt nicht mehr sprechen und urtheilen; gewiß ist aber, daß das Unglück, welches in Ihrem Tode uns getroffen, das ganze Preußische Volk noch mehr ergrimmt

---

*) Eine Mittheilung von ihm selbst.

und seine Begeisterung gesteigert hat. Dann wollen Ew.
Majestät mir die Bemerkung erlauben: daß Sie Selbst durch
die weise und fromme Benutzung des Schmerzes an geistiger
Kraft und Selbstständigkeit und Entschlossenheit gewonnen
haben." "Mag sein," sagte der König; "aber gewiß ist, daß
die Königinn sich nie in Angelegenheiten der Regierung ge-
mischt hat; höchstens hat Sie zu Fürbitten für Unglückliche,
die der Hülfe bedurften, sich verstanden, und solche auf eine
Art eingelegt, daß man nicht abschlagen konnte. Nie ist Sie.
aus Ihrer weiblichen Sphäre herausgetreten; nie hat Sie in
mein Amt eingegriffen; das würde Sie auch jetzt nicht gethan
haben. Ach, ich vermisse Sie, wie überall, so besonders jetzt,
und Gott mag mir den Wunsch verzeihen: ich wollte, Sie
lebte jetzt noch! Darum war mir der Besuch bei der guten
Gellieu schmerzhaft; aber ihr und dem Andenken der Vollendeten war ich das schuldig, ich konnte und wollte nicht
anders."

Besonders wurde Ihm in wehmüthigen, aber dabei männlichen Gefühlen das stille Paretz noch werther und theurer;
hier hatte Er schon als Kronprinz, und dann als König,
den Frühling Seiner glücklichen Ehe, und mit der Ihm nun
Entrissenen glückliche Tage verlebt. Gewöhnlich ist es in
solchen Fällen bei den meisten Menschen anders. Hat man
durch den Tod verloren, die man lieb hatte, so werden Einem die Orte und Umgebungen, wo man mit ihnen glücklich
war, zuwider. Das bessere Sonst und das freudenleere Jetzt
treten im Contrast scharf sich entgegen; man stellt Verglei-
chungen an, die, magisch beleuchtet, zum Vortheil der Vergangenheit, und dann düster zum Nachtheil der Gegenwart
ausfallen. Es fehlt Einem Etwas, und man schiebt die

Urſache davon auf die Umgebung, die man ſonſt mit andern Augen anſah. Vor dem Paradieſe ſteht dann ein böſer Geiſt mit einem flammenden Schwerte, der den Ein= und Zugang unmöglich macht. Dann geht es Einem gewöhnlich ſo wie mit zurückgelaſſenen Kleidungsſtücken, welche die Ver= ewigten getragen und in welchen man ſie oft geſehen. Es iſt, als wenn bei'm Anblick ſolcher Bekleidungen das Bild und die Geſtalt der Verewigten uns lebendig vor Augen träte, uns ergreift ſtärker der Schmerz, es erwacht eine Reihe von Vorſtellungen und Erinnerungen, die uns traurig macht; man mag ſolche lebendige Denkzeichen nicht mehr ſehen und macht, daß ſie uns aus den Augen kommen. —

Bei dem Könige war es anders. Er unterhielt den Schmerz; aber derſelbe war ein durch fromme Reſignation ſtiller und geläuterter, ſtarker, edler Schmerz; — dagegen jener eine Beimiſchung von Egoismus hat, deſſen Selbſtſucht durch unangenehme Gefühle nicht geſtört ſein will. Man geht ihm aus dem Wege und mag die Traurigkeit nicht, die Einem, auch nach der Meinung Anderer, als unnütze Selbſtpeinigung vorkommt. Darum wird Veränderung des Orts und der Umgebung, eine Reiſe in ferne Gegenden, gewöhnlich als Zerſtreuung und Heilmittel vorgeſchlagen und benutzt, — benutzt gewöhnlich mit Erfolg, weil der Schmerz zwar ein heftiger, aber flach auf der Oberfläche liegender und darum kurzer iſt. Als Jeſus Chriſtus gekreuzigt wurde, flohen die übrigen Jünger, die auch ihren Herrn zu lieben meinten, wie in die Flucht gejagte Schafe, die ihren Hirten verloren haben; ſie entfernten ſich von dem ſchrecklichen, grauſamen Orte und konnten es da nicht aushalten. Maria aber, ſeine Mutter, der ein Schwert durch die Seele drang, und der Jünger Johannes, der am Innigsten geliebt wurde, und wieder liebte, blieben und standen am Kreuze. Denn wahre, echte Liebe ist die stärkste, von jeder unreinen und selbstischen Empfindung gereinigte Kraft der Seele, die eben darin, weil sie eine Kraft ist, den Leidtragenden stark macht. Er trägt und kann tragen sein Leid; er schüttelt es nicht ab, er weicht ihm nicht aus; er faßt es fest in's Auge, und eben darum, weil er ihm Gerechtigkeit widerfahren läßt, besiegt er es. Selig sind die Leidtragenden; denn sie sollen getröstet werden.

Ein solcher Seliger war der König gerade da an dem Orte, wo Er am Glücklichsten gewesen war.

Es war im Frühling 1810, die Wiesen waren wieder grün, die Bäume blüheten, die Schwalben durchschwirrten die helle Luft, die Nachtigallen schlugen, die Störche waren wieder da und gingen auf und ab; ein warmer erquickender Hauch wehete sanft durch neu belebte Felder, Fluren und Gärten. Der König und die Königinn eilten voll heiterer Sehnsucht nach ihrem lieben stillen Paretz. Es war kurz vor Ihrer gewünschten Reise nach Mecklenburg und Hohenzieritz, also das Letztemal, daß Sie dort war. Sie begrüßte wieder an der Seite Ihres geliebten Gemahls die trauten Stätten alle, wo Sie so oft glücklich gewesen war, und vergaß das Unglück, das Sie inzwischen betroffen. Der einsame, stille, angenehme Ort war derselbe geblieben; dieselbe die in ihrem festen Kreislauf ewige Natur, geschmückt mit frischer, immer von Neuem blühender Kraft. Beide gingen Arm in Arm auf und ab, und genossen, was dem reinen Herzen nicht genommen werden kann. Am Längsten ruheten

und verweilten sie an dem Orte, den Sie besonders liebte,
da, wo die Aussicht im Parke sich aufthut und man eine
offene, freie An= und Fernsicht auf die im malerischen Far=
benspiel daliegenden üppigen Wiesen und die fernen Kirch=
dörfer hat, deren Glockentöne, getragen von sanften Lüften,
geisterhaft herüber hallen. Hie und da sieht man im hel=
len Lichte den Havelstrom durchschimmern, auf demselben
schwimmen still und ruhig Schiffe mit gefüllten Segeln und
hohen Masten. In der umschatteten helldunkeln, auf dieser
Stelle gelegenen Grotte war die Königinn oft und gern ge=
wesen, hier hatte Sie oft gesessen und an den frohen Spie=
len Ihrer Kinder Freude gehabt; hier hatte Sie in stiller
froher Einsamkeit manches unterhaltende Buch gelesen; hier
war in seliger Lust Sie oft mit dem Könige auf= und ab=
gegangen. Hier war es auch, wo Sie — ach! Sie ahnte es
nicht, — zum Letztenmal in der wohlthuenden sanften Stim=
mung der Wehmuth einen schönen Frühlingsabend genoß,
Sie konnte sich nicht von diesem lieben Orte trennen, und
als bei'm Untergange der Sonne der König daran erinnerte,
daß es Zeit zum Aufbruche sei, bat Sie, um den Aufent=
halt zu verlängern, daß sie nicht erst zu dem entfernt lie=
genden Schlosse zurückzugehen brauchten, sondern die Wagen
auf der nahen Landstraße heranfahren und sie sich da ein=
setzen könnten. Ehe dieß bestellt und geschehen, verging noch
einige Zeit, wo die Königinn an dem prächtigen Schauspiele
der untergehenden Sonne Ihre stille Erbauung hatte. Sie
stand auf, faßte den König an, — an Seinem Arme ging
Sie langsam und sinnend den Steig zum Fahrweg hinab
durch die Pforte zu dem vorgefahrenen Wagen; es war das
Letztemal, daß Sie in Paretz war; Sie sah es nie wieder!

Der König hatte überhaupt, vorzüglich aber für Dinge
der Art, ein die feinsten und leisesten Schattirungen treu be=
wahrendes Gedächtniß, besonders da, wo es seinen Sitz
im Herzen hat; bei und in Ihm klang Alles zusammen.
Wohl war und blieb Seinem Herzen tief eingegraben dieser
allerletzte Act an dem Ihm und der Vollendeten so werthen
Orte. Den Weg, den Sie mit Ihm zum Letztenmal ge=
gangen, ließ Er mit Rasen und Blumen einfassen. Ebenso
die Pforte, durch welche Sie gegangen; sie hat sich Nie=
mandem wieder geöffnet. Ein L in ihrer Wölbung, in und
und unter derselben geschrieben der Tag, wo Sie dort noch
einmal war, den 20. Mai 1810, erinnert an den letzten
Abschied. An der Grotte, wo Sie sich wohl gefühlt hatte,
ließ Er in einer angebrachten eisernen Tafel mit goldenen
Buchstaben die Worte setzen: „Gedenke der Abgeschie=
denen." Der Abgeschiedenen gedachte Er auch noch in
Seinem Testamente, und dieß ist Ihm so wichtig und werth,
daß Er, von Seinen Kindern Abschied nehmend, jene In=
schrift eine wohlbekannte nennt. Er liebte Paretz nun
noch mehr und war öfter da, und so oft Er da war, ging
Er einsam diesen Weg; dann setzte Er sich nieder, da, wo
Sie gesessen, sah vor sich hin, hinaus und hinauf. Aber
Er genoß körperlich von nun an auf dieser Ihm heiligen
Stätte Nichts mehr, um das Geistige nicht materiell zu
machen. Er sprach nicht darüber, und war und blieb mehr
noch, wie sonst, in sich gekehrt und verschlossen. Was Er
aber gedacht und gefühlt, das spiegelt sich gemüthlich ab in
Seinen Handlungen. Wie das Schweigen überhaupt, so
bezeugt es besonders hier Tiefe. Ueber still getragene und
überwundene Leiden kann man gar nicht, oder doch nur
mit Geistesverwandten reden. Das viele Sprechen darüber

ist immer der Beweis von Flachheit; und wo viele Worte sind, da ist wenig Empfindung. — Aus diesem Grunde war der König nach dem Tode der Königinn noch lieber allein in dem stillen Paretz, und nur Seine Kinder begleiteten Ihn dahin. Fremde waren selten eingeladen. Die auf einem Hügel gelegene Dorfkirche war Ihm lieb; den Altar derselben bekleidete Er durch Seine Tochter Charlotte, die jetzige Kaiserinn von Rußland, mit einem kostbaren hellblauen, seidenen, in Silber gestickten großen Tuche, den die Verewigte gehabt, und man sah auf demselben an heiliger Stelle eine Prachtbibel und zwei kostbare Leuchter, wie nebenbei an der Wand eine schöne Abbildung des heiligen Abendmals. Da, wo Er mit Seinen Kindern und dem kleinen Gefolge während des Gottesdienstes andächtig und in sich gekehrt saß, ließ Er ein großes Relief=Tableau in Thon, „die Verklärung der Hochseligen Königinn," aufstellen, verfertigt von Schadow; ein Immortellen=Kranz mit dem Namenszuge Luise hängt daneben. Absichtlich umgab Er sich da, wo Er solchen Erinnerungen nachhängen konnte, mit Gegenständen, die sie immer wieder auffrischten und belebten; und diese Erinnerungen waren so rein geistig und religiös, daß sie alles Irdischherbe verloren. Diejenigen, welche mit Ihm gar nicht darüber sprachen, in der Meinung, man thue besser, diese Sorde nicht mehr zu berühren, haben Ihn und Seinen geläuterten Schmerz nicht verstanden.

Dieß wurde vorzüglich klar, als Er Seine Prinzessinn Tochter Luise, vermählt mit dem Prinzen Friedrich der Niederlande, nach dem benachbarten Brandenburg begleitete. Die Behörden und die Einwohner der guten, treuen, alten

Stadt hatten manche Vorbereitung getroffen, die Höchsten Herrschaften würdig und feierlich zu empfangen. Dahin gehörte unter Anderem auch, daß unter einem Ehrenbogen junge, weiß gekleidete Mädchen, Blumen streuend, das hohe junge Ehepaar empfangen und ein sauber eingebundenes Gedicht überreichen sollten. Dieses Gedicht enthielt geistreiche und sinnige Anspielungen auf den Namen Luise, wie die Prinzessinn hieß und die verewigte Königinn, ihre Mutter, geheißen. So hieß es unter Anderem:

„Wie Dich der Mutter theurer Name schmückt,
Der früh verklärten, engelreinen Seele,
Die lächelnd jetzt auf Dich hernieder blickt,
O! daß Ihr Friede so Dir nimmer fehle!
Er bleibet Dir! Er ist Dir voll genug
Der Friede, den Sie stets im Herzen trug.“

Man fürchtete, daß dieß dem Könige mißfallen und schmerzhafte Erinnerungen wecken möchte; solche anzuregen sei unpassend bei einer frohen Veranlassung. Man wollte also ein anderes Gedicht; doch solches anfertigen zu lassen, war die Zeit zu kurz. Das vorliegende mußte gebraucht werden. Der König las es mit Wohlgefallen gerade darum, weil es der früh Vollendeten gedachte, die als Vorbild dargestellt wurde. Denn Besseres konnte Er nicht denken, fühlen und wünschen, als daß Seine geliebte Tochter der würdigen Mutter ähnlich sein und ihrem Gemahl eine Luise werden möchte. Nicht genug, daß Er mündlich Seine Zufriedenheit bezeigte, auch schriftlich ließ Er noch danken, und schickte, außer einer goldenen, auf das hohe Brautpaar geprägten Medaille, noch 6 andere silberne, und ließ auch für den Verfasser des Gedichts, welches Ihm besonders gefallen, eine goldene Medaille beifügen, und 200 Thlr. für die Ortsarmen. Der Verfasser ist der würdige Ober= prediger und Superintendent Bauer.

In diesem Zeitpunkte hielt ich am Tage der Feier zum Gedächtniß der Verstorbenen in Gegenwart des Königs (der jedesmal in der Kirche mit Seinen Kindern erschien) eine Predigt über die herrliche begeisternde Stelle Ebräer, 12, B. 22, 23 u. s. f.: „Ihr seid gekommen zu dem Berge Zion, zu der Stadt des lebendigen Gottes, zu dem himmlischen Jerusalem, zu der Menge vieler Tausend Engel; zu der Gemeine der Erstgeborenen, die im Himmel angeschrieben sind; zu Gott, dem Richter über Alle; und zu den Geistern der vollkommenen Gerechten," und redete „über die geistige Gemeinschaft wahrer Christen mit ihren vollendeten Gelieb= ten." Damals machte das famöse Buch über die Seherinn von Prevorst, worin behauptet wird, daß man vermittelst des Magnetismus mit Verstorbenen körperlichen Verkehr haben könne, und worin Beispiele, die dieß beweisen sol= len, in Menge angeführt werden, Sensation, und wurde viel, auch in Potsdam, selbst von sogenannten Aufgeklär= ten, die dadurch bedenklich wurden, gelesen; ja ich erhielt Briefe von Leuten, denen dadurch die Köpfe verrückt waren, und wurde zu Geistercitationen eingeladen. Meine Antwort war: daß sie am nächsten Sonntag zur Kirche kommen möchten. Mit Bezug darauf zeigte ich, daß die Gemein= schaft mit Verstorbenen allerdings Statt finde; daß sie aber eine rein=geistige, und nach Vernunft und Schrift keine körperliche sei und sein könne. Diese zu glauben, sei Schwär= merei und ein Aberglaube finsterer Zeit, den bei dem Lichte der gegenwärtigen kein vernünftiger biblischer Christ mehr

hegen könne und dürfe. Aber jene geistige Gemeinschaft, die
eine Gemeinschaft des Glaubens, der Liebe und Hoffnung
sei, und als solche, recht verstanden, einen großen Werth
habe, müsse frei bleiben von jeder unklaren Beimischung der
Schwärmerei; sie müsse zwar von jeder leidenschaftlichen und
sündhaften Liebe zum Irdischen uns los und frei, keineswegs aber uns gegen die Angelegenheiten der Welt kalt und
gleichgültig machen; vielmehr den Eifer für Amt und Beruf vermehren, unsere Liebe und Fürsorge für die Unsrigen
erwärmen, und uns mit der Hoffnung auf eine bessere
Welt trösten u. s. f.

In derselben Woche nach Charlottenburg, wo der
König im Herbste vorzüglich gerne war, eingeladen, wurde
ich durch den diensthabenden Adjutanten angemeldet und
eingeführt. Er wohnte in dem angenehmen Häuschen an
der Spree und saß und schrieb, als ich eintrat. „Setzen
Sie sich", sprach Er freundlich, „bald bin ich fertig". Bald
nachher stand der hohe Herr auf, heiter und wohlgemuth,
nahm Seine auf dem Stuhle liegende Feldmütze und sprach
weiter: „Wir wollen vor Tische noch einen Spaziergang
machen". — In's Freie gekommen, blieb Er vor der
nahe stehenden Büste des großen Churfürsten stehen und
sagte: „Ein vortrefflicher Herr! Täglich habe ich ihn, wenn
ich hier bin, vor Augen. Hat auch eine Luise gehabt". Der
König ging den langen breiten Weg, dem alten Schlosse
entlang, herunter. Nach der Sitte ging ich seitwärts und
zurück bleibend. Darauf sagte Er lächelnd: „Ist unbequem;
muß mich immer umdrehen. Sehe dem, zu welchem ich
spreche, gern in's Gesicht. Machen doch keine Complimente!
Kann ich nicht leiden!" Ich gehorchte und ging neben Ihm.

Weiter bis an die Allee rechter Hand gekommen, bog Er
in dieselbe ein, und ging, den einen Arm Seiner Gewohnheit nach auf der Hüfte, den andern in der Weste, noch
langsamer; es war die dunkele Allee, die zu dem Mausoleum der Hochseligen Königinn führt. Aus tiefer Brust fing
Er nun an: „Haben am letzten Sonntage zum Gedächtniß
der Verstorbenen eine Predigt gehalten, wobei ich viel an
die Unvergeßliche gedacht habe, die dort begraben ist. Gerne
gehe ich den Weg, der zu Ihrem Grabe führt. In den ersten Tagen und Wochen, wo Ihr angenehmes Bild mir lebhaft vor den Augen stand, habe ich thörichterweise auch oft
gewünscht, daß Sie mir erscheinen und mit mir reden möchte.
Oft bin ich des Nachts, wenn ich nicht schlafen konnte, auf-
gestanden und hier herum gegangen. Die Einbildungskraft
hat, wenn man traurig ist, besonders in dunkler schlafloser
Nacht, eigene Spiele. Aber Sie haben Recht, man thut
wohl, wenn man nicht darauf achtet; man läuft, giebt man
ihr Gehör, dem Aberglauben in die Hände. Den Kopf
muß man oben und klar halten; dann sieht man keine Ge-
spenster; und ein Gespenst war Luise nicht“. Der König
schwieg. „Aber“ fiel ich ein: „das Herz hat auch seine
Rechte.“ „Weiß wohl,“ fuhr Er fort, „und darum haben
Sie auch über die geistige Gemeinschaft mit denen, die wir
lieb hatten und behalten, als eine Christenpflicht geredet.
In dieser Gemeinschaft liegt etwas ungemein Wohlthuendes.
Ich kann nicht anders, wenn ich auch wollte. Sie fällt
mir immer wieder von selber ein, und Ihr Bild tritt mir
beständig vor die Seele. An Ihren angenehmen Umgang gewöhnt, ist es mir zur andern Natur geworden, mit Ihr zu
leben. Diese Gemeinschaft hindert mich auch nicht, sie ist
mir vielmehr in Allem förderlich, ermuntert und tröstet

mich." In diesem Augenblick kam ein Adjutant, und gab, mit dem Zusatze: „Jetzt eben mit einem Courier gekommen," einen Brief ab. Der König nahm ihn; doch mit dem Zusatze: „Nicht einen Augenblick hat man Ruhe." Nachdem Er gelesen, entfernte Er sich; sagte aber im Zurückblicken, indem Er die Uhr herauszog, „bei Tische sehen wir uns wieder."

So lebte der König in Gemeinschaft mit der Vollendeten; sie war eine rein-geistige, mit der eine sinnliche Liebe nichts mehr zu thun hatte. Sie war eine wahrhaft fromme, und darum eine heitere, die auf Sein Herz einen milden, und auf Sein Leben und Wirken einen ermunternden Einfluß hatte. Mit dem festen Glaubensblick zum Himmel gehörte Er der Erde an und ordnete die Angelegenheiten in Seinem Lande, und bei dem Ansehen und Vertrauen, womit die Welt in öffentlicher Meinung Ihn ehrte, viele in Europa. In den verschiedenen Cabinetten der regierenden Herren unternahm und that man Nichts, ohne vorher Seine Meinung und Seinen Rath erbeten und eingeholt zu haben. Weil Ihm eine heitere Ruhe eigen geworden, bewegte Er sich unbefangen mit einem bewunderungswürdigen Gleichmuthe, der aber durchaus kein apathisches Phlegma war, durch die bunten Wechsel des Lebens, die bei'm Hofleben am Schnellsten und Buntesten sind. In allen Dingen war Ihm Mäßigung eigen, und Er behauptete und bewies sie auch da, wo Ihm Leidenschaftlichkeit entgegentrat. Er blieb ruhig und ließ sich durch Nichts aus der Fassung bringen; nur war Er reizbar und abweisend, wenn man kleinen unbedeutenden Dingen Gewicht und Größe beilegte. Solche machte Er schnell mit wenigen befehlenden Worten ab, und bestimmte, wie es sein sollte. Er duldete hier keinen Widerspruch und könnte verdrießlich werden, wenn man Ihn bei Gegenständen, die Er als gewiß und entschieden ansah, hemmen und aufhalten wollte. Er war dann kurz und hastig, eilte, daß Er davon kam, und im Weggehen hörte man Ihn sagen: „Elende Kleinigkeitskrämerei! Versteht sich von selbst." Bei der Gemüthsstimmung und Lebensrichtung, die Er, wunderbar geführt, genommen, war Ihm nur das Wichtige, welches dauernde Veränderungen hervorbrachte, wichtig, und solches erkannte Er sogleich auf Seinem hohen Standpunkte. Diesen behielt Er im Auge; Er sah vorher, was störend in's Ganze eingreifen könnte, und hielt es in Seinem Anfange erst auf; nachher beseitigte Er es ganz. Dieser Seiner weise leitenden Hand verdanket die Welt den langen Frieden, und Er hielt ihn fest und rieth zu demselben, wenn die Fackel des Krieges, dessen Folgen Er im Unglück und Glück genugsam erfahren, sich anzünden wollte. Von den Segnungen des Friedens umgeben, gediehen Seine humanen Institutionen und Seine Regierung bewirkte still und ohne Geräusch, was in andern Ländern nach lauten und langen Debatten zu Stande kam; doch indem Er das Große leitete, übersah Er das Kleine nicht. Mit großer Theilnahme las Er mit dem Bleistifte in der Hand sämmtliche Monatsberichte der Regierungs-Collegien, als die detaillirte Geschichte der Zeit. Was darin dem gegenwärtigen Augenblick angehörte und bald todt sein würde, überging Er, als nicht der Beachtung werth; scharf aber faßte Er in's Auge den Barometer der bald steigenden, bald sinkenden Sittlichkeit im Volke, und nur auf diese die gemeinsame öffentliche Wohlfahrt gründend, sprach Er auch bei Tische laut und lange darüber, wenn die Anzahl der begangenen Verbrechen im Lande sich vermehrte und die Gefängnisse voller wurden.

Diese traurige Erscheinung brachte Er in Verbindung mit den gerühmten Fortschritten in der Volksbildung und der Verbesserung der Schulen. Er wurde dann oft bitter, und war mißtrauisch gegen Alles, was sich viel versprechend von vorn herein ankündigte. „Erst den Erfolg abwarten!" war bei Ihm eine stehende Rede. Er war ein durch und durch practischer Mann, der für die Ideale der Theorieen keinen Sinn hatte, und Alles, was geschah und vorgeschlagen wurde, an den Maßstab des Wirklichen legte. So wurde Er der weise, ruhige und wohlthätige, Segen bringende König, der Sein Land und Volk im Fortschritte der Zeit beglückte und aus der Tiefe des Elends auf die Höhe des Wohlstandes und der Ehre brachte. Was Er geworden, ist Er durch die Erfahrungen, durch welche Sein merkwürdiges Leben gegangen, geworden. Der frühe Tod der Königinn, die Ihm Alles war, hatte Seine Menschenkenntniß bereichert; von Vorurtheilen Ihn befreiet; Seinen Blick freier und offener gemacht; Seinem Volke, das mit Ihm trauerte, Ihn näher gebracht; Ihn fester, selbstständiger und unabhängiger gemacht; Seinem Leben und Wirken Gleichmuth gebracht; Seinem Charakter Milde, Seinem Herzen Liebe, Seiner Stimmung Wehmuth gegeben; was Er in der Schule der weise und gut benutzten Leiden aus sich selbst herausgebildet, wurde befruchtet und reif durch die geistliche und sittliche Gemeinschaft, in welcher Er fortdauernd mit der Himmlischen stand. Sie ist, wie so oft poetisch gesagt, durch diesen Ihren moralischen Einfluß der gute Engel, der Schutzgeist Preußens geworden, der von Sternenhöhen es segnete. Von Oben herab holte und empfing König Friedrich Wilhelm III. die Weisheit und Milde, womit Er erst sich Selbst erfüllte und dann Sein Land regierte. Er wußte das selbst recht gut, woher Ihm

diese Richtung kam; Er war inne geworden des höhern
Segens, der Ihm nun von allen Seiten in den Beglückun-
gen eines langen Friedens zufloß. Keine Ehre, kein Glanz,
keine Mühe, keine Herrlichkeiten der Welt, konnten das heilige Band Ihn vergessen machen, welches Ihn mit einer
höheren Ordnung der Dinge verknüpfte. In diesem Selbstbewußtsein ging Er fest und ruhig Seinen Weg und blieb
still, voll Würde und Demuth, auf demselben, bis Er das
letzte, hohe Ziel, welches Er fest im Auge behielt, erreicht
hatte. Nach Seinem Tode fand man im schwarzen Adlerorden, den Er trug, unter einer Kapsel das wohlgetroffene
Bild Seiner Luise. *)

Daß der wunderbar Geführte, dessen Lebensweg in
Seinen Tiefen und Höhen offen vor uns liegt, in den Ihn
umschließenden übrigen Familien-Verhältnissen auch edel
und gut war, versteht sich von selbst. Denn aus derselben
Quelle fließt nicht süß und sauer. Bei Ihm kam Alles
aus dem Herzen, besonders in Rücksicht der heiligen Bande
des Blutes, die nur dann verstanden und geehrt werden,
wenn wahre fromme Liebe sie heiliget. Dieß könnte man

---

*) Das wußte Keiner; also hatte auch Niemand davon die leiseste
Ahnung. Aber Er wußte es, und Der, welcher in's Verbor-
gene siehet; das war Ihm genug. Diese stille Verehrung Sei-
ner verewigten Gemahlinn, die Er im Herzen und deren Bild
Er viele Jahre auf der Brust trug, that Seiner zweiten, die
Er ebenfalls glücklich aus innerer Zuneigung wählte, keinen Ab-
bruch. Dieß wird klar werden, wenn in der Folge davon die
Rede sein wird.

also mit Stillschweigen übergehen, und nur das Wichtigste darin finde hier eine Erwähnung.

Wiewohl Friedrich Wilhelm, als König der Dritte genannt, nach Seinem Naturell in sich gekehrt und ernster war, als Sein Bruder Ludwig, 3 Jahre jünger, als Er, so liebten Sie sich dennoch wechselseitig recht innig. Sie theilten ihre Studien und Spiele; sie wohnten, von ihren Lehrern und Erziehern geführt, den öffentlichen Sitzungen der Akademie der Wissenschaften, den Prüfungen der Ecole militaire und der Gymnasien bei. Beide Brüder waren stets beisammen in brüderlicher Eintracht, weßhalb man sie auch Kastor und Pollux nannte. Beide hatten Pferde sehr lieb; sie ritten gern und ritten gut. Gewöhnlich nahmen sie ihren Weg nach Sacro, bei Potsdam, welches damals von dem Vater des bekannten Friedrich Baron de la Motte Fouqué *) bewohnt wurde. Hier vergnügten sich die jungen

---

*) Friedrich Baron de la Motte Fouqué gehört zu den bekannten, und man darf hinzusetzen, zu den denkwürdigen Männern seiner Zeit. Wenigstens hat es eine Periode gegeben, in welcher seine größtentheils ästhetischen Schriften, will man auch nicht sagen allgemein goutirt, doch viel gelesen wurden, so daß sie mehrere Auflagen erlebten. Aber wie viele Andere, namentlich Lafontaine, (Prediger in Halle) hatte er das Unglück, sich selbst zu überleben, das heißt länger zu exiſtiren, als er in der öffentlichen Meinung etwas galt. Größer, als dieß Unglück, welches bei der jährlichen Fluth der Schriften, die den Reiz der Neuheit haben, den meisten alten Schriftstellern begegnet, war die Selbsttäuschung, die nicht in sich selbst und in der wechselvollen Veränderlichkeit der Zeit, sondern in ihrer Verderbtheit und in einem verkehrten Zeitgeiste, die wahre Ursache suchte. Er glaubte sie darin zu finden, und seine Bemühun=

Prinzen mit dem lebensfrohen Knaben Fouqué vorzüglich mit Ballschlagen und militairischen Spielen. Die beiden Königlichen Brüder wurden, je mehr sie auf sich selbst zurückgeführt und vom Familienleben entfernt waren, sich immer werther und unentbehrlicher, welches bei andern Brüdern, namentlich dann, wie hier der Fall, wenn die Temperamente verschieden sind, nicht immer geschieht. Ihre Zuneigung und Anhänglichkeit wurde vermehrt in spätern Jah-

---

gen, in Herausgabe neuer Schriften, namentlich der Adelszeitung, welche dem herrschenden Geschmack nicht zusagten, machte das Uebel ärger, und seine Stimmung reizbarer. Uebrigens ist in seinen ältern Schriften viel Vortreffliches, namentlich in seinen vaterländischen Schauspielen und seinen religiösen Liedern. Wie man aber über ihn als Schriftsteller auch denken mag, so leidet es doch keinen Zweifel, daß er ein guter, edler Mensch war. Sein offenes, gerades, aufrichtiges, gutmüthiges Wesen erwarb und sicherte ihm die Liebe aller seiner Freunde, die ihn und seine herrschende Gemüthsstimmung genau kannten. Er kam oft nach Potsdam zu seiner würdigen Tante, der verwittweten Frau Gräfin von Schmettau, und wohl war es eine Lust, ihn mit dem interessanten Prediger Jänike daselbst, gewiß jährlich einmal an ihrem Geburtstage, zu sehen und zu hören. Er hatte als Knabe den jungen Prinzen oft in Sacro gesehen und der König kannte und liebte ihn von der Zeit her. Cfr. seine „Denkschrift auf Friedrich Wilhelm III. Eine biographische Mittheilung. Leipzig 1842“ Des jetzt regierenden Königs Friedrich Wilhelm IV. Majestät, das Verhältniß ehrend, worin Fouqué gegen den Hochseligen Herrn gestanden, und wissend, wie lieb und werth von früher Jugend an seinem Herzen das romantische Sacro gewesen, bot ihm dasselbe mit gnädigem Wohlwollen zum angenehmen Sommer-Aufenthalte an. Dankbar und froh würde er diese Königliche Huld angenommen haben, wenn der Tod ihn nicht plötzlich weggenommen hätte.

ren, als sie zu Männern heranwuchsen, durch gleiche
Schicksale, durch thätigen, muthigen Antheil an dem Französischen und unglücklichen Polnischen Kriege, vorzüglich aber
durch die Liebe, welche sie gleichzeitig zu den gleichliebenswürdi-
gen Prinzessinnen von Mecklenburg-Strelitz gefaßt hatten,
und durch ihre Vermählung mit denselben. Die beiden
Brüder und die beiden Schwestern, damals jung, gesund
und froh, noch unbekannt mit Leiden und Widerwärtigkei-
ten, sahen sich täglich, und führten im Frühling ihrer Liebe
ein wahrhaft glückliches Leben. Es war eine Lust und
Freude, diese Vier, so eng mit einander verbunden, zusammen zu sehen. Aber dieß seltene Glück dauerte nicht lange:
es endete, als es durch häusliche Freuden den höchsten
Gipfel erreicht hatte. Prinz Ludwig, geschmückt mit fürstlichen Tugenden, erkrankte und starb an Entzündung in der
Blüthe seines Lebens im 27sten Jahre. Friedrich Wilhelm III.
stand am Bette Seines geliebten sterbenden Bruders. Unaussprechlich beugte Ihn dieser Todesfall; lange und ernst
trauerte Er und die schmerzvolle Erfahrung von dem Un-
bestande menschlicher Dinge, die Er schon damals auf eine
so bittere, einschneidende Art machte, gab Ihm die ernste
fromme Richtung, die ein Grundzug Seines Charakters wurde.*)

---

*) Der Prinz Ludwig hatte durch seinen Heldenmuth, durch seine
wissenschaftliche Bildung, durch seine Herzensgüte, durch seine
angenehmen Sitten, sich die allgemeine Liebe erworben. Man
freuete sich, wenn man ihn sah. Sein früher Tod erregte daher eine ungetheilte, schmerzvolle Theilnahme. Der Bischof
Dr. Sack hielt den 15ten Januar 1797 in Gegenwart des Königlichen Hauses die musterhafte Gedächtnißpredigt, über Evangelium Joh. Cap. 13, V. 7. „Was ich thue, weißt Du jetzt nicht;
Du wirst es aber hernach erfahren." S. d. Amtsreden, S. 115.

Dieselbe Liebe bewies Er allen Seinen übrigen Geschwistern und Er ist auch in dieser Rücksicht ein Muster. Dieß will mehr sagen, als in Privat=Verhältnissen, und ist, wie die Erfahrung lehrt, wenigstens nicht das Gewöhnliche. Keine Veränderung ist größer und auffallender, als die, welche mit dem Kronprinzen sich zuträgt, wenn er der regierende Herr wird. Bis dahin hat er wenig, nun Alles zu sagen. Bis dahin war er gehorsam, — nun befiehlt er. Bis dahin mußte er allen Anordnungen sich unterwerfen, auch dann, wenn diese nicht nach seinem Sinne sind, — nun schafft er neue, wann und wie er will, nach seinem Wohlgefallen. Die Kinder des regierenden Hauses stehen miteinander auf einer Linie, und nicht immer ist der Erbprinz vom regierenden Vater am Meisten geliebt. Oft, sehr oft, herrscht unter den fürstlichen Geschwistern geheimer Neid und Zwietracht, und wenn unter den versteckten Reibungen derselben auch oft der Gedanke durch die Seele des Kronprinzen blitzt: wie das Alles sich ändern werde, sobald er zur Regierung gelange! so darf er doch diesen Gedanken nicht laut werden lassen. Hat er aber diese hohe Stufe erstiegen, dann ist er der Herr seiner Brüder und Schwestern geworden; — das Verhältniß hat sich geändert. Nur die wahre, reine und echte Liebe vermag es, das hier waltende Unnatürliche zu mildern und dem Nothwendigen das Wesen und die innere Färbung der Natur zu geben. Dieß wurde Friedrich Wilhelm III. bei Seiner Gesinnung nicht schwer; wie Er ein guter Sohn Seines hochherzigen menschenfreundlichen Vaters, Friedrich Wilhelm II., gewesen war, an dessen Sterbebette Er von Herzen weinte, so war und blieb Er auch ein guter, liebevoller Bruder. Als Seine Geschwister Ihn zum Erstenmale Majestät nannten und schüchtern und

ängstlich ansahen, sprach Er: „Seid doch nicht so!
In dem Verhältniß, welches die Natur geknüpft
hat und welches die festen Bande des Blutes geheiliget haben, ist dadurch, daß ich als Erstgebo-
rener jetzt König geworden, Nichts geändert; dieß
ist dasselbe geblieben, und muß dasselbe bleiben;
nennt mich, wie Ihr bis jetzt es thatet, Bruder
Fritz. So ist es von Ihm gehalten und geblieben in allen
Perioden Seines Unglücks und Glücks, bis an Sein Ende.
Er war ein Friedensfürst, besonders in Seiner Familie.

So wie Er überhaupt wegen ihrer Kürze und practi-
schen Lebenstendenz die Sprüchwörter, an denen die deutsche
Sprache so reich ist, liebte, so führte Er, wenn von Familienglück die Rede war, im Munde das oft angeführte und
gehörte, wahre, inhaltreiche Wort: Friede ernährt, Un-
friede verzehrt. Bei allen vorkommenden Zwistigkeiten
sah Er nur auf Beilegung derselben; Seine liebevolle Gemüthlichkeit wollte nur Eintracht. Zwietracht in der Ehe
hielt Er für das größte Unglück, welches, concentrirt auf
eine enge Sphäre, seine nachtheiligen Folgen und Wirkungen auf alle Lebensfreuden zerstörend wie ein Gift verbreite.
Am Besten und Natürlichsten schlage feste Wurzeln, wachse
und gedeihe die Eintracht in der Ehe durch Zuneigung des
Herzens; wo diese fehle, sei sie, als ein Product der Natur,
freilich nicht zu erzwingen; aber da, wo unglücklicherweise
die Sympathie fehle, müsse man sie durch vernünftige und
fromme Grundsätze ersetzen; dieß nannte Er sinnreich: „Laviren." Es sei ein Unglück, gegen den Strom zu schwimmen; aber durch weises Nachgeben und Schweigen ließe sich
viel Böses gut machen. Darum war Ihm die sanfte, ruhige Gemüthsstimmung Seiner Schwestern Wilhelmine und

Auguste vorzüglich werth, und wohl nicht oft, selbst in Privat-Verhältnissen nicht, ist eine Verbindung zwischen Bruder und Schwestern glücklicher und einträchtiger gefunden, als es hier der Fall war. Man sah sie nicht nur bei Hoffesten, sondern im täglichen Leben, bei- und miteinander einträchtig. Ihr gegenseitiger Umgang hatte nicht das Steife und Ceremonielle der Hofes-Sitte, sondern das Einfache, Frohe und Natürliche solcher Herzen, die sich gegenseitig verstehen und lieben. Prinzessinn Auguste vermählte sich mit dem Erbprinzen, nachherigem Churfürsten von Hessen-Cassel; die Prinzessinn Wilhelmine mit dem Erbprinzen von Oranien, dem nachherigen Könige der Niederlande. Mit dieser Schwester Wilhelmine stimmte ihr hoher Bruder, der König, in allen Stücken überein und sie hatten sich gegenseitig von Herzen lieb. In der That war es eine Lust und Freude, Beide zusammen zu sehen. Selbst bei glänzenden Hoffesten, wo Alles förmliches Ceremoniell ist, verläugnete sich diese innere Zuneigung nicht; mitten in den glänzenden Reihen der Geladenen suchten und fanden sich die geschwisterlichen zutraulichen Blicke, und von selbst, dem Gesetze der Anziehungskraft folgend, fanden sich die sympathisirenden Herzen. Man sah die Beiden immer zusammen und sie sprachen und waren beieinander wie Bruder und Schwester. Voll von Aufmerksamkeit für sie, suchte der König Alles auf, was die hohe Frau heiter und vergnügt stimmen konnte, und alle Familienfeste, die Er veranstaltete, hatten diesen Zweck. Er verbarg zwar denselben, und that, wie wenn sich von selbst Alles dabei gemacht habe; aber gerade darin lag das Rührende und Liebevolle Seiner brüderlichen Gesinnung. Dieß war auch nicht künstlich geformt und herbeigeführt, sondern floß wahr, einfach und natürlich aus Seinem Innern. Sie

glichen sich einander nicht bloß der Physiognomie, der Ge=
stalt und den äußeren Manieren nach, sondern auch in Ih=
rer Denkungsart und Stimmung, und was Er als Mann
war, war sie als Frau. Er fest, entschieden, sie weich und
liebevoll, Beide von Natur gutmüthig, Beide auf den Ton
der Schwermuth gestimmt. Eine vortreffliche Frau, deren
ganzes Wesen nichts als Liebe und Sanftmuth war. In
ihrer äußeren Gestalt hatte sie etwas Hohes, Vornehmes und
Würdiges, was mit Achtung erfüllte; man fühlte sich aber
um so mehr zu ihr hingezogen, da sie damit eine zum Her=
zen sprechende Gutmüthigkeit verband. Der Blick ihrer
Augen, der Ton ihrer Stimme, die ganze Art, wie sie er=
schien und sich näherte, hatte schon an sich etwas Gewin=
nendes. Sie war einfach und natürlich und in ihrer Klei=
dung lag auch dieser Ausdruck. Pracht und Herrlichkeit
suchte und liebte sie nicht und den Schmuck von Kostbarkei=
ten nannte sie Tand. Deßhalb brauchte sie für ihre Person
sehr wenig und es machte ihr wahre Freude, mit vollen
Händen öffentlich, mehr noch im Stillen, Gutes zu thun;
von den Einkünften, die sie hatte, gab sie die Hälfte weg.
Die Holländer ehrten und liebten sie, und Alle, welche Au=
genzeugen ihres stillen Privatlebens waren, reden von ihr
mit Ehrfurcht. Nichts war ihr lieber und angenehmer, als
von ihrem hohen Bruder zu hören, und wenn man von
dem Charakter des Königs edle Züge und von Seiner Re=
gierung rühmliche Thaten mittheilte, war sie ungemein leb=
haft und theilnehmend. „Nichts höre ich so gern, als Die=
ses", pflegte sie dann zu sagen, hinzusetzend: „O! fahren
Sie doch fort!" Der König liebte und schätzte diese wür=
dige Schwester und that bei ihrer Anwesenheit Alles, was
ihr werth und lieb sein konnte. Bei einem Familien=Tauf=

feſte, zu dem ſie eingeladen war, und wo ſie das Kind über
der Taufe hielt, ließ Er mich zuvor rufen, und wünſchte,
daß die heilige Handlung möglichſt kurz ſein möchte, weil
die Schweſter aus Holland, ſchon damals ſehr gebeugt vom Alter, das lange Stehen nicht gut aushalten könne; und Er
ſprach von ihr lange und mit rührender Liebe. Von den
hohen Frauen, die auf Thronen geſeſſen, iſt und bleibt ſie
eine der würdigſten und ihr Andenken lebt noch bei denen,
die ſie perſönlich kannten, und in der Geſchichte in Ehren
fort, — ſowie Heſſen-Caſſel ſeine gute Churfürſtinn Auguſte
nicht vergeſſen wird. Wie man achtungswerthe, liebevolle
und gern geſehene Verwandte zu ſich wünſcht, ſo ſah der König die Seinigen beſonders im Sommer faſt alle Jahre bei ſich.
Dieſe behandelte Er mit Offenheit und Treuherzigkeit; die übrigen Fremden, beſonders Diplomaten, mit aufmerkſamer, zuvor-
kommender Güte. Mit Vergnügen ſah man den ſtattlichen
hohen Herrn wohlgemuth und heiter in angeborener Würde
von Einem zum Anderen gehen. Auf Geſchäfte ließ Er ſich
dann nicht ein; das Ganze trug das Gepräge einer harm-
loſen und frohen Converſation, und bei der Vielſeitigkeit
Seiner Erfahrung und Menſchenkenntniß wußte Er, von
richtigem Tacte geleitet, Jedem mit kurzen inhaltreichen Worten etwas Verbindliches zu ſagen. Dieß waren bei Ihm
aber keine leeren Redensarten, Alles, was Er that und
ſagte, kam bei Ihm aus dem Innerſten, und auf das
Kleinſte legte man Werth, da man wußte und fühlte, daß
Allem Wahrhaftigkeit zum Grunde lag. Unter mannigfachen Abwechſelungen benutzte Er zu ſolchen Zuſammenkünf-
ten im Sommer das Neue Palais bei Potsdam, wo man
in deſſen weiten und kühlen Räumen, wie voll es auch ſein
mochte, ſich frei bewegte. Das Ganze war wahrhaft Kö-

niglich=prächtig, und der Königliche Herr, wie mäßig und
frugal Er auch sonst in Seiner gesammten Lebensweise
war, ließ es bei solchen Gelegenheiten an Nichts fehlen.
Die Gäste, welche Er mitbrachte, und die Eingeladenen
waren dann immer zum Diner, Schauspiele, welches auf
dem Hoftheater im Palast gegeben wurde, und zum Souper
da. Es lagen mehrere Stunden zwischen dem Mittags=
essen und der Comödie, wo die Gesellschaft sich zer=
streute, und entweder die Säle und Kunstwerke des großen
Schlosses besah, oder in den schattigen Gängen des ange=
nehmen Sans souci sich erging, bis man spät auf erleuch=
teten Wegen nach der Stadt zurückkehrte. Solche Tage
waren immer festliche und man wünschte sich Glück, ihrer
Feier beigewohnt zu haben.

Fast alle solche Königlichen Feten hatten etwas Inter=
essantes, wo man Neues sah und hörte.

Zu dieser gehört auch, namentlich seiner vorausgegan=
genen Verhandlungen und Folgen wegen, das Hoffest,
welches im Schlosse in der Residenzstadt Potsdam, bei An=
wesenheit der Mecklenburgischen Prinzessinn Helene gegeben
wurde. Ihrer Vermählung mit dem Kronprinzen von
Frankreich, dem Herzoge von Orleans, hatten sich Hinder=
nisse und Schwierigkeiten entgegen gestellt, welche der gerade
Blick und die kategorische Kürze des Königs Friedrich Wil=
helm III. beseitigt und damit die Wünsche zweier sich lie=
benden Herzen erfüllt hatte. Die eingeladene Prinzessinn
wollte dem verehrten Könige ihre Pietät bezeigen und nahm
ihren Weg von Schwerin nach Paris über Potsdam. Sie
wußte, daß der König die ganze Vermählungsangelegenheit
mit dem Ihm eigenthümlichen Zartsinne behandelt, mit

Liebe und Achtung von ihr gesprochen, und sie unter An=
derem eine Normal=Prinzessinn genannt hatte. Sie war
also, außer der Verehrung, die dem Könige nach Seinem
Range und nach Seiner Persönlichkeit gebührte, noch beson=
ders mit warmem Dank gegen Ihn erfüllt für die gütige
Theilnahme, die Er an ihrem Schicksale genommen. Der
Herzog von Orleans und die Prinzessinn von Mecklenburg
hatten sich in Marienbad gesehen; ihre Herzen hatten sich
gefunden und sich gegenseitig liebgewonnen. Man kann sich
also denken, mit welchen Empfindungen sie den König sah
und begrüßte, als Er mit Seinen Kindern im Schloßhofe
am Reisewagen sie freundlich empfing! Der Hof und die
Eingeladenen waren versammelt, als der König mit der
Prinzessinn am Arme und Seinem Gefolge bei den Aufge=
stellten durch den Saal ging. Die Augen und ihre prüfen=
den Blicke waren auf die Vielbesprochene und Erwartete ge=
richtet; aber die liebenswürdige, jungfräuliche Schüchtern=
heit, mit der sie ging, sprach und grüßte, die Unschuld und
Anmuth ihres Wesens, der stille, fromme Ernst, mit dem
ihre Bestimmung sie erfüllte, mit einem Worte ihr zarter
weiblicher Sinn, machte schon auf Alle einen günstigen Ein=
druck. Dieser wurde noch vermehrt durch die Unbefangen=
heit, Ruhe und Kindlichkeit, womit sie bei Tische mit dem
Könige sich unterhielt. Nach der Tafel wurden der fürstli=
chen Braut die Anwesenden, die in einer Reihe und im
Kreise umher standen, durch die Oberhofmeisterinn die Da=
men, die Herren durch den Oberkammerherrn vorgestellt.
Dieser, neben dem ich stand, fragte mich: „ob ich nicht prä=
sentirt sein wolle?“ Ich lehnte dieß mit der Bemerkung
ab: „ich wolle den Zwang (gène) der Prinzessinn, auf die
ohnehin schon alle Augen gerichtet wären, nicht noch ver=

mehren." ˙ Wie aber darauf erwiedert wurde, „daß bie Prinzeſſinn als künftige Königinn von Frankreich, eine inter-
eſſante, ſelbſt hiſtoriſche Perſon ſei," ließ ich es geſchehen.
Die Prinzeſſinn kam mit Anſtand und Würde. Der mir zu-
nächſtſtehende Vorgeſtellte war der Oberpräſident von Baſſewitz. „Das iſt," ſagte ſie mit Anmuth, „ein in Mecklenburg
viel gehörter und geachteter Name. Ich kenne einen Geheimrath von Baſſewitz auf Schönhoff, einen vortrefflichen
Mann; ein muthiger Vertheidiger der Wahrheit und des
Rechts, ein Freund und Wohlthäter der Armen und Unglücklichen." Als ſie gehört, daß er ein ˙ Bruder deſſelben
ſei, wurde ihr angenehmes Geſicht noch freundlicher, und
verbindlich ſagte ſie: „Sie ſind gewiß Ihrem edlen Bruder an Denkungsart und ˌGeſinnung ähnlich, und ſo freue
ich mich doppelt, Ihre perſönliche Bekanntſchaft gemacht
zu haben."

Zu dem vorgeſtellten Chef des Militair-Medicinal-We-
ſens, dem Leibarzt des Königs, **Dr.** von ˌWiebel, ſagte ſie:
„Das außerordentliche Wohlbefinden Seiner Majeſtät des
Königs iſt die beſte Lobrede auf Sie; von Herzen wünſche
ich, daß Sie ferner ſo glücklich ſein mögen. in der Erhaltung der Geſundheit des lieben hohen Herrn." Jetzt kam
die Reihe an mich. Das Ceremonielle iſt meiner Natur zuwider; auch da fügt ſie ſich ungern, wo es Sitte iſt, und
darum mißlingt mir immer die Theilnahme an demſelben;
nicht wartend ſagte ich darum, meinem Stande gemäß, der ſich
ſchon durch Amtskleidung zu erkennen gab, der Prinzeſſinn
einige unbedeutende Worte über ihren merkwürdigen, inter-
eſſanten Lebensgang: „die Zukunft umhülle zwar eine un-
durchbringliche Finſterniß; aber die Stimme Gottes vernehme der Menſch in der reinen Stimme des Herzens;

dieſe vernehme Sie; und unſere Theilnahme und Wünſche begleiteten Sie auf dem Wege zu Ihrer großen Beſtimmung" u. ſ. f. Die überraſchte Prinzeſſinn dankte ſichtbar gerührt; Sie verſicherte, „daß Ihrem Herzen dieſe Worte, die Sie mit=nehmen würde, wohl thäten." Sie ſchloß mit einer Thräne im Auge, und ſetzte noch hinzu: „Beten Sie für mich!" und gab mir zum Abſchied die Hand. Dieß fiel auf; die formelle Präſentation hatte ſich in eine Unterre=dung verwandelt, die ich 'nachher dem Könige mittheilen mußte. Mit großer Hochachtung ſprach Er von der edlen Frau und ihrem bedeutenden (Anfangs frohen, leider! nach=her ſehr widrigen und harten) Schickſale. Aber auch bei der unerwartet ſchrecklichen Wendung deſſelben hat ſie, wie immer, muſterhaft ſich benommen.

Der König hatte etwas Königliches und Gehaltenes, und doch zugleich etwas Natürliches und Freies, in Seinem Benehmen, wodurch die ſchwere Pflicht Ihm eine leichte wurde, Jedem Seiner Gäſte etwas Paſſendes, Jedem An=deres, nach ſeiner Individualität und Lage, mit wenigen Worten zu ſagen. Er ging dann von Einem zum Andern und hielt ſich da am Längſten auf, wo Er Anklang fand.

Bei einem ſolchen Hoffeſte trug ſich eine komiſche Scene zu. Auch mehrere Geiſtlichen waren eingeladen. Sie ſaßen zuſammen und bei Tiſche wurde ein practiſcher Com=mentar gehalten über die Stelle: „Der Menſch lebt nicht allein vom Brodte." Nach der Tafel tranken ſie Kaffee. Um das Halten der Taſſe ſich bequemer zu machen, hatte Einer von ihnen ſein Baret auf ein in dunkler Ecke ſtehen=des Conſölchen gelegt. Ein Laquai, der für ſich eine Menge übriggebliebener Kuchen genommen, warf denselben, da er den König sich entgegen kommen sah, in der Angst seines Herzens in das ihm gerade zur Hand liegende Baret, denn so freigebig und voll der Königliche Haushalt war, so konnte doch der Herr das Naschen und heimliche Wegbringen der Diener nicht leiden. Das Baret des geistlichen Herrn war also über und über angefüllt mit Kuchen=Resten aller Art. Er ergriff es in demselben Augenblick, als der König bereits da war und vor ihm stand. Dasselbe mit seinem strotzenden Inhalte in der vorgehaltenen Hand habend, sagte der König zu ihm: „Haben wahrscheinlich zu Hause Kinder und Enkel. Essen gerne Kuchen. Sehe mit Vergnügen, haben an sie gedacht; mitbringen!" Der Geistliche war aber ängstlich und verlegen und wollte sich mit den Worten entschuldigen: „Weiß in Wahrheit nicht, wie die Kuchen in mein Baret" —; der König aber, der Nichts von dem Hergange wußte, erwiederte: „Ist gar nicht nöthig, daß Sie sich erst entschuldigen; sehe so etwas gerne, haben daran wohlgethan!" — und redete dann von anderen Dingen, und ging weiter. Nachher erfuhr der Herr den wahren Zusammenhang und machte diesem Geistlichen für den unschuldig erlittenen Schabernack ein angenehmes Geschenk.

Der König liebte und erfreute gerne die Jugend, um so mehr, je trauriger und freudenleerer die seinige gewesen war. Häusliche Liebe und Familienheiterkeit, in welcher Kinder am Besten dem Körper und der Seele nach gedeihen, kannte Er aus Erfahrung fast gar nicht. In Seinen ersten Jahren nahm Friedrich der Große fast gar keine Notiz von Ihm, und mit Seinen Geschwistern vom Hofe entfernt, war Er größtentheils unter der Leitung eines grämli=

chen und hypochondrischen Mannes, des sonst rechtschaffenen und christlich gesinnten Benisch, auf Seine Brüder, die ebenso gehalten wurden, aber von Natur heiterer und lebensfroher waren, eingeschränkt. Knapp und keinesweges prinzlich eingerichtet, trug Er auf Seine eigenen Kinder Anfangs dieß über, und die Königlichen Prinzen wohnten so enge, daß Einer von ihnen beßhalb auf eine schöne ihm angebotene Mineralien-Sammlung, die er gerne gehabt hätte, weil kein Raum in seiner Wohnung war, sie aufzustellen, Verzicht leisten mußte. Sollte der Etat überschritten werden, und war eine außerordentliche Ausgabe vorgekommen, dann pflegte Er, der so wenig für Seine Person bedurfte und brauchte, wohl zu sagen: „Ihr wollet immer hoch hinaus; bedenkt aber nicht, wie es mir in Eurem Alter erging; denn so erhielt ich zuweilen zu meinem Geburtstage ein Resedatöpfchen, sechs Dreier an Werth; und wollte mein Hofmeister mir Mal etwas zu Gute thun, dann führte er mich nach dem Schulgarten, und ließ mir da für einen, und wenn es hoch kam, zwei Groschen Kirschen geben." *) In der Folge aber, als Seine Herren Söhne heranwuchsen, änderte sich dieß und der hohe Vater war wahrhaft Königlich und freigebig in der häuslichen Einrichtung Seiner Kinder. Doch sagte Er zu Einem derselben: „So prächtig habe ich's nicht gehabt, als ich Deine Mutter heirathete, und wünsche nur, daß Du ebenso glücklich und zufrieden leben mögest!"

---

*) S. die interessante Schrift: „Beiträge zu einer künftigen Biographie Friedrich Wilhelm III., aus eigener Erfahrung und mündlich verbürgten Mittheilungen vom General-Lieutenant von Minutoli. Berlin bei Mittler 1843, und den Nachtrag 1844."

Friedrich der Große und Friedrich Wilhelm II. hatten ihre Nachfolger von ihrer Person und der Regierung fern gehalten; Friedrich Wilhelm III. dachte und handelte anders; nicht nur lebte Er häuslich, so daß Er Seine Kinder, denen Er die besten Lehrer gab, immer um sich hatte, sondern Seinen erstgeborenen Sohn, den Kronprinzen, Seinen Nachfolger Friedrich Wilhelm IV., ließ Er auf seine große Bestimmung sorgfältig durch alle weisen Stufenfolgen vorbereiten. Den Grund dazu legte Er vorzüglich durch Ancillon,*) der bis an sein Ende hochgeachtet und gern gesehen dastand.

---

*) Ancillon, erst Prediger, dann Legationsrath, und zuletzt Minister der auswärtigen Angelegenheiten, war ein geistreicher, vielseitig gebildeter Mann, ganz dazu gemacht, den künftigen Regenten mit großen Ideen zu erfüllen. Er war ein heller, klarer, denkender Kopf, wie seine vielen, zum Theil vortrefflichen Schriften bezeugen. Seine Gedanken wußte er logisch in Syllogismen vorzutragen und er war beredt, vielleicht zu oratorisch in Geschäftssachen. Gewiß ist aber, daß er eben darin als diplomatischer Minister, zumal da er die Französische Sprache fertig und schön sprach, viel Gutes gestiftet hat. Er hatte viel Ehrgeiz, der, verbunden mit einem vornehmen Wesen, ihm bei Allen, die das Schlichte, Kurze und Einfache lieben, Abneigung zuzog. Im Grunde des Herzens war er aber ein gutmüthiger, liebevoller Mann. Als einst nach der Tafel zu Charlottenhof auf der Terrasse ein Königlicher Hofgärtner, den ich getauft, unterrichtet, confirmirt und getraut hatte, mir freudig begegnete, die Hand mir gab und seine Liebe und Anhänglichkeit bezeigte, freute sich dessen Ancillon nachher und mit Thränen im Auge sagte er: „Ach! wäre ich doch Prediger geblieben! Kein Stand in der Welt giebt und empfängt mehr Liebe, als der geistliche. Liebe ist vor Allem das Beste und Höchste, und sie geht unter in der glatten Diplomatik." Daß er ein guter, gemüthlicher Mann war, beweiset seine erste und zweite sehr glückliche Ehe. In jener war

Nicht nur, gleich allen Königlichen Prinzen, ließ Er den
Kronprinzen an allen Verhandlungen des Staatsraths thä=
tigen Antheil nehmen, Er führte ihn auch ein durch die
Minister in die mannichfachen Geschäfte der Regierung, und
während der Anwesenheit des Friedenscongresses zu Wien
übertrug Er dieselbe durch eine öffentliche Bekanntmachung
Seinem Nachfolger. Damit legte Er Seine Achtung für
ihn so an den Tag, daß dieses glückliche Einverständniß mit
allgemeiner Freude im Lande erfüllte. Zutraulicher und
herzlicher ist nie ein König mit allen seinen Kindern
und nie ein Regent mit dem Thronerben offener und
unbefangener, verständiger und liebevoller, umgegangen,
als Friedrich Wilhelm III.; daß Er das konnte, tröstete
Ihn noch im Tode; in Seinem letzten Willen gedenkt Er,
als einer besonderen göttlichen, Ihn erheiternden und glücklich
machenden Lebenswohlthat, der herzlichen Liebe und Anhänge
lichkeit, des Wohlgelingens Seiner geliebten Kinder. Er ist
fest überzeugt, daß Aller Streben dahin gerichtet sein wird,
sich durch einen nützlichen, thätigen, sittlichreinen und got=
tesfürchtigen Wandel auszuzeichnen. „Dieß," setzt Er hinzu,
„bringt allein Segen, und dieser Gedanke wird in meiner
letzten Stunde mir noch Trost gewähren." Den Kronprin=
zen nennt Er „Seinen lieben Fritz"; Er freuet sich, daß der=
selbe auf die Bürde und Schwere der Regierungsgeschäfte
mehr als mancher andere Thronfolger vorbereitet ist. Die
Grundsätze und Gesinnungen des hohen Sohnes sind dem

---

die Frau viele Jahre stockblind', und diese starb in der Blüthe
des Lebens. Der einfache König hatte ihn sehr gern und
sprach ihn, auch späterhin, oft, nicht bloß in Geschäften; der
Kronprinz aber liebte ihn von Herzen und segnet sein An=
denken.

zärtlichen und ruhigen Königlichen Herrn Bürge, daß
der neue Regent ein Vater seiner Unterthanen sein werde.
Der Abschiednehmende nennt ihn wiederholentlich „Seinen lie=
ben Sohn" und erflehet von Gott, ihm, seiner Regierung,
und dem Königlichen Hause, Gottes Segen.

In Seinem erstgeborenen Sohne sah Er den künftigen
Regenten, und dieß erfüllte Ihn mit einer gewissen Achtung,
die Ihm um so leichter wurde, da Er ihn in seinen schönen
Anlagen, guten kindlichen Gesinnungen, und seinem ganzen
heiteren, liebenswürdigen Wesen von Herzen liebte. Dieß
offenbarte sich einfach und natürlich, wie von selbst, bei jeder
Gelegenheit. Namentlich war dieß viele Jahre vor Seinem
Tode der Fall. Unmittelbar an Sans souci grenzt ein
schöner Wiesengrund, der, mit seinem Gehöft, seinem Gar=
ten und seinen Feldern, „Charlottenhof" schon damals genannt,
einem Privatmanne als Eigenthum gehörte. Von dieser
ländlichen Besitzung und seiner angenehmen Lage hatte gele=
gentlich der Kronprinz mit lebhaftem Interesse gesprochen,
ohne jedoch eine besondere Absicht dabei zu haben. Dieß
war in Gegenwart des Königs geschehen, und Derselbe ließ
unter der Hand das ganze Gehöft theuer, über seinen Werth,
ankaufen, und befestigte selbst den gerichtlichen Kaufbrief an
den reich geschmückten Christbaum des Kronprinzen am hei=
ligen Abend. So überraschte der Königliche Vater; und
der erfreute hohe Sohn ließ ganz nach seiner Phantasie ro=
mantisch=schön Charlottenhof als Theil von Sans souci
so metamorphosiren, daß man es nicht wieder erkennt. Auf
zutraulichen Punkten findet man die wohlgelungenen ähnli=
chen, kostbaren Büsten des Hochseligen Königs und der ver=
klärten Königinn. Der Aufenthalt ist reizend und reich, wie

an einem Königlichen Landhause, so an Springbrunnen, Waldungen, bedeckten Gängen, allerlei Blumen, besonders Rosen, Statuen; und ein gelungenes Werk der jetzigen Zeit, macht es einen um so angenehmeren Eindruck, als es an das alte, feierliche Sans souci unmittelbar grenzt und mit demselben verbunden ist.

Die Pietät des Kronprinzen gegen seinen Königlichen ehrwürdigen Vater nahm mit den Jahren zu, besonders nach der Zeit seiner glücklichen Vermählung mit der Bayerischen Prinzessinn Elisabeth und seiner musterhaften Ehe. *) Die Kronprinzessinn ehrte der König schon als solche; Er liebte sie aber auch von dem Augenblick an, wo Er sie sah und sprach; Er sah sie aber zum Erstenmal, als sie als Braut nach Berlin kam und Er ihr bis Michendorf entge=

---

*) Zwar ist in dieser Schrift nur die Rede hauptsächlich von dem großen Todten; aber Sein Verhalten gegen den Nachfolger und dessen Gemahlinn gehört um so mehr zu Seiner Charakteristik, da es das Letzte ist, welches Seinem musterhaften Leben den Schlußstein giebt. Die Vergangenheit bildet die Gegenwart, und diese wird nur verständlich aus jener. Um so lieber und dankbarer redet man davon, da Alles hier offen und klar ist; es giebt dabei Nichts zu verstecken und zu verheimlichen und man braucht nicht zu unwürdigen Schmeicheleien seine elende Zuflucht zu nehmen. Diese sind mir in der Seele zuwider; nur wirkliche Thatsachen erzähle ich; deßhalb trage ich, wo von Lebenden die Rede ist, nur mit schwachen Farben auf; aber ein Hauptzug in dem historisch=psychologischen Bilde des Hochseligen würde fehlen, wenn Sein Verhalten in diesem Stücke verschwiegen werden sollte. Man darf es vor aller Welt zur Sprache bringen; und welcher Preußische Unterthan, der jetzt in der Gegenwart lebt, würde sich dessen nicht freuen!

gen fuhr. Der Ruf ihrer Schönheit und Anmuth, ihrer weiblichen Würde, ihrer Unschuld und Tugend, ihrer Verständigkeit, Bildung und Besonnenheit, der ihr voranging, und von Allen, die sie gesehen, bestätigt wurde, rechtfertigte sich gleich bei ihrer ersten Erscheinung. Der Hochselige Herr fand immer mehr in ihr und sie erschien Ihm inhaltreicher, als Er vermuthet hatte. Oft von der Klarheit und Richtigkeit ihrer Ansichten und Urtheile überrascht, lernte Er sie immer höher schätzen und in dieser Schätzung sie um so mehr lieben. Um diese bewarb sie sich nicht durch eine bloß auf das Aeußere gerichtete Aufmerksamkeit, sondern durch ihr Vertrauen einflößendes würdiges Verhalten. Beides unterschied Er sehr richtig und ein angenehmer Conservationston war Ihm nur dann Etwas werth wenn er natürlicher Ausfluß innerer, wahrer Bildung war. Gefallsucht ohne diese durchschaute Er sehr bald, und leere Redensarten waren Ihm zuwider. Er beobachtete und verglich, wenn es auch nicht so schien, und Sein Gemüth bewahrte treu einmal empfangene Eindrücke. Vorzüglich war Ihm Gleichförmigkeit und Einheit in der Stimmung werth und theuer. Das, was Kunst und Natur thun, war Ihm klar, und es hat wenige hohe Herren gegeben, die darin einen so richtigen Tact besaßen. Am Meisten sah Er auf einen reinen Charakter, der von wahrem Ehrgefühl, das mit gewissenhafter Pflichtliebe Ein und Dasselbe ist, gehalten wird. Dagegen war Ihm verkehrter Ehrgeiz zuwider. Er war ein Freund und Lobredner der Ordnung, die in ihrer Sphäre bleibt und nicht in fremde Dinge, die nicht ihres Berufes sind, sich drängt und mischt. Alles dieß und wie Er es gern hatte, wollte und liebte, fand Er bei der Kronprinzessinn, und zu ihrer reinen verständigen Denkungsart, zu ihrer edlen ungeschminkten Gesinnung fühlte Er sich immer mehr hingezogen. Es war ein wesentlicher Beitrag zu Seinem eigenen Glück, zu sehen und zu wissen, wie glücklich Sie ihren hohen Gemahl mache, und an Ihrer einträchtigen, zufriedenen Ehe weidete sich Sein väterliches Auge. Besonders that es Ihm wohl, gelegentlich zu erfahren, daß Sie im Stillen viel Gutes that und Nothleidende wesentlich und zweckmäßig unterstützte; und an Ihrem weiblichen Sinn für weibliche Erziehungsanstalten, an Ihrer thätigen Theilnahme an dem Flor derselben, hatte Er Seine stille Freude. Mit Wohlgefallen sah Er Sie walten und Seine wahre, echte Zuneigung bezeichnete Sein Blick und Sein ganzes väterliches Benehmen. Es war eine wahre Freude und Erquickung, zu sehen, wie Er die mit Anmuth und Liebenswürdigkeit sich nahende, hochgeehrte Schwiegertochter begrüßte und an Sein väterliches Herz drückte. Bei Tische saß Sie immer bei Ihm, gemüthlich unterhielt Er sich mit Ihr; Er suchte für Sie das beste, schönste Obst aus, und gab Ihr solches auf eine Art und mit einem Blick, die sichtbar Seine Gesinnung an den Tag legten. Er liebte die Kronprinzessinn mit väterlicher Zärtlichkeit.

Im Anfange des Sommers war an einem schönen Tage das kronprinzliche Ehepaar nach der Pfaueninsel eingeladen, als plötzlich ein Ungewitter aufstieg. Es war vor Tische und die hohen eingeladenen Gäste waren noch nicht da. Es donnerte; blitzte und regnete stark. Der König stand am Fenster, beobachtete den Zug des Gewitters, und sagte mehreremal: „Fatal! fatal! Da werden sie mitten drein sein, — die arme Kronprinzessinn! Ob sie sich fürchtet? Was sagen Sie," wandte Er sich an mich, „zum Wetter?"

Ich stand am andern Fenster und antwortete: „Im Westen steigt es dick auf." Er, sonst die Ruhe und Gelassenheit selbst, ging unruhig auf und ab. Den Hofmarschall von Maltzahn redete Er an: „ob es nicht noch zu ändern sei und in der Stadt gespeist werden könnte? Dann sei ein reitender Eilbote abzusenden." „Die Einrichtung," erwiederte der Hofbeamte, „sei für die Pfaueninsel getroffen." „Weiß wohl," antwortete der König, „ist mir nur zu thun um die Kronprinzessinn; die werden mitten drein sein, fatal!" sagte Er wieder, — und ging auf und ab, hin und her, wie die Liebe besorgt zu thun pflegt, wenn denen, welchen sie von Herzen gut ist, Unangenehmes begegnet. Alle Augenblick fragte Er: „Noch nicht da?" Die mit unruhiger Sehnsucht Erwarteten kamen endlich. Der König eilte ihnen entgegen, mit den bewillkommnenden Worten: „Gut, daß Sie hier sind; habe mich Ihretwegen geängstigt!" und drückte die geliebte Kronprinzessinn mit väterlicher Zärtlichkeit an sich. Das Wetter klärte sich nachher auf und der Abend war in seiner Erfrischung schön und genußvoll. So war der König bei jeder Gelegenheit ein guter, liebevoller Mensch, und unbesorgt um sich selbst, doch besorgt für Andere, vorzüglich für Seine Kinder. Familienglück war und blieb Ihm das Erste und Höchste.

Ganz besonders war Er in Seinem Esse, wenn, was oft geschah, Seine auswärtigen Töchter von St. Petersburg, Schwerin und dem Haag viele Wochen, oft Monate lang, bei Ihm zum Besuch waren; und nirgends waren sie lieber, als bei Ihm in der Heimath. Als Seine Tochter, die Prinzessinn Alexandrine, mit dem Erbprinzen, nachherigem

Großherzoge von Mecklenburg = Schwerin, *) vermählt war,
begleitete Er sie eine gute Strecke Weges. Beim Abschied

―――――――

*) Der hochbetagte alte Großherzog von Mecklenburg = Schwerin
war ein biederer, gutmüthiger, einsichtsvoller und erfahrener
Herr, der sein Land und seine Unterthanen glücklich machte.
Bei Gelegenheit der Vermählung war er in Berlin und Pots=
dam. Die äußere Schale seines Wesens und Benehmens war
rauh und keineswegs höflich; aber sein innerer Lebenskern ge=
sund und frisch. Als nach der Trauung im alten Schlosse und
der Zerstreuung der Gäste in den angrenzenden Sälen der
Minister von Bernstorff den damaligen Geheimen Legations=
rath Ancillon vorstellte, sagte dieser: „Ich habe schon meine
persönliche Aufwartung machen wollen; zu meinem Bedauern
aber Ew. Königliche Hoheit nicht zu Hause gefunden.“ „Wohl
war ich zu Hause,“ antwortete der Großherzog; „aber habe
mich verleugnen lassen; das ist nicht zum Aushalten mit dem
ewigen Aufwarten. Ihr Berliner seid voller Complimente; es
ist, als ob ganz Berlin mir auf dem Halse läge. Sie, Herr
Ancillon, sollen, wie ich höre, ein gelehrter und guter Mann
sein. Besuchen Sie mich in Ludwigslust und bleiben so lange
bei mir, als es Ihnen gefällt; aber verschonen mich hier mit
leeren Complimenten.“ Als ich in Sans souci ihn sprach und
ihm dankte für den kostbaren Juwelen = Ring, den er mir nach
der Trauung hatte zustellen lassen, antwortete er: „Mögen
wohl noch erst danken. Was ist so ein Ring! Ein elendes
Ding. Sie haben dem jungen Paare sehr wichtige Wahrhei=
ten gesagt, die, befolgt, es glücklich machen werden. Ihre
Trauungsrede werde ich drucken und in jedes Haus meines
Landes ein Exemplar bringen lassen. Sie werden dadurch viel
Segen stiften. Was ist dagegen ein Ring? Sind nicht auch
Diamanten Plunder? Bei solcher Gelegenheit wird man wie=
der daran erinnert, daß man die besten Dinge nicht belohnen
kann. Der Mensch, auch wenn er ein Herzog ist, bleibt doch
eine arme Creatur. Segne Sie Gott!“ Seinem Nachfolger,
dem nun auch schon verewigten Großherzoge, wünschte ich bei
seiner Anwesenheit zu Potsdam zum Antritt seiner Regierung

14*

von dem zärtlichen Vater war sie sehr traurig und weinte.
Er aber tröstete sie mit der kurzen Entfernung und mit
dem Wiedersehen, das oft näher sei, als man denke. Wie
freudig erstaunte die hohe Tochter, als sie den Abend in
Ludwigslust ankam und den geliebten Königlichen Vater, der,
ihr unbewußt, eben dahin auf einem anderen Wege schneller
gefahren war, schon auf sie wartend, mit ausgestreckten Armen
erblickte, der sie nun mit den kurz vorher von Ihm gesprochenen
Worten an Sein Herz drückte. An Ueberraschungen der
Art ist das Leben des Königs reich, und nur der kann sie
bereiten, der ein so liebevolles Herz hat. Gütiger kann kein
Vater mit seinen Kindern umgehen, als der König mit den
Seinigen.

Zu den wohlbekannten, originellen Personen, (die fast
jeder Ort hat,) gehörte auch in dem Dorfe Paretz und dem
benachbarten kleinen Landstädtchen Ketzin *) eine daselbst woh-
nende Frau, Namens Flotow. Ihr treuherziges, offenes
und naives Wesen gefiel dem Könige besonders wohl. Kam
sie bei Seiner ersten Anwesenheit im Jahre nicht von selbst
bald zum Vorschein, so wurde nach ihr geschickt. Sie
brachte dem Könige bei Seiner Ankunft im Frühling ihren
Glückwunsch in ländlich einfacher, gutmüthiger Weise, und
sagte Ihm bei Seinem Abschiede im Herbste unter den besten Wünschen ein gutmüthiges Lebewohl. Sie hatte richti-

---

Glück; er gab mir die Antwort: „Das Beste, was ich auf
Erden habe, ist meine Frau Alexandrine und die haben Sie
mir gegeben. Sie kann nicht besser sein, als sie ist."

*) Nach einer Mittheilung des jetzigen Predigers Mertz daselbst.

ges Gefühl genug, um sich nie unbescheiden vorzudrängen, und wenn sie sich schüchtern zurückzog, suchte sie der König in der Menge auf und redete sie freundlich an. Sie hatte in Paretz oft die Hochselige Königinn gesprochen und alle Königlichen Kinder aufwachsen sehen, denen sie sichtbar die größte herzliche Theilnahme widmete. Wahrheit und Natur liebte der König über Alles, und schätzte sie in jeder Form, wo Er sie fand. Einst sagte Er zu ihr: „Nächstens werde ich wieder kommen, und alle meine Kinder mitbringen; sie besuchen mich alle." „Das ist schön; da werden Ew. Majestät sich recht freuen. Kommen denn die Russen auch?" Viele aus der Königlichen Umgebung konnten sich des Lächelns nicht enthalten; die alte ehrliche Bauerfrau wurde, wie sie das sah, ängstlich und verlegen; aber der König nahm sich, noch näher tretend, ihrer an, und sagte ruhig und gütig: „Ja, die kommen auch, und Ihr sollt sie sehen." Wirklich kamen sie, und der König führte Seine Tochter, die erhabene Kaiserinn, zu der alten Flotow, die mehr als Andere sich hatte nähern dürfen. Die Kaiserinn kannte sie schon längst und hatte sie lieb. Sie sprach freundlich mit ihr und erkundigte sich theilnehmend, wie es ihr so lange gegangen; dann zeigte sie ihr ihre Kinder. Die Frau war außer sich vor Entzücken, und wollte der jungen Großfürstinn das Kleid küssen; aber die Kaiserinn rief der Tochter in fremder Sprache zu, es nicht zu gestatten, vielmehr sie zu küssen; und die Großfürstinn küßte nach Russischer schöner Weise die Stirn der alten Frau. — Schöne, erhabene Scene auf stiller ländlicher Flur! doch keine Scene, vielmehr Ausfluß des Herzens, welches die göttliche Macht der Liebe kennt und ihrem himmlischen Anhauche folgt. So hat der König durch Sein schlichtes und einfaches, aber eben darum mächtiges Beispiel Seine Kinder erzogen; und es ist Ihm gelungen.

Um Seiner geliebten Tochter, der Kaiserinn, den Aufenthalt möglichst angenehm zu machen, wohnte sie in dem stillen, aber prächtigen Sans souci. Der Königliche Großvater hatte den geliebten Kaiserlichen Enkeln gesagt: „Sie möchten sich frei bewegen und in den Terrassen die in ihren weiten Räumen gebauten Glashäuser besuchen, wo die köstlichsten Früchte in einer seltenen Vollkommenheit gezogen werden, und solche genießen." Die Fürstlichen Kinder machten gern von dieser Erlaubniß Gebrauch. Es waren aber Gartenwächter angestellt, welche die zu jeder Tageszeit unbescheiden heran drängende Volksmenge ab- und zurückhalten sollten. Dieß mochte auf eine schreiende, gebieterische, unangenehme Weise geschehen, und die junge Großfürstinn, welche eben eine schöne Pfirsiche und Traube abgepflückt hatte, glaubte, sie sei damit gemeint. Erschrocken und weinend sagt sie, um sich gleichsam zu entschuldigen, zu dem Wächter: „Der Großvater hat es uns erlaubt." Dieser, ehrerbietig seine Mütze abziehend, antwortet ehrlich, aber in seiner plumpen Mundart, der Großfürstinn: „Wer redt mit Ihr? eß Sie, so viel Sie will!" und das fröhliche Kind hüpft fröhlich zu den Gewächshäusern und seinen goldenen Früchten zurück.

Der König ehrte und erfreute Seine Tochter Charlotte, die Kaiserinn, öffentlich, wie Er sie herzlich liebte. Bei jeder Gelegenheit legte Er dieß an den Tag, unter Anderem auch bei der neuen Brücke zu Glienicke über die Havel. Man hat die Umgebung von Potsdam oft eine Oase in der Wüste ge-

nannt; und wirklich ist, man mag von Beelitz, von Brandenburg, von Nauen, oder von Berlin kommen, ringsumher eine
große Sandwüste, — sobald man aber auf die Insel Potsdam
kommt und Alles bewässert findet, ist auch die Natur, wenn
auch nicht fruchtbarer, doch schöner. Eine der schönsten Gegenden nahe bei der Stadt ist unstreitig die zu Glienicke.
Das Dorf liegt tiefer und der Prinzliche Park am Wege
ist mit seinem Schlosse und Springbrunnen reizend. Auf
der Glienicker Brücke hat man eine schöne Aussicht. Die
Havel ist hier voll und klar; sie kommt von Spandau,
theilt sich in zwei Arme, von denen der eine nach Neblitz,
der andere nach Potsdam fließt. Ihr Bette dehnt sich hier
aus und gewinnt das Ansehen eines gewaltigen Stromes.
Auf der einen Seite sieht man herunter nach Neblitz, und
die Ufer gewähren den belebten Anblick vom Königlichen
Neuen Garten, von anderen Privatgebäuden, und dem hohen
Walde von Sakrow. Auf der anderen Seite stellt sich dar
das ehemalige alte Jagdschloß vom Großen Churfürsten, der
Babertsberg, das Prinzliche Schloß mit seinen Nebengebäuden. In der Entfernung sieht man die Stadt Potsdam,
ihre Thürme und Vorstädte. Der Weg dahin führt durch
eine breite Allee, an deren Seiten gut gebaute Gärtnerwoh-
nungen und Privathäuser liegen. Das Ganze war belebt
und voller Fuhrwerk, ehe noch die Eisenbahn da war. Es
ist angenehm, auf dieser Brücke zu gehen; indeß sie war
von Holz und baufällig. Der König ließ eine neue Brücke
von Steinen bauen, und sie ist ebenso köstlich, wie wohlgera-
then. Auf dem Babertsberge erscheint sie in ihren Schwibbo-
gen schlank und bei aller Festigkeit leicht. Sie gehört mit zu
den vorzüglichsten Bauwerken unter Seiner Regierung und
man betrachtet sie und die schöne Gegend, die sich vor ihr

ausdehnt, mit Wohlgefallen. Sie war schon fertig, wurde aber nicht gebraucht; sie blieb verschlossen. Er wußte, daß Seine Tochter, die Kaiserinn von Rußland, bald kommen würde. Ihr wurde sie geöffnet und sie fuhr zum Erstenmal mit dem geliebten Vater darüber. Das Andenken daran ist verewigt; auf einer Tafel von Bronze, im Anfang der Brücke, steht mit goldenen Buchstaben folgende Inschrift:

„Angefangen den 8. August 1831. Vollendet den 27. September 1834. Eröffnet durch die Ueberfahrt Ihrer Majestät der Kaiserinn von Rußland, Charlotte, Prinzessinn von Preußen, den 30. September 1834."

Die hohe Tochter war überrascht und erfreut über die Güte des Königlichen Vaters, und Er selbst war glücklich in ihrer Dankbarkeit und Liebe.

Die hohe Kaiserinn auch öffentlich zu ehren, wie sie im Stillen durch die väterliche Liebe beglückt war, wurde das prächtige Fest gefeiert, welches unter dem Namen der „weißen Rose" bekannt ist. So wurde es genannt, weil die Gefeierte diese schöne Blume vor allen anderen liebte; sie selbst möchte man in ihrer Holdseligkeit die weiße Rose nennen! Der wie dazu gemachte Raum des ritterlichen Festes war die weite Umgebung des Neuen Palais, nach der Seite hin, wo die sogenannten Communs stehen, der nächste Platz aber vor dem Riesenschlosse war der Schauplatz selbst. Alles, was Beine in der Stadt Potsdam hatte, strömte hinaus, und Jeder suchte eine Stelle zu erhalten, so daß die Dächer, Mauern und Bäume von Menschen angefüllt waren. Die sonst stille und einsame Gegend und das Neue Palais waren

an diesem Tage belebt; man sah Einheimische und Fremde
in ganzen Massen, um dem seltenen ritterlichen Feste beizuwohnen. Vor dem Schlosse auf den breiten Treppen fanden unter Zelten die Eingeladenen einen bequemen Platz und
in der Mitte saß mit dem Hofe die Kaiserinn auf einer Er-
höhung, die jedoch nicht auffiel, aber prächtig ausgeschmückt
war. Der König ging wohlgemuth hinter den Sitzen Seiner
zahlreichen Gäste auf und ab, und sprach hie und da mit
ihnen. Er hatte an dem prächtigen Feste Seine Freude;
vorzüglich aber darum war Ihm wohl um's Herz, weil Er
Seine Kinder heiter sah und Er Seiner Tochter, der hohen
Kaiserinn von Rußland, eine Ehre und Freude bereiten
konnte. Denn sie, die prächtig gekleidet war, und eine
weiße Rose trug, war der glänzende Mittelpunkt, die
Sonne des Festes, um welche sich Alles bewegte, und um
welcher willen Alles bereitet war. Es war das ganze Fest
sinnreich und planmäßig angeordnet, und alle seine einzelnen Theile, die wohl überlegt aneinander ohne alle Stö-
rung in heiteren Scenen folgten, bildeten ein schönes
Ganze. Getheilte, gut eingeübte Musikchöre spielten einzeln,
antworteten sich, spielten dann wieder zusammen, und ein
heiteres Allegro theilte sich der großen, zahlreichen Versammlung mit. Unter Melodieen, bei denen das Schmettern
der Trompeten und das Wirbeln der Pauken den Haupt-
ton bildeten, kamen langsam aus den Communs über den
großen Platz auf muthigen, prächtigen, geschmückten Pferden
die schönsten Jünglinge, an denen die Garderegimenter reich
sind, und unter welchen sich die Königlichen Prinzen befanden, auf den weiten Raum, der vor dem Neuen Palais ist,
durch das geöffnete, eiserne hohe Gitterthor heran geritten.
Jeder war ritterlich gekleidet, Jeder anders, Jeder in seiner

eigenthümlichen selbst gewählten Farbe; Jeder hatte ein mit
einer sinnreichen Inschrift und ritterlichem Wahlspruch ver-
sehenes kriegerisches Schild; auf dem des Kronprinzen stand
z. B.: „Tuis Victoria;" auf dem des Prinzen Wilhelm von
Preußen: „Gott mit uns;" auf dem des Prinzen Alexander
Solms: „Dem Feinde die Stirn, dem Freunde die Brust;"
u. s. f., und Jeder hielt sein blankes, glänzendes Schwert.
Dieser zahlreiche Zug, an welchem jedes einzelne Glied herrlich
anzusehen war, geführt von dem Brigadier und Commandeur der Garden, dem Herzog Carl von Mecklenburg-Strelitz,
nahm entlang der langen Reihe der Eingeladenen seinen
Weg, und sobald die hervorragende Stelle erreicht war, wo
die schöne, würdevolle Kaiserinn thronte, salutirte jeder
Ritter mit ehrerbietig gesenktem Degen die hohe freundliche,
dankende Frau. Dieß wurde unter Abwechselungen, bald in
kurzen, tanzenden Sprüngen, bald schneller, bald mit verhängten
Zügeln, mit hinreißender Geschwindigkeit und großer, anmuths-
voller Gewandtheit, unter fortgehender harmonischer Musik-Be-
gleitung wiederholt. Bei einem Zuge, in der Hälfte des
Ritterspieles, wurde still gehalten, in der Mitte des reichen
Platzes, wo die Kaiserinn saß. Wie alle Ritter, so senkte
vor ihr Herzog Carl von Mecklenburg *) seinen Degen, und

---

*) Herzog Carl von Mecklenburg war vielseitig gebildet, wußte
schön zu reden, gut zu schreiben, und Alle, die ihn persönlich
gekannt haben, fanden ihn interessant. Er war tapfer und
geistreich; Jenes hat er bei vielen Gelegenheiten im großen
Befreiungskriege, da, wo es darauf ankam und es galt, Dieses
als Präsident des Königlichen Staatsrathes, dessen Debatten-
Strom er geschickt zu leiten wußte, bewiesen. Seit dieser Zeit
stieg er in der öffentlichen Meinung, die er früher gegen sich

ehrerbietig herabgebeugt, sprach er laut in schönen Versen
eine wohlgesetzte Rede, in welcher die Hieroglyphe der weißen
Rose in einer geistreichen Allegorie verbindlich durch= und aus=
geführt war. Nach dem Feste versammelten sich die hohen Herr=
schaften und die Ritter mit den Eingeladenen in dem großen Mu=
schelsaale. Die Kaiserinn setzte sich auf einen erhöheten decorir=
ten Platz und vertheilte mit Würde und Anmuth mannich=
fache ritterliche Geschenke an die Herren, die das prächtige Fest
gemacht hatten. Diese sangen bei der reich besetzten Abend=
tafel unter musikalischer Begleitung passende fröhliche Balla=
den und Minnelieder, und man glaubte sich in die Zeiten

---

hatte; aber alle Offiziere der Garden, mit denen er als ihr
Brigadier unmittelbar zu thun hatte, haben jederzeit mit Ach=
tung von ihm geredet. Er befand sich in der Nähe des Kö=
nigs, der viel mit ihm umging und sich seines scharfsinnigen
Rathes oft bediente. Aber Beide waren divergirende Naturen
und ihre Charaktere waren und blieben verschieden. Bei Ein=
weihung des National=Denkmals auf dem Templower Berge,
welcher der Kaiser von Rußland, Alexander I., persönlich bei=
wohnte, hatte der König die Feier um 11 Uhr angesagt. Er
kam aber, um zu sehen, ob Alles in guter Ordnung sei, schon
um 10 Uhr. Der vor seiner Brigade stehende Herzog machte,
nach seiner Uhr sehend, darauf aufmerksam. Der König ant=
wortete, wie in Fällen solcher Art Seine Manier war, lako=
nisch: „Weiß wohl; aber da reiten schon Viele im Felde um=
her, — wird mir doch auch wohl erlaubt sein!" wobei Er sa=
tyrisch lächelte. Dann wandte Er sich zu den schon versammel=
ten Geistlichen Berlin's und sagte zu mir leise: „Müssen heute
laut reden, weil der Kaiser etwas schwer hört. Für den Red=
ner ist es, um überall verstanden zu werden, im Freien schlim=
mer, als im abgeschlossenen Raume." Der König ehrte den
Herzog auch dadurch, daß Er im Lustgarten zu Potsdam,
gleich den übrigen Heroen, seine wohlgetroffene Büste auf ei=
nem hohen Postamente aufstellen ließ.

des Mittelalters verſetzt. Seit das Neue Palais mit ſeinen
architektoniſchen Schönheiten und Umgebungen ſteht, iſt da-
ſelbſt vielleicht nie ein Feſt gefeiert worden, welches prächtiger,
reicher und ſchöner war, als dieſes, zu Ehren der älteſten
Tochter des Hauſes, der Kaiſerinn von Rußland. Als
Schatten deſſelben ſind in einem der oberen großen Säle
zur Erinnerung die Schilde, welche die Ritter getragen, mit
den Inſchriften, ringsherum aufgeſtellt, — und der Fremde
ſieht ſie an und horcht auf die Erzählung des Führers, wie
prächtig Alles geweſen ſei. Dieſe Pracht iſt nun verſchwun-
den, wie alle irdiſche Herrlichkeit, wie glänzend ſie auch in
der Gegenwart war, vergeht. Man geht ſinnend und nachdenkend durch die nun wieder ſtillen und einſamen Räume,
und denket der Zeiten, wo ſie belebt und feſtlich beſucht waren.
Es gehen beim Anblick dieſer Fürſtlichen Gebäude die Zeiten
des großen Mannes und Herrſchers, der ſie errichtete, und
die Jahre des eblen, wohlwollenden Königs, der, nachdem
Er wieder glücklich geworden, hier frohe Feſte feierte, dem
hiſtoriſchen Blicke vorüber. Dieſe Zeit iſt vorüber, und gedrängt von ihren Begebenheiten eine andere geworden. Aber
wenngleich ihre äußeren Geſtalten und Formen von Gräbern gedeckt und von dem vorüber und dahin rollenden
Strome fliehender Erſcheinungen verſchlungen ſind, ſo lebt
doch in lehrreichen Erinnerungen und in Thatſachen, welche
die Geſchichte verewigt hat, der Geiſt, welcher darin waltet, fort und fort, und der ſpäteſte Enkel und Nachkomme
wird noch deſſen gedenken und davon erzählen. Der Buch-
ſtabe tödtet, aber der Geiſt macht und erhält lebendig. Der
Geiſt Friedrich des Großen und der Geiſt des Königs
Friedrich Wilhelm III. lebt, wenngleich verſchiedenartig, jener durch perſönliche Ueberwiegenheit, dieſer durch menſchen-

freundliches, würdevolles Wohlwollen, noch heute in Zügen, die Er tief eingrub und die kein Wechsel auslöschen kann. In Allem, was der Hochselige Herr dachte und wollte, that und vollbrachte, lag Geist, und Er theilte denselben Seinem Volke und Seiner Familie mit. Dieser Geist ist der Geist der Gesetzlichkeit und Freiheit, der Ordnung und Zucht, der Humanität und christlichen Gottesfurcht. Dieser Geist concentrirt sich bei Denen, in deren Adern Sein und das Blut der edlen Mutter fließt, bei Seinen edlen Kindern. Ihre beiderseitige Denkungsart und Gesinnung ist das herrliche Erbe, welches auf sie gekommen, und welches nicht von ihnen genommen werden soll.

Diesem lebendigen Geiste und Seiner sich gleichbleibenden offenen Liebe ist es zuzuschreiben, daß das Verhältniß, worin der Königliche Vater gegen Seine hohen Kinder, und diese gegen Ihn standen, immer neu, frisch und warm blieb. Täglich sahen und sprachen sie sich und jeden Morgen war die gegenseitige Liebe, als wenn sie sich lange nicht gesehen hätten, wieder neu. In zahlreichen Familien, die anderen Sphären angehören, und wo die Erhaltung der Eintracht unter ihren Gliedern leichter ist, stellt sich der böse Dämon des Mißtrauens und der Zwietracht oft unter sie; oder die tägliche Gewohnheit und gleichförmige Wiederkehr des schon Dagewesenen in derselben Gestalt macht eintönig, langweilig und gleichgültig. In der Königlichen Familie war und blieb es anders und besser, und sie war am Glücklichsten und Frohesten, wenn sie unter sich allein und ohne viele fremde Augenzeugen war. Der schöne, heitere, kindliche Sinn, über Kleines, Alltägliches, sich innig freuen zu können, war ihr, die Alles, auch das Ungewöhnliche und

Seltene, haben konnte, eigenthümlich geblieben. Die Glieder des Hauses trennten sich nicht; nie sah man sie besondere Wege, Jeder für sich, gehen; immer waren sie zusammen, Einer dem Andern unentbehrlich und Freude aneinander habend. Kein verbissener Neid, kein geheimes Mißtrauen entfernte sie, offen und klar, bieder und heiter, kamen sie sich entgegen, und die gemeinschaftliche verehrungsvolle, anhängliche Liebe für den alten prächtigen Königlichen Vater war der glänzende Mittelpunkt, um den sich Alles in froher Kindlichkeit sammelte. In Wahrheit, der König war ein glücklicher Vater, und es war eine rührende Lust, Ihn hervorragend unter Seinen Kindern, Schwiegerkindern und Enkeln zu sehen. Man stand still, sah nach, und dankte Gott, wenn Er in Seiner Feldmütze, in den grauen Mantel gehüllt, in einem großen Korbwagen mit Seinen Kindern wie ein Bürgersmann heiter vorüber nach Seinem stillen ländlichen Paretz fuhr. Diesen guten Geist hatte Er nicht in Seinem Hause vorgefunden, sondern durch Seinen Charakter und Sein Beispiel geschaffen und erhalten. In ihm lebte und wirkte Er; in ihm hat Er Großes für Sein Land und dessen Geschichte gethan. In ihm war Er Vorbild und Muster jedem Palast und jeder Hütte.

Zweiter Abschnitt.
König Friedrich Wilhelm III.
als Bundesgenosse.
Kaiser Alexander I. von Rußland.
Kaiser Franz I. von Oestreich.

Zum Gedächtniß der großen Begebenheiten der Zeit und der vereinigten Europäischen Mächte, durch welche sie bewirkt wurden, hat der König von Preußen Friedrich Wilhelm III. in der Hof= und Garnisonkirche zu Potsdam auf dem Chore derselben eine marmorne Nische, umgeben von geweihten Tafeln der Helden, die das eiserne Kreuz errungen, und von anderen Siegestrophäen, errichten lassen. In diesem mit einem Gitter umgebenen Denkmale sind die 3 Wappen der hohen Monarchen und ihrer Häuser, innig verbunden, in Eintracht mit= und nebeneinander, durch welche das große, unsterbliche Werk gelang, vereinigt. Es mißlang, so lange der Französische Kaiser Napoleon die Kräfte seiner Gegner theilen und diese voneinander halten konnte; *) er war mächtig und unüberwindlich, weil er vereinzelte, und im Uebergewichte der physischen, es ist nicht zu leugnen, auch der intellectuellen Mächte seine Pläne verfolgte. Endlich streckte sein bis zum Ueberschlagen gesteigerter Egoismus den

---

*) Divide et impera.

mächtigen Arm nach dem eisigen Norden, und sein ver-
blendeter Uebermuth, der alle Mäßigung verloren hatte,
stürzte ihn.

Es gehört zu den glücklichen Schickungen, daß alle
drei Mächte dasselbe Interesse bei der Sache hatten, und daß sie
und ihre Völker mit gleichem Unwillen und Zorn gegen den
gemeinschaftlichen Feind erfüllt waren. Noch glücklicher war
es, daß damals drei Herrscher auf den Thronen saßen und
regierten, welche, wenngleich verschieden, und Jeder anders,
doch miteinander sympathisirten, und gleich ehrlich und gut
es mit der Menschheit meinten. Der Eine war der Griechischen, der Andere der Römisch-katholischen, der Dritte der
Evangelisch-protestantischen, und Jeder von Herzen seiner
Kirche zugethan; aber diese sonst trennende Divergenz trennte
hier nicht. Es giebt einen Höhepunkt in der Religion, bei
dem alle Verschiedenheiten der Confession aufhören und in dem
Glauben an Einen Gott in Eintracht zusammenfallen und
aufgehen. Im Kriege unter den Waffen verschwindet die
abweichende Form des Cultus und seiner Dogmen; Jeder
ehrt die andere, wenn er nur die seinige ungetrübt üben und
seine Art behalten kann. Und so sah man in Deutschland
und in Frankreich die verschiedenartigsten Völker, aus ganz
anderen Stämmen, Regionen und Kirchen, dennoch in Eintracht miteinander vereinigt, als Brüder auf einem Wege
zu einem Ziele hin. Die große Begebenheit trat in den
vereinigenden Vordergrund, die Zwietracht der Geistlichen
und Priester in den Hintergrund. Wohl hört man jetzt im
Frieden von theologischen und kirchlichen Parteigängern,
Reibungen und Uneinigkeiten; aber im Kriege, den man
vor dem ewigen Richter führte, war nicht einmal daran

die Rede; man wollte ehrlich miteinander den Zweck, man war also über die Mittel, die zu ihm führen, einig. Die Streitigkeiten, in denen die Menschen sich das kurze Leben verbittern, liegen nicht in seiner Natur, sondern in dem Egoismus der leidenschaftlichen Parteisucht. Gott segnet und duldet alle Menschen; die Menschen sollten sich also auch dulden. In diesem allumfassenden Princip gedieh die große Sache unserer Befreiung; es gehört zu den guten, Heil verkündenden Zeichen unserer Zeit, daß sie zum Allgemeinen sich still und laut drängend vorwärts bewegt, und das Licht der Sonne läßt sich nicht mehr verdunkeln.

Friedrich Wilhelm III. ehrte und liebte persönlich Seinen Bundesgenossen und Freund, den Kaiser von Rußland Alexander I. Es knüpften Ihn heilige und große Erinnerungen an ihn; Er hatte mit ihm genußvolle und ernste Stunden verlebt; mit der Königinn Luise hatte Er in stiller Nacht am Grabe Friedrich des Großen mit ihm Hand in Hand gestanden; der Bund, den sie miteinander geschlossen, war durch Leiden befestigt. Diese hatten sich nun gewandt, der gemeinschaftliche Feind war für immer besiegt und die Sonnenhöhe des Ruhmes und der Ehre war erstiegen. Man kann sich denken, wie viel froher, glücklicher und inniger, beide Freunde sich sahen. Mit ihren Gesinnungen hingen sie zusammen; sonst beseelten sie verschiedene Naturen. Alexander war poetisch, wenigstens damals noch, 1813 — 1815; seine Phantasie, lebhaft, hatte einen eigenthümlichen, orientalischen Schwung; er sah Alles in Farben, in hellen und heitern das Glück, in dunkeln und traurigen das Unglück. Von Deutschland und seinen Zuständen hatte Er die Vorstellung, die Erzähler und Schriften ihm gegeben hatten. Unsere Jugend, die Gymnasien, die Universitäten und ihre Lehrer dachte er sich nicht so, wie sie wirklich sind. Weil er die Religion mit der Phantasie auffaßte, war er nicht ganz klar, und fand Wohlgefallen an Männern und Frauen, die mehr in Bildern, als in deutlichen Begriffen lebten. Er nahm nach seinem edlen Herzen und dessen Gefühlen seine nächste Umgebung und die Welt so, wie sie sein sollte, und idealisirte sie; sie war aber in der Wirklichkeit ganz anders. Diese Täuschungen vertauschte er gegen andere; und wenn er solche sich nicht länger verbergen konnte, war Verstimmung und Melancholie die unvermeidliche Folge. Daher war er einen Tag nicht wie den andern. Der Grundton seines Gemüths war und blieb aber rein und edel. Von Herzen wollte er nur das Gute; er liebte Gerechtigkeit über Alles, und war ein Menschenfreund, wo er stand und ging. Wenn auch nicht überhaupt, so war er doch seinem großen Reiche und der Stufe der Bildung, die es unter seiner Regierung einnahm, vorausgeeilt, und Despotie, die seinem Naturell zuwider war, ist nie von ihm wissentlich begangen. Nach seiner Stimmung wollte er Alles durch Liebe beglücken. Sein Aeußeres, edel und würdevoll, war nicht herrisch und gebieterisch. Man sah wohl in ihm den Kaiser; aber dieser schreckte nicht, man sah zugleich den wohlwollenden Menschen. Er bewegte sich leicht und gewandt, und war in seiner Manier freundlich und höflich. Alles Steife und Gezwungene war seiner Lebendigkeit fremd, und imponirende Feierlichkeit war ihm auch bei Präsentationen nicht eigen. Er liebte nicht die Pracht, und gemüthlich und gesprächig sah man ihn ohne nahe und entfernte Begleitung mit unserem Könige gehen, und in einem gewöhnlichen Wagen mit zwei Pferden fahren. Früher soll er ein schöner Mann ge-

wesen sein; er alterte aber schnell und verlor früh den größern Theil seiner Haare. Sein Gesicht war vornehm und
ausdrucksvoll, sein Auge sprechend. Er war oft in Berlin und Potsdam und ging mit dem Könige, den er
ehrte und liebte, zutraulich um. Dieser schlug das, was
Rußland für die gute Sache gethan, sehr hoch an, war voll
davon, und redete gern darüber. Seine Bescheidenheit
und Demuth sprach lieber vom fremden, als vom eigenen Verdienste; und Er hatte Seine innige Freude an den zwei Re-
gimentern, die in Seiner nächsten Umgebung den Namen
der beiden mächtigen Bundesgenossen, Kaiser Alexander und
Kaiser Franz, trugen; sowie es Ihm auch angenehm war,
daß es in Petersburg und in Wien ein Regiment gab, welches den Namen König Friedrich Wilhelm III. trug und
trägt. Der Chef desselben war der regierende Herr selbst,
und der jedesmalige Commandeur besonders von Ihm ausgezeichnet und geehrt, sowie derselbe und seine Untergebenen
bei jeder Gelegenheit reich beschenkt wurden. Wohlwollen
und Liebe bedarf und sucht ein Vehikel, wodurch sie sich zu
erkennen geben, und wenn diejenigen, welche sie füreinander
fühlen, wechselseitig zu hoch stehen, um sich beschenken zu
können, legen sie diese Gesinnung an den Tag gegen Solche,
welche weniger sind, aber unmittelbar schon durch die verehrten Namen, welche sie tragen, an die nahe Beziehung erinnern. Diese finden sich, als Mittel zum Zweck, durch solche
Stellung ausgezeichnet, froh und wacker; ein reges Pflicht- und
Ehrgefühl beseelt und treibt sie; sie unterlassen Alles, was
mit dem hohen Namen, den sie tragen, unvereinbar ist; sie
thun Alles, was Glanz und Ruhm über sie und ihre Genossen verbreiten kann; darum waren dem Könige werth
und theuer die beiden Preußischen Regimenter Kaiser Franz

und Kaiser Alexander. *) In ihnen ehrte Er Seine hohen Bundesgenossen selbst, und sie machten solcher Ehre durch den guten Geist, der sie beseelte, sich stets würdig.

---

*) Als die Gedächtnißtafel des eisernen Kreuzes, welches die Tapferen des Regiments, welches den Namen Kaiser Alexander trug, errungen hatten, in der Hof- und Garnisonkirche aufgestellt wurde, hielt am Altare Referent, an dem gerade die Reihe war, nachstehende Rede, die darum hier ihren Platz findet, weil sie unmittelbar den Kaiser von Rußland, von dem hier die Rede ist, betrifft.

„Alles, was Odem hat, lobe den Herrn! Ihm sei Anbetung, Ehre, Preis und Dank!"

„Seid willkommen und gesegnet, ehrenwerthe, tapfere Männer dieses preiswürdigen Regiments, hier an heiliger Stätte, zur Feier einer ernsten, bedeutungsvollen Stunde. Gerufen und eingeladen von eurem gnädigen Könige und Herrn, seid ihr jetzt versammelt, einen neuen Beweis Seiner Achtung und Zufriebenheit zu empfangen und mit edlem Selbstbewußtsein dieser Seiner Huld euch dankbar zu freuen. Das, was auch euer Regiment für die große und gute Sache unseres Deutschen Vaterlandes, für seine Ehre und Freiheit, Unabhängigkeit und Selbstständigkeit, mit tapferem Muthe gethan und gelitten, aufgeopfert und geleistet hat, soll an diesem heiligen Morgen öffentlich anerkannt und geehrt werden."

„Das Gedächtniß eurer Verdienste zu verewigen, und für die Nachkommen in heilsamen Erinnerungen gesegnet zu machen, ist diese Tafel aufgerichtet, welche die theueren Namen aller berer nennt, die in den heißen Stunden entscheidender Schlachten sich ruhmvoll ausgezeichnet haben, und die wir als die Namen vollendeter Kämpfer, die den Heldentod für das Vaterland starben, und als die Namen ehrenwerther Ritter des eisernen Kreuzes, mit Siegeskränzen schmücken. Alles erfüllt bei dieser bedeutungsvollen Feier unsere Seele mit ernsten Gedanken, und führt sie von selbst zu Betrachtungen, die mit an-

Deutlicher noch und glänzender trat diese Gesinnung, die der König tief im Herzen trug, hervor bei der Errich=

---

betender Ehrfurcht und froher Dankempfindung gegen den Gott erfüllen, der in schweren Prüfungen uns läuterte, und über alles Denken und Hoffen hinaus seine Macht und Gnade so sichtbar unter uns verherrlicht hat. Was wären wir, wenn wir vergessen könnten, was Er Großes an uns gethan? und was ist gerechter und billiger, was schöner und löblicher, als Veranstaltungen und Einrichtungen zu treffen, wodurch das Andenken daran lebendig unter die Augen gestellt wird, und womit zugleich eben der Geist erhalten und die Kraft genährt werden soll, aus der so viel Herrliches in unsterblichen Thaten hervorging. Wenn dieß in allgemeiner Beziehung von dieser Gedächtniß=Feier für jedes Regiment der Preußischen Armee überhaupt gilt: so hat eben diese Feier, als eine erweckende Erinnerung an den glorreichen und glücklich beendeten Kampf, für euch noch eine besondere, nähere Beziehung. Das Regiment, zu dem ihr gehört, ist der Ehre und Auszeichnung werth befunden, sich nach dem erhabenen und mächtigen Monarchen zu nennen, der in der Weisheit seiner Einsicht, in dem Edelmuthe seiner Gesinnungen, in der Tapferkeit seiner Krieger, einen unmittelbaren und wesentlichen Antheil an dem großen, vollendeten Werke hat, und dessen Name dadurch in der Geschichte unsterblich geworden ist. Der Glanz dieses gefeierten Namens umstrahlt euer Regiment; mit ihm bezeichnet ihr euren Chef, — und daran knüpfen sich lehrreiche Erinnerungen, die für euren Ruhm ebenso ehrenvoll, als für euer Pflichtgefühl wichtig sind. Und darum darf ich denn auch nicht erst wählen, worüber ich zu euch reden soll. Um euch durch wenige und doch nachdrückliche Worte diese Stunde der Weihe unvergeßlich und gesegnet zu machen, darf ich nur bei euch selbst und eurem Namen stehen bleiben; und kein Gedanke liegt mir näher, als der:

„Das Preußische Regiment Kaiser Alexander,
ein Denkmal unserer großen Zeit,"

welcher uns an den Anfang, die Fortsetzung, und das Ende des heiligen Kampfes und seiner Siege lehrreich erin=

tung des National-Denkmals auf dem Templower Berge bei Berlin, 1818. Dieses sinnreiche und ansprechende Werk der

---

nert. Vergönnt mir einige Augenblicke eure Aufmerksamkeit, um uns dieß klar und wichtig zu machen."

„Ein Denkmal unserer großen Zeit ist das preiswürdige Regiment, dem ihr angehört; denn man kann den hohen Namen, welchen es trägt, nicht aussprechen, ohne von selbst erinnert zu werden an den Anfang des heiligen Kampfes und seiner herrlichen Siege. So weit war es mit dem frevelnden Uebermuthe und der grenzenlosen Anmaßung des furchtbaren Unterdrückers gekommen, daß er, dem der Süden zu enge war, nun auch noch rasend nach dem unermeßlichen Norden griff. Seine bis dahin unbesiegte, furchtbare Armee stand kühn und stolz da, und drang mit unwiderstehlicher Gewalt immer weiter. Aber ein jedes Ding hat sein Maß und sein Ziel, bis wohin es sich nur treiben läßt. Jede Uebertreibung zerstört sich durch sich selbst, und der Hochmuth ist dann seinem Falle am Nächsten, wenn er auf dem Gipfel seines Glanzes es am Wenigsten glaubt. Die göttliche Vorsehung, die Recht und Gerechtigkeit übt, tritt dann gewöhnlich selbst mit der Majestät ihrer Allgewalt in's Mittel, und sie war es, die dem Berberber mit donnernder Stimme zurief: Bis hieher — und nicht weiter. Hier sollen sich legen deine stolzen Wellen. In finsterer Nacht glänzte plötzlich ein Rettungsstrahl groß und hehr, — und die Flamme einer auflodernden Stadt ward die Morgenröthe einer bessern Zeit. Aufgehalten und zurückgetrieben von der verzehrenden Gluth, empfing nun den Weltenstürmer und sein Heer eine erstarrende Kälte, und der Ewige hielt ein Gericht, so furchtbar, so entsetzlich, so zerschmetternd, wie es je auf Erden sichtbar geworden ist. Alle die Schaaren, die noch vor wenigen Tagen, stolz auf eigene Kraft, höhnend im übermüthigen Gefühl der Unüberwindlichkeit dastanden, lagen nun, angehaucht von dem erstarrenden Odem des eisigen Nordens, hingestürzt rettungslos darnieder, und was in einzelnen Trümmern entkam, schien nur darum erhalten zu sein, um die Kunde dieses gräßlichen Strafgerichts sichtbar zu uns zu bringen. So hat, was Men-

Kunst ist, nach der angegebenen Idee des erhabenen Stifters, nach der Zeichnung des genialen Künstlers Schinkel ausgeführt.

schenmacht nicht mehr vermochte, der Allmächtige selbst gethan, — und zum Anfangspunkte seiner wunderbaren Hülfe erwählte er das Volk und das Land des erhabenen Monarchen, dessen großen Namen ihr tragt! Ernste, lehrreiche Erinnerung! möge sie im Gedächtnisse der Völker bleiben und Früchte der Gottesfurcht tragen! möge sie, geschrieben mit glühenden Buchstaben auf die Tafel der Zeit, als Warnung und Lehre dastehen: daß den Ruchlosen die Gerichte des Ewigen treffen, und daß alle Hülfe allein vom Herrn kommt. O! bewahret, tapfere Krieger! diesen frommen Glauben in eurem Herzen. Er ist die Quelle jeglicher Tugend; er schützt gegen Sünde und Ausschweifung; er giebt Muth und Kraft; er erfüllt die Seele mit fester Zuversicht; er macht stark in jeglicher Gefahr, er bildet den wahren Helden, und seiner Begeisterung verdanken wir die Siege, an denen ihr rühmlichen Antheil genommen habt. O! in diesem Glauben und seinem frommen Einflusse auf euer Herz werdet ihr würdevoll eure Ehre behaupten, den Ruhm erhalten, den ihr euch errungen, der Auszeichnung werth bleiben, die euch heute zu Theil wird; und an den hohen Namen, den ihr tragt, wird sich stets dankvoll knüpfen das Andenken an den Anfang der göttlichen Hülfe, die uns geworden."

„Aber auch die erhebende Erinnerung an die Fortsetzung derselben. Denn nicht vergeblich hatte der Allmächtige selbst gesprochen; der Ernst und die Bedeutung seines furchtbaren Gerichts wurde tief empfunden, und in dem, was nun geschehen müsse, begegneten sich die Herzen eures erhabenen Chefs und eures gnädigen Königs und Herrn. Was Sie wollten, beschlossen, thaten, entsprach den Wünschen Ihrer Völker, und an Ihrem großen Beispiele entzündete sich die Flamme der heiligen Begeisterung, die bald ganz Deutschland und seine Beherrscher durchdrang. So entfaltete sich vor unseren erstaunten Blicken das wunderbare Schauspiel, die tapferen Schaaren aus dem entfernten Norden mit den unsrigen in Eintracht auf Einem Wege, zu Einem großen Ziele hin, innigst verbündet zu

Es ist von Gußeisen und ruhet auf einer festen Grundlage, welche die Gestalt eines eisernen Kreuzes hat. Es trägt

sehen, beseelt von demselben Geiste des Vertrauens, der Liebe und Anhänglichkeit, der ihre erhabenen Machthaber schon lange wechselseitig aneinander knüpfte. Vor dieser Vereinigung, die nur die große, gute, gemeinschaftliche Sache festhielt, verstummte jede andere Rücksicht, wurde klein und unwürdig jede andere Berechnung des Vortheils und des Ehrgeizes, und die Welt sah mit frohem Erstaunen eine Einigung der Grundsätze und Gesinnungen, der Absichten und Bestrebungen, wie in dieser Wahrheit und Lauterkeit, in dieser Tiefe und Treue, die Geschichte weiter kein Beispiel aufzuweisen hat." —

„Und in diesem herrlichen Geiste einer zusammen gehaltenen, innigst verbündeten Kraft, als Theil des Ganzen sich fühlend, kämpfte und siegte auch euer preiswürdiges Regiment. Mit tiefer Achtung und dankvoller Rührung gedenket diese Ehrentafel und Jeder von euch der tapferen Waffenbrüder in euren Reihen, die in diesen einträchtigen Kämpfen fielen, die den Heldentod für's Vaterland starben, und wir weihen ihnen in dieser heiligen Stunde eine Thräne frommer Wehmuth. Euch aber, die ihr, von denselben Gefahren des Todes umringt, glücklich erhalten wurdet, und, den Tod nicht fürchtend, das Zeichen eurer Tapferkeit in dem Orden des eisernen Kreuzes auf der Heldenbrust traget, euch bezeuget heute euer König und Herr Seine Zufriedenheit und Gnade, das Vaterland seine Dankbarkeit, und dieß Denkmal bringt euer Verdienst auf die Nachwelt. Aber es ehrt zugleich damit euer ganzes Regiment, es nennt seinen glorreichen Namen, damit die Ehre des Einen die Freude des Andern, und die Auszeichnung Einzelner der Ruhm des Ganzen sei, — weil Jeder von euch, brav und gut, denselben Preis davon getragen haben würde, wenn Jeder Gelegenheit gehabt hätte, ihn zu erringen. O! darum bewahrt und erhaltet diesen Geist der Kraft und des Muthes, der Eintracht und des Vertrauens in eurer Mitte; das Band des Wohlwollens und der Berufstreue umschlinge euch Alle, Vorgesetzte und Untergebene, immer fester, — damit an den hohen

aber dieß bedeutungsvolle Symbol auf seiner Spitze. Mit Einschluß der Stufen hat es eine Höhe von 61 Fuß. Das

Namen eures Regiments sich dankvoll und ungetrübt stets die Erinnerung an die glückliche Fortsetzung des heiligen Kampfes knüpfe." —

„Und auch an sein glorreiches Ende. Denn konnte dieses in seinen wohlthätigen und unermeßlichen Wirkungen und in einer neu geschaffenen Ordnung der Dinge so glänzende Ende herrlicher gekrönt, bedeutungsvoller versiegelt, und beruhigender gesichert werden, als es durch den von eurem erhabenen Chef gestifteten heiligen Bund der Regenten vor ganz Europa auf eine so herzerhebende Weise geschehen ist? Wahrlich, hier krönt das Ende das Werk, zum Preise Gottes, zur Ehre des Erlösers, zum Segen aller Völker. Und Weisheit und Tugend, Wahrheit und Gerechtigkeit, Ruhe und Friede werden auf Erden wohnen, so lange die erhabenen Grundsätze des Christenthums, auf denen dieser heilige Bund gebaut ist, anerkannt, verehrt und befolgt werden. In ihm sehen wir die gegenseitigen Verhältnisse der Nationen und ihrer Beherrscher dem launigen Wechsel der Umstände glücklich entrissen, und den ewigen Gesetzen Gottes und des Heilandes untergeordnet. Hier erblicken wir dieß heilige Gesetz als die unabänderliche Richtschnur, die alle Beziehungen beschränken, alle Beschlüsse bestimmen, alle Handlungen leiten, alle Anordnungen befestigen, allen Mißverständnissen im ersten Entstehen vorbeugen soll. Hier sehen wir alle Völker durch das Band des christlichen Glaubens, der Liebe und der Hoffnung, vereinigt, und deren Machthaber, als ihre Väter und Stellvertreter Gottes und Jesu, verbrüdert."

„Nein, so lange die Erde steht, ist vor den Augen der ganzen Welt kein Bund geschlossen, der so erhaben in seinem Ursprunge, so groß in seiner Bedeutung, so wichtig in seinen Zwecken, so bindend in seiner Verpflichtung ist, als dieser. Er vollendet würdig das große Werk, und drückt ihm den Stempel des Göttlichen auf. Euer Regiment, ehrenwerthe, tapfere

Denkmal selbst ist im Gothischen Styl; es hat 4 Haupt=
seiten, von denen jede nach den verschiedenen Weltgegenden
gerichtet ist. Auf der Ostseite befindet sich die Inschrift:
„Der König dem Volke, das auf seinen Ruf hochherzig
Gut und Blut dem Vaterlande darbrachte; den Gefallenen
zum Gedächtniß, den Lebenden zur Anerkennung, den künf=
tigen Geschlechtern zur Nacheiferung." Bildsäulen stehen
umher, und stellen die gekrönte Tapferkeit der Deutschen
Krieger vor. Man lieset in den Nischen die unvergeßlichen
Namen: Culm, Dennewitz, Belle=Alliance, Großbeeren, Kaz=

Krieger! ist ein Theil und gleichsam ein Unterpfand dieses hei=
ligen Bundes. In seinem hohen Namen ehren und preisen
wir die Bürgschaft desselben hier, wie dort, wo der große
Kaiser thront, diese Bürgschaft in dem Regiment König Frie=
drich Wilhelm III. geehrt und gepriesen wird. Was beide
erhabene Monarchen einst in einer feierlichen, mitternächt=
lichen Stunde, am Sarge Friedrich des Großen, sich gelob=
ten, das geht heute, im Sonnenlichte des Friedens, in die=
ser Feier, in der Weihe dieser Gedächtnißtafel des Regiments
Kaiser Alexander, aufgestellt an der Gruft Friedrich's des
Großen, noch einmal groß und herrlich in Erfüllung. Köst=
liche, erhebende Feier! du erfüllst unsere Seele mit anbetendem
Erstaunen, unser Herz mit dankvoller Rührung, und unsere
Augen mit stillen Freudenthränen. Du bist unserer Armee und
unserem Volke, uns und unseren Kindern ein Zeichen, Siegel
und Pfand einer ehrenvollen Eintracht und eines glücklichen
Friedens, einer gesicherten Zukunft. Und darum beten und fle=
hen wir: Segne o Gott! das heilige Unternehmen der Re=
genten, deren theure Namen wir vor dir mit Ehrfurcht und
Rührung aussprechen. Segne sie, o Vater! damit das Wohl
ihrer Völker ihr Herrscherdiadem in himmlischer Verklärung
umstrahle; und laß die hochgefeierten Namen Kaiser Alexander
und König Friedrich Wilhelm, und ihrer Helden, glänzen durch
alle Jahrhunderte im Tempel der Unsterblichkeit."

bach, Paris, **Bar sur Aube**, Leipzig, **Wartenburg, La Rothière**; und über jeder Inschrift sieht man das eiserne Kreuz. Ein würdiges Denkmal, auf einem Berge in An= ficht der großen Stadt Berlin. Es war ein schöner heite= rer Herbstmorgen (der 19te September 1818), an welchem es feierlich eingeweihet werden sollte. Berlin war auf den Beinen; alle Straßen waren belebt, und der Weg nach dem Templower Berge war von Fußgängern, Reitern und Wagen, angefüllt. Ueber 20,000 Mann Truppen, deren Gewehre in den goldenen Strahlen der Herbstsonne blinkten, waren auf den nahen, tiefer liegenden Feldern in Parade versammelt, und wenigstens 50,000 Menschen aus allen Ständen, sonn= täglich gekleidet, waren zusammengeströmt. In Allen lebte der damals noch neue Gedanke und das frische Gefühl der außerordentlichen, großen Zeit, die unerwartete Hülfe, die Deutschland geworden, und die wie ein Wunder eingetreten war, erfüllte jedes Herz, und diese fromme, gottesfürchtige Stimmung theilte sich der bewegten Volksmasse mit, die nicht in wildem Lärm, sondern still und ehrerbietig, sich in naher und weiter Entfernung dem Berge und seinem hohen National=Denkmale näherte.

Der Kaiser und der König kamen, hinter ihnen die Prinzen des Hauses, und ein glänzendes, zahlreiches Gefolge. Ringsumher die Diener und Beamten des Königs und sämmtliche Geistlichen der Stadt. So groß und zahlreich die Versammlung war, so hatte sie doch Platz auf dem ho= hen, weiten Raume, der das Monument umschließt. Alles auf der Höhe und im Thale war still; Alles entblößte in innerer Stimmung sein Haupt. Die ganze, große Volks= menge stand vor Gott, dem Herrn der Welt, und Alle, Alle,

sangen unter weithin ziehenden Trompetentönen das herrliche
Siegeslied: „Nun danket Alle Gott", und Feld und Flur
wurde sein Tempel. Ein herrlicher, herzerhebender Moment! —
Auf dem Grundstein, der gelegt werden sollte, war eine
bronzene Platte, mit der Inschrift: „Dankbar gegen Gott,
eingedenk seiner treuen Verbündeten, und ehrend die Tapferkeit seines Volkes, legte in Gemeinschaft mit Alexander I.,
Kaiser von Rußland, Friedrich Wilhelm III. den 19. September 1818 diese Platte in den Grundstein des Denkmals
für die ruhmvollen Ereignisse in den Jahren 1813, 1814
und 1815, in Gegenwart Seiner Königlichen Hoheit des
Kronprinzen u. s. f. Der Kaiser nahm zuerst den Hammer,
und schlug damit, während die Truppen eine dreimalige
Salve gaben, auf die Platte; ihm folgte der König, der
Kronprinz, und nach ihrem Range sämmtliche im Kreise Anwesenden. Es trat nach diesem symbolischen Acte eine feierliche Pause ein, und der dazu beauftragte Geistliche hielt
folgende Rede:

„Nicht uns, Herr! nicht uns, sondern deinem
Namen gieb Ehre. Dir bringen wir des frohen Dankes
fromme Opfer; nimm sie auf in deine segnende Hand."

„Wenn bei der lauteren Wahrhaftigkeit, die das öffentlich
gesprochene christliche Wort verlangt, es oft schwer werden mag,
dasselbe in innere Verbindung zu bringen mit dem menschlichen Werke, von dessen Ehre es zeugen soll: so darf die höhere
religiöse Ansicht für die Feier, die uns hier versammelt,
nicht erst gesucht und in sie hinein gelegt werden, sie tritt
vielmehr, als ihr eigenthümlich, aus ihrem inneren Wesen
von selbst hervor, und trägt nur allein diesen höheren göttlichen Charakter. Denn auf dem weiten Gebiete der Ge-

schichte aller Völker und Nationen giebt es keine Weltbege=
benheit, die in der Läuterung, welche ihr vorherging, in der
Größe der Unternehmung, in Reinheit der Absichten, in der
Kraft der Fortsetzung, und in der Ueberraschung der Ent=
wickelung, klarer und überzeugender, lauter und herzerheben=
der für Gottes allmächtige und gerechte Weltregierung zeugt,
als die große Weltbegebenheit, deren Andenken dieses Denk=
mal geweiht ist."

"Darum bedarf es auch nicht erst der Einweihung, als
einer Handlung, ihm etwas zu geben, was es nicht schon
an sich hätte. Es ist geweihet durch die erhabene Hand
beider Majestäten, des Königs und des Kaisers, die hier seinen
Grundstein legten; geweihet durch die edle und ernste, in der
Inschrift ausgesprochene Absicht des Landesherrn, der es er=
richtete; geweihet durch tausend große, lehrreiche Erinnerun=
gen, in welchen Gott selbst zu uns spricht, — und diese
Erinnerungen sagen mehr und wirken tiefer, als schnell ver=
hallende Worte auszudrücken vermöchten."

"So steht dieß Denkmal da, als der Zeuge einer gro=
ßen Vergangenheit, als der Verkündiger einer glücklichen
Gegenwart, als der Herold einer hoffnungsvollen Zukunft.
Die Namen, welche es nennt, die Siege, die es bezeichnet,
haben in der Geschichte der verbündeten Völker und ihrer
Heere, haben in der Geschichte unserer Nation und Armee
ein welthistorisches Interesse erhalten, dessen glänzende Größe
von Geschlecht zu Geschlecht durch alle Jahrhunderte fortle=
ben wird. Darum deutet hier auch Alles auf einen höhern,
göttlichen Ursprung hin; es sprechen uns hier himmlische
Stimmen an, und von der Stadt, die in Flammen auf=

ging, bis zu der Stadt, deren heldenmüthige Bekämpfung
und glorreiche Einnahme erfolgte, hallet das Wort göttlicher
Weihe über den Erdkreis:

„Er hat ein Gedächtniß seiner Wunder unter uns gestiftet, der gnädige und barmherzige Gott! Heilig!
heilig! heilig! heilig ist der Herr der Heerschaaren,
und alle Lande sind seiner Ehre voll.‟

„Aber wir selbst wollen uns weihen, der wundervollen
Hülfe, die wir erfuhren, und der göttlichen Errettung, die
aus der Tiefe der Schmach uns auf den Gipfel des Ruhms
stellte, würdig zu bleiben, damit wir in uns anbauen die
Kraft der Eintracht und Vaterlandsliebe, das schwer Errungene nun auch zu bewahren, und es nicht nur zu schützen
gegen jeden nachtheiligen Einfluß, sondern in vereinter Anstrengung seiner schönen Vollendung es immer näher zu bringen. So wie dieß Denkmal hier in Gottes Tempel, unter
dem hohen Gewölbe seines Himmels, einfach und ernst, würdevoll und bedeutungsreich, vor uns steht: so lebe die lan-
desväterliche Absicht und Gesinnung, in der es errichtet ist,
in der Brust eines jeden tapfern Kriegers; in der Brust eines jeden Dieners des Staats und der Kirche; in der Brust
eines jeden Unterthanen belebend fort, und erzeuge Früchte
der Gottesfurcht und des christlichen Gemeinsinns, die als
ein heiliges Vermächtniß auf unsere Kinder und Enkel
übergehen.‟
„Doch nicht bloß der hier vor uns liegenden Königs-
stadt, der ganzen Nation gehört dieß Denkmal an, und den
Geist, der in den Jahren großer und schwerer Kämpfe sie
und unsere Armee beseelte, ehrend, stehen die Tausende, die
hier versammelt sind, im Namen der Millionen, die mit

uns eine gemeinschaftliche ehrfurchtsvolle, treue Liebe für König und Vaterland zu einem großen Staate verknüpft. Und darum ist dieser Augenblick der Weihe ein großer und erhebender; in ihm erweitert sich das Herz, und die Aussicht und das Gewicht der ersten und köstlichsten Güter, die ein ganzes christliches Volk besitzt, wird in seiner Herrlichkeit und Verpflichtung uns fühlbar. Aber da, wo das große Ganze mit gebietendem Ernste vor die Seele tritt, suchen Blick und Herz den Himmel, und im tiefen Gefühle der Abhängigkeit von einer höhern Macht stimmt sich von selbst das Herz zum Gebet. — Wir beten:

„Was Du, Allmächtiger! Großes an uns gethan, spricht kein Wort, kein Werk der Kunst, kein Denkmal aus; über Bitten und Verstehen hast Du uns geholfen und gesegnet. Aber, was tief das Herz bewegt und mit Gefühlen der Freude, der Ehrfurcht und Dankbarkeit erfüllt, das sucht auch den Ausdruck, zu stammeln Dein Lob, zu verkünden Deine Huld und Gnade. Siehe! Dein Gesalbter, den Deine Liebe uns zum Herrn und König gab, preiset hier im Hinblick auf die Nation, die Du ihm anvertrautest, die Wunder Deiner Barmherzigkeit und legt in dem Denkmale, das er errichtete, vor der Welt und Nachwelt das Zeugniß seiner christlichen Gesinnungen, Absichten und Wünsche, als ein reines Opfer vor Deinem Throne nieder. Vater, nimm es gnädig an; — nicht unsere Ehre, Deine Ehre soll es verkündigen; sagen soll es Jedem, der aus der Nähe und Ferne kommt, wie Deine Huld sich an uns verherrlicht hat. Und so weihen wir denn dieses Denkmal ein im Glauben an Dich und Deinen ewigen Sohn, Jesum Christum, in dem Du uns mit unvergänglichen Gütern gesegnet; wir weihen es ein mit innigen Gebeten für das Heil unsers Königs, seines Thronerben, seines ganzen Hauses; für das Heil seiner Bundesgenossen, besonders auch des Kaisers, der hier mit uns an diesem Ort sein Herz zu Dir erhebt und mit uns betet. Wir weihen es ein mit wehmuthsvollen Dankempfindungen gegen Alle, die für die große Sache starben und durch ihren Tod unser Leben errangen; mit heißen Segenswünschen für die Wohlfahrt der Armee und des Volks, und mit dem heiligen Gelübde, Dir, unserer Pflicht und dem Könige treu, treu zu sein bis in den Tod. So nimm denn diesen Ort in Deinen Schutz, bewahre ihn vor jeglicher Entweihung; laß ihn die heilige Stätte sein, wo im Gefühl Deiner Allgegenwart die fromme Vaterlandsliebe festliche Stunden feiert; wo der Krieger und der Bürger, der Beamte und Unterthan, mit Erhebung und Stärkung des Gemüths gern verweilt. Ehrwürdige Stätte, sei auch den spätesten Enkeln, die auf unserem Staube wandeln, noch heilig, und nie schlage ein anderes Herz in deiner Nähe, als das Gott fürchtet, und den König ehrt. Gottes Segen dem Denkmal, welches weihet:

„Der König dem Volke, das auf Seinen Ruf hochherzig Gut und Blut dem Vaterlande darbrachte; den Gefallenen zum Gedächtniß, den Lebenden zur Anerkennung; den künftigen Geschlechtern zur Nacheiferung." *)

Chor.

„Halleluja!"

------

*) Die Inschrift des Denkmals.

Prediger.

„Die Gnade unsers Herrn und Heilandes Jesu Christi, die Liebe Gottes, des himmlischen Vaters, und die Gemeinschaft des heiligen Geistes, sei mit Euch Allen. Amen."

Chor.

„Amen, Amen, Amen!"

Der König erließ nach der Feier folgenden Tagesbefehl und drückte dadurch Sein Siegel auf: „Wir haben in heiliger Feier dem Denkmale die Weihe gegeben, das ich, als Anerkenntniß der Treue meines Volkes in verhängnißvoller Zeit, und der Tapferkeit seiner Söhne im Kampfe für Unabhängigkeit und Recht, zu errichten verhieß. Wir überliefern es mit dem erfleheten Segen des Himmels unseren Nachkommen, als ein bedeutungsvolles Andenken an eine Zeit harter Bedrängnisse, an den Heldenmuth der Krieger, durch den die Selbstständigkeit erkämpft ward, und als ein heiliges Zeichen der allwaltenden Gerechtigkeit. Wenn an geweiheter Stätte glorreiche Erinnerungen jede Brust erfüllen, so ist es vor Allem, was uns erhebt, die Erinnerung an das glänzende Beispiel der Einigkeit und des unerschütterlichen Vertrauens zwischen Fürsten und Volk, und der echten Begeisterung, womit die Nationen für die Erfüllung ihrer Pflichten gegen das Vaterland und für die Ehre des angestammten Thrones in den Kampf zogen. Dem Gedächtnisse dieser Tugend bleibe also dieß Denkmal geweihet. Sie ferner zu bewahren, vertraut zunächst das Vaterland denen, die zu seiner Vertheidigung berufen sind, — Euch und Euren Waffengefährten, deren Stellvertreter Ihr bei der Feier waret. Euer Ziel sei, dieß Vertrauen zu rechtfertigen und jene Tugenden zur Ehre des Preußischen Namens auf die

Nachkommen zu vererben, welche des Vaterlandes Heil und Schutz und der Stolz Eures Königs sind. *)

Friedrich Wilhelm."

Den 20sten September 1818 kam der Kaiser von Rußland mit unserem Könige von Berlin nach Potsdam. Man wußte die Stunde nicht genau, wann die höchsten Herrschaften eintreffen würden; man mußte, zur Cour beschieden, Militair=, Civil=Personen und Geistliche, die Ankunft also abwarten. Der König erschien mit Seinem hohen Gaste; und der Kaiser ging gewandt und rasch, nach allen Seiten freundlich grüßend, durch die aufgestellten Reihen. Nachdem er in den Nebenzimmern verschwunden war, kam bald darauf ein Kaiserlicher Adjutant, der im Namen seines Herrn dankte; — dieß war das Entlassungszeichen. Auf dem Wege nach meiner Wohnung hörte ich in einem fremden Dialect meinen Namen rufen, und wie ich mich umsah, kam ein Russischer Offizier **) zu mir heran, mit dem Auftrage

---

*) Beide Feiern, die der Grundsteinlegung und der Einweihung des Dehkmals, sind, um ein Ganzes zu haben, hier vereinigt.

**) Es war der auch in Deutschland rühmlichst bekannt gewordene General von Czernitscheff, der mit seinen Kosacken, ihren langen Bärten und Piken, zuerst muthig ankam, die Feinde vollends zu vertreiben, und unsere Erlösung, wie man sie kaum noch zu hoffen wagte, unter großem, hospitablem Volksjubel verkündigte. Er hielt sich nicht lange auf; behende bewegte er sich mit seinen Pulks und ihren Fähnlein weiter von Land zu Land, zu verkündigen die frohe Botschaft. Er kannte keine Furcht, schwärmte überall herum; die Franzosen hatten eine heillose Furcht vor den Kosacken, und er gab den Gefangenen in Cassel, unter weiland Hieronymus, die Freiheit. Er war

Seiner Majestät des Kaisers von Rußland, „die gestern bei
der Einweihung des National=Denkmals gehaltene Rede in
Abschrift, aber in lateinischen Buchstaben, zu übergeben;
Allerhöchstdieselben wollten sie in's Russische übersetzen lassen
und jedem Soldaten ein Exemplar geben." Erfreut und
überrascht durch das Wohlwollen, welches einer kleinen, un=
bedeutenden Rede erwiesen wurde, sprach ich den Wunsch
aus: „dem Kaiser von Rußland, einem so merkwürdigen
Manne auf dem Schauplatze der Welt, sie persönlich über=
reichen zu dürfen; ich könne nicht leugnen, wie es mir an=
genehm und lehrreich sein würde, die hohe Bekanntschaft zu
machen." Czernitscheff antwortete: „wie er nicht zweifle, daß
dem Kaiser, seinem Herrn, dieß auch sehr lieb sein würde,
er aber zuvor deßhalb Anfrage halten müsse." Es wurde
gleich darauf eine bejahende Antwort gebracht. Zur bestimm=
ten Abendstunde ging ich mit der sauber abgeschriebenen Rede
zum Schlosse, dessen prächtigster Theil, die sogenannten
Neuen Kammern, der hohe Gast bewohnte. Die Zimmer
waren angefüllt mit Gardisten und ihren Offizieren in Galla=
Uniform, und in einem der Vorzimmer war der Preußische
hohe Offizier, der bei'm Kaiser die Aufwartung hatte. Der
Fürst Wolkonsky empfing mich und führte mich zum Grafen
Czernitscheff, dieser zum Fürsten Menzikoff, der mir nun die
Thür zum Zimmer des Kaisers öffnete. Dieser war ganz allein,
in einem gewöhnlichen grauen Oberrock saß er an einem

---

damals voll Feuer und Leben, seine Augen sprüheten, und
schlank war Alles an ihm in Bewegung. Ein interessanter,
geistreicher Mann, von genialischer, orientalischer Färbung.
Oft nachher sah und sprach ich ihn; er ist, wenn ich nicht
irre, jetzt Kaiserlich Russischer Kriegsminister.

Tiſch und ſchrieb. Mit Leichtigkeit ſprang er auf, kam mit
heiterer Unbefangenheit zu mir heran, ſagte mir freundliche,
verbindliche Worte, und führte, mich an der Hand nehmend,
mich in die Mitte des Zimmers. Vom Kopfe bis zum Fuß ſah
er mich an; doch hatte ſein heller Blick nichts Meſſendes,
vielmehr etwas Zutrauliches und Gewinnendes; er ſah ſo
aus, daß man nicht daran dachte, vor welch' einem mächti=
gen Kaiſer man ſtehe. „Sprechen Sie," fing er an, „fran=
zöſiſch?" Und wie ich antwortete: „Nicht ſo fertig und feh=
lerfrei, als ich in dieſem Augenblick es wünſche," neigte er die
linke Seite des Kopfes noch näher zu mir hin, weil er auf
dem rechten Ohr nicht gut hörte. „Nun," fuhr er fort,
„ſo geht's mir mit der Deutſchen Sprache; ich verſtehe ſie,
aber rede ſie noch mangelhaft, und Sie müſſen entſchuldigen,
wenn ich hie und da mit einem Franzöſiſchen Worte mir
helfe, wenn ich den rechten Ausdruck nicht gleich finden
kann." Der Kaiſer ſchwieg, ging mit großen Schritten auf
und ab, ſtand dann ſtille, ſah mich wieder an, mit ver=
ſchränkten Armen, und ich ſah es ihm an, daß er, von Et=
was erfüllet, reden wollte.

Gleich darauf hob er an: „Das war geſtern eine
ſchöne Feier, einfach, wie Ihr König, und gedankenreich und
gemüthvoll, wie Er. Sie haben gut geſprochen, und Ihre
Rede hat mich tief gerührt. Sie haben Recht: nicht uns,
ſondern Dem, (hier blickte er mit Innigkeit empor) welcher
die Welt regiert, gebührt allein die Ehre und der Dank.
Das iſt auch damals allgemein anerkannt und empfunden,
und man rief aus: „Das hat Gott gethan!" Aber ſo iſt
der Menſch; man fängt ſchon an, es zu vergeſſen, und dis=
putirt darüber, welche Armee das Meiſte gethan hat. Der

böse Egoismus, der es immer wieder vergißt, daß er alles
Gute von Gott hat! Bei jeder Gelegenheit, privatim und
öffentlich, habe ich meine Ueberzeugung laut ausgesprochen,
daß die ganze große Weltbegebenheit ein Werk der Barmherzigkeit und Hülfe Gottes sei. Diese Ueberzeugung hat
sich auch meinem Volke, im Ganzen genommen, mitgetheilt.
Mir ist es über Alles wichtig, jede Veranlassung, wodurch
sie gestärkt und befestigt werden kann, zu benutzen. Bei
einer feierlichen Gelegenheit ist sie von Ihnen wieder ausgesprochen, und das freut mich. Darum bitte ich um eine
Abschrift Ihrer Rede (die ich überreichte); ich will sie in's
Russische übersetzen und dann vertheilen lassen. Nur allein
in der Ueberzeugung: ohne Gott ist der Mensch Nichts; nur
mit ihm und durch ihn ist er Alles, liegt das Wohl des
Einzelnen und des Ganzen."

Der Kaiser ging wieder wie vorher auf und ab, und
da er schwieg, glaubte ich, die Audienz sei zu Ende, und er
wolle mich entlassen. Diese Erwartung mochte er mir ansehen, und er sagte freundlich: ich möchte noch etwas bleiben. „Noch habe ich," nach der Uhr hinsehend, „Zeit." Ich
bemerkte also: „die eben von Ihrer Majestät ausgesprochene
Ueberzeugung habe auch unser König, und es sei herzerhebend, sie bei denen zu finden, welchen die göttliche Vorsehung das Wohl von Millionen anvertraut habe." Der
Kaiser fiel lebhaft ein: „O! der König von Preußen ist
ein vortrefflicher Herr, von Herzen gottesfürchtig, und wahr
und redlich in seinem ganzen Thun und Lassen. Er und
ich sind gute Freunde und Brüder zusammen, die sich einander lieb haben. Ich hoffe, Preußen und Rußland werden
innig verbunden sein und bleiben, unter (hier hob er die

rechte Hand empor) Einem Vater. Aber so schön und groß
es ist," fuhr er gehend fort, „wahrhaft religiös sein, ohne
bloß es zu scheinen und das äußere Wesen davon anzuneh=
men, so daß es so aussiehet, als hätte man Religion, — so sel=
ten findet man das! Jeder Mensch, ohne Ausnahme, ist
ein Egoist, und sucht, so lange das Christenthum ihn nicht
umgeschaffen und eine Regeneration bewirkt hat, nur sich
selbst und seine eigenen, versteckten Absichten. Das Schlimmste
ist, daß er sich selbst und Anderen das verhehlt, und sich
einredet, er diene dem gemeinschaftlichen Besten, wenn Eitel=
keit, oder Ehrgeiz, oder Geldliebe, doch die im tiefsten Hin=
tergrunde verborgenen Triebfedern seiner Handlungen sind.
Diesen Egoismus bringt auch keine Philosophie heraus; sie
vermehrt ihn vielmehr, indem sie die Menschen stolz macht,
und in gleichem Grade das Herz leer und ungebessert läßt,
in welchem sie den Verstand mit Intelligenzen und Sophis=
men bereichert. Der Mensch ist, wenn er sich der schmerz=
haften Operation, sein Inneres zu reinigen, unterwerfen soll,
ein bodenloser Sophist. In sich selbst lernt man am
sichersten Andere kennen. Erst seit der Zeit, wo mir," —
(in diesem Augenblick trat ein Kaiserlicher Diener ein, der
in Russischer Sprache redete, und in derselben eine etwas
stark betonte Antwort erhielt.) Der Kaiser faßte mich wohl=
wollend bei der Hand, und setzte hinzu: „Bleiben Sie noch.
Ja, was wollte ich sagen; ganz recht: Erst seit der Zeit,
wo mir das Christenthum über Alles wichtig und der
Glaube an den Erlöser in seiner Kraft fühlbar geworden,
ist — wie danke ich's Gott! — Friede in meine Seele ge=
kommen."

Diese Worte sprach der Kaiser mit einer innigen, leben=

digen Wärme und drückte seine Hand an's Herz. Ich sah
und hörte es dem hohen Herrn an, daß es ihm damit ein
wahrer, frommer Ernst war. Von diesem Augenblick an
verlor die Unterredung die Form einer steifen Audienz. Die
Wahrheit, welche dieselbe ist und bleibt, es mag sie ein
mächtiger Kaiser, oder einer der geringsten Unterthanen aussprechen, machte ihre ewigen Rechte geltend. Wie mir, mit
hineingezogen in den Strom sympathetischer Rede, zu Muthe
war, aus dem Munde des Monarchen, dem so Vieles anvertraut war, diese und solche Worte, gesprochen mit der liebens-
würdigsten Offenherzigkeit, zu hören, kann ich nicht beschreiben. Mich ergriff eine tiefe Rührung und ich sagte: „Gott
hat Ew. Kaiserliche Majestät hoch gestellt; aber höher und
größer, als alle irdische Macht, Größe und Herrlichkeit, welche
er Ihnen verlieh, ist dieß Bekenntniß Ihres Mundes und
diese Ueberzeugung Ihrer Seele. Dadurch bekommt Ihre
irdische Größe das Element des Himmlischen." Der Kaiser
schwieg und schlug die Augen nieder; dann sah er mich
ernst, jedoch milde an, berührte mit seiner Hand meine Ach-
sel, und tief Athem holend fuhr er fort: „O! ich bin auch
nicht auf einmal dahin gekommen; glauben Sie mir, der
Weg dahin ist durch manche Kämpfe und Zweifel gegangen.
Die Kaiserinn Catharine war eine kluge, geistreiche, große
Frau und ihr Gedächtniß lebt in der Russischen Geschichte
fort; aber mit der Erziehung zur wahren Herzensfrömmig-
keit ging es am Hofe zu Petersburg, wie fast überall: viel
Worte, aber wenig Geist; viel äußeres Formelwerk, aber die
heilige Sache des Christenthums selbst blieb uns verborgen.
Ich fühlte eine Leere in der Seele und eine unbestimmte
Ahnung schwebte mir vor. Ich ging dahin und zerstreute
mich. „Aber", sprach er mit wahrhaft orientalischer Begei-

sterung und mit erhobener Stimme, „aber der Brand von
Moskau hat meine Seele erleuchtet, und das Gericht des
Herrn auf den Eisfeldern hat mein Herz mit einer Glaubens=
wärme erfüllt, die es bis dahin so nie gefühlt. Nun lernte ich
Gott kennen, wie die heilige Schrift ihn geoffenbart; nun
verstand und verstehe ich seinen Willen und sein Gesetz, und
der Entschluß wurde in mir reif und fest, mich und meine
Regierung nur ihm und der Beförderung seiner Ehre zu
widmen. Seit dieser Zeit bin ich ein Anderer geworden;
der Erlösung Europa's von dem Verderben verdanke ich
meine Erlösung und Freimachung."

„Immer," fiel ich ein, „habe ich den heiligen Bund,
den Ew. Kaiserliche Majestät mit dem Kaiser von Oestreich
und dem Könige von Preußen gestiftet haben, in seiner gro=
ßen Absicht verehrt; aber jetzt erst, da ich so glücklich bin,
Ew. Majestät selbst zu hören, verstehe ich ganz die Wahr=
heit, Reinheit und Tiefe seiner Bedeutung." Das Gesicht des
Kaisers wurde freundlicher und heller; er erwiederte: „Das
freuet mich, die wenigsten Menschen haben von diesem Bunde
eine wahre und richtige, Viele eine ganz irrige Vorstellung,
Manche sogar eine böse Ansicht, und lassen nicht undeutlich
merken, daß eine Absicht vulgärer Klugheit hinterlistig im
Rückhalte liege. Es ist damit also gegangen. In den Ta=
gen von Lützen, Dresden und Bautzen, drängte sich bei allen
vergeblichen Anstrengungen, wo wir bei der größten helden=
müthigen Tapferkeit unserer Truppen dennoch retiriren
mußten, Ihrem Könige und mir die Ueberzeugung auf, daß
mit menschlicher Macht Nichts gethan, und Deutschland ver=
loren sei, wenn die göttliche Vorsehung uns nicht helfen und
segnen würde. Ernst und nachdenkend ritten wir, der König

und ich, ohne Begleitung nebeneinander und sprachen nicht.
Endlich unterbrach mein bester Freund das Stillschweigen
und sagte: „Das muß anders werden; wir bewegen uns
nach Osten, und wir wollen und müssen nach Westen. Und
es wird mit Gottes Hülfe gehen. Wenn er aber, wie ich
hoffe, unsere vereinten Bemühungen segnet, wollen wir zu
der Ueberzeugung, daß ihm nur allein die Ehre gebührt,
uns vor der ganzen Welt bekennen." Das gelobten wir
uns einander und reichten uns ehrlich die Hände. Es folgten die Siege bei Culm, Katzbach, Großbeeren, und Leipzig,
und als wir am Ziele des schweren Kampfes in Paris waren, brachte der König von Preußen, von dem die erste Anregung ausgegangen, diese heilige Sache wieder zur Sprache,
und es vereinigte sich gern mit uns, in Denkart, Gesinnung und Absicht übereinstimmend, der edle Kaiser von
Oestreich Franz I. In einer ernsten Stunde entstand die
erste Idee dieses heiligen Bundes, in einer schönen, dankbaren und frohen wurde sie ausgeführt. Er ist gar nicht unser, sondern Gottes Werk. Der Erlöser selbst hat alle Gedanken, die er enthält, und alle Grundsätze, die er ausspricht, eingeflößt. Wer das nicht erkennt und fühlt, und
hier wohl gar die versteckten Absichten der Politik im Hintergrunde zu sehen meint und Heiliges und Unheiliges ver-
mischt, der hat darüber keine Stimme und mit einem solchen Menschen läßt sich nicht darüber reden." *) Hier wurde

---

*) Da sie bei den Meisten schon in Vergessenheit gekommen, ja
von Vielen gar nicht gelesen ist, die Acte des heiligen Bundes,
geschlossen zu Paris den 26. September 1815, so wird sie hier
noch einmal diplomatisch genau abgedruckt: „Im Namen der
heiligen, untheilbaren Dreieinigkeit. Ihre Majestäten, der

sein Blick finster und seine hohe Stirn ernst. „Als Wirkung des heiligen Bundes," fiel ich ein, „hat man nun auch

---

Kaiser von Oestreich, der König von Preußen und der Kaiser
aller Reußen, in Folge der großen Begebenheiten, die in Europa
den Lauf der letzten drei Jahre bezeichnet haben, besonders
aber in Folge der Wohlthaten, die es der göttlichen Vorsehung
gefallen hat, über die Staaten zu ergießen, deren Regierungen
ihre Hoffnungen und ihr Vertrauen auf den alleinigen Gott
setzen, indem sie die innere Ueberzeugung fühlen, wie unum-
gänglich nöthig es ist, den den Mächten vorliegenden Gang der
gegenseitigen Verhältnisse, den hohen Wahrheiten, die durch das
ewige Gesetz Gottes, des Heilandes, eingeflößt werden, unter-
zuordnen, erklären feierlich, daß der gegenwärtige Act bloß
zum Gegenstande hat, vor den Augen der ganzen Welt ihren
unerschütterlichen Entschluß zu offenbaren, sowohl in der Ver-
waltung der ihnen anvertrauten Staaten, als auch in politischen Beziehungen mit jeder anderen Regierung, nichts Anderes
zur Richtschnur zu nehmen, als die Gebote dieses heiligen Glaubens, die Gebote der Liebe, der Gerechtigkeit und
des Friedens, die sich durchaus nicht durch ihre Anwendung
bloß auf das Privatleben einschränken, sondern vielmehr unmittelbar auf den Willen der Fürsten Einfluß haben, und alle
ihre Handlungen leiten müssen, als das einzige Mittel, welches
die menschlichen Anordnungen befestigt und ihren Unvollkommenheiten abhilft. Nach dieser Grundlage sind Ihre Majestäten über folgende Artikel übereingekommen: 1) Den Worten
der heiligen Schrift entsprechend, welche allen Menschen befiehlt, Brüder zu sein, werden die drei contrahirenden Monarchen, durch die Bande einer wahren und unzertrennlichen
Brüderschaft vereinigt, dabei verbleiben, und, sich als Lands-
leute betrachtend, in jedem Falle und an jedem Orte einander
Beistand, Hülfe und Unterstützung leisten; in Bezug auf ihre
Unterthanen und Truppen werden sie als Familienväter
dieselben in eben dem Geiste der Brüderschaft regieren, von
welchem sie für Bewahrung der Religion, des Friedens und
der Gerechtigkeit beseelt sind. 2) Diesemnach wird das einzige herrschende Princip, sowohl zwischen den erwähnten Mäch-

das warme Interesse anzusehen, mit welchem Ew. Kaiser=
liche Majestät in Ihren Staaten sich für die Verbreitung

---

ten, als zwischen ihren Unterthanen, sein, einander Dienste zu
leisten, sich gegenseitiges Wohlwollen und Liebe zu erweisen,
und sich sämmtlich als eine und dieselbe christliche Nation
zu betrachten, indem 3) die verbündeten Fürsten sich nicht an=
ders ansehen, als von der Vorsehung bevollmächtigt zur Re=
gierung dreier Zweige einer einzigen Familie, nämlich:
Oestreich's, Preußen's und Rußland's; und indem sie auf solche
Art bekennen, daß der Souverain der christlichen Nation, von
welcher sie und ihre Unterthanen einen Theil ausmachen, ei=
gentlich Niemand anders ist, als der, dem die Macht eigen=
thümlich gehört, da bloß in ihm die Schätze der Liebe, der
Kenntniß und der unendlichen Weisheit gefunden werden,
nämlich unser Gott, unser göttlicher Erlöser, Jesus Christus,
die Stimme des Allerhöchsten, das Wort des Lebens. Diesen
entsprechend empfehlen Ihre Majestäten mit der zärtlichsten
Sorgfalt ihren Unterthanen, sich von Tage zu Tage in den
Grundsätzen und der thätigen Erfüllung der Pflichten zu be=
festigen, in denen der göttliche Erlöser die Menschen unterrich=
tet hat, als das einzige Mittel, den Frieden zu genießen, der
aus dem guten Gewissen entspringt und der allein dauerhaft
ist. 4) Alle diejenigen Mächte, welche die in gegenwärtigem
Acte auseinander gesetzten heiligen Grundsätze feierlich anerken=
nen wollen, und welche fühlen, wie nöthig es für das Glück
der lange Zeit erschütterten Staaten ist, daß diese Wahrheiten
kräftig zu dem Wohle der menschlichen Schicksale beitragen,
können in aller Liebe in diesen heiligen Bund mit aufgenom=
men werden.

Dreifach ausgefertigt und unterzeichnet zu Paris in dem
Jahre des Segens 1815, den 14. — 26. September.
Franz. Friedrich Wilhelm. Alexander."

Friedrich Wilhelm hielt, wie Seine Bundesgenossen Franz
und Alexander, den heiligen Bund für die Grundlage und die
Krone des großen Werkes der Erlösung Europa's. Er sprach
nie anders davon, als von dem Besten, was die große Zeit

der Bibelgesellschaften verwenden." „Ganz recht," antwortete er mit zufriedener Stimme, „das hängt damit genau zusam=

---

hervorgebracht. Er nannte ihn die reife Frucht vorhergegangener Stürme, und die Erhaltung des Weltfriedens, den man bis dahin für einen schönen Traum gehalten, würde sich nach den christlichen Grundsätzen des heiligen Bundes verwirklichen. Darum aber war Er auf alle Weise bemüht, nach diesen Grundsätzen selbst zu regieren und sie durch Sein Beispiel in das tägliche Leben einzuführen. Dieß stimmte mit Seiner übrigen Art, zu denken, zu urtheilen und zu handeln, wo Er Alles an einen höheren Maßstab hielt, verwarf und wählte, überein. Eigenhändig trug Er in die damals erneuerte Landes=Agende und Liturgie die Worte ein: „Gieb, o Herr, daß fromme Dankbarkeit gegen Dich in unserem Herzen lebe und daß nie unter uns das Andenken, was Du in ewig denkwürdiger Zeit an uns und so vielen andern Völkern der Erde Großes gethan hast, erlösche. Erfülle, o allgütiger Gott, mit dem Geiste der Weisheit, des Rathes und der Eintracht, alle christlichen Regenten Europa's. Segne und beschütze insbesondere den heiligen Bund und die Monarchen, die ihn schlossen, im Glauben an Dich und Deinen Sohn, den Erlöser der Welt, ihre Völker zu regieren und zu beglücken. Laß ihr heiliges Werk gedeihen zum Preise Deines großen Namens, zur Beförderung des allgemeinen Wohles, damit überall Friede, Ordnung und Recht walte und unsere spätesten Nachkommen sich noch Deiner Segnungen dankbar erfreuen mögen."

Keinem kann es mit diesen Bitten und deren Erhörung mehr ein wahrhaftiger Ernst sein, als es dem Könige Friedrich Wilhelm III. war. Nichts war Seiner herrschenden Stimmung und Seiner Gemüthsweise fremder und unnatürlicher, als Intoleranz. Mehr als einmal habe ich Ihn sagen hören: „Je lieber und werther uns unser Glaube ist, um so wichtiger wird uns der Glaube Anderer. Je mehr wir wirklich an Gott glauben, desto mehr werden wir unserer Mängel uns bewußt, und in diesem Bewußtsein werden wir in gleichem Grade strenger gegen uns selbst, als milder und nachsichtsvoller gegen Andere.

men und ist eine unmittelbare Wirkung. Denn was hilft der heilige Bund, den die Fürsten Europa's schlossen, wenn die Grundsätze, die ihn beseelen, isolirt dastehen und nicht in das Herz der Völker kommen? Das kann aber einzig, vollständig und rein, nur durch die heilige Schrift selbst geschehen; nur durch sie selbst, wie sie ist und wie sie da in der jedesmaligen Landessprache vor uns liegt. Man sagt: die von dem großen Luther sei die beste Uebersetzung und übertreffe alle anderen an Pietät, Klarheit, Wärme, Herzlichkeit und Kürze. Es ist am Besten, die heiligen Bücher so in's Volk zu verbreiten, wie sie uns gegeben sind. Die Commentare legen mehr oder minder den Sinn dessen unter, der sie nach seinem System erklärt. Dieser Sinn sagt nicht Jedem zu. Man erklärt nicht Sonnen-Auf- und Untergang, nicht den Sternenhimmel und unter ihm das wogende, ernste und majestä-

---

Hassen, kränken, wehe thun und verfolgen, sind mir greuliche Dinge, die mit dem Geiste einer jeden Religion unvereinbar sind. Eben darum ist mir der heilige Bund so lieb und werth, weil die Stifter desselben, ein Regent, zugethan der katholischen, der griechischen und der evangelischen Kirche, ihn in Eintracht geschlossen haben."

Gleichwohl ist der heilige Bund vielfach getadelt worden, und jetzt, da die drei Stifter vom irdischen Schauplatze abgetreten sind, ist er beinah ganz vergessen. Göthe, den Niemand orthodox oder pietistisch nennen wird, sagt: „Die Welt muß etwas Großes haben, das sie hassen kann; das hat sie bewiesen in ihrem Urtheil über die heilige Alliance; und doch ist nie etwas Größeres und für die Menschheit Wohlthätigeres erfunden worden. Aber das begreift der Troß nicht. Das Große ist unbequem, man muß eine Ader haben, es zu verehren. Das Gewöhnliche fasset und duldet das Ungewöhnliche nicht."

S. „Eckermann's Schrift über Göthe. I. Theil S. 277 — 278."

tische Weltmeer. Man überlasse es jedem Christen, welcher Kirche er auch angehören mag, die heilige Schrift auf sich wirken zu lassen, was sie kann und soll, und gewiß wird sie, weil sie ein göttliches Buch, das Buch aller Bücher ist, weckend und wohlthätig wirken. Aber verschieden, auf Jeden anders; das ist aber das Große und Außerordentliche, aus Jedem macht sie, was nach seiner Individualität zu machen ist. In der Mannichfaltigkeit die Einheit, das ist die große Hauptsache, worauf es bei dem Flor der Kirchen und Staaten ankommt. Dieß Princip der Mannichfaltigkeit in der Einheit sehen wir in der ganzen Natur, auch in der Geschichte der Nationen; nur müssen wir nicht nach unserer kurzen Zeit und der Spanne Leben urtheilen; da, wo sich anfeindende Kräfte tummeln und bestreiten, gelten Jahrhunderte und Jahrtausende. Den Widerspruch, die Lüge, wie soll ich sagen, die Commenta, welche die Zeit und ihre Parteisucht gebar, speiet, als unreinen Schaum, die Zeit wieder von sich; die Wahrheit bleibt. Aber sie wirkt langsam und oft braucht sie Jahrhunderte, um sich geltend zu machen; doch sie drängt sich durch und läßt sich nicht, wie gewisse Leute es mit der heiligen Schrift machen wollen, (hierbei lächelte der Kaiser satyrisch) hermetisch verschließen. Die Sonne bringt durch, und die in ihrem Lichte wandeln, sind Kinder des Lichts."

Hier hielt der hohe Herr inne, und ich sah ihn an mit Ehrfurcht und Wohlgefallen. Er mochte diesen Blick verstehen und erwiederte ihn wohlwollend. Er sah nach der Uhr und ließ sie schlagen; es war Sieben Uhr. Dieß sah ich als ein Zeichen der Entlassung an. Er aber fiel mit der Frage ein: „Sind Sie in Rußland und in Petersburg gewesen?" Als ich

die Frage verneinte, sagte der Kaiser wohlwollend: „Kommen
Sie mal hin und laſſen es mich gleich wiſſen. Sie ſollen
alles Merkwürdige ſehen. Ich weiß wohl, die Deutſchen
haben eben keine vortheilhafte Meinung von Rußland; man
hält es für das Land der Barbarei und Sklaverei, der Roh-
heit und Unwiſſenheit. Dieß iſt, wenn man überhaupt davon ſpricht, ſehr irrig. Die höheren Stände in den Haupt-
ſtädten, beſonders in Petersburg, ſind ſehr cultivirt, und
mehr, als gut und mir lieb iſt, polirt. Der Mittelſtand
lebt behaglich, das Volk iſt gut; es waltet in ihm ein ge-
ſunder Geiſt, es iſt gemüthlich, und befindet ſich bei ſeiner
patriarchaliſchen Lebensweiſe ſehr wohl. Die alten Gebräuche
ſind antike Gefäße, in welchen ſich eine Herzlichkeit und
Kindlichkeit befindet, von der die moderne Welt nichts mehr
weiß, und nichts mehr wiſſen will, ohne deßhalb glücklicher
zu ſein. Das Reich iſt groß und in den entfernten Gegenden die Bevölkerung dünn. Was in anderen Ländern paſſend und Bedürfniß iſt, iſt darum noch nicht paſſend und
Bedürfniß für Rußland; ſeine Nationalität, in der viel Gutes liegt, darf es nicht verlieren. Der Heereszug der Ruſ-
ſiſchen Armee durch Deutſchland nach Paris wird ganz
Rußland zu Gute kommen. Es beginnt auch für uns eine
neue Epoche in der Geſchichte und ich habe noch Vieles
vor.“ Hier wurde der Kaiser nachdenkend und rieb ſich die
Stirn. „Kommen Sie nur, es wird Ihnen ſchon bei uns
gefallen,“ ſagte er weiter. Er näherte ſich wohlwollend, gab
mir die Hand, hielt ſie feſt und drückte ſie. „Es iſt mir
werth,“ ſetzte er hinzu, „Ihre perſönliche Bekanntſchaft gemacht zu haben. Leben Sie wohl!“ Tief verbeugte ich
mich vor dem hohen, mächtigen Herrn, der in ſeinem
hellen Urtheil, wie in ſeiner Charaktergüte, Verehrung, Dank-

barkeit und Liebe eingeflößt hatte. Noch einmal sah ich, die
Thür in der Hand habend, ihn mit diesem Blicke darauf
an, und entfernte mich.

Kaum war ich durch die Vorzimmer, wo ich die vor=
her genannten Herren wieder antraf, gekommen, als ich den
Adjutanten, Obristen von Witzleben, auf mich wartend fand.
Dieser sagte mir, daß der König mich sprechen wolle; ich
möchte mit ihm gleich hingehen. Der König war allein
auf Seinem gewöhnlichen traulichen Stübchen. „Höre,"
sagte Er in Seiner kunstlosen Manier, „sind beim Kaiser ge=
wesen; wie hat sich das so gemacht?" Ich sagte den ge=
schichtlichen Hergang. „Ach so!" antwortete Er, „war gestern
sehr zufrieden und erbaut. Sind lange bei'm Kaiser gewe=
sen; darf man wissen, wovon die Rede war?" Umständlich
und buchstäblich referirte ich genau den ganzen Inhalt des
soeben gehabten Gesprächs, welches der König mehreremal
mit dem Ausruf unterbrach: „Interessant, sehr interessant!
Mir lieb, ungemein lieb." —

Durch das Gewicht, welches der König den Aeußerun=
gen des Kaisers beilegte, wurden mir dieselben noch wichti=
ger, und ich that die Frage: „ob ich sie ihres lehrreichen Ge=
haltes wegen dem Publikum bekannt machen dürfe?" Der
König bedachte sich und strich mehrmals die Stirn, wie Er
zu thun pflegte; dann sagte Er: „Ist allerdings kein Ge=
heimniß, und das Ganze der Art, daß Alle es erfahren
könnten. Was der Kaiser über Gottesfurcht und ihren Se=
gen, über Bibel und deren Verbreitung, über den heiligen
Bund und dessen Ursprung und Tendenz gesagt hat, sollte
man auf allen Dächern predigen. Aber lassen Sie das Ge=
spräch mit ihm doch nicht drucken; es möchte ihm nicht recht
sein. Offenbar hat er in gutem Vertrauen offen und un=

befangen gefprochen; dieß haben Sie erwiedert und Sie
Beide haben miteinander geredet, wie Männer, die es mit
der heiligen Sache des Chriftenthums ehrlich und reblich mei=
nen; es bekommt aber etwas Lauerndes und Schiefes durch die
Bekanntmachung. Unterlaffen Sie dieselbe, um so mehr,
da der Kaiser nach seiner Religion und deren Ritus die
Herzensergießungen gegen einen hohen Geistlichen, wenn=
gleich einer anderen Confeffion, als eine Beichte, ich sage
als eine Beichte, ansiehet, und solche darf man der Welt
nicht offenbaren. Es ist aber wichtig, der Vergeffenheit es
zu entreißen, und zu wiffen, wie über große Weltbegeben=
heiten ein regierender Herr, der an dem Gange und der
Entwickelung derselben unmittelbaren, thätigen Antheil ge=
habt hat, gedacht und geurtheilt hat. Schreiben Sie also,
weil der Eindruck frisch und dem Gedächtniß noch gegen=
wärtig ist, Alles pünktlich und worttreu auf, und geben
mir davon eine Abschrift. Uebrigens haben Sie eine Acqui=
fition gemacht; ist mir lieb, sehr lieb! Der Kaiser ist ein
vortrefflicher Herr!"

Ich ging und that, was mir befohlen war; und die
Unterredung mit dem Kaiser, die den 20ften September
1818 vorfiel, durfte ich, wohl aufbewahrt, im Januar 1845
nur abschreiben, um sie hier mittheilen zu können, da
sie auch jetzt, nachdem 25 Jahre verfloffen, und der
Kaiser und der König vom irdischen Schauplatze abgetreten,
als charakteriftischer Beitrag zur damaligen Zeit, und ihrer
wichtigften Personen, noch intereffant ist. *)

---

*) Unmittelbar vor der bewilligten, erzählten Audienz fiel ein, ich

Den Kaiser Alexander I. richtig zu beurtheilen, muß man ihn in's Auge fassen, wie er war vor dem Einbringen

weiß nicht, wie ich ihn nennen soll, Auftritt vor, der ebenso komisch, als tragisch, und ebenso tragisch, als komisch war, den ich aber, als bezeichnend, doch auch hier, der Vollständigkeit des Gemäldes wegen, in seiner Schattenseite erzählen muß. Der König hatte, wie es Seine Sitte war, Sr. Majestät dem Kaiser von Rußland, nebst anderen Adjutanten, einen hohen Offizier, den G. v. N., beigeordnet, dessen Geschäft die unmittelbare Aufwartung des Kaisers und die Anmeldung aller Personen vom Militair und Civil Preußischer Seite war. Diese Function brachte es mit sich, daß dazu im Schlosse ein Vorzimmer angewiesen war, welches zu den Sälen, die der Kaiser bewohnte, führte. Durch dieses Vorzimmer mußte ich, und der in demselben sich befindende Offizier war der Meinung, ich sei in der Absicht gekommen, um ihm meine Aufwartung zu machen. Ich that dieß auch mit aller der Achtung, welche herkömmliche Form als Lebensart vorschreibt; wie aber der Mann hörte, daß der Kaiser mich sprechen würde, glaubte er, auf den Fuß sich getreten, und setzte ein anderes, mich abweisendes Gesicht auf. „Das geht nicht an," antwortete er, „wenigstens jetzt nicht; ob später, wird der Erfolg lehren. Vielleicht werde ich Sie anmelden." Vergebens hatte ich gesagt, daß der Kaiser die gestern bei der Einweihung des Denkmals gehaltene Rede in Abschrift verlangt und ich die erbetene Erlaubniß erhalten hätte, solche zu überreichen u. s. f. Der einmal aufgebrachte Mann blieb dabei: sein Geschäft Preußischer Seits sei die Anmeldung. Wenn diese außer ihm hier geschehen, sei solche ungültig und meine Präsentation könne nicht erfolgen. „Ich bin weit davon entfernt," antwortete ich, „Jemandes amtliche Stellung, am Wenigsten die Ihrige, besonders im gegenwärtigen Falle, zu verkennen, und habe Sie gewiß nicht beleidigen wollen; aber da der Kaiser selbst, nicht durch Sie, sondern durch seinen Adjutanten, den Grafen Czernitscheff, also durch einen Russischen Offizier, mir den Auftrag zukommen ließ, so war es auch in der Ordnung, auf demselben Wege meine Wünsche an Höchstdieselben gelangen zu lassen; und auf Beder Franzosen in sein Land, und wie er war und was er wurde nach dem schauderhaften Untergange derselben durch die Gewalt der feindseligen Elemente. Hier liegt der Wende= punkt seines Schicksals, seiner Regierung, und seines Charak=

---

fehl des Kaisers bin ich hier. „Genug, Herr," erhielt ich mit schroffen Worten und zorniger Miene die Antwort: „Sie werden den Kaiser nicht sprechen. Gehen Sie, und verlassen Sie das Zimmer." „Das Zimmer gehört unserem gemeinschaft= lichen Herrn, und der König wird gewiß mißbilligen, was hier vorfällt und an dem ich unschuldig bin. Aber ich werde nicht gehen, sondern bleiben, da ich auf Befehl des Kaisers hier bin." In diesem Augenblick trat der Fürst Wolkonsky herein, mich zu seinem Herrn, der eben befohlen hatte, zu bringen. Da diese Schrift größtentheils nur Lichtseiten enthält, so mag auch diese historische Schattenseite hier stehen. Es ist übel, daß man sie bei dem besten Willen und bei aller bescheidenen Vor= sicht im Leben nicht immer vermeiden kann. Der Mann ist mir abhold geblieben, so lange er gelebt hat, und hat mir sol= ches mannichfach zu erkennen gegeben, so oft er in Berlin und Potsdam war. Seit vielen Jahren ist er auch zu den Vätern gegangen, in einer höheren Ordnung der Dinge aber hat man auch einen höheren Maßstab, nach welchem oft geistig klein wird, was irdisch groß war. Unter allen Quälgeistern, die bis an's Ende plagen, ist ein verkehrter Ehrgeiz der schlimmste. Ein frü= her hier in Potsdam angesehener, und geachteter, aber invalider General weinte, wie wir hinter dem Leichenwagen seiner Schwie= germutter herfuhren, plötzlich convulsivisch, als wir an die soge= nannte lange Brücke kamen. Natürlich glaubte ich, daß sein Schmerz der Todten gelte, die wir bestatteten, und tröstete ihn. Seine Traurigkeit entsprang aber aus einer ganz anderen Quelle; denn er antwortete: „Ueber die alte todte Frau weine ich nicht; aber" (indem er nach dem Lustgarten, wo eben die Garbisten exercirten, mit ausgestreckten Armen zeigte) „ist es nicht zum Verzweifeln, daß ich da Nichts mehr gelte, wo ich sonst Alles galt?" Er war damals 75 Jahre alt, — und starb bald nachher.

ters. Zwar war derselbe, seinem Naturell nach, in den ihm
angeborenen Anlagen und der daraus entspringenden herr=
schenden Stimmung des Gemüthes, immer menschenfreund=
lich und wohlwollend; doch war diese Menschenfreundlichkeit
und dieß Wohlwollen zugleich sanguinisch, mithin wankel=
müthig und unbeständig, und hing nur von seinem Befin=
den und der Concurrenz der Umstände ab. Er war einer
von den liebenswürdigen Menschen, die zu allen Zeiten und
in jedem Moment des Lebens mit Jedem und der Sache,
die sie gerade vorhaben, redlich und aufrichtig es gut mei=
nen, aber die heute nicht sind, wie sie gestern waren, und
morgen Jenes und Dieses in der Lebendigkeit und Beweg=
lichkeit ihres Wesens vergessen haben. In dem Benehmen
des Kaisers gegen den König von Preußen bei'm Abschluß
des Tilsiter Friedens, und dann vorzüglich in dem Verhalten
des Russischen Kaisers gegen den Französischen bei ihrer Zu=
sammenkunft in Erfurt, ist Manches, was bei'm ersten An=
blick gegen seinen treuen Bundesgenossen, dem er über dem
Sarge des großen Ahnherrn in ernster Mitternachtsstunde
ewige Treue geschworen hatte, als Zweideutigkeit erscheint;
was es jedoch nicht war, sondern was aus der Flexibilität,
jedem äußeren Eindrucke offen, sich psychologisch wahr er=
klärt. Offenbar war Alexander in dem Zustande der
Täuschung und sah in dem Französischen Kaiser einen grö=
ßeren Mann, als derselbe wirklich war. „Aber der Brand
von Moskau erleuchtete seine Seele," und von die=
sem Zeitpunkte an wurde er ein ganz Anderer. Was vor=
her in ihm Ansicht gewesen war, wurde tiefe Erkenntniß;
was Gefühl, — Gedanke; was Wallung, — Grundsatz.
Er wurde ein selbstständiger Mann, ein wirklicher Autokrat,
der überall auf eigenen Füßen stand, der wußte, was er

wollte und sollte. Diese Festigkeit denke man sich im Bunde mit persönlicher Anmuth und Liebe, und man hat das Bild eines liebenswürdigen Menschen und Herrschers. Die Vorurtheile der Geburt, in welchen er erzogen war, den tief liegenden Egoismus seines Standes und Ranges legte er ab, ab für immer, und es wurde klar und hell in seinem Verstande, warm und menschenfreundlich in den weiten Kreisen, in welchen er sich bewegte. Auf der großen Stadt Moskau, wo er war gekrönt worden, ruhte vorzüglich sein dankender Blick, — er sah in den wogenden Flammen derselben die Morgenröthe der angebrochenen besseren Zeit. An dem großartigen Beispiele derselben war es ihm klar geworden, was Liebe und Anhänglichkeit eines treuen Volkes zu seinem angestammten Herrn zu thun, hinzugeben und aufzuopfern vermag. Eine Begebenheit, in der, um den verwegenen, tollkühn vordringenden Feind aufzuhalten und zu vernichten, die große Einwohnerschaft, mit Reichen, Bemittelten, und Armen, der alten berühmten Stadt und ihrem Heiligthume mit heldenmüthigem Schmerz verschwiegen den Rücken kehrt, und dann die angefüllten, nun verlassenen Häuser anzündet, um sie und den eingedrungenen Feind zu verderben; eine Weltbegebenheit, die über die gewöhnlichen Kräfte der Menschen ist, und in der der Kaiser den Finger des Allmächtigen sah. Ihn erblickte er in der wunderbaren Erlösung, wie in Allem, was ihr folgte und aus ihr hervorging. Die eintretenden Ereignisse hallten wieder von einem Ende der Welt zum anderen und erfüllten jedes Herz, und jede Zunge sprach davon. Der Russische, der Oestreichische Kaiser und der König von Preußen waren die von Gott gesandten Erlöser und ihre siegreich vordringenden Heere umschwebte ein wunderbarer Heroismus. Nachdem

die durch Denkungsart und Gesinnung und Tendenz innigst
verbundenen gekrönten Herren den heiligen Bund geschlossen,
dachten und handelten sie in Einem Geiste.

Dem Kaiser Alexander trug der Senat den Beinamen
und Titel des „Gott Gebenedeiten" an; er lehnte ihn
aber, frei von aller Eitelkeit, ab, und gab demüthig Gott
allein die Ehre. Dem heiligen Synod gab er den Befehl,
sämmtlichen Geistlichen das Lobpreisen und Rühmen des Monarchen zu untersagen. Er wollte nichts Anderes sein, als
ein segnendes Werkzeug in der Hand Gottes, und setzte
darein seinen höchsten Ruhm. An ihm, dem Kaiser, hat
das Christenthum hellglänzend bewiesen, was es aus dem
Menschen schaffen, und welche Palingenesie es selbst mit dem,
der nicht seinem Geiste von Natur zugethan ist, hervorbringen kann, wenn er von da an, wo er erleuchtet ist, diesem
Geiste sich hingiebt und von ihm sich leiten läßt. Nach dem
Princip des Christenthums, das Alexander in seine Denk-
und Gefühlsweise als sein Eigenthum aufgenommen hatte,
ah er in Jedem, auch dem ärmsten Menschen, die Würde
des Menschen, und so gab es in seinem Reiche keine Skla-
ven mehr. Klopstock feierte voll poetischen Geistes lehrreich
seine Thronbesteigung durch eine herrliche Ode „An die
Humanität," und man kann mit Recht ihn, als fern
von jeder Despotie, besonders nach dem Jahre 1813 — 1814,
einen humanen Herrn im vollen Sinne des Wortes nennen.
Ueberzeugt, daß Nationalsinn aus dem Innern des Volkes
sich entwickeln müsse, war ihm das Volkserziehungswesen
besonders wichtig, und er that für die Stadt- und
Landschulen mehr, als irgend einer seiner Vorgänger; Lehr-
seminarien, Gymnasien und Universitäten hat er viele er-

richtet und neu gestaltet. Zur Verbreitung der Bibel in
fast allen, auch den entfernten Provinzen hat er unermüdet
gewirkt, da er die heiligen Bücher mit Recht für das beste
Volksbuch hielt. Daß er für das materielle Wohl seines
Volkes sorgte, versteht sich von selbst; hier ist aber nur von
dem geistigen desselben die Rede, und dieses galt ihm über
Alles, wenn aber dieses mit seinem Leben erst angeregt ist,
folgt jenes von selbst. Vor Allem lag ihm am Herzen, eine
edle, freie Denk= und Sinnesart in seiner Nation zu befördern, und die Geißel, die Knute der Zwangherren, der
Starosten, zu zerbrechen. So viel er konnte und als ein altes
herkömmliches Recht ihm nicht in den Weg trat, schaffte er
die Leibeigenschaft ab, leibeigene Bauern durften sich von ihren Erbherren loskaufen. Sein Charakter war offen und
human; so sollte auch seine Regierung sein. Alles Heimliche und Versteckte war ihm zuwider, und sein Volk liebend,
erklärte er sich laut gegen die Plackereien und Ränke der
vom niedrigen Eigennutze beseelten Beamten. Er wußte,
daß Durchstechungen und Bestechungen an der Tages=Ord-
nung waren, und suchte und fand sie zur verdienten Be-
strafung in den geheimsten Schlupfwinkeln. Seine Menschenkenntniß und Menschenliebe hatte, weil wahre Frömmigkeit ihn beseelte, etwas Großartiges, und die Verbindung des
Abend= und Morgenländischen gab Allem, was er sagte und
that, einen eigenthümlichen Schwung. Er verstand den
Zeitgeist und seine Tendenzen, und stand über demselben, weil
er den Anhauch des Weltgeistes fühlte. Es hatte sich in
ihm und den Tiefen seines Wesens ein Sinn für das Ewige
und Wahre angesetzt und ausgebildet, der auch in den ver-
wickeltsten Verhältnissen das Rechte ihn herausfinden ließ.
Sein heller Blick und sein moralischer Tact trafen gleich

überall das, worauf es jedesmal ankam (punctum saliens,) und er brauchte sich nicht lange zu besinnen über das, was jedesmal geschehen sollte. Ihn leitete der einfache Grundsatz: Das Wahre ist auch immer das Gute. Was in sich unrecht war, konnte in seinen Augen keine Autorität erhalten, und unveräußerliche Rechte der Menschheit, wie lange sie auch verkannt und unterdrückt sein mochten, konnten nie ihre Geltung verlieren. Von allen großen Männern, die ihn umgaben, stand Keiner ihm näher, und war Keiner ihm wichtiger, als der Minister von Stein; *) Beide waren geistesverwandt; und darum

---

*) Es ist von dem Reichsfreiherrn, Preußischen Staatsminister Carl von Stein so Vieles gesagt, geschrieben und gedruckt, daß es überflüssig scheinen mag, von diesem außerordentlichen, reichbegabten und seltenen Manne noch irgend Etwas zu sagen. Sein Leben und Wirken auf dem offenen Schauplatze der Welt liegt derselben klar und hell vor Augen und sein Einfluß auf den Gang, welchen sie genommen, ist um so sichtbarer und erkannter, da er von Natur offen, rasch und redlich war. Diese Klarheit und Redlichkeit trat in Allem, was er war und that, um so bestimmter und ausdrucksvoller hervor, da sie mit einer überrennenden Heftigkeit und einem Alles niedertretenden Jähzorn verbunden war. Gleichwohl ist in der Zeit, die sein reicher Geist befruchtete, noch Manches, was mit dem Schleier des Geheimnißvollen bedeckt ist, dessen Enthüllung aber noch klarer machen wird, welch' ein außerordentlicher Geist er war. Gewiß hat die öffentliche Stimme ihn richtig charakterisirt, wenn sie seinem überall verbreiteten Bilde, voll Charakter, Schärfe und Leben, die wahre, treffende In= und Unterschrift gab:

Des Rechtes Grund — Stein.
Dem Unrecht ein Eck — Stein.
Der Deutschen Edel — Stein.

Ein Mann von welthistorischem Rufe, hat er seine Würdigung und Stellung in der Geschichte bereits erhalten; aber

war die Elektrisirung gegenseitig. Schwer hält es, zu sagen, wessen Einfluß größer gewesen sei, der des Einen, oder der des

---

er ist so merkwürdig, daß einzelne, wenn auch kleine Züge zur Belebung seines interessanten Bildes Etwas beitragen. Er war, ein Liebling und Zögling des Ministers von Heinitz, Bergrath in dem bergigten Flecken Wetter in der Grafschaft Mark. Dieselbe lernte er kennen, schätzen und lieben, und er wurde nachher Oberpräsident in Westphalen. Als solcher war er oft zu Hamm, wo damals eine Krieges = und Domainen = Kammer war, jetzt Regierung genannt, zu Arnsberg. Er war gern in dem stillen und angenehmen, größtentheils Ackerbau treibenden Städtchen und hielt sich, besonders im Sommer, mehrere Monate in dem heiter am Sudenwalle gelegenen Hause des Hofraths Kühlenthal auf. Man hat aus den oberen Zimmern, die er, ein Freund der Natur, bewohnte, die Aussicht in das Süderländische Gebirge, dahin, wo das ihm liebe, stille Wetter lag. Es konnte nicht fehlen, daß ich als Prediger des Orts mit ihm in Berührung kam, um so mehr, da er, gegen die Gewohnheit der Herren von der Kriegs = und Domainenkammer, mit dem damaligen Kriegsrath von Rappard und dem Kriegsrath Terlinden, würdigen Männern, die Kirche besuchte. Mehremal hatte er die Abschrift der gehaltenen Kanzelvorträge begehrt, und vorzüglich mit Zufriedenheit eine Predigt gehört, die, mit Bezugnahme auf die damals losgebrochene Französische Revolution, über die Bibelstelle: „Wo der Geist des Herrn ist, ist Freiheit," gehalten war. Dieß gab Veranlassung, daß er mich rufen ließ; und was er sagte, waren hellleuchtende, die Wolken zerreißende Blitze. Von dem reichen Geiste des Mannes, seiner Lebendigkeit, und Wärme, fühlte ich mich, (damals 27 Jahre alt) mächtig angezogen, und um ihn öfter zu sprechen, ging ich Abends in die Ostenallee, wo er gewöhnlich in der Dämmerung zu spazieren pflegte, und wo er dann mich anredete, so daß ich mit ihm gehen durfte. Mir war das immer ein Fest; denn jedesmal wurde ich von dem seltenen Manne angeregt, belebt und begeistert. Nie bin ich bei ihm gewesen, nie von ihm gegangen, ohne mich von ihm gehoben, belebt und besser gefunden zu haben. Bald darauf wurde ich sein Amanuensis, der vorzüg-

Andern; sie ergänzten sich und waren in diesem Stück in einem Sinne und in einer Richtung. In allem Anderen waren

lich nach der Jenaer Literatur-Zeitung, nach der allgemeinen Deutschen Bibliothek und nach den Rinteln'schen Annalen dem vielbeschäftigten Manne kurze Vorträge über die neu erschienenen Bücher halten mußte. Gewöhnlich wählte er dazu die Tischzeit, und ließ er 2 Portionen 3 Speisen von dem Stadtkeller holen. Bei dem frugalen Mahle war der gesunde Mann gesprächig, heiter, humoristisch, vorzüglich sarkastisch. Bei gutem Wetter wurde der Kaffee gewöhnlich im Garten in einer Laube getrunken, und eine Verwandte des Hauses, die ihn gut bereitete, umgeben von drei Hündchen, eine gesprächige alte, unverheirathete Dame, hutschte nach. Ueber ihrem Erzählen von Stadtneuigkeiten schlief Herr v. Stein gewöhnlich sanft ein. Kaum war das erfolgt, so schwieg Mamsell Zahn und winkte Stille. Sie hatte so viel Ehrfurcht für den schlummernden Oberpräsidenten, daß sie mit einem grünen Zweige dem catonischen Gesichte, der hohen, ernsten, gewaltigen Stirn, den feinen, dünnen und satyrischen Lippen, sanfte Kühlung zuwedelte. Oft wurde der Schlummernde wach; er sah mit seinen hellen feurigen Augen umher, und schlief wieder ein, bis der alte bestellte Kammerdiener kam. Herr von Stein war ein reicher Mann, er gab viel den Armen, brauchte aber sehr wenig für sich; lebte einfach, hielt nur ein Reitpferd und einen Bedienten. Gesund, voll Lebensfülle und Kraft, in den besten Jahren, war er doch, wenngleich getrieben vom Idealen und von warmer Einbildungskraft, ein Stoiker in der Arbeit. Ihr hingegeben, war der sonst lebendige Mann in sich gekehrt, versunken und fixirt, und konnte 10 — 12 Stunden ununterbrochen bei einer interessanten Sache bleiben, bis er ihrer sich ganz bemeistert hatte, und, was er sein wollte, ihrer Herr war. Er duldete für seine Person keine Subordination und mußte überall auf der Spitze sein. Keiner Autorität, als solcher, huldigte er; aber wohl dem Uebergewichte der Einsicht und Vernunft, selbst wenn er sie bei Untergebenen fand. Deßhalb war er in dem harmonischen Spiele seiner Seelenkräfte ein tiefer Menschenkenner und unterschied mit messendem scharfen Auge

der Russische Kaiser und von Stein zwei verschiedene Wesen.
Jener flexibel, phantasiereich und abspringend; dieser fest,

---

bei'm ersten Anblick. Gespreiztheit, Dickthuerei, die innere Leerheit zu verbergen, durchschauete er bald, und nichts war ihm
mehr zuwider, als Windbeutelei. Die Klugheit, welche aus
Schonung und Rücksicht die wahre Meinung zurückhält,
kannte er nicht: die seinige sagte er gerade heraus, auch wenn
sie unangenehm, selbst wenn sie grob erschien. Er sprach sehr
rasch und geschwind; wenn er heftig wurde, was er leicht werden konnte, rapide und stürzend. Die Kunst, zu schweigen,
verstand er nicht, und wollte sie, als unvereinbar mit einem
geraden, redlichen Manne, nicht verstehen. Seiner Ueberzeugung blieb er unter allen Umständen, selbst den Hochgestellten,
wenn er es mit Ministern und Fürsten, mit Kaisern und Königen zu thun hatte, selbst eigensinnig unverrückt treu. Deßhalb hatte er das Schicksal aller großen Männer, er wurde
häufig verkannt, und ebenso oft gerühmt und gepriesen, als getadelt und herabgesetzt. Die mittelmäßigen gewöhnlichen Köpfe
schüttelten und zuckten die Achseln über ihn; die Talentvollen
und Energischen sprachen von ihm mit Begeisterung und ihre
Verehrung, besonders der Jungen, ging so weit, daß sie selbst
im Aeußern ihm ähnlich zu werden trachteten, und gleich ihm
die eine Schulter hochtrugen. „Es ist," sagt Berthold Niebuhr, in seinen „Lebensnachrichten" (1. 2. 3. Band, Hamburg
bei Perthes 1838) „eine schwere und mißliche Sache für einen
Untergebenen, einem Vorgesetzten, den man übersieht, fügsam
zu gehorchen, und gegen bessere Ueberzeugung seinen befehlenden Willen zu vollstrecken; leicht können aus solchem Mißver-
hältnisse Spannungen und Widerspenstigkeiten entspringen. In
solche fatale Lage kam man mit Stein nie. Stets war er der
Sache, die verhandelt werden sollte, kundig; immer stand er
über ihr; von seinen Lippen strömten seine Belehrungen; man
fühlte, daß sie das waren; man war ruhig und sicher unter
der Leitung eines solchen Vorgesetzten." Wenn das ein Mann
wie Niebuhr, der sehr würdig, aber reizbar und launig war, sagt,
so bedeutet das Etwas, und das Nämliche gesteht Ernst Moritz
Arndt, eine sympathetische Natur, in seinen „Erinnerungen aus

unbeweglich und heftig. Aber Beide waren lebendig, und in der Lebendigkeit für die eine große Sache, die vorlag,

---

dem äußeren Leben," Leipzig in der Weidmannschen Buchhandlung 1844.

Es ist lehrreich und merkwürdig, zu sehen, wie ein superieurer Geist seine Herrschaft ausübt und sein Gewicht durch sich selbst geltend macht. Wenn v. Stein in dem kleinen Städtchen Hamm angekommen war, verbreitete sich's schnell wie ein elektrischer Schlag und es hieß überall: „Er ist da!" wiewohl er still und unscheinbar in einer gewöhnlichen Reisechaise mit 2 Extrapostpferden und einem Bedienten eingefahren war. Alles, besonders die Herren von der Kammer, waren in Bewegung; man sah sie hinströmen nach der sonst stillen Straße, im sogenannten alten Hamm, wo er wohnte. Die Sitzungen der Collegien waren dann zwar kürzer, als gewöhnlich; aber Alles, auf die Sache selbst gerichtet, mußte schneller gehen. Unnütze Weitläuftigkeiten und einleitende Wortmacherei waren ihm und seiner Energie zuwider. Anregen, wecken, neue Zustände mit ihren Verbesserungen ein= und herbeiführen, und dabei zündende Funken sprühen, Hindernisse niedertreten, treiben und jagen, war die Seele seiner Thätigkeit. Dabei ging er schnell von Einem zum Anderen über und hielt es nicht lange bei einem Gegenstande aus. Es war ihm genug, seine Ansicht in überstürzenden Aphorismen gesagt zu haben, und er setzte dann nur hinzu: „Das muß geschehen und ausgeführt werden!" Widerspruch sah er zwar gern; aber nur dann, wenn er erheblich und gründlich war. Gewöhnlich war dieß bei seinem hellen Geiste, der alle Seiten übersah, nicht der Fall, und dann wurde er sarkastisch und machte den Opponenten lächerlich. Oft wurde er darum ungerecht und forderte zuviel. Selbst schnell und rasch, ging ihm Alles zu langsam, und eine schwere Sache sollte auf der Stelle fertig sein. Einst hatte ich, vielfach in Kirchen= und Schulsachen von ihm gebraucht, von ihm brevi manu den schriftlichen Befehl erhalten, über einen pädagogischen Aufsatz in der Theologischen Quartalschrift von Natorp, den er sehr schätzte, gutachtlich zu berichten. Manches

trafen sie eines Sinnes zusammen. Stein war kein Freund von Umwegen, krumme Wege waren ihm vollends zuwider;

---

war mir dabei noch dunkel und ich ging zu ihm, um seinen Willen näher zu erbitten; dieß war aber an demselben Tage, wo ich den Auftrag erhalten hatte. Gleichwohl empfing er mich mit der Frage: „Sind Sie fertig?" Als ich antwortete: „ich brauche einen halben Tag, um mit prüfender Aufmerksamkeit den in Rede stehenden Aufsatz zu lesen," erwiederte er: „I wer wollte so langsam sein! Das ganze Buch lese ich in einer Stunde durch." Indem er das sagte, sprang er schnell vom Stuhle auf, und ging in raschen Schritten im Zimmer auf und ab, und ich erzählte, wie Semler in einem Morgen einen Folianten hätte durchlesen können. „Sehen Sie!" sagte er, gutmüthig lächelnd. Denn dieser strenge, heftige und impetuöse Mann war tief im Grunde seines Herzens ein weicher, liebevoller Mensch, gut wie ein Kind und wehmüthig wie ein Christ, der mit Schmerz seine Schwächen und Unvollkommenheiten fühlt. Sein hoher, reicher Geist, der im Gefühl seiner Kraft jedem, auch dem höchsten, menschlichen Ansehen muthig entgegen trat, und vor Fürsten, Kaiser und Königen wie ein freier Mann bestand, beugte sich bemüthig vor der göttlichen Autorität des Christenthums. Er sah und ehrte in ihm, in seiner Verbreitung und moralischen Einwirkung, eine göttliche Offenbarung, und las und studirte besonders die englischen Hauptschriften gegen dieselbe, um sich in seinem Glauben zu stärken und zu befestigen. Derselbe ruhete auf einem sichern, festen Grunde. Er prüfte, forschte und dachte nicht bloß mit seinem hellen, wohl unterrichteten Geiste, sondern er fragte zugleich sein Gewissen, und darum war er in allen Stücken ein gewissenhafter Mann, der, so wie er stand und ging, eine höhere, göttliche Signatur trug. In seinem ganzen Wesen athmete ein wahrhaft vornehmes Benehmen, welches ihn ebenso sehr vor Abgemessenheit und Pedanterie, als vor Gemeinheit und Trivialität bewahrte. Wenn sein klarer Verstand, der bei allem Erkennbaren Gründe verlangte, ihm es unmöglich machte, mystische Gefühle in sich aufzunehmen, und Schriften, welche dieselben nährten, z. B.

sein fester Tritt ging und wandelte stets die gerade Bahn,
und er behielt das hohe Ziel, wohin er wollte, und wohin

---

die damals von Vielen gelesene über das Geisterreich und die
Offenbarung Johannis von Jung Stilling, zu goutiren so bewahrte auf der anderen Seite sein tiefes Gemüth mit seinen
übersinnlichen Ahnungen ihn vor dem kalten, nüchternen und
trockenen Rationalismus. Es war ihm klar, daß derselbe bei
dem Princip, Nichts anzunehmen und für wahr zu halten, als
was er begreifen und erklären könne, consequenterweise zum
Atheismus führe. Deßhalb war er mit der Tendenz des Zeit-
alters, die des Herzens Rechte zurücksetzte und Intelligenz als
das Höchste und Beste wollte, gar nicht zufrieden. Er legte
mit Recht der Harmonie des ganzen menschlichen Wesens den
größten Werth bei, und glaubte, diese Zusammenstimmung aller
Kräfte würde auch den äußeren Frieden herbeiführen, und, wo
dieß nicht ginge, den Unfrieden des Lebens erträglich und unschädlich machen. Er sprach um so lieber von dieser Harmonie, je weniger er sie hatte; wenn er mit Begeisterung davon
gesprochen, endigte er mit einem Seufzer aus tiefer Brust, und
sein sonst lebhaftes, feuriges Auge erhielt eine sanfte Färbung,
und suchte mit einem eigenen Ausdruck die Höhe. Er hatte
bei dieser Richtung und Stimmung den lebendigen Geist des
Evangelischen Christenthums in sich aufgenommen und verehrte
dasselbe in seiner Kürze und Rundheit, in seiner Erhabenheit
und Einfalt, über Alles hoch. Dagegen war ihm der Dogma-
tismus der alten abgestandenen und faulen Orthodoxie zuwider
und er spottete über ihn. Die Mysterien der christlichen Religion, sowohl in ihren Glaubenslehren, wie in ihrer Geschichte,
waren ihm heilig, und er behandelte sie mit Scheu und Ehrfurcht. Besonders war das Mysterium des heiligen Abendmals ihm wichtig; er versenkte sich in seine Tiefe, so oft er — alle
Jahre Mehreremale, bis an sein Ende, — im Gefühle des Todes
und der Unsterblichkeit es feierte. Kurz er war ein Mann,
der Himmel und Erde, Sinnenwelt und die übersinnliche, als
unzertrennlich miteinander verband und in dieser Verbindung das hatte, was man Hohes und Göttliches nennt.
Man stand mit ihm fest und ruhig auf der Erde, sah ihre wech-

Alles sollte, unverrückt im Auge. Er wußte nichts von Unterwürfigkeit, und so ehrerbietig er gegen den Kaiser war,

---

selnden Erscheinungen klar und zusammenhängend; und doch
fühlte man sich in seiner Nähe und unter seinem Einfluß gehoben. Hiermit sympathisirend, erfreute ich mich seines Wohlwollens und Vertrauens; doch verlor ich dasselbe, als ich den
durch ihn bewirkten Ruf als Prediger und Consistorialrath
nach dem benachbarten Münster ausschlug. Die dankbare Liebe
zu meinen Eltern, besonders zu meiner guten, betagten Mutter;
die herzlichen Bitten meiner Freunde und vielen Verwandten;
die Anhänglichkeit und Güte einer gut gesinnten, christlichen
Gemeinde, hatten, nach schlaflosen Nächten, den Entschluß, in
Hamm zu bleiben, in mir zur Reife gebracht. Als ich denselben dem Oberpräsidenten von Stein ankündigte, fuhr er mich
barsch an und sagte: „Ich habe es gut mit Ihnen gemeint,
und Etwas aus Ihnen machen wollen; aber Sie sind ein ver-
zärteltes Muttersöhnchen, und hören auf die Stimmen der
theuern Nichten und Vettern; aus Ihnen wird Nichts werden.
Sie können gehen." Er wurde grob und heftig, — aber sarkastisch und bitter, als ich Consistorialrath zu Hamm werden
sollte, und ich mit meinem damaligen älteren Collegen an derselben Kirche, mit dem ich in nie gestörter Eintracht lebte, bat,
daß er uns Beide anstellen und Geschäfte und Besoldung theilen möchte. Er antwortete bald und kurz: „Ew. Hochehr-
würden haben mir Ihre geheimen Wünsche geoffenbaret, und
würde, wenn Sie Beide angestellt werden sollten, ein zweiter
Theil des Handbuches über den Preußischen Hof und Staat
nothwendig sein." Ich wurde, wie mein Vater, ein kluger
Welt- und Menschenkenner, angekündigt hatte, nicht angestellt. Beide Collegen blieben, was sie waren, und wenn sie,
die langen Nasen in der Tasche, dem Herrn von Stein begegneten, sah er sie, besonders mich, finster und sarkastisch an.
Bald darauf ging er, zum Schmerz Westphalen's, besonders
der Grafschaft Mark, die er liebte, wo er gern war, und die
er in ihren vorzüglichsten Frei- und Schulzenhöfen kannte, als
Staats- und Finanz-Minister nach Berlin. Der veränderte Wir-
kungskreis, das Leben und Wirken mit den übrigen Ministern,

so war er doch stets freimüthig, und sprach unerschrocken
aus, was er dachte und wollte. Einen solchen Kraftmen=

---

die Nähe des Königs, das öftere Sein am Hofe, änderte sei=
nen Charakter nicht. Vielmehr äußerte er seine Grundsätze da,
wo das wahre Leben für den ganzen Staat ausgehen soll, um
so freimüthiger und lauter; und schonungslos deckte er alles
Uebertünchte und Versteckte auf. Er war und blieb allem Un=
recht ein Eckstein, nannte eine jede Sache bei ihrem rechten
Namen, und sprach mit dem Könige ehrlich ohne Rückhalt. Er
zerfiel mit dem Geheimen Cabinetsrathe und man fürchtete ihn;
aber man ehrte seine überflügelnde Einsicht und liebte in der
Volksmasse seine Geradheit, die sehr oft die kluge Gewandtheit
über den Haufen rannte. Auch als Minister war und blieb
er frei und unabhängig, und fürchtete Keinen. Es war lehr=
reich und interessant, ihn, den kleinen, gedrungenen Mann auf
stämmigen Füßen, mit dem ernsten, bedeutungsvollen Gesicht,
und dem scharfen leuchtenden Blick, als eine Erscheinung, die
einer alten, vergangenen Zeit angehörte, in der neuen mit ihrer
bunten Färbung zu sehen und zu beobachten. Man sah, fühlte
und hörte es ihm an, daß er ein origineller, vom Gewöhnli=
chen ganz abweichender Mann war, der in eigenen Ideen und
Grundsätzen lebte. Die Sache war es, welche er im Auge
hatte und meinte; alles Andere, und zwar bloße Decoration,
beachtete er nicht. Ja er verachtete sie laut in ihrer Erbärm=
lichkeit und Leerheit. Ich weiß nicht, ob er an meiner Beför=
derung nach Potsdam empfehlenden Antheil hatte; aber er
wünschte sie. Denn als ich meine Gastpredigt zu Berlin im
Dom gehalten, erzählte er den Mittag an seinem Tische, daß
er zu dem damaligen reformirten geistlichen Minister v. Thu=
lemeyer in der Kirche gesagt hätte: „ich wüßte wohl, was ich
in Ew. Excellenz Stelle thun würde; ich würde zu dem ver=
legen und verlassen in der Sacristei dastehenden armen Schlucker
gehen und ihm ein Wort des Beifalls und der Zufriedenheit sa=
gen;" und wie er nun hörte, daß dieß wirklich der Minister
von Thulemeyer gethan, lachte er sarkastisch und konnte gar
nicht aufhören. Er machte satyrische Bemerkungen und persif=
lirte sehr geistreich, ohne persönlich zu sein. Die Zeit war da=

ſchen konnte man brauchen; er war für die damaligen
Zeiten gemacht. Seiner Kraft und Ueberlegenheit ſich be=

---

mals, (1806,) eine tiefbewegte und er war mit den Vorkehrun=
gen, wie dem ganzen Gange der Dinge, ſehr unzufrieden. Den
unüberwindlichen und gepriesenen Helden, den Kaiſer Napoleon,
haßte er und wurde heftig, wenn man ihn mit Stein's Ideale,
Friedrich dem Großen, verglich. Er durchſchaute ihn und ſeine
Tendenz, und ſagte es laut, daß nur die Zwietracht und Kleinheit
ſeiner Gegner ihn ſo groß mache. Er räumte ein, daß er an
Liſt, Verſtecktheit und Schlauheit alle Anderen überträfe; aber
nie, wie auch Alles unglücklich ging, und chaotiſch in Trüm=
mern tiefſter Demüthigung das unterjochte Deutſchland balag,
nie gab er den Muth und die Hoffnung auf, der gemeinſchaft=
liche Feind könne und werde beſiegt werden. Er ſprach dar=
über mit Begeiſterung, wie ein Prophet, und wußte, wie aus
der alten Geſchichte ſchlagende Analogien anzuführen, ſo über
die Natur des Menſchen und der Völker vortrefflich zu reden,
ſo daß man mit ihm beſſere Zeiten hoffte, wenn man freilich nicht
begriff, woher ſie kommen ſollten. Er wurde heftig, wenn man ihm
widerſprach und konnte ſich nicht mäßigen, wenn von Johannes
Müller die Rede war. Napoleon wußte das; er kannte die
eminenten, umfaſſenden Talente Stein's, und fürchtete ihn.
Nachdem er ihn für ſeine Abſichten unſchädlich gemacht und
bewirkt hatte, daß der einſichtsvolle Miniſter aus dem Preußiſchen
Staatsdienſte entlaſſen und exilirt worden, war Stein auf kurze
Zeit, gleichſam auf der Flucht, zu Berlin, und wohnte in dem
Seehandlungsgebäude. Der Conſiſtorialrath, Direktor Sneth=
lage, den er von Hamm her kannte und ſchätzte, und ich, wir gin=
gen zu ihm. Der große, auch im Unglück unverzagte Mann
ſaß ruhig da, und las heiter die Biographie Waſhingthon's.
Er ſagte, daß er bald abreiſen und nach Prag gehen würde.
Natürlich war von den damaligen Ereigniſſen die Rede. Er
ſprang auf und holte ein Papier aus dem Pulte. „Leſen Sie
mal!" ſagte er, und gab uns einen Brief. Er war an ihn
von dem Kaiſer Napoleon ſelbſt in Franzöſiſcher Sprache ge=
ſchrieben. Der Inhalt war folgender: „Es kann einem gro=
ßen Manne nicht zur Unehre gereichen, einem großen Manne

wußt, bewegte er sich frei und elektrisirend in den ersten Krei=
sen von Petersburg, und es dauerte nicht lange, so hatte er

zu sagen, daß er sich in ihm geirrt hat. In diesem Falle be=
finde ich mich gegen Sie. Die Confiscation Ihrer Güter in
Nassau will ich aufheben und solche mit den rückständigen wie
den laufenden Einkünften an Sie zurückgeben, wenn Sie sich da=
selbst ruhig verhalten und an politischen Dingen keinen, weder
unmittelbaren, noch mittelbaren Theil nehmen wollen" u. s. f.
Stein warf diesen Brief gleichgültig auf den Tisch, an den er
sich ruhig lehnte, und hat ihn nicht beantwortet. Er ging nach
Prag. Von da wurde er gerufen zu dem Kaiser von Rußland,
Alexander I., und in Petersburg und Wien schürte er das
große Feuer an, das Deutschland und Europa den Frieden mit
seiner Ehre und Würde gebracht hat. Welchen Antheil der
große Mann an diesen welthistorischen Begebenheiten gehabt
hat, was seine Begeisterung und deren Impuls gewirkt, ist zum
Theil schon jetzt bekannt worden; wird es aber mehr noch werden,
wenn alle jetzt noch verschlossenen Archive in künftigen Gene=
rationen sich öffnen. Aber daß er an der Spitze der Admini=
stration, die wie eine Feuersäule sich durch Deutschland nach
Paris bewegte, stoßend, treibend, elektrisirend, in seinem Ele=
ment war, weiß die Welt, und so lange es eine Geschichte
giebt, wird sie den Namen von Stein, als den eines der ersten
Restauratoren, nennen. Viele Jahre nachher, als das große
Werk mit seinen Segnungen längst zu Stande gekommen, fand
ich zu meiner Freude in Berlin in dem Hotel der Stadt Rom
den außerordentlichen Mann wieder, und Schleiermacher bei
ihm. Es war um Tischzeit, und wir mußten, was wir gern
thaten, bei ihm bleiben. Ein köstlicher, unvergeßlicher Mittag!
Stein und Schleiermacher waren verwandte Naturen; Beide lie=
ßen sich gehen und in der lebhaften geistreichen Unterredung folgten
treffend Schlag und Blitz; die Stunden wurden zu Augenblicken.
Von der Grafschaft Mark, und namentlich von ihrer Presbyterial=
und Synodal=Verfassung und dem daher entspringenden kirch=
lichen freien Geiste, sprach Stein mit Liebe und Achtung, und
sprühte, indem er damit die lahme, schleppende, kalte, todte
und tödtende, gebietende monarchische Consistorial= und Regie=

Alles für sich gewonnen und auch die Langsamen und Be=
dächtigen in Bewegung gesetzt. Es lag in dem Manne Et=

---

rungsverfassung verglich, solche Satyren, daß Schleiermacher,
dem das Waffer auf seine Mühle war, nicht aus dem Lachen
und Schütteln kam. Luftige Anecdoten würzten das Sympo=
fion. Unter Anderem fragte ich Stein: „Wo es ihm am
Besten gefallen, und wo er sich am Wohlsten gefühlt habe?"
Und der große Welt= und Staatsmann nannte nicht Berlin,
nicht Petersburg, nicht Wien, nicht London, sondern das stille
kleine Wetter an der Ruhr; „Da habe ich," setzte er hinzu, „in
einer schönen Gegend die Seligkeit der Einsamkeit genossen.
Ein Stachel der Sehnsucht dahin ist mir geblieben, ich hänge
daran mit Liebe." So sprach, dachte und handelte er; der
Kern des wahren Lebens war in ihm gesund und frisch, und
bei aller Weltbildung, war ihm Einfalt und Redlichkeit
geblieben; diese Einfalt und Redlichkeit war eben der Be=
weis seiner echten, humanen Durchbildung. Dem tiefen
Zuge seines Herzens konnte er erst ganz folgen, als wie er,
nach seinen Wünschen, als wirklich fungirender Staats=
minister abgetreten war und seinen Abschied genommen hatte.
Alle Unruhen und Arbeiten, alle Abhaltungen und Anläufe,
die mit einer so hochgestellten Wirksamkeit nothwendig ver=
bunden sind, sah er jetzt von sich genommen, und er war nun
äußerlich frei, wie er es innerlich immer gewesen. Es war
eine Wonne, ihn davon reden zu hören. Keinesweges war
er, als er sich vom Schauplatz des öffentlichen Wirkens zu=
rückzog, lebensmüde, abgespannt, und grämlich. Wenngleich
das Alter mit seiner Schwerfälligkeit und Langsamkeit, mit sei=
nen Schwächen und seinem Hange zur Ausruhung körperlich
bei ihm eingetreten war, so war doch sein Geist jung, lebendig
und frisch geblieben, und er blieb es bis an's Ende. Aber es
lebte und trieb in seinem Innern etwas Höheres und Besseres,
und im Ewigen athmend, war ihm der Kreislauf des Irdischen,
in dem er zwar andere Modificationen sah, aber nichts Neues
mehr fand, ein gähnendes Einerlei. Wie alle großen Männer
nach einem thatenreichen Leben, zog er sich in die Einsamkeit
und deren Genüsse zurück, und er wählte nicht die Zerstreuun=
gen und Bequemlichkeiten einer großen volkreichen Stadt, sondern

18*

was, was man respektiren mußte, und von ihm schonungs=
los behandelt, fühlte man doch an ihn sich gefesselt, so daß

---

fern von ihr und ihrem Geräusche das einfache Landleben mit
seinen stillen Reizen. Man sollte glauben, er wäre nun auf
sein väterliches Stammgut in dem schönen und fruchtbaren
Naſſauiſchen zurückgekehrt; aber wie wohl er mit seiner Ge=
mahlinn und seinen Töchtern (Söhne hatte er leider nicht) von
Zeit zu Zeit dort und sehr gern dort war, so zog er doch den
Preußischen Staat, dem er, begeistert von Friedrich dem Gro=
ßen, seine ersten Jugendkräfte in freier Wahl gewidmet hatte,
allen anderen Ländern vor. Vorzüglich lieb war ihm West=
phalen, deſſen Oberpräſident er gewesen, und in diesem sympa=
thiſirte er am Meisten mit der Grafschaft Mark. Er kannte
die Vorzüge derselben, ihre Eigenthümlichkeit, ihre Freiheit, ih=
ren Wohlstand, und hatte ihre biederen und kräftigen Bewoh=
ner aus allen Ständen lieb. Mitten im Herzen dieser glück=
lichen Provinz liegt auf der Wald umkränzten Höhe im Mün=
ster'schen das ehemalige prächtige Kloster Kappenberg. Man
sieht es auf dem sogenannten Hellwege überall schon aus wei=
ter Ferne und auf den ebenen und fruchtbaren Feldwegen
zwischen Unna und Hörde glänzen bei heller Witterung seine
langen Fensterreihen im Sonnenlichte; die Lage ist entzückend
schön! Aus den Sälen des Schloſſes liegt das ganze gesegnete
Land, wie ein Garten Gottes, offen und frei vor den erstaunten
sinnenden Blicken. Man siehet in mannichfacher, malerischer
Mischung die Städte und Dörfer, die Edelhäuser und Bauern=
höfe in üppigen Feldern, Fluren und Wiesen, zerstreut daliegen,
und der Geist der sorgenfreien Wohlhabenheit athmet in fri=
scher Lebensluft aus dieser reichen Fülle. Die Glockentöne aus
nahen und entfernten Kirchdörfern hallen am Morgen, Mittag
und Abend, in dieser weiten Ebene harmonisch zusammen, und
man wird still, ruhig und ernst, wenn man sich diesen feierli=
chen Eindrücken hingiebt. An der anderen Seite hin erhebt
sich das prächtige Süderländische Gebirge in verschiedenen Ab=
stufungen und man sieht mit Entzücken die rauchenden Berge.
Zwischen ihnen auf lüftigen Höhen und in traulichen Thälern
gen lieblühende Fabrikstädte, wohlhabende Dörfer, und einsame

man von ihm nicht loskommen konnte. Seine Persönlich=
keit hatte eine anziehende Kraft; es war die Wahrheit und

romantische Besitzungen. Ueber Kiesel rauschen schnell die Ruhr,
die Volme, die Lenne, und kleine Bäche hin. An denselben wohnen
die Drathzieher, und andere Fabrikanten, und es umschatten ein=
same Hütten Obstgärten; die Eisenhämmer durchhallen mit
gleichförmigen Schlägen die stillen Thäler. Nackte Felsen
schauen von ihren Höhen und von Gebirgen stürzen hin und
wieder Waldbäche herab. Von den Bergen hört man den Ge=
sang der einsamen Hirten und das Geläute der Heerden. Hie
und da schaut durch das Gebüsch eine braune glänzende Kuh;
flüchtige Hirsche laufen über den sich durchwindenden Weg, und
man hört von Landleuten, oder von Fischern, die Forellen und
Pirchen fangen, das wiederhallende Halloh. — Die Menschen,
die daselbst wohnen, leben und glücklich sind, gleichen sich in
individuellen Verschiedenheiten; doch in ihren Grundzügen sind
sie mehr oder minder, Jeder für sich, Originale. Die Sitten
und Gebräuche ihrer Vorfahren und Väter bewahren sie wie
ein überliefertes Heiligthum. Sie sind stämmig, zum Theil
groß und derb; aber bieder und gutmüthig, und in ihren Sit=
ten, Sein und Wesen, erinnern sie an die alten Deutschen, wie
Tacitus sie beschreibt. Das weibliche Geschlecht, seiner Natur
treu, hat einen weiblichen Charakter und ist freundlich, ohne
gefallsüchtig zu sein, oft schön, durchgängig gesund; man sieht
dort wenig sieche Gestalten, Krüppel fast gar nicht. Die Haus=
frauen sind in der Wahrnehmung ihres Hauswesens und der
Bestellung ihres Gartens vom Morgen bis zum Abend thätig
und immer geschäftig. Man sieht viel Kinder, und in der Re=
gel sind diese kräftig, fröhlich, und gesund; gelbe blonde Haare
sind gewöhnlich. Die herangewachsenen Mädchen schmückt Sitte
und Naivetät und ihre blauen Augen schauen lustig und schel=
misch, dabei unbefangen. Die Jünglinge sind lustig, unterneh=
mend und keck; aber voll Ehrfurcht und Gehorsam betragen
sich Söhne und Töchter gegen Vater und Mutter. Es ist eine
wahre Erbauung, sonn= und festtäglich den Hausvater und die
Hausmutter mit den Kindern und dem Gesinde, besser geklei=
det, ein Jedes Gesangbuch und Bibel unter dem Arm, der Reihe

siegende Gewalt in ihm, in jedem seiner feurigen Worte, in
jeder seiner energischen Handlungen. Mit dem Kaiser lebte

---

nach, oft in langen Zügen, auf den schmalen Pfaden den Berg
herunter oder die Thäler entlang nach der Kirche still hintereinander gehen zu sehen. Die Jünglinge und die Jungfrauen haben im Sommer ein Bouquet Blumen, dort ein Lüst-
ken genannt, gewöhnlich Rosen und Nelken, vor der Brust; und
die, welche sich miteinander verstehen, tauschen schalkhaft aus;
die Mütter, wenn sie es sehen, schütteln den Kopf. Die Menschen, welche die reine Bergluft einathmen und naturgemäß
einfach leben, werden dort gewöhnlich alt, und Viele beziehen
die Leibzucht. Man sieht vor derselben auf einem Holze sitzend
die Großmutter mit ihren Enkeln sich beschäftigen, und alte
Männer aus einem schwarzen Stummel rauchen, sich in Behaglichkeit sonnend.

In dieser Gegend war von Stein bekannt; hier war er
gern. Mit ihm befreundeten Männern, den früheren Bergrä-
then zu Wetter, dem nachherigen Oberpräsidenten zu Stettin,
Sack, dem Fabriken-Commissarius, dem Kriegsrath zu Weh-
ringhausen bei Hagen, dem späterhin Kaiserlich Russischen Geheimrath Eversmann, war er, wer weiß wie oft! diese stille
und doch belebte Bergstraße gekommen. Die Höhen und Thäler bei Hagen, Iserlohn, Sieberg, Hattingen, Lüdenscheid, Altena, Grüne, waren ihm, auf seinem Pferde sitzend, obgleich
wohlbekannt, immer wieder neu. Das frische, lebensvolle Bild
davon trug er in sich, und dahin kehrte seine Sehnsucht immer
wieder zurück. Er hatte die Hauptstädte von Europa, die
Pracht von London, Paris, Petersburg u. s. f. gesehen; aber
in allen eine gewisse gleichförmige Aehnlichkeit, eine ermüdende
Copienwelt gefunden. Je älter und reicher an Erfahrung er
geworden, desto mehr wurde ihm das Niveau der großen Welt,
ihre innere Armuth, ihr Scheinen, ihre Künstlichkeit, ihr abge-
messenes glattes Wesen, dasselbe durchschauend, zuwider. Seine
Originalität hatte er im vieljährigen Conflict mit den höheren
und höchsten Ständen in sich voll Energie bewahrt und es lag
Wahrheit und Einheit in seiner Tiefe. Seine Individualität

er auf einem vertrauten Fuße; mit seinem Vorwissen stand
er mit den Cabinetten in London und Wien in einem ver=

---

fand sich angesprochen von einer Volksthümlichkeit, die, entfernt
von großen Städten und von ihrer Verflachung durch Berge
abgeschnitten, originell geblieben und in allen Classen voll von
Originalen ist. Dieser Gegend hatte er seine reife männliche
Thätigkeit gewidmet; die ganze Provinz war des Segens der=
selben froh geworden. Ihn kannte ein Jeder persönlich; Je=
dem hatte er mittelbar oder unmittelbar gedient; ihm kam Je=
der ehrerbietig und treuherzig in gutem Vertrauen entgegen,
der gemeine Mann nannte ihn am Liebsten „unseren alten
Oberpräsidenten." Da, wo man geliebt wird, liebt man wie=
der, und man fühlt sich da wohl und zu Hause, wo man gern
gesehen wird. Dieser sympathetische Einklang theilt sich dem
Herzen mit; in dem Geben liegt auch immer ein Nehmen, und
Beides erzeugt eine Harmonie des Herzens und Lebens, in wel=
cher das innere und äußere Sein eine frische und immer wie=
derkehrende Neuheit erhält, in welcher man das Haus und die
Menschen in der nahen und fernen Umgebung liebgewinnt.

In dieser Stimmung und Befriedigung des Herzens kaufte
von Stein das prächtige Kappenberg vom Staate an und ver=
wandelte das ehemalige Kloster in ein Schloß. Auf der Höhe
und in den heiteren geschmückten Sälen desselben hatte er vor
sich liegend den Hellweg und das Süderland mit den Bergen,
seine geliebte Grafschaft Mark. Von Zeit zu Zeit erschien er
in Berlin, leitete die Angelegenheiten der Stände in Münster,
und wohnte den Verhandlungen der Synode bei. Die Angele=
genheiten von Europa behielt er im Auge, und stand fortwäh=
rend mit den einflußreichsten Männern im Briefwechsel. Man
ehrte die tiefe Einsicht und benutzte die Erfahrung des ehrwür=
digen Nestor's. Er beschäftigte sich am Liebsten mit Geschichte
und studirte sie in den Quellen. Seine religiöse Ueberzeugung
wurde stets heller und neigte sich immer mehr zum Positiven.
Das Evangelium Jesu Christi wurde ihm das Buch aller Bü=
cher und der Geist desselben machte ihn mit der Zunahme der
Jahre gewisser und freudiger, fester und milder. Im Stillen

traulichen Verkehr, und es ist geschichtlich gewiß, daß Stein
ein vorzügliches Werkzeug für Entwickelung der großen Welt=

———————

wohlzuthun und zu erfreuen war stets sein Genuß gewesen, und
wurde es mehr und mehr in seinem Alter. Sein ruhiges
Kappenberg war der Wohnsitz behaglicher Gastfreundschaft und
Jeder von Bedeutung besuchte ihn. Er behielt, wiewohl sein
Gesicht abnahm, die Lebendigkeit des Geistes und Wärme des
Herzens, bis zu seinen letzten Augenblicken. Diese waren sanft
und selig, und Kappenberg ist merkwürdig dadurch geworden,
daß auf ihm in stiller Schlafkammer starb einer der vorzüglich=
sten Männer seiner Zeit.

König Friedrich Wilhelm III. kannte und erkannte seinen
Werth, ehrte und schätzte ihn. Die freilich übertriebene Nach=
richt: Stein sei erblindet, erhielt Er zu Paretz, und bezeigte
wiederholentlich an diesem harten Schicksal inniges Bedauern
und Theilnahme. Seinen dann erfolgten Tod empfand Er tief
und Er nannte seinen Namen mit Achtung. Der König bediente
sich vorzüglich seines Rathes, als er noch um Ihn war, und
die meisten freisinnigen Institutionen unseres Staates, zu denen
vorzüglich die Städte=Ordnung gehört, sind sein Werk. Er
war auf gerader ebener Bahn zu dem gewissen Ziele der ge=
meinschaftlichen Wohlfahrt, ein Mann des Vorwärts, und wie=
wohl er einen Werth darauf legte, Reichsfreiherr zu sein, so
war er doch kein Aristokrat und sein heller Geist, sein klares
Gemüth war genesen von allen Vorurtheilen. In dieser Be=
ziehung war er dem Könige und Seiner Regierung wichtig;
aber seine Raschheit und Heftigkeit paßte nicht zu der Milde
des Herrn. Eine Sache und die gelegene Zeit ruhig abwarten,
und bis dahin Einhalten und Zögern lag nicht in der Den=
kungsart Stein's; bei ihm und in seiner Behandlung mußte
Alles biegen, oder brechen. Deßhalb sympathisirte er besser mit
dem idealischen Sinne des Kaisers Alexander und er war ganz
für das Geschäft der Vertreibung der Franzosen aus Deutsch=
land gemacht. An der Spitze der Administration dieser großen
Sache, ging ihm Alles nicht rasch genug. Er theilte seinen
Haß gegen Napoleon dem Kaiser von Rußland mit, und die

begegenheit war. Obgleich er bei aller Klarheit des Ver-
standes, bei aller Kenntniß der Sache, und bei aller Vorur-
theilsfreiheit lebendig und tief erkannte, was geschehen mußte,
wenn die allgemeine Wohlfahrt herbeigeführt werden sollte,
so war er doch aber mehr dafür gemacht, heilbringende Ideen
beifallswürdig und zeitgemäß vorzustellen, als solche auszuführen. Alles ging ihm zu langsam; das Schwerfällige war
ihm zuwider und Hindernisse brachten ihn auf. Deßhalb
hat er als Oberpräsident von Westphalen, wo er frei und
unabhängig waltete, sich glücklicher gefühlt, als nachher in
Berlin; und zum Russischen Minister würde er sich schwer-
lich gepaßt haben, — auch hat man nicht erfahren, daß er
nachher auf dieses Land Einfluß behalten.

Aber auf den Kaiser Alexander hatte die Zeit, und was in ihr
geschehen, einen gewaltigen Eindruck gemacht, und voll von
demselben war er ihr vorangeeilt. Er hatte den Weltgeist vernommen, er kannte seine Forderungen; aber sein edles, phan-
tasiereiches Gemüth übersah es, daß er mit Weisheit ange-
wandt sein will auf den Zeitgeist. So wie der alte Churfürst von Hessen das Interregnum des Königs von Westphalen ignoriren wollte und die inzwischen vorgeschrittene
Zeit auf der Uhr derselben, wie als wenn sie nicht da gewesen wäre, zurückzustellen suchte, was in sich unmöglich ist,

---

Gluth desselben wurde mit jedem Morgen neu, — bis das große
Werk vollendet war. Stein war ganz Deutsch und die Ehre,
Selbstständigkeit und Freiheit Deutschland's war ihm Sache
des Herzens und Aufgabe des Lebens. Keiner hat mehr dafür
gedacht, gethan, gelitten, als er; er ist und bleibt einer der
merkwürdigsten Männer dieser großen Zeit. — Gesegnet sei
sein Andenken!

so war im Gegentheil im Großen der Kaiser Alexander, wie=
wohl er sein Volk kannte und von ihm geliebt wurde, nicht
langsam genug in Anwendung dessen, was er als wahr und
zeitgemäß erkannte.   Sein rascher Geist, sein menschenfreund=
liches Gemüth übersprang alle zwischenliegenden Stufen.
Die Natur läßt sich nicht zwingen, sie bewegt sich langsam
von einem Zustande zum anderen, und rächt sich unausbleib=
lich, wenn man ihr aufdringen will, wofür sie noch nicht
reif ist.   Ein jedes Ding hat seine Zeit, — so auch jeder
Mensch und jedes Volk. Aus der Nacht geht das Mor=
genroth hervor, aus dem Morgenroth der Aufgang der Sonne,
aus ihr der Morgen, dann der Mittag, der Nachmittag und
Abend mit seinen verschiedenen Schattirungen ruhig und
langsam von selbst hervor.   Der Winter, wenn er sein Sta=
dium durchlaufen hat, verschwindet von selbst und macht dem
Frühlinge und seiner Blüthenherrschaft Platz.   Sind diese
Blüthen abgefallen und sollen sie reifen, so besteigt der Som=
mer mit seiner Gluth den Thron; und sind die Früchte reif,
so ist der Herbst mit seinen Erndtefreuden da.   Aus dem
Kinde entwickelt sich von selbst der Knabe, aus diesem der
Jüngling, und so in allmählichen Stufenjahren der Mann
und Greis.   Will man dem Knaben schon geben, was dem
Manne gebührt, so versteht er es entweder nicht, oder er
macht von dem Dargebotenen einen übelen Gebrauch.   Die
Natur schreitet lückenlos fort; sie läßt sich nicht treiben; das
Eine gehet von selbst aus dem Anderen hervor und nur die Reife
macht genießbar und süß.   Treibhaus=Pflanzen, Blüthen
und Früchte, sind kränklich und gerathen selten, und auch
gerathen, sind sie schlechter und mangelhafter, als die, welche
die Natur aus ihrer gesunden Fülle erzeugt hat.   Nicht an=
ders verhält es sich mit ganzen Völkern.   Die Welt im Klei=

nen ist hier die Welt im Großen. Will man einem Volke geben, wofür es noch keine Reise hat, so erzeigt man ihm keine Wohlthat; wie der einzelne Mensch, so kann es nur empfangen, wofür es Empfänglichkeit hat; die Empfänglichkeit aber, oder die erreichte Stufe der Cultur, schließt sich verwandt an das wahre, innere Leben an, und giebt demselben eine schwingende Kraft. Ist diese Reise mit ihren Bedürfnissen, mit ihrer Majorennität und ihren Kräften wirklich eingetreten, so läßt sich der Durchbruch nicht aufhalten. Ja und wenn es denjenigen, welche im Aeußern dabei an Ansehen, Herrschaft und Einnahme zu verlieren fürchten, eine Zeit lang damit gelingt, so währet dieß doch nur eine kurze Frist, aber nicht für immer. Das Gesetz der Natur, der Perfectibilität des Menschengeschlechts, und die ihm innewohnende Kraft und Stärke ist zu mächtig, als daß sie sich auf= und zurückhalten ließ; sie klopft, treibt und ringet so lange, bis sie, durchgebrochen, Luft, Raum und Freiheit sich verschafft hat. Alles Elastische springt von selbst, wenn man es drücken und zurückhalten will, in seine naturgemäße Lage. Noch keine Revolution, die eine wirkliche Reformation geworden, ist durch Parteien und deren Reibung zu Stande gekommen; sie liegt tiefer in der Natur der Sache selbst. Ist sie ein Werk der Natur, oder Gottes, so läßt sie sich nicht dämpfen; jeder Widerstand sammelt und verstärkt die Kraft, die endlich die siegende wird. Ist sie aber ein künstliches Werk der Menschen, findet sie in der öffentlichen Meinung nicht Anklang und Stützpunkte, so geht sie von selbst wieder unter.

Das ist gewißlich wahr; so liegt es in der Natur der Sache selbst und in der Geschichte älterer, mittler und neue=

rer Zeit. Die Geschichte ist nicht ein Agregat zusammen=
gewürfelter Zufälle, wie die Willkühr und die Laune dieser
oder jener mächtigen Partei es gerade will, sondern natur=
gemäße, still fortschreitende Entwickelung des Geschehenen;
Alles hängt hier zusammen nach dem ewigen Gesetz der Ur=
sach und Wirkung. Aus der Vergangenheit geht, wie bei
Individuen, die Gegenwart, und aus der Gegenwart die Zu=
kunft hervor. Alles hat seine Gründe und hat darin seine
Wurzeln, wie die Erndte in der vorhergegangenen Saat.
Es waltet darüber eine leitende Vorsicht und ein allmächti=
ger Arm leitet den Strom der Weltbegebenheiten. Der ein=
zelne Mensch ist ein Kind seiner Zeit; er taucht auf, geht
eine kurze Weile vorüber, und taucht wieder unter, verschwin=
det und wird vergessen; aber das Geschlecht lebet fort und
das eine hinterläßt sein Erbe dem anderen. Perfectibilität
ist die Grundlage — Alles bringt mit der eilenden Zeit
vorwärts!

Niemand sah dieß klarer und tiefer ein, als König
Friedrich Wilhelm III. Sowie gewaltsame Revolution, so
war ihm todte Stagnation zuwider. In Allem hielt Er die
Mitte, und Erfahrung galt Ihm mehr als Theorie. Lang=
sam und besonnen ging Er mit der Zeit; was sie als todt
begraben hat, wollte Er als lebend nicht hinstellen, — aber auch
Nichts, was noch Kraft hatte, in den National=Charakter
eingewachsen war, gewaltsam verdrängt wissen. Erhalten
und naturgemäß fortschreiten und Alles mit Wohlwollen um=
fassen, war die Seele Seines Privat= und öffentlichen Le=
bens. Es gab für Ihn keine geheimen, absichtlich versteckten
Schäden, Nichts ging Er aus dem Wege, Alles sah Er offen
und gerade an. Er konnte es; so wie Er selbst redlich und

aufrichtig war, so war es auch Sein Volk. Die Mehrzahl, und man darf hinzusetzen der beste und gesunde Theil, ist der in seinem Berufe thätige und kluge Bürger und der kernigte Landmann. Beide waren Ihm um so lieber und werther, je mehr sie ihre Dexterität in der Armee und ihre Treue und Anhänglichkeit bewiesen hatten. Er zuckte die Achseln, wenn Er in den Tagesblättern als allgemeine Meinung und Forderung fand, was die bald verhallende Stimme der Einzelnen war, und wovon das Volk Nichts wußte und Nichts wissen wollte. Von vielen Schriftstellern und der Ebbe und Fluth der in jeder Messe herauskommenden Schriften, von welchen das Neueste das Neue verdrängt, wie Moden, hatte Er keinen Begriff. Die Stiche solcher Tagesfliegen, die den Kaiser Napoleon, so lange das Glück ihn begünstigte, als einen seltenen Mann priesen und den Größten aller Jahrhunderte an die Seite setzten, hatte Er wohl gefühlt, und Er wurde bitter, wenn davon die Rede war. *) Er vertrauete

---

*) Selbst Göthe, ein vielseitig durchbildeter, geistreicher Mann, dessen Meisterwerke unser Studium, unsere Lust und Freude sind, war, obgleich der Liebling eines Deutschen Fürsten, dennoch in diesem Stück wie mit Blindheit geschlagen und verstand nicht die Zeichen und Wehen der Zeit. Der deutsche und biedere E. M. Arndt erzählt in seinen „Erinnerungen aus dem äußeren Leben, S. 195 — 196": „Auch Göthe kam nach Dresden und besuchte mehrere Mal das ihm befreundete Körner'sche Haus. Ich hatte ihn in zwanzig Jahren nicht gesehen; er erschien immer noch in seiner stattlichen Schöne; aber der große Mann machte keinen erfreulichen Eindruck. Ihm war es beklommen und er hatte weder Hoffnung, noch Freude, an den neuen Dingen. Der junge Körner war da, freiwilliger Jäger bei den Lützowern; der Vater sprach sich begeistert und hoffnungsvoll aus; da erwiederte Göthe ihm gleichsam erzürnt:

aber Gott und dem gesunden Verstande und guten Sinne, den Er in das Deutsche und in das Preußische Volk gelegt.

Ob das hier Gesagte eine Anwendung findet auf das aus so verschiedenen Elementen bestehende und auf so man=

„Schüttelt nur an Euren Ketten; der Mann ist Euch zu groß; Ihr werdet sie nicht zerbrechen." Etwas Aehnliches, selbst Erlebtes und Gehörtes, habe ich Th. I. dieser Schrift S. 228. von dem Abte Henke in Helmstädt erzählt. Das von dem begeisterten Manne über den Helden des Tages Gesagte war aber gesprochen im Anfange des Jahres 1807, wo sein Glück in so schöner Blüthe stand, daß alle Welt ihn bewunderte. Wie sich dieselbe, und namentlich selbst die Einsichtvollsten über Napoleon geirrt, wollte ich an dem verehrten Abte klar machen, und ich hatte nicht die entfernteste Absicht dem berühmten Gelehrten, dem ich selbst viel verdanke, zu verunglimpfen, ebensowenig, als Arndt Göthe verunglimpft hat. Es war damals fast allgemeine Meinung, der vorzüglich Deutsche Schrift= steller huldigten, und Charakter der Zeit. Gleichwohl hat der Sohn, Herr Professor D. Henke in Marburg, in der Allgemeinen Zeitung die Wahrheit des Geschehenen und Erzählten in An= spruch genommen und ist unfreundlich gegen mich losgezogen. Der historische Standpunkt ist aber im Jahre 1842 ein anderer, als er im Jahre 1807 war, und Niemand hat freilich vor 30 Jah= ren vermuthet, daß Alles so kommen und sich entwickeln werde, wie es sich entwickelt hat. Der jetzige Professor D. Henke zu Marburg war übrigens 1807 noch ein Jüngling, mit dem der ernste Vater um so weniger über Dinge der Art sprach, als der Abt, ein würdiger Mann, bald nach Aufhebung der ihm so lieben Universität Helmstädt einsah, daß er sich in seinen großen Erwartungen geirrt und bald in Cassel unter Hieronimus es satt genug hatte. Er schwieg dann, und der Sohn hätte besser gethan, wenn er darin seinem großen Vater ähnlich gewesen wäre. Das Geschehene und Erzählte gehört aber der Charak= teristik der damaligen Zeit an, und ist gerade des Mannes we= gen merkwürdig.

nichfachen Culturstufen sich befindende große Russische Reich, darüber ist um so weniger ein Urtheil erlaubt, als die älteren und neueren Nachrichten über dieses entfernt, wie verschlossen, liegende Land sehr verschieden lauten, und oft von der Animosität und dem Zeitgeiste eingegeben, durch andere und durch Thatsachen widerlegt werden.

Aber die interessante historische Parallele zwischen dem Oestreichischen Kaiser, Joseph II., und dem Kaiser von Rußland, Alexander I., tritt von selbst hervor. Joseph II. war, geweckt von Friedrich dem Großen, seiner Zeit voran geeilt, und wollte seine Unterthanen auf eine Stufe der Bildung erheben, für die sie noch nicht reif waren. Die zwischenliegenden allmähligen Uebergänge hatten sie, wenigstens der größeren Mehrzahl nach, noch nicht in der Erfahrung durchgemacht. Sie standen noch unter lebendigen Einflüssen, die zuviel vermochten und denen sie zuwenig entwachsen waren, als daß ihre offenbare und versteckte Gegenwirkung aufhören konnte. Kraft und Widerstand, in der physischen, wie in der intellectuellen und moralischen Welt, nach festen Gesetzen geregelt, hatte der edle Herr nicht genug berechnet; dieser war mächtiger, nicht bloß bei einzelnen Corporationen, sondern auch in der Volksstimmung, als jene, die größtentheils nur einzeln von seiner Person ausging. Er konnte also nicht durchkommen; er erlag und hatte den Schmerz am Ende seines verfehlten, frühe geendeten Lebens, zurücknehmen und widerrufen zu müssen, was er gewollt und eingeleitet hatte. Er war ein leuchtender Blitz, aber kein Morgenroth.

Alexander I. war ein Herr voll Menschenliebe, und trug in sich die Ideale des Christenthums, um sie zur Wirklichkeit zu bringen. Sein edles empfängliches Herz glühete,

voll von philanthropischen Wünschen. Er kannte sehr wohl
die Hindernisse und Schwierigkeiten, mit denen er zu kämp-
pfen hatte; aber er scheint nicht den Muth gehabt zu haben,
ihnen entgegen zu treten. Er ging ihnen aus dem Wege;
er verließ seine Residenzstadt Petersburg und ging, seiner
Wehmuth in ihren tiefen Wünschen folgend, nach dem südlichen Rußland, der Krimm, und dann nach dem stillen Taganrog. Diese Stadt, bewohnt von ohngefähr 17000 Seelen, liegt in einer angenehmen Gegend, die dem gemüthlichen
Kaiser, der Unruhe und ihres Zwanges müde, anzog und
fesselte. Hier faßte er festen Fuß, hier verweilte er, hier war
er gern. Von diesem kleinen Orte regierte er sein großes
Land; in ihm, in seiner ruhigen Umgebung sammelte er sich,
und hing seinen großen, die Menschheit umfassenden, be-
glückenden Ideen nach. Er scheint in der Folge von der Regierung sich haben zurückziehen wollen, um in Taganrog ruhig seine noch übrigen Tage zu verleben; wenigstens verweilte er hier, fern von der prächtigen und geräuschvollen
Hauptstadt, ein ganzes Jahr. Seine vortreffliche Gemahlinn
Elisabeth, die unsere unvergeßliche Königinn Luise liebgewonnen, und die sich gegenseitig zueinander hingezogen fühlten, war ebenfalls nach ihrer sanften weiblichen Gemüthsstimmung gern in einer ruhigen Welt. Von Jugend auf
an das romantische Carlsruhe und an das stille Bruchsal gewöhnt, hatte sie im Umgange mit ihrer ehrwürdigen Mutter
und ihren angenehmen Schwestern frohe Tage verlebt, und die
Erinnerung an dieselben, fern von der Heimath, war ihr werth
und theuer. Je weniger das hochgestellte Leben zu St. Petersburg mit seiner zwangvollen Etikette ihr und ihrem
Sinne zusagte, desto werther und lieber wurden ihr einsame
Stunden und die Plätze, wo sie dieselben finden konnte. Ihr

Geist war gebildet und verlangte Nahrung; ihr Herz religiös und liebte die Erhabenheit und Einfalt des evangelischen Christenthums. Diese Richtung ihres Seins und Fühlens wurde verstärkt durch eine zarte körperliche Bildung und öftere Kränklichkeit. Der lange und scharfe Winter in Petersburg bekam ihr nicht gut, und sie erwartete Wohlsein und mehr Genuß von einem wärmeren Himmel. Mit Zustimmung ihres Gemahls, des Kaisers, ging sie ebenfalls mit einem kleinen Gefolge nach dem angenehmen Taganrog. Dahin war sie voraus geeilt, ihr folgte Alexander, und Beide lebten hier miteinander vereinigt. In Petersburg hatten sie nicht gefunden, was ihre Herzen verlangten; dort hatte Manches sie voneinander entfernt, was sich nicht ändern ließ und worüber ein so hochgestelltes Leben keine Erklärungen zuläßt. Sich und ihrem besseren Selbst wiedergegeben und mehr auf sich zurückgeführt, fanden, was zwei so edle Seelen, zum innigsten Bunde, den es auf Erden giebt, dem ehelichen, miteinander verknüpft, bedürfen, um sich gegenseitig lieb und werth und unentbehrlich zu werden. Vieles in der Welt, was prächtig und blendend in die Augen fällt, ist ein leerer Schein, der verschwindet, und eine Leere in der Seele zurückläßt, die um so tiefer und schmerzlicher empfunden wird, je mehr man erwartete. Die Täuschung ist bitter, in der man oft ungerecht wird, da man von vorübergehenden Außendingen sich Etwas verspricht, was sie doch nicht geben können. Dieser Betrug, unterstützt von den Grübeleien der Einbildungskraft, überdauert aber in der Regel die Jugend nicht. Das Alter und seine Erfahrung machen von selbst ihre Rechte geltend, und von ihnen geführt, lernt man die Dinge in der Welt so kennen, wie sie sind. Der optische Betrug mit seiner Regenbogen - Farbe verschwindet; was bleibet und ver-

geht, sondert sich ab; Alles tritt in sein wahres, naturge=
mäßes Verhältniß, und man lernet verstehen, was ein glän=
zendes Elend ist. Das beweiset vorzüglich die Ehe, ein wah=
res Heiligthum, geschlossen für das ganze Leben. Sie macht
in ihrer selbstständigen Würde sich geltend, auch wenn man
sie lange verkannt hat und gegenseitig Beleidigungen vorge=
fallen sind; *) ihr Einverständniß und seine Süßigkeit wird
um so höher geschätzt und um so voller genossen, je länger
die Verkennung gedauert; ihre Pflichten werden um so treuer
und freudiger geübt, je öfter sie verletzt worden sind. Mag
das Leben in seinen Wechseln geben und nehmen und am
Ende ein gewisser Indifferentismus eintreten, die Ehe behält
wechsellos ihre Heiligkeit und bindende Kraft.

Kaiser Alexander und seine Gemahlinn Elisabeth, vor=
her in einem weiten Palast und seinen großen Räumen, vorher
durch Hofstaat und seine Etikette voneinander entfernt, lebten
in dem stillen Taganrog, in einem kleinen Privathause, fröhlicher
und heiterer. Freiwillig, aus eigener Wahl, hatten sie die
vorige Pracht von sich gethan, und die Beschränktheit beengte
sie nicht. Ruhe und Frieden umgab sie und sie fühlten und
genossen ihren erquickenden Anhauch. Ihre Tafel war nicht,
wie sonst, prächtig und zahlreich von Dienerschaften umge=
ben; aber gemüthlicher, froher, und also genußreicher. Ge=
schäfte der Regierung nahmen den langen Morgen für den

---

*) Referent hat in seiner langen Amtspraxis als Geistlicher die Er=
fahrung gemacht, daß Eheleute, die sich aus Zuneigung ge=
wählt hatten, im Verdruß über gegenseitige Beleidigungen ge=
schieden, nachher in wahrer Sympathie wieder proclamirt und
copulirt wurden. Sich wechselweise unentbehrlich, lebten sie
nun um so einträchtiger und glücklicher. ·

Kaiser hin, die Kaiserinn aber war mit Schreiben, Lesen,
Musik, und weiblichen Handarbeiten, umgeben von wenigen
gebildeten Hofdamen, die sie als ihre Freundinnen liebte und
behandelte, beschäftigt und unterhalten. Ihr gebildeter Geist
und ihr reiches Gemüth wußte in dieser wohlthuenden Stille
nichts von langer Weile, und ihr sanftes, liebevolles Herz,
auch wenn sie kränkelte, nichts von übler Laune. Beide be-
schäftigten sich in frühen Morgen- und späten Abendstunden
mit Lectüre und Erbauungsschriften. Die angenehmen Gegenden um Taganrog hatten sie lieb gewonnen, und man
sah fast täglich, wenn gute Witterung war, sie, Hand in
Hand langsam gehend, die nächste Umgebung besuchen. Besonders verweilten sie gern auf einem Sitze, der den Augen
eine schöne Gegend und eine entzückende Ansicht darbot. Hier
saßen sie Stunden lang und unterhielten sich zutraulich, wo
ein Wort das andere, ein Gedanke den anderen gab. Sie
redeten von der Vergangenheit, gedachten der Zukunft, und
genossen die Gegenwart. Sie waren, still und zurückgezogen, sich einander genug, und vermißten die große Welt und
Petersburg mit allen seinen glänzenden Herrlichkeiten nicht.
Ohne Zwang bewegten sie sich frei, und mit dieser Kunstlo-
sigkeit und Freiheit war wahrer Lebensgenuß, Ruhe und
Zufriedenheit bei ihnen eingekehrt. Sie kehrten ein und aus,
und aus und ein, in gleichförmiger geordneter Lebensweise
und die Einwohner des ruhigen Taganrog waren schon an den
Anblick des dort wie zu Hause gehörenden Kaiserlichen Ehe-
paares so gewöhnt, daß er alles Fremde für sie verloren
hatte. Es war nicht anders, als wenn es so sein müßte, —
so bewegte sich vom Morgen an durch den lieben langen
Tag, bis der dunkle Abend kam, Alles in gehöriger und geordneter Reihenfolge. Aber der Mensch hat hier keine blei-

bende Stätte, und er muß davon, früher, als er denket und
gedacht hat. Einem Jeden steht sein Tag bevor, und wenn
er da ist, sinkt er ohnmächtig dem Tode in die Arme. Selbst
der Mächtige, der Herr über das Leben und den Tod seiner
Unterthanen, der Bestimmer des Krieges und des Friedens,
muß diesem Gesetze der Natur gehorchen Von ihm ergriffen,
hört seine Macht auf und die Krone entfällt seinem zusam=
mengesunkenen Haupte, der Scepter seinen erstarrten Hän=
den. Man nennet Regenten „Götter der Erde;" aber sie ster=
ben wie andere Menschenkinder und Liebe und Theilnahme
stehen da ohne Hülfe, wie an jedem anderen Sterbebette.

Kaiser Alexander, früh alt geworden, wollte bei einer
frugalen Lebensweise sich restauriren und abhärten, und machte
bis zur Ermüdung sich Bewegung zu Fuße und zu Pferde.
Auf einer derselben erkältete er sich; er erkrankte an einem
galligten Fieber und starb den 1sten Dezember 1825, erst
48 Jahre alt, in den Armen seiner edlen Gemahlinn
Elisabeth.

Ein ganzes Jahr hatten sie Beide in süßer Eintracht
in dem entlegenen Taganrog verlebt und waren, wie durch
ihre Persönlichkeit und ihr hohes Beispiel, so durch viele
Werke des Wohlthuns, den Einwohnern lieb und werth und
damit unvergeßlich geworden. Das Russische Volk verehrt
und liebt seinen Kaiser mit patriarchalischer Begeisterung,
und giebt dieselbe, so oft es ihn sieht, treuherzig und an=
hänglich zu erkennen. Es bebt nicht wie ein Sklave vor
seinem despotischen Herrn stumm und ängstlich zurück, son=
dern nahet sich ihm zutraulich und kindlich und nennt ihn, treu=
herzig die Hand ihm reichend, „seinen Vater." Mit dieser Liebe
verbindet es eine tiefe Ehrfurcht, die Unterwürfigkeit ist, und

aus diesen in Einheit zusammen fließenden Bestandtheilen ließe sich ein edler, freisinniger Nationalcharakter bilden, wenn kein anderes Hinderniß entgegen wirkte und hemmte. Der gemeine Mann ist gutmüthig und fröhlich, der alte Sitten und Gebräuche, besonders kirchliche, als ein Heiligthum bewahrt und in Ehren hält. In den mittleren Volksklassen, selbst in Petersburg und in den Hauptstädten, herrscht viel häusliches Familienglück und National-Charakter, den flacher Nivellismus noch nicht weggeschwemmt hat. Rührend ist die Schilderung, welche man in alten und neuen Nachrichten von der patriarchalischen Gastfreundschaft der Bürger findet. Vorzüglich ziehet an die Treue und Zärtlichkeit in der Ehe; die gehorsame Liebe der Söhne und Töchter; die Anhänglichkeit der weiblichen und männlichen Dienstboten. — Eigenschaften und Tugenden, die, bei allen Fortschritten in der Aufklärung, ihren großen Werth behalten und als wesentliche Bestandtheile menschlicher Wohlfahrt behalten werden. Der eigenthümliche National-Charakter der Russen hat in den entfernten Provinzen noch mehr und unvermischt seine prägnante Signatur behalten und giebt sich gleich durch eine durchdringende Färbung zu erkennen. Es liegt darin etwas Originelles, woran man gleich das Volk in seiner Eigenthümlichkeit erkennet, und womit man sympathisirt, da Gutmüthigkeit die Grundlage ist.

Es ist nicht zu leugnen, daß es dieß vorzüglich war, was den gemüthlichen Kaiser, der mit seinem Volke und mit jedem Menschen es gut meinte, bestimmte, seine Residenz so weit weg zu verlegen und in dem stillen Taganrog sie aufzuschlagen. Es gefiel ihm hier wohl; ein ganzes Jahr verweilte er in süßem Frieden mit seiner Gemahlinn in dieser Umgebung; und wahrscheinlich würde er länger hier geblieben

sein, wenn nicht plötzlich, mitten im Laufe der edelsten, sei=
nem Volke gewidmeten Bemühungen, ihn der Tod abgeru=
fen hätte. Aber er ist Allen, die dort leben und wohnen,
unvergeßlich geworden, und was geschehen und gethan ist,
um die vormalige Anwesenheit zu bezeichnen, ist der Art, daß
Kinder und Kindes=Kinder noch davon erzählen werden.
Noch finden sich frisch und treu bewahrte Spuren seiner Fuß=
tapfen in Menge daselbst. Am Ende der Hauptstraße zu
Taganrog steht ein nicht großes Gebäude von einem Stocke,
von außen mit hellgelber Farbe angestrichen. In diesem
Hause lebte und starb der Kaiser Alexander. Das Zimmer,
in dem er starb, ist heutigen Tages eine Betcapelle. Die
Stelle, wo sein Sterbebette stand, bezeichnet ein Altar, vor
dem ein Teppich mit weißer Einfassung liegt. Daneben
ist eine silberne Säule; und auf dieser eine Tafel, welche den
Todestag des hohen Todten, den 19ten November *) 1825,
enthält. Unmittelbar darauf sieht man ein Gemälde, welches
die Todesscene darstellt. Das sehr einfach gebauete Palais
enthält nur 8 Zimmer; sein ebenso einfach arrangirtes
Ameublement steht ganz noch in der Ordnung, wie man es
zur Zeit Alexander's und Elisabeth's sah. In einem
Flügel des Gebäudes wohnt der Aufseher, ein ehrwürdiger
Militair=Veteran. Die Wachen versehen zum Theil noch
dieselben Leibcosaken, die sie versahen während Alexander's
letzten Lebenstagen und die den Leichenzug escortirten von
Taganrog bis nach Petersburg. Im Mittelpunkte der Stadt
liegt das Kloster, in welchem Alexander's irdische Hülle aus=
gesetzt stand. Hier befindet sich zur linken Seite des Altars

---

*) Alten Styls.

der Katafalk, der seinen Sarg trug, umgeben mit weißen Säulen, mit vergoldetem Gesims und Adlern. Die Zwischen= räume sind mit Blumengewinden geziert, welche die Kaiser= liche Krone umschlingen. Mitten in der Kirche, auf der Stelle, wo Alexander's Sarg aufgestellt stand, ist ein Monument von weißem, darauf ein Kreuz von schwarzem Marmor. Auf der einen Seite sieht man das Heiligen=Bild Alexander Newsky's; mit diesem Bilde ließ sich das Herrscherpaar einst bei seinem Trauungsacte einsegnen. Auf dem das Kloster umgebenden Platze ist dem verewigten Kaiser ein Monument von Bronce errichtet, ruhend auf Granit von drei Stufen. Das Denkmal stellt ihn in Lebensgröße dar mit entblößtem Haupte, die linke Hand ruhet auf dem Degengefäße, die Rechte hält eine Papierrolle, die ihm zum Theil entfällt, zu seinen Füßen sitzt ein Adler mit traurig herabhängendem Ge= fieder; an der Schulter hängt ein schön drappirter Purpur= mantel. Die Ausführung gehört dem verstorbenen großen Russischen Bildhauer Mastor. Nahe bei der Stadt, bei ei= nem Eichengehölz, stehen noch jetzt fünf von einem Achteck eingeschlossene Eichenbäume; vor demselben eine steinerne Bank und ein gleicher runder Tisch. Hier ruhte Alexan= der auf seinen Spaziergängen gern aus, seinen Blick auf's Weite sinnend gerichtet. Vier Werste von der Stadt war auf Anordnung der Kaiserinn der nach ihr von dem Kaiser genannte Elisabeth=Park hart am Meeresufer angelegt. Hier wandelte die edle hohe Frau, begleitet von ihrem rein und zärtlich geliebten Gemahl, oft auf und ab. Beide pflanzten hier mit eigener Hand mehrere Bäume, die, sorgfältig ge= pflegt, sich bis jetzt erhalten haben. Am höchsten Punkte des Parkes, da, wo man die Wogen des Meeres siehet und in's

Unermeßliche schauet, steht unter Pappeln eine grüne Bank; sie war ein Lieblingssitz des Kaiserlichen Ehepaars. *)

Im Geiste versetzt man sich gern dahin in die nun verlassene stille einsame Gegend. Es umschwebt diesen freiwillig nach dem Herzen gewählten Aufenthalt des Kaisers und der Kaiserinn ein eigenes Helldunkel, das mehr der Abendröthe, als dem hellen Mittage gleicht. Sanft tagt darin das Leben, welches, fern von der Welt und ihrem Geräusch, eine stille Ruhe athmet; den Herrn und Regenten einer halben Welt, der auf dem Europäischen Schauplatze eine so wichtige und entscheidende Rolle gehabt, dessen gefeierten Namen man in allen Sprachen nennt, sieht man ein ganzes Jahr zurückgezogen in der Stille leben, in der Einsamkeit suchend, was er in den glänzendsten Zerstreuungen und in den vornehmsten Kreisen nicht gefunden. Dieß Lebensbild wird um so anziehender, da in ihm eine durch Geist und Gemüth ausgezeichnete Frau erscheint, die durch das heilige Band der Ehe eine Kaiserinn ist. Beide sind Ein Herz und Eine Seele und finden aneinander, was dem Leben genügt und ihm täglich neue stille Reize giebt. Wir sehen keinen prächtigen Hof mit seinem Reichthum; wir werden nicht gewahr eine vornehme Umgebung; wir bemerken keine zahlreiche Dienerschaft, wie wir es an Kaiserlichen und Königlichen Höfen gewohnt sind. Und doch ist hier ein mächtiger Kaiser und eine verehrte Kaiserinn; sie leben und residiren

---

*) Siehe die Nachrichten über Taganrog und seine nächste Umgebung in der „Vossischen Zeitung, Nr. 278. 1844. Petersburg, den 16. November 1844."

nicht in einem großen Palaste, sondern in einem Hause, wie
der Privatmann es hat, und in diesem Hause und seinen
beschränkten Räumen wohnt die Liebe, Eintracht und Zufriedenheit, die nicht mehr haben will und volle Genüge hat.
Und das Alles ist freie Wahl; man will es, weil man es
für das Bessere hält; man verleugnet und zwingt sich nicht;
gern und freudig läßt man fahren Alles, in welchem man
bei äußerem glänzenden Schimmer keinen ruhigen Genuß gefunden hat.   Das Alles sieht man bei einem Herrn, der
etwa nicht alt und abgestumpft und lebensmüde, der vielmehr mit seiner Gemahlinn im besten Alter ist. Alexander
ist Kaiser; er regiert selbst; er ist der Mittelpunkt seines großen Reiches; von ihm gehen die Befehle aus, und sein
treues Volk liebt ihn kindlich als einen Vater, und verehrt
ihn als seinen angestammten Herrn.   Keinesweges will er
lebenssatt die Regierung niederlegen; vielmehr ist er noch
voll von Plänen und menschenfreundlichen Wünschen für sein
weites Reich.   Sein Leben und Wirken, sein Sinnen und
Trachten gehört der Welt an und steht in einer engen Verbindung mit ihr und ihren Angelegenheiten.   Und doch verläßt er das prächtige Petersburg und die alte merkwürdige
Stadt der Czaaren, das ehrwürdige Moskau, und lebt,
wohnt und regiert in dem entfernten kleinen Taganrog.   Man
muß gestehen, es liegt darin etwas Eigenthümliches und Originelles.   Alexander hatte nicht das, was man wunderlich,
eigensinnig und launenhaft nennt; er war ein Herr allgemeiner Weltbildung, in feiner, gewandter Sitte zuvorkommend und gutmüthig.   Seine lebendige Natur wußte sich in
alle Formen des Lebens zu finden, seine Energie gab den
ihn umgebenden Dingen die ihm beliebigen Formen, und in
keinem Moment seines Lebens hat er aufgehört, Autokrat zu

sein. Bei diesen seinen Eigenschaften ist das letzte Fragment
seines Lebens, sein einjähriger Aufenthalt in Taganrog, um
so merkwürdiger, und er erklärt sich psychologisch, da seine
edle reine Seele bei den Unruhen des Lebens sich nach der
Ruhe sehnte, deren heiteres Bild er idealisch in seinem wei=
ten Herzen trug. Seine letzten Lebenstage sind bei aller
Thätigkeit eine Idille, deren Abendroth sanft verklang. Er
aber ist und bleibt in der Geschichte unvergeßlich.

Sein unerwartet früher Tod durchzuckte die Welt, Kö=
nig Friedrich Wilhelm **III.** aber erschütterte die Trauerbotschaft.
Von den drei Allirten war Alexander der Jüngste, der, nach
menschlicher Berechnung, am Längsten leben konnte; und
doch war er der Erste, der aus dem heiligen Bunde schied.
Er und der König waren nicht bloß durch politische Bande
miteinander verknüpft, sondern auch persönlich Freunde, und
wurden es mit den Jahren immer mehr. Verschiedene Na=
turen, — der Kaiser idealisch und rasch, der König prosaisch
und practisch, — fühlten Sie sich doch zueinander hingezogen
durch ihre gemeinschaftliche Menschenliebe. Es war eine
Freude, die beiden hohen Herren miteinander zu sehen;
Einer kam dem Andern mit Ehrerbietung zuvor. Der Kö=
nig rühmte bei jeder Gelegenheit Seinen wiederholten Aufent=
halt zu Petersburg, und wußte nicht, wie Er Seinen hohen
Freund, den Kaiser, genugsam ehren sollte, wenn Er die
Freude hatte, ihn in Berlin und Potsdam bei sich zu sehen.
In solcher Zeit war Pracht und Herrlichkeit bei Hofe und
ein Fest drängte das andere. Dieß war nicht ceremoniell,
um die herkömmliche Sitte zu beobachten, sondern wirkliche
Zuneigung, die ein hochgeachteter und geliebter, gern gesehe=
ner Freund für den Anderen fühlte. Deßhalb waren Beide

viel beieinander und gingen zusammen langsam ohne Gefolge
durch die Straßen von Potsdam. Allein in einem Wagen
fuhren sie nach Parez und brachten im Andenken an die ver=
ewigte Königinn auf diesem stillen Landsitze einen Tag zu.
Wichtige Erinnerungen verknüpften Beide; Unglück und
Glück hatten sie miteinander erlebt und reich war ihr zu=
sammengestelltes Leben an entscheidenden, unvergeßlichen Auf=
tritten. Der König ließ in allen Stücken dem Kaiser, wie
sich von selbst versteht, nicht nur den Rang, sondern Er
war auch, wie es in Seiner Natur und in Seinem Wesen
lag, bei aller Ruhe und Zuversicht stets einfach und beschei=
den, — was dann wieder die aufmerksame Zuvorkommenheit
auf der anderen Seite steigerte. Nie sprach, so gern Er es
rühmte und anerkannte, was das Preußische Volk gethan
und geleistet, Er ruhmredig von dem, was Er zu Stande
gebracht; dagegen pries Er gern alles dasjenige, was die
Russische Armee und ihr Kaiser ausgeführt, gelitten und vol=
lendet hatten. Er erkannte und ehrte dieß öffentlich, da Er
nicht bloß das Bildniß des Kaisers in Lebensgröße und in
mehreren anderen Formen in den Sälen Seiner Schlösser
hatte, sondern auch im Lustgarten zu Potsdam seine mar=
morne wohlgetroffene Büste auf einem hohen Fußgestell
und einen Park von Kanonen mit einer beständigen Wache
aufstellen ließ. Dazu kam nun noch vorzüglich die nahe
Verwandtschaft, in welcher Er mit dem hohen Kaiserhause
stand. Seine älteste Prinzeffinn Tochter Charlotte, die
jetzige Kaiserinn, hatte durch die Liebe ihres edlen Gemahls,
des damaligen Großfürsten, des nunmehrigen Kaisers von
Rußland, Nicolaus, durch den liebevollen Sinn der preis=
würdigen alten Kaiserinn Mutter, Maria, wie durch Herz=
lichkeit aller ihrer Kinder, besonders durch das Wohlwollen

ihres hohen Sohnes, des Kaisers Alexander, in der Fremde
zu Petersburg eine zweite Heimath gefunden. Sie lebte und
lebt in einer sehr glücklichen, von Gott gesegneten Ehe, und
in ihr sah und fand der König das Abbild der Seinigen.
Wie hätte Er nicht lieben sollen diejenigen, die solches süße
Glück, das Beste, was ein Vaterherz sich wünschen kann,
ihr bereiteten, und durch christliche Grundsätze sicherten!
Bande des Blutes ehrte Er über Alles, um so höher, wenn
sie, wie hier, durch edle Gesinnungen sympathisch ver=
stärkt wurden. Er auch von Seiner Seite that Alles, um
das liebevolle Einverständniß zu nähren, und war darin um
so freudiger, da es eine wechselseitige, tief in dem Herzen
begründete und dabei hochgehaltene Harmonie war, die durch
öftere Besuche jedesmal erneuert und angefrischt wurde. Der
König war ein sehr glücklicher Vater, und es war eine
wahre Lust, Ihn, umgeben von Seinen an Leib und Seele
gesunden Kindern, die Seine Luise Ihm geboren hatte, mit
Seinen hohen würdigen Schwiegersöhnen still vergnügt zu
erblicken. Dieses Glück war jetzt durch den unerwarteten
frühen Tod des Kaisers Alexander getrübt. An Schmerzen
schon gewöhnt, war doch diese Trennung von einem treuen
Bundesgenossen, von einem biederen Freunde, von einem
nahen, liebevollen Verwandten, Ihm sehr bitter, und Sei=
nem Wesen nach war Er in sich gekehrt und still. Nur
mit Wenigen sprach Er über diesen Verlust; aber wie tief
Er ihn empfand, legte Er auf alle Weise an den Tag. Er
ordnete eine Todtenfeier Seinem entschlafenen Freunde an, und
das Regiment „Kaiser Alexander" in Berlin kam herüber und
beging diese Trauer ernst mit Ihm, Seinen Kindern und Sei=
nem großen Gefolge, in der Hof= und Garnisonkirche zu
Potsdam. Die Uniform des Regiments, die der Kaiser ge=

tragen, sein Degen und Hut waren in der Kirche aufgestellt und am Altare standen zwei Soldaten, welche die umflorten Fahnen hielten. Er selbst kam hin im stillen Schmerz, und sinnend und nachdenkend betrachtete Er das marmorne Monument, welches Er Seinen Allirten hatte errichten lassen. Ach! Einer von den Dreien war nun schon vom irdischen Schauplatze abgetreten und das Wappen des Russischen Kaisers umgab eine trauernde Cypresse. Es herrschte in der Kirche eine feierliche Ruhe.

Nicht lange nachher, den 22sten Januar 1826, wurde das Krönungs= und Ordensfest*) gefeiert. Der König, voll

---

*) Das Krönungs= und Ordensfest, welches auch in den Preußischen Kalendern bemerkt ist, hat seinen Stiftungstag jedesmal den 18ten Januar; wird aber, um die Geschäfte der Woche nicht zu stören, am nächsten Sonntage begangen. Es ist gewissermaßen der Geburtstag der Preußischen Monarchie und ein Fest seiner treuen, ausgezeichneten Diener; es ist also ein patriotisches Fest und bezeichnet, als solches, den Gesichtspunkt, aus welchem es aufgefaßt werden muß. Diesen hat Referent, so oft er, früher in der Hof= und Domkirche, später im Schlosse in der alten Kapelle, die Liturgie und die Rede im Rittersaale in einer Reihe von 25 Jahren gehalten, in's Auge gefaßt. Dadurch erhielt das Fest, als solches, eine eigenthümliche Färbung und das jedesmal Vorgetragene den Charakter einer Casualrede. Da immer im Feste das Nämliche gleichförmig wiederkehrt und das erneuerte Andenken mit den vertheilten Orden dasselbe ist, so scheint es schwer, stets bei dem Feste selbst stehen zu bleiben und über dasselbe bei seiner Wiederkehr wieder etwas Neues und Frisches zu sagen. Dieß scheint aber nur so; ist's aber in Wahrheit nicht. Schon jeder Tag hat, bei aller Gleichförmigkeit, womit einer dem andern ähnlich ist, wie ein Ei dem anderen, doch seine Verschiedenheit, und jeder hat bei

von dem Tode des Kaisers, wollte, daß bei der Feier auch seiner und seiner Verdienste wenigstens am Schlusse gedacht würde. Es wurde folgende Rede gehalten:

dem sich gleichbleibenden Kreislaufe doch seine Eigenthümlichkeit; kein folgender Tag ist weder in Gemüthsstimmung, die er anregt, noch in den Begegnissen, die er mit sich führt, ganz derselbe, jeder ist, ungewöhnliche Begebenheiten abgerechnet, mitten in dem ruhigen Einerlei anders schattirt. Ist das schon bei den Theilen der Fall, wie viel mehr noch bei dem Ganzen, einem vollen Jahre! Ein jedes lebt in seiner eigenthümlichen Geschichte, wodurch es sich von dem vorigen und dem nachfolgenden unterscheidet und einen ihm gehörigen Charakter erhält. Die Gegenwart brütet und steht nicht still, sie schreitet vielmehr stets fort, und bringt Alles zum Vorschein, sobald es reif geworden und in dem warmen Schoße der Zeit zum Durchbruche kommt. Man darf nur die politische Zeitung mit Aufmerksamkeit lesen und den Gang der Begebenheiten und ihre Richtung in vergleichendem Auge behalten, um im Allgemeinen das Besondere zu finden. Dieß war es, was der Sprecher am jährlichen Krönungs = und Ordensfeste in seiner Rede aus dem Strome der vorüberflutenden Zeit heraushob, motivirte und geltend machte; und nichts war leichter, als bei der christlichen und patriotischen Vielseitigkeit des Festes ihm jedesmal seine ihm gehörige Farbe zu geben. Dadurch aber erhielten diese Reden, die gedruckt aus einer Zeitung in die andere übergingen und dabei kurz waren, eine allgemeine Theilnahme, und, gesprochen in Gegenwart des Königs, ein Gewicht, welches sie an sich nicht hatten. Man glaubte, daß man ohne Sein Vorwissen nicht so reden dürfe; man sah die am Krönungs = und Ordensfeste gesprochenen Reden als Thronreden an, die dem hohen Staatsministerium zur Beurtheilung zuvor, und dann dem Könige vorgelegt werden müßten, der strich und zusetzte, was Er in Seiner Weisheit zweckmäßig fand. In der Leipziger Allgemeinen Zeitung vom 28sten Januar 1841, unter dem Datum Berlin, den 25sten Januar 1841, wird behauptet: „Der Redner an diesem Feste ist gleichsam das Organ des Herrschers, und man weiß, wie der Inhalt in völliger Uebereinstimmung

„Dem Könige aller Könige, dem Herrn aller Herren;
Ihm, der da ist, der da war, und der da sein wird, sei
Anbetung und Ehre, und Preis und Dank. Amen."

---

mit den Empfindungen desselben stehet. Die am Krönungsfeste
gehaltenen Reden haben fast den Schein einer Thronrede, in
welchem dem Volke gesagt wird, welches die Wege und Grund=
sätze sind, auf welchen das Staatsgebäude ruhet und weiter
schreitet; was die Nation von ihrem Fürsten zu hoffen habe,
und was dieser von allen getreuen Dienern und allen Gliedern
des Staates erwarte." „Die Reden sind eine politische That=
sache;" Aber der Redner darf die wichtige Stellung und die Ehre,
die man ihm erweist, als ehrlicher Mann, der nie scheinen will,
was er nicht ist, nicht annehmen; denn an allem diesem
ist auch nicht ein wahres Wort. Nie ist mir vom Könige ir=
gend ein Thema aufgegeben, nie auch nur auf das Entfernteste
angedeutet, worüber ich reden möchte. Alles dabei war meiner
freien Wahl und Selbstbestimmung überlassen. In den vielen
Jahren, in welchen ich diese Reden gehalten, habe ich nur
zweimal, in Rücksicht auf damalige Zeitumstände (1830 — 1831),
sie vorher dem Hochseligen Herrn vorlegen müssen. Außer die=
sen beiden Fällen ist dieß nie geschehen, und Er selbst und Kei=
ner vor dem Feste wußte nur ein Wort von dem, was gesagt
werden sollte. Wäre es anders und so gewesen, wie man wis=
sen wollte und verbreitete, so würden in solchem schweren und
bedeutungsvollen Gewichte die an sich schon schwierigen Reden
noch schwieriger gewesen sein, und von solchen Schranken umschlos=
sen und solchen Rücksichten beengt, würde ich die heitere frische
Unbefangenheit des Gemüths, das erste Erforderniß zum Ge=
lingen, nicht gehabt haben. So zu handeln und sich zu ver=
stecken, lag nicht in dem Charakter des Königs, der überall
offen und gerade war. Er verabscheute alle krummen Wege
und ging nur die geraden; Er bekannte sich freimüthig zu Sei=
nen Grundsätzen und liebte eine ähnliche Gesinnung an Seinen
Dienern. Alles war auch hier ehrlich, ohne vorangegangene
Verabredung, unbefangen und aufrichtig. Es war kein prunk=
volles, glänzendes diplomatisches, sondern ein wirklich pa=
triotisch=christliches Fest. Davon will ich nicht reden, daß

„Beim erften Anblick mag es ſcheinen, als. ob das Krönungs = und Ordensfeſt, an ſich betrachtet, mit dem Chriſtenthum nicht nur in keiner Verbindung, ſondern wohl gar
im Widerſpruche ſtehe, alſo daß zwei verſchiedenartige, ſich
wechſelſeitig ausſchließende Elemente in dieſer Feier in Berührung kommen und unnatürlich und natürlich nebeneinander
geſtellt werden. Aber wir dürfen nur tiefer in die Bedeutung
dieſer Feier eindringen und mit reinem Herzen die ernſte Abſicht
verſtehen, in welcher der König, unſer Herr, an dieſem Tage
nicht nur um Seinen Thron, ſondern auch in dieſer chriſtlichen
Kirche zur Anbetung uns verſammelt, um zwiſchen Beiden

---

nach Vorſchrift die Rede kurz ſein mußte, und nicht über 15
Minuten dauern durfte. Manche Themata, bei denen Begriffe
erſt erklärt werden mußten, konnte man gar nicht nehmen; man
mußte gleich in die Mitte der Sache (medias res) kommen, um
die gewählte Idee einigermaßen motivirt und befriedigend ab-
zuhandeln und ihr die nöthige Rundung zu geben. Aber wohl
konnte das Imponirende, Großartige und Hohe der Feier, das
Glänzende derſelben, das unmittelbare Wechſeln des Orts, aus
der Kapelle, wo man Gotte gegeben, was Gottes, in den Rit-
terſaal, wo dem Kaiſer, was des Kaiſers iſt, intimidiren. Der
König, der Hof, das diplomatiſche Corps, die Excellenzen, die
neuen Ritter u. ſ. f. waren verſammelt. Alles war ſtill, horchte
hoch auf; Viele, die vielleicht gar nicht mehr zur Kirche gingen, waren nicht gekommen, um ſich zu erbauen, ſondern nur
um zu critiſiren. Allen es recht zu machen, iſt unmöglich; aber
wer die freimüthig verkündigte Wahrheit nicht will und nicht
hören mag, iſt ihrer auch nicht werth; ſie macht ſich am Ende
doch geltend. Sie, und nur ſie allein, iſt es, die überall verkündigt werden muß. Wer ſie liebt, dem war das Feſt ein
frohes. Man bewegte ſich heiter in den ſchönen, weiten Königlichen Räumen, Freunde und Bekannte ſahen ſich; der bunte
Wechſel von Menſchen aus allen Ständen unterhielt, und der
König, der leutſelig von Einem zum Andern ging, war ſichtbar
froh, ſo viele Gäſte bei ſich zu ſehen.

die innigste Verknüpfung und in derselben ein gemeinschaft=
liches hohes, herrliches Ziel zu erblicken, welches uns ohne
diese Verschmelzung gar nicht sichtbar werden könnte."

„Es ist wahr, das Reich Jesu ist nicht von die=
ser Welt, wir befinden uns, sobald der Geist desselben
uns durchdringt und beseelt, in einem übersinnlichen Gebiete,
wo alle irdische Herrlichkeit, jede äußere Auszeichnung ver=
schwindet, und ein ganz anderer Maßstab der Dinge und
der Verhältnisse eintritt und sich geltend macht.   Aber,
wird das irdische Königreich, dem wir angehören, in seinem
Beherrscher, in seinen Dienern und Unterthanen, in seinen
Mitteln, Bestrebungen und Zwecken, verlieren, oder gewin=
nen, wenn seine Lebenswurzeln und Kräfte vom Geiste des
Christenthums getränkt, genährt und befestigt sind? wenn
es sich anschließt an das Reich Dessen, „der alle Dinge
trägt mit seinem kräftigen Worte, und dem alle
Gewalt gegeben ist im Himmel und auf Erden?"

„Es ist wahr, wir gedenken heute einer irdischen Krone,
wie sie zum Erstenmal auf dem Haupte eines Monarchen
glänzte, der das Uebergewicht seines Geistes, seines Muthes
und seiner Stellung geltend zu machen wußte; und gehen
wir in der Geschichte unseres Staates bis auf den Punkt
zurück, wo er zur Würde eines Königreichs erhoben wurde,
so lassen sich die Hebelkräfte der Einsicht und Klugheit, der
Tapferkeit und Treue nachweisen, durch welche sein Wachs=
thum und seine Stärke, seine Ausdehnung und sein Rang
herbeigeführt, gefördert und erhalten ist.   Aber diese Krone,
wird sie weniger glänzen auf dem geheiligten Haupte unseres
erhabenen Beherrschers, wenn wir im Wechsel fliehender Zei=

ten und Geschlechter über ihr die schützende und segnende
Hand des Allmächtigen erblicken? Und was die Weisheit,
der Muth und die Treue auch thun und vollbringen mögen,
das große und herrliche Erbe dieses Festes zu bewahren und
der Nachwelt zu erhalten, — wird es mit einem glücklichern
Erfolge geschehen können, als wenn es gebauet wird auf
dem Felsengrunde, wo der Thron des Herrn stehet, dessen
Herrschaft groß, dessen Walten Friede, dessen
Königreich ohne Ende ist?"

„Es ist wahr, das Christenthum weiß von keinem mensch=
lichen Verdienst, es schlägt alle Selbstgerechtigkeit nieder; es
stellt jede, auch die ausgebildetste und vermögendste Kraft
als ein unverdientes Geschenk der göttlichen Gnade dar; es
fordert eine Reinheit der Gesinnung, eine Vollendung der
That, in welcher jede, auch die höchste menschliche Tugend
unvollkommen erscheint, und an keine Belohnung, an keine
Auszeichnung Ansprüche machen, sondern nur Gnade erbit=
ten und hoffen kann. Aber wird die heilige Sache selbst
und werden die, deren Diensttreue die Huld des Landes=
herrn öffentlich auszeichnet und ehrt, dabei gewinnen, oder
verlieren, wenn sie solche Auszeichnung nicht selbstgenügsam
als eine erwartete Belohnung ihrer Verdienste, sondern dank=
bar als eine freie Gnade ehren und erkennen, der sie durch
immer größere Pflichttreue würdig zu werden trachten wol=
len? Und wobei wird das Vaterland sich besser befinden:
wenn seine Krieger und Beamten sich als seine Diener, oder
als seine Söhne betrachten? als seine Diener, die arbeiten,
um zu verdienen, — als seine Söhne, die es lieben als eine
milde, segnende Mutter, der das ganze Leben mit allen sei=
nen Kräften in reiner Liebe angehört, und so auch hier
der Geist der Knechtschaft von der sanften, herzge=

winnenden Gewalt des Christenthums in den heiteren, Alles vermögenden Geist einer „seligen Kindschaft" verwandelt und umgeschaffen wird?"

„Es ist wahr, das Leben der Christen ist, sobald es sich nach dem ihnen gegebenen heiligen Urbilde geläutert und gestaltet hat, „verborgen in Christo," — reich im Innern, unscheinbar im Aeußern, und in der ungefärbten Demuth, die es trägt und nährt, ist seinem Sinnen und Trachten jede äußere, glänzend in die Augen fallende Auszeichnung fremd. Aber diese Auszeichnung, wird sie an Werth und Eindruck verlieren, wenn in der Brust, die sie schmückt, ein reines, ein frommes, demüthiges Herz schlägt? ein Herz, das bei jeder Wohlthat dankvoll bekennt: „Nicht uns, nicht uns, nur Deinem Namen allein, o Herr, die Ehre!"

„Sehet da den erhaben=heiteren Standpunkt, auf welchen dieses Fest wir stellen sollen, und den tiefer liegenden, fest verschlungenen, segensvollen Zusammenhang, in welchem es mit dem Christenthume und in demselben mit unseren höchsten Angelegenheiten steht. Gesegnet sei uns diese ernste Verbindung, und heilig die Stunde, wo sie auf's Neue unserem Verstande klar, unserem Herzen wichtig, unserem Leben heilbringend werden soll. Haben es doch von jeher die besten und edelsten Menschen für die höchste Aufgabe ihres Daseins gehalten, diese Verbindung der Sorge für ihren irdischen Beruf mit der Sorge für das Ewige in sich zu Stande zu bringen. Sehen wir auf das, was das tägliche Leben und die Erfahrung uns zeigt, so halten die meisten Menschen eine solche Verbindung für unmöglich."

20*

„Leichtſinnige, die, unter dem Vorwande: die Menge und Vielſeitigkeit ihrer Berufsarbeiten und Zerſtreuungen erlaube ihnen nicht, mit der Religion ſich zu befreunden, ſie ganz aufgeben und mit dem, was man Anſtand und Ehrbarkeit nennt, fertig zu werden ſuchen. Beſorgte, um ihr Seelenheil Bekümmerte, die auf die entgegengeſetzte Seite übergehen, die wahre chriſtliche Frömmigkeit mit dem unruhigen Thun und Treiben in der Welt für unvereinbar halten, und durch ſtille myſtiſche Abgeſchiedenheit ſich für ihren irdiſchen Beruf unbrauchbar machen. Schwankende, die bald von Einem zum Andern übergehen, zwiſchen Beidem ein Abkommen treffen wollen, weder dem Einen, noch dem Andern angehören, und in dieſem unruhigen Doppelweſen weder Gott, noch der Welt gefallen.“

„Iſt der hohe, lichtvolle Glaube an Den, „der umherging und Gutes that, der raſtlos wirkte, ſo lange es für ihn Tag war“ in uns lebendig geworden, dann werden wir der Gefahr ſolcher Extreme, an denen unſer Zeitalter ſo reich iſt, dann werden wir gegen ſolche verderbliche Halbheit verwahrt ſein und unſer zeitlicher und unſer ewiger Beruf wird ſich zu einem ſchönen, in ſich verknüpften Ganzen geſtalten. Wir werden es durch die That beweiſen, daß der wahre Chriſt, „den man an ſeinen Früchten erkennet“ vergleichungsweiſe auch immer der beſte Soldat, der beſte Staatsdiener, der beſte Unterthan iſt. Das, was der Landesherr in chriſtlicher Erleuchtung zur Beförderung wahrer Religioſität für die Kirche thut, wird uns ebenſo wichtig ſein, als was er für den Staat anordnet, in Beidem werden wir die Mittel zu Einem Zweck und Staat und Kirche in ſegensvoller Eintracht erblicken.

Ist der Glaube an den Erlöser in uns lebendig geworden, dann werden wir das Licht der Erkenntniß und die Wärme der Empfindung nie voneinander trennen, und an der sicher leitenden Hand eines vernünftigen Glaubens ebenso sehr vor Unglauben auf der einen, als der Schwärmerei auf der anderen Seite geschützt sein. Glauben wir an Jesum, den Herrn, so wird unsere Frömmigkeit eine gemeinnützliche Wirksamkeit für das Beste der Welt, und auf die Ewigkeit, der wir entgegen eilen, werden wir uns am Besten vorbereiten durch die unwandelbare Treue, mit der wir auf dem uns angewiesenen Standpunkte Alles geworden sind und Alles geleistet haben, was wir werden und leisten können und sollen."

„Welch' ein hohes, glänzendes, zwar jetzt der Welt entrücktes, aber der Verehrung unvergeßliches Beispiel aus der neuesten Zeit tritt uns hier ermunternd und erhebend entgegen! Ein klarer Verstand und ein tiefes Gemüth; Heiterkeit und Ernst; Anmuth und Würde; Festigkeit und Milde; Gerechtigkeit und Gnade; mit tausend wichtigen Dingen beschäftigt, und doch in sich gekehrt und gesammelt; alle Anstrengungen des Krieges, alle Bestrebungen des Friedens leitend und fördernd, und, der Stifter des heiligen Bundes, Alles voll Licht und Liebe gründend auf den einzig festen Grund des biblischen Christenthums; der Verbreiter desselben durch das große Werk christlicher Missions-Anstalten und Bibelgesellschaften; unaufhörlich und rastlos thätig für die Welt und ihre Angelegenheiten, und doch Gott, Jesum und die Ewigkeit, als das höchste Ziel, im Auge und im Herzen. Ein mächtiger, großer Kaiser, ein geprüfter, demüthiger Christ; der treue Bundesgenosse, der zärtliche Freund unseres Königs und Herrn; der Freund unseres Volkes, der Wohlthäter unseres

Landes, der Wohlthäter Europa's; von uns Allen gekannt, verehrt, geliebt, und jetzt beweint — beweint von der Welt!"

„Ach! an den herben Schmerz, ihn so bald verloren zu haben, schließt sich um so inniger das heiße Gebet: Gott erhalte, Gott segne den König! Mit Allem, was wir sind und haben, weihen wir uns auf's Neue Seinem Dienste in frommer Treue. Seine Gerechtigkeit ist die Bürgschaft unserer Ruhe; Seine Milde unser Glück; Sein christliches Beispiel unsere Erbauung; Er, mit Seinem Hause, der Ruhm, die Ehre, die Hoffnung des Vaterlandes."

„Gott segne, Gott erhalte den König, und ein jedes Herz und ein jeder Mund spreche Amen."

Gemüthlicher und origineller tritt dieser fromme Sinn, der das Andenken des entschlafenen Bundesgenossen und Freundes ehrt, und will, daß sein theurer Name erhalten werde und auf die Nachkommen komme, hervor in folgender aus dem Innern des Königs fließenden Thatsache.

Zu Potsdam vor dem Nauen'schen Thore, unmittelbar an die angenehme Vorstadt derselben grenzt eine fruchtbare Niederung von Aeckern und Gärten. An der einen Seite zieht sich entlang der Neue Königliche Garten, und sein Park schaut herüber in alten Bäumen von verschiedener Schattirung. Auf der anderen entgegengesetzten Seite liegt der Pfingstberg, dessen Gipfel und Fuß mit Pavillons und Häusern in fruchtbaren buschichten Obstbäumen und Weingärten besäet ist; auf der Höhe desselben hat man eine Aussicht, die man zu den schönen zählen kann. Vor uns liegt im Thale die Stadt Potsdam, in der ganzen Länge, mit ihren hohen Thürmen, und von dem schönen in der Mitte liegenden

Thurme der Hof= und Garnisonkirche hört man in der Ent=
fernung die Töne des Glockenspiels in einzelnen Accorden.
Die Aussicht ist zum Theil beschränkt durch den von Eichen
und Fichten bewachsenen Brauhausberg. Von der Höhe
desselben schaut der Belvedere=Thurm in's Land, am Fuße
liegt das prachtvoll gebaute Provianthaus, und die Havel
fließt in ihrem weiten klaren Bette ruhig vorüber, hier und
da in der Nähe und Ferne hellglänzend, hinab nach Caput
und der Pirschheide. In dem Vordergrunde liegt Sans
souci mit seinen Colonaden und seinem Haine. Geradeaus
öffnet sich die Fernsicht, an dem Cadettenhause vorbei, nach
dem Dorfe Drewitz, mit seinen grünen Wiesen, durchschlän=
gelt von der Nute. An Neuendorf und Nowaweß vorbei
fliegt pfeilschnell und pfeifend auf ebener Eisenbahn die lange
Reihe von Wagen; den Dampfwagen erkennt man an
seinem wirbelnden, aufsteigenden Rauche. Dann hebt sich die
Gegend wieder durch den hervorragenden Hügel, den Ba=
bertsberg, mit seiner antik=modernen fürstlichen Burg und
ihren Nebengebäuden. Tiefer nach Osten erblickt man das
Dorf und fürstliche Schloß Glienicke und die prächtige Brücke
über die Havel. An den Ufern derselben hebt sich wieder
die Landschaft und man wird gewahr den Thurm zu Ni=
kolskoe, wie er still in's Thal herabschaut. Etwas weiter
liegt mitten im Havelstrome die Pfaueninsel, und bei hellem
Wetter sieht man über vorliegende Obstgärten die Schloß=
thürme und die Meierei. Die Aussicht auf dieser Höhe ist
in ihrer reichen Mannigfaltigkeit zu jeder Jahreszeit, beson=
ders im Frühling und in der Obstbaum=Blüthe, entzückend
schön. Man schauet hier in's Freie und Weite; still und
befriedigt ruhet das Auge in der vorliegenden Gegend; es
hebt sich die Brust; man eilt in geheimer Sehnsucht nach

ben entfernten blauen Bergen und man kann diesen reinen
Naturgenuß nicht haben, ohne sich immer wieder erheitert
und getröstet zu finden.

Diese Gegend, eine der schönsten um Potsdam, ist es,
die König Friedrich Wilhelm III. auserwählte, um Seinem
heimgegangenen Freunde, dem Russischem Kaiser Alexander,
ein Denkmal zu setzen, wie es aus Seinem liebevollen Ge=
müthe einfach und wahr hervorging und wie kein hoher
Herr je dem andern in dieser Art es gesetzt hat. Es ist
nicht prunkvoll und prächtig, aber gemüthlich und anspre=
chend; nicht imponirend, aber sinnig, so daß man Ihn daraus
wieder erkennt und Ihn noch mehr lieb gewinnt. Es wa=
ren einige 50 Russen in Französische Gefangenschaft ge=
rathen, die, sie wieder frei wurden, ihre Zuflucht zum
befreundeten Könige von Preußen nahmen. Dieser nahm sie
freundlich auf und ließ sie gleich Seinen Gardisten gut hal=
ten. Dem Russischen Kaiser gefiel das, und sie wünschten
hier zu bleiben. Dieß geschah mit Bewilligung des Kaisers,
und er schenkte sie, so weit eine Schenkung hier möglich ist,
seinem Königlichen Freunde. Dieser gewann sie aber, weil sie
Soldaten des Russischen Kaisers waren, sehr lieb, und hielt
sie hoch in Ehren; und dieß ging so weit, daß Er, wenn Er in
Potsdam war, sie sehen und sie um sich haben mußte. Bei
der Tafel sangen sie Russische Nationallieder, und der König
hatte Seine Freude daran. Aber diese übrigens gutmüthigen,
doch im Ganzen ungebildeten Menschen sangen, ehrlich ge=
sagt, „erbärmlich schön," und es fehlte dem quiekenden, sto=
ßenden und schreiendem Getöne alle Melodie. Ob der Kö=
nig das selbst fühlte, weiß ich nicht; genug, Er hatte die
Russen, als ein Vermächtniß des Russischen Kaisers, so lieb,

daß sie viele Jahre hindurch in gedachter Art erschienen. Sie waren gut und sauber gekleidet; sie aßen und tranken und lebten, wie sie es wünschten, und wohnten mit ihren Frauen, zum Theil aus ihrem Vaterlande, zum Theil aus Potsdam, mit den übrigen Gardisten in der Kaserne.

Als nun der Kaiser Alexander gestorben war, wurde die Liebe und Fürsorge für die fremden Russen noch inniger und der Königliche Herr wünschte und wollte, daß sie, so viel ihrer noch lebten, in der Fremde ihre Heimath und ihr Vaterland wieder finden möchten. Als Er mit diesem Gedanken beschäftigt war, sah man ihn oft auf- und abgehen in der vorhin beschriebenen Gegend, und Er kaufte die ringsumher liegenden Aecker und Gärten zu jedem geforderten Preise, bis Er den erforderlichen Zusammenhang, an dem Nauen'schen und Jäger'thore aneinander grenzend, als Eigenthum hatte. Nun theilte Er das Ganze in die erforderlichen Theile und ließ nach verschiedenen Modellen von Bauernhäusern, die Er sich von Rußland hatte kommen lassen, ganz so wie es dort Brauch ist, Häuser in der Gestalt eines Dorfes bauen. Jedem Hause ließ Er ein großes, angemessenes Stück Land zutheilen und jedes als Garten zum Gemüse- und Obstbau mit einem abgeschlossenen Feder-Viehhofe, einrichten. Jedes einzelne Grundstück ist zum Theil mit Planken, zum größeren Theil mit lebenden Hecken, eingezäunt, und mit Alleen von Linden, die nach allen Richtungen hin in allen breiten Wegen sich finden, ist das Dorf zu einem Ganzen heiter verbunden. Auf der daran grenzenden Höhe ist eine geschmackvoll eingerichtete Griechische Kirche erbaut, deren Cultus, wie die Seelsorge im Dorfe, ein Pope, besonders dazu angestellt, versieht.

Nicht weit von der Kirche steht ein im Russischen Style nett gebautes Haus; unten wohnt der Castellan, die obere Etage enthält einen großen Saal mit einer nach Russischem Geschmack eingerichteten Gallerie, von der man die vorhin beschriebene schöne Aussicht hat. Dieser ganzen Colonie gab der König, zum lebendigen Andenken an Seinen verewigten Bundesgenossen und Freund Alexander, den historischen, nun geographisch-örtlichen Namen: „Alexandrowska."

Der ländliche Ort liegt vor dem Thore der Residenz-stadt Potsdam, — mitten in Deutschland ein Russisches Dorf, welches den ehrenvollen Namen eines berühmten Russischen Kaisers führt, — lustig anzuschauen in seinen orientalischen Wohnungen mit seinen Baumgärten und seinen Lindenalleen. Die Bewohner aus fernen fremden Landen, begünstigt und geliebt, sind glückliche Leute, die in der Fremde eine behag-liche Heimath wiederfanden. Man siehet es ihnen an, daß es ihnen wohlgeht; sie leben in ihren zutraulichen Häu-sern ohne Nahrungssorgen; von 2 Etagen gebaut, haben sie die bequem eingerichtete obere im Sommer an wohlha-bende Bewohner von Berlin und Potsdam, die die gesunde freie Landluft suchen, vermiethet, und es lebt sich gut mit dem gutmüthigen Russen. Die Bewohner der benachbarten Stadt und auch Fremde gehen gern hin, und kehren, auszuruhen und sich zu erfrischen, in den dortigen Russischen Gasthof ein. In den durch alle breiten, trocknen Straßen des Dorfes Alexandrowska sich hinziehenden Alleen sieht man Lustwan-delnde mit fröhlichen Kindern. Das Fremde im Vaterlande hat einen eigenthümlichen Reiz, von dem man sich angezogen und gefesselt findet, und man nimmt gern den Weg dahin. Hier, in dieser Umgebung, war auch oft und gern der König. Man sah Ihn am Abend in Seinem gewöhnlichen gelben offenen Wagen wenigstens die Woche einmal durch das Dorf den Berg hinan, wo die Griechische Kapelle stehet, fahren. Hier stieg Er aus und sah sich um. Langsam ging Er dann nach dem benachbarten Hause; setzte sich auf der Gallerie, und sah die Sonne untergehen. Die Russen nannten ihren Königlichen Wohlthäter: **Väterchen;** und dann sprach Er mit ihnen vom heimgegangenen Kaiser Alexander.

Der andere Bundesgenosse war der Kaiser von Oestreich, Franz I. Ein in der Geschichte der Welt unvergeßlicher Herr; merkwürdig durch die Schicksale, die er erlebte, und liebenswürdig durch seinen Charakter. Er war zugleich als Deutscher Kaiser gekrönt den 14ten Juli 1792 zu Frankfurt; legte aber diese Würde nieder den 6ten August 1806, als der Französische Kaiser Napoleon den Rheinbund errichtet hatte. Der Untergang des Deutschen Reiches in seiner alten Verfassung berührte ihn unmittelbar, und er sah diesen Untergang mit Sorgen und Kummer. Sein redliches Deutsches Gemüth sympathisirte nicht mit der Gewalt, die als solche ehrgeizig that, was ihre Wünsche begehrten, und alte ehrwürdige Institutionen vernichtete. In der Zeit seines Unglücks, dem seine Einsicht und die seiner Feldherren, verbunden mit der Tapferkeit seiner Armee, muthigen, aber im letzten Resultat vergeblichen Widerstand leistete, wurde er von der Welt, die nur nach dem Erfolg urtheilt, häufig verkannt. Er duldete und ertrug dieß um so gelassener und ruhiger, da sein treues Volk solche Unbill nicht theilte und mit angestammter Liebe, voll patriotischer Begeisterung, seinen Kaiser ehrte. Es ist rührend und herzerhebend, zu sehen, wie der ganze Kaiserstaat, so auch die herrliche Residenzstadt Wien, mit treuer Anhänglichkeit an dem geheiligten Oberhaupte hängt! Kein Unglück und seine schweren Schläge hat die eingewurzelte und ererbte Treue des Oestreich'schen biederen Volkes schwächen können, vielmehr hat dasselbe noch fester vereinigt und die Kräfte einträchtiger aneinander geschlossen. Keine Nation ist aus dem Fegefeuer der verhängnißvollen, stürmischen Zeit reiner und unbefleckter hervorgegangen, als sie, und nirgends haben umkehrende Ideen weniger im Volke Anklang gefunden, als hier. Daher rührt es gewiß auch, daß im Oestreich'schen sich eine gewisse prägnante Eigenthümlichkeit bewahrt hat, die man gleich als Nationalcharakter erkennt. Selbst in der Haupt= und Residenzstadt Wien, wo das Zuströmen aus allen Weltgegenden Jahr aus Jahr ein, groß ist, hat sich eine Originalität in der Masse der Einwohner erhalten, in der man von allen Seiten es fühlt, daß man sich an einem volkreichen Orte befindet, wo Alles einen besonderen Zuschnitt und Maßstab hat. Die übrigen Hauptstädte Deutschlands, wie Berlin, Dresden, Stuttgart, Carlsruhe, München, Hamburg, Frankfurt a. M., u. s. f., sehen sich im Ganzen genommen ähnlich, so daß man im Benehmen und in den Sitten der Einwohner die eine in der andern wiederfindet. Man lebt und bewegt sich in einer Aehnlichkeit und Einförmigkeit, die dasselbe Colorit hat, und man kommt aus einer Flachheit in die andere. Der Geist der Zeit ist ein Geist des Nivellirens, welches, wenn ein Streben nach Einheit ihm zum Grunde liegt, keinen Tadel, vielmehr Lob verdient, weil nur in der Einheit die Stärke liegt; aber Einerleiheit ist nicht Einheit, welche mit der Originalität nicht nur bestehen kann, sondern erst durch sie anziehend wird. Je mehr Copien, desto ärmer; je mehr Originale, desto reicher das Leben; jene machen den Verkehr flach und ein=

seitig, diese ihn tief und vielseitig. Wien war und ist heute
noch eine originelle Stadt, in der Alles ein eigenthümliches
Gepräge hat. Das Leben in den Wirthshäusern, auf den
volkreichen Straßen, in dem besuchten Prater, hat etwas
Eigenes, worin Einem um so wohler ist, je mehr man überall
von frischer Lebenslust, Biederkeit und Gutmüthigkeit, sich
angesprochen findet. Alles Merkwürdige, was es enthält,
kann man sehen; Alles, was in reicher Fülle Küche und
Keller hat, genießen, ohne sich übervortheilt zu finden. Ueberall
hört man Musik, von Leierkasten an auf den Gassen, bis zu
den vorzüglichsten Concerten. Haydn, Mozart und Beethoven
haben den größern Theil ihres Lebens in Wien zugebracht;
hier dachten, fühlten und schufen sie die Meisterwerke, welche
die Weltdurch hallen. Neben der Harmonie der Musik liebt der
Wiener die Theater=Freuden; er kann dieser Richtung, wie er
will, folgen; doch fühlt er, von Natur witzig und froh, sich dann
am Meisten unterhalten, wenn er diese Neigung befriedigt
findet. Mit Ehrfurcht sieht er die alte Burg an, wo sein
Kaiser wohnt. Ganz unstreitig haben die Kaiser von Oest=
reich, vorzüglich Franz, dazu das Meiste beigetragen, durch
ihre edle populäre Denkungsart und Gesinnung ihre Unter=
thanen, und vorzüglich die Wiener, in ihrer Biederkeit und
Gutmüthigkeit zu erhalten.

Franz I. liebte sein angestammtes Volk väterlich; regierte
es weise und milde; kannte es in seinen verschiedenen Pro=
vinzen, und gewann Alles durch seine Herzensgüte. Diese
war in seinem edlen Familiengesichte, in den Zügen seiner
Physiognomie, in dem Blicke seiner treuen Augen und sei=
ner Nationalsprache, in seiner Haltung, in seinem Gange,
in seiner edlen Einfalt, kurz in seinem ganzen Sein, Wesen

und Benehmen, sichtbar ausgeprägt. Sowie er sich nur öffentlich sehen ließ, wurde auch die wechselseitige Sympathie fühlbar und äußerte sich laut. Er hatte das, was besonders dem gemeinen Manne gefällt, er war schlicht und ehrlich; ging, ohne viel Complimente zu machen, ohne sich viel rechts und links zu wenden, stets gerade durch, sprach und grüßte treuherzig. Er war ein Herr, wie das Volk ihn gern hat, und es liebte ihn mit unbedingtem Vertrauen. Ohne sich um politische Dinge zu bekümmern und darüber Sorge zu machen, die es seinem guten Kaiser und seinem Canzler, dem einsichtsvollen Metternich überließ, geht es auf geradem und geordnetem Wege seinem Berufe nach und genießt mit voller Seele die Stunden der Erholung. Das Volk befindet sich um so wohler, je weniger es aufgeregt und unruhig gemacht wird. Seine Gewohnheiten sind ihm zur andern Natur geworden und die Sitten und Gebräuche der Vorfahren und Väter sind ihm ein heiliges Erbe. Es giebt keine volkreiche Stadt in Deutschland, wo es so viele alte, in Ehren gehaltene Gebräuche giebt und wo das Herkommen so viel gilt, als in Wien. Der Einwohner, besonders der ehrenwerthe stattliche Bürger, geht aus seinem behaglichen Hause aus und ein, lebt mit seinem Nachbar in Frieden, und ist zufrieden.

Dieser Sinn wird genährt und erhalten durch den Geist des Conservativen, der vorzüglich in dem Gemüthe, wie in der ganzen Lebenstendenz des Kaisers Franz I. lag. Das Bewährte und Erprobte hielt er fest, und gegen alles Neue war er mißtrauisch; er liebte und wollte es nur dann, wenn es sichtbar zugleich das Bessere war. Erfahrung galt ihm mehr, als Theorie, und es hat nie an Männern gefehlt, die darin befestigten und stärkten. Wenn man sagt: Oestreich

sei zurück geblieben, so merkt man das wenigstens im Lande
nicht, und Alle, die dort gewesen, selbst Männer des Vor=
wärts, sprechen mit Zufriedenheit davon und erinnern sich
gern daran. *)

Franz I. pflegte zu sagen: „Niederreißen ist leichter, und
geht geschwinder, als aufbauen.“ Was noch brauchbar und
der Volksstimmung verwandt war, schonte er, behielt er gern
bei, und unter diesem befindet sich allerdings Manches, was
sich überlebt hat und abgestorben ist. Dem stillen, aber
mächtigen Andrange der fortschreitenden Zeit widersteht kein
Volk; der Tropfen höhlt selbst den Stein aus, nicht mit
Gewalt, sondern durch häufiges gleichförmiges Fallen. Vie=
les scheint jedoch ein Vorwärts, welches, wie man später in
seinen Folgen und Wirkungen mit Schrecken siehet, ein wah=
res Rückwärts ist. Einlenken und, wenn man das Neue
schon mit seinen ihm anklebenden Reizen hat kennen gelernt,
zum einmal abgeschafften Alten wieder zurückkehren, ist un=
möglich. Darum ist nichts bedenklicher, als eine bestehende
und lange bestandene Verfassung aus ihren alten, eingewach=
senen Fugen herausreißen. Einmal in Bewegung, giebt's
keinen Stillstand mehr. So viel ist gewiß: Perfectibilität
ist der Grundtrieb der menschlichen Natur und Stillstand ist
Rückgang, wie bei Einzelnen, so bei'm Ganzen. Alles kommt
auf die Richtung an, die dieser Trieb und das Schaffen und

---

*) Der ehrwürdige und unvergeßliche Hofprediger Reinhardt in
Dresden war nirgends lieber in der Ferne, als im Oestreich'schen,
und fühlte sich besonders behaglich in Wien. Er sprach mit Ent=
zücken von seinem Aufenthalte daselbst; sein reicher und ernsthafter
Geist fand dort Nahrung, seine Sinne in der anmuthigen Ge=
gend Unterhaltung, wie an dem Volksgeiste sein Herz Freude.

Wirken in ihm nimmt, so daß man nicht bloß experimentirt, das heißt die Erfahrung sucht, sondern wirklich erfährt, und inne wird, daß man sich im Wohl des Ganzen für seine Person ruhiger, wohler und sittlich besser befindet. Dem sei nun, wie ihm wolle, ein Jeder ist für sich, der Regent und seine Regierung für sein ganzes Volk verantwortlich. Obscurantismus und seine Trägheit, Neologie und seine un= ruhige Thätigkeit, ist gleich gefährlich, und Mäßigung liegt zwischen zwei Extremen in fester Mitte. Diese ruhige Mitte und in ihr ein Mittelpunkt, um welchen sich nur ein fester Kreis ziehen läßt und sich abschließt, wollte, nach Maßgabe der Nation, der Kaiser Franz I. Diese Mäßigung, dieß Maßhalten in allen Dingen, war die Seele seines Lebens und Wirkens, und Wohlwollen und Menschenliebe erhielt ihn so lange er lebte in dieser gemüthlichen Sphäre. Deßhalb war er auch in allen Vorfällen temperirt, still und sich gleichbleibend. Man weiß aus seinem Leben und aus seiner Regierung keinen Fall, daß er heftig und jähzornig geworden. Dieser Gleichmuth war die reife Frucht seines langen Lebens und der vielen, unangenehmen und ange= nehmen, Erfahrungen, die er gemacht. Nichts konnte ihn aus der Fassung bringen, und darum war eine Hoheit als Kaiser, eine Würde als Mensch ihm eigen, die mit Ehrfurcht und Achtung erfüllte. Er liebte und übte in Stunden der Erholung in verwandter Stimmung die sanfte Musik, und es ist charakteristisch, daß er das zwischen dem Baß und der Violine in der Mitte stehende gemüthliche Violoncell vor allen Instrumenten gern hatte. Der ernst=wehmüthige Ton desselben sagte ihm zu; denn dieser war der Ton seines Ge= müthes. Einst hatte er auf demselben trefflich, besonders das Adagio, gespielt, als der Meister im Enthusiasmus für seine

Kunst ausbrach: „Es ist Schade, daß Ew. Majestät nicht Capellmeister geworden sind!" Und der Kaiser antwortete, satyrisch lächelnd, lakonisch: „Ich habe es halter so besser!" Er war naiv, und sein Witz war um so überraschender, da er gewöhnlich ernsthaft war, und doch mitten aus dem Ernst komische Einfälle auftauchten. Als er einst mehrere fremde Officiere von Range, reich mit Orden von vielen Potentaten geschmückt, empfing, und diese durch die vorderen Säle sich nahen sah, sagte er zu dem neben ihm stehenden Adjutanten mit einem leichten Anfluge von Spott: „Da kommt ja das ganze Firmament her, Sonne, Mond und Sterne." Die Gutmüthigkeit war aber bei ihm das Vorherrschende, die ihn, als Grundzug des Charakters, nie verließ. Diese Gutmüthigkeit ist um so schätzenswerther, da sie im verwandten Bunde mit seiner Wahrhaftigkeit stand und er, ehrlicher, redlicher Natur, fern von jeder Falschheit und Lüge war. Er, von Menschen allerlei Art umgeben, unter diesen viele Schlaue, Arglistige und Lauernde, blieb sich gleich und das chamäleonische Hofleben hatte so wenig Einfluß auf ihn gehabt, daß er zwar vorsichtig und klug und an sich haltend, aber nie zweideutig und gleißnerisch war. Er konnte sich Gewalt anthun; aber dabei war ihm nicht wohl; deßhalb lebte und war er am Liebsten unter Vertrauten, wo er sich durfte gehen lassen und von Herzen zu Herzen reden. Aber auch in der Vertraulichkeit verließ ihn nie die sittliche Würde; auf dieser ruhete die Kaiserliche, und ihn leitete überall ein richtiger, feiner Takt. Es war ihm Bedürfniß, vertraut und vertraulich zu sein, und er entschädigte sich dadurch für den Zwang, den er sich als Regent anthun mußte. Bei aller Biederherzigkeit und Geradheit liebte und wollte er die feine und gebildete Sitte,

und Gemeinheit war ihm zuwider. Keusch, verschämt und
ehrbar in Gedanken, Gefühlen und Worten, war er frei von
den Truggestalten einer ungeregelten Einbildungskraft, und
man sah in ihm den innerlich und äußerlich geordneten
Mann. Man fand an ihm keine Spur von dem, was man
Libertinage und Galanterie nennet; selbst freie Sitten, die
im Betragen sich über das Herkommliche und Gewöhnliche
setzen, mochte er nicht, und sein ganzes Sein und Wesen
hatte den würdevollen Ausdruck des höchst Anständigen. Mit
demselben geschmückt, gefiel er den Frauen edler Gesinnung,
und in ihrem Umgange war er gern, sowie man auch ihn
gern hatte. In dieser heiteren und frischen Atmosphäre fand
er die Zartheit, Feinheit, Gefälligkeit und Bildung, die seinem Herzen wohlthat. Er lebte in einer glücklichen und zufriedenen Ehe und ist viermal vermählt gewesen. Seine
zweite Gemahlinn gebar ihm 13 Kinder. Seine vierte ist
die Tochter des Königs Maximilian Joseph von Baiern, die
Kaiserinn Wittwe Charlotte, eine hohe edle Frau. Ihr Vater
war ein einsichtsvoller, menschenfreundlicher Herr, der die
hohe Würde und das Glück eines Königs um so froher und
dankbarer genoß, als er durch einen Zusammenfluß unerwar-
teter, begünstigender Umstände zu solcher Höhe emporstieg.
Er hatte in seinem offenen Wesen dessen so wenig Hehl, daß
er vielmehr oft und gern davon, wie von seiner früheren
Beschränktheit redete, so daß man ihn ehrend liebgewann
und sich freuete, daß er ein König geworden. Sein offenes,
heiteres, männliches Angesicht, sein freier Gang, die Geradheit, womit er Jedem entgegen kam, die schöne Gabe harm-
loser Unterhaltung und sein Frohsinn, erwarben ihm die all-
gemeinste Achtung und Liebe. Man vergaß oft, wenn man
mit ihm redete, so offen und vergnügt war er, daß man

vor einer Königlichen Majestät stand; er genirte weder sich, noch Andere. Von seinen Unterthanen war er allgemein geliebt. Die ehrlichen Bayern, besonders die, welche in den Bergen wohnen, nannten ihn „Vater" und „Du," und er er= wiederte gern die zutrauliche Herzlichkeit des gemeinen Man= nes. Nie hat ein wohlwollenderes Herz in einer Menschen= brust geschlagen, als in der seinigen. Schon vorher gab er gern; aber mit vollen Händen nach allen Richtungen, nah und fern, als er es konnte. Er lebte aus dem Vollen, und doch blieb er und sein Haus reich; der Segen Gottes war mit ihm und seinem Thun. Er hatte die Menschen von Herzen lieb und war, ohne indifferent zu sein, tolerant. Er stand nach seiner Einsicht und nach seinem Charakter auf einer Höhe, wo der Unterschied der Confessionen verschwin= det, das Herz weit und voll wird, und der Mensch in seiner freien Würde hervortritt. Wiewohl katholisch=kirchlich, lebte er in einer glücklichen Ehe. Seine vortreffliche Gemahlinn, *) ausgezeichnet durch menschliche und fürstliche Würde, und eben= falls unermüdet im Gutesthun, war, eine Baden'sche Prin= zessinn, evangelischer Confession; aber Beide trugen die rechte, unsichtbare Kirche im Herzen. Sie war eine ausgezeichnet glückliche Mutter und die Kaiserinn von Rußland und die Königinn von Schweden waren ihre Schwestern.

Diesen edlen König Maximilian von Bayern und die hohe Königinn Caroline besuchten die Kaiser von Rußland und von Oestreich. Von München gingen sie nach Tegernsee. Tegernsee, eine ehemalige Abtei, hat eine romantische Lage,

---

*) S. die „Gedächtnißschrift auf sie, von ihrem Hofprediger, dem würdigen Ministerialrath von Schmidt."

am klaren, großen See, am Fuße der Tyroler Gebirge, von welchen hie und da ein Reh mit seinen klaren Augen in's Thal herabschauet, dann aber behende davon eilt, wenn die Peitsche des Fuhrmanns im Hohlwege ertönt. Eingeschlossen ist dasselbe auf der andern Seite von waldigen Höhen, auf welchen wohlgenährte Heerden weiden. Man siehet die weißen Ziegen hie und da durch die belaubten Bäume, man hört den bald schwermüthigen, bald lustig jobelnden Gesang der Hirten; auf den üppigen Wiesen mähen und harken fröh= liche Jünglinge und Jungfrauen; zerstreut rings umher sind wohlhabende Meiereien und Bauernhäuser und im Thale an den grünen Ufern des See's liegt mit seinen Nebengebäuden, mit seiner alten Kirche und seinem hohen Thurme, das Kö= nigliche Schloß in freundlicher, belebter und doch ruhiger Einsamkeit. Wer dies reizende, verborgene und geborgene Thal gesehen und dort glücklich gelebt hat, begreift, daß Gebirgsbewohner in dem flachen, ebenen Lande eine tiefe freudige und doch krankhafte Sehnsucht, das „Heimweh", empfinden.

Man kann sich vorstellen, daß bei der Anwesenheit der beiden Kaiser Franz und Alexander mit ihrem Gefolge im Königlichen Schlosse zu Tegernsee und um dasselbe ein re= ges, buntes Leben herrschte. König Maximilian und seine hohe Gemahlinn fühlten die Ehre und Würde, solche hohe Gäste, die ersten in Europa, bei sich zu haben, und Alles ringsherum glänzte von Königlicher Pracht. Der wohlwol= lende, gern gebende Königliche Wirth war heiter und glück= lich, und es fehlte bei Biederkeit und ungezwungener freier Sitte an Nichts, was den Geist wahrer Fröhlichkeit wecken und über alle Theilnehmenden verbreiten konnte. Als die

Sterne am Himmel glänzten und es dunkel geworden war, wurde es von außen und in den Säälen des Schlosses hell; Maximilian trat mit Alexander und Franz an's Fenster, und auf dem höchsten Gipfel der einschließenden Berge, die nach München herunter in das schöne Bayernland hineinblicken, brannte in colossaler Höhe und Größe von riesigen Baum= stämmen lichterloh ein **A** und **F.** Alexander und Franz waren überrascht und erfreut. Niemand aber war mit seinen Gästen glücklicher als Maximilian, der es veranstaltet hatte und dem Alles wohl gelang. Es brannte und loderte bis nach Mit= ternacht in die stille Nacht hinein zu den hohen Sternen hin= auf; der Mond kam über das Gebirge und beschien die groß= artige Scene. Es giebt Augenblicke im menschlichen Leben, wo man die Harmonie der Natur, ihre stille, besonders nächt= liche Pracht, das Glück, ein Mensch zu sein, und den hohen Werth der Liebe und Freundschaft tief empfindet und im frohen Selbstbewußtsein genießt. Das Sichtbare fesselt; man erhebt sich zum Unsichtbaren; aus der vollen Brust steigen Seufzer auf, und bedeutungsvoller, als ein beredtes Sprechen, wird ein Schweigen und Verstummen. Ein solcher Augen= blick war der, als in stiller heiterer Nacht, von ihrem man= nichfachen Zauber gefesselt, drei Herrscher zusammenstanden und vereint zu Dem aufblickten, der das zahllose Heer der Sterne am hohen Himmel leitet.

Am andern Morgen fuhren, umgeben von Reitern in glänzenden Equipagen, durch das fröhliche Thal die hohen Herrschaften und nahmen ihren Weg nach dem Gebirge. Da wo es pittoresk wird und felsigt, stürzt von der Höhe herab ein klarer Wasserfall, voll und breit, mit reißender Gewalt. Schon in der Entfernung hört man das Brausen; aber ehe man hinkommt wird der Weg steiler und man kann nicht hinfahren. Im langsamen Aufsteigen gehen der Kaiser von Oestreich und der König von Bayern nebeneinander, und Dieser fragt Jenen vertraulich, wie es in seiner Sinnesart lag: „Wie sind Ew. Majestät mit meiner Tochter zufrieden?" Und der Kaiser antwortet, still stehend: „Das will ich Ihnen, lieber Herr Schwiegervater" freundlich seine Hand auf seine Schulter legend, „sagen: bis jetzt hatte ich nur Kaiserinnen, aber an Ihrer Tochter habe ich eine Gemahlinn. Meine Charlotte ist eine gute Frau, die zärtlich für mich sorgt; man kann nicht besser sein, als sie ist." König Maximilian (der gern dieß erzählte) war hierüber bis zu Freudenthränen gerührt; nichts Angenehmeres konnte er als Vater, der in dem Glücke seiner Kinder sein eigenes fand, hören. Der Kaiser Franz war aber als edler, ruhiger und besonnener Mann auch ein zärtlicher Ehemann, der nach den Geschäften und Sorgen der Regierung im ehelichen und häuslichen Glücke seine beste Erholung und reinste Freude fand. Er suchte dasselbe auf alle mögliche Weise zu erhalten; er vermied Alles, was dasselbe stören konnte, und war darin ängstlich gewissenhaft und sorgfältig bis auf Kleinigkeiten treu. Angegriffen durch den steilen Weg, und erhitzt noch mehr durch eine sehr warme Witterung, hatte der Kaiser von Rußland und der König von Bayern, gleich den übrigen Herren, sich aufgeknöpft; nur der Kaiser von Oestreich nicht. Als Maximilian ihn fragte: „ob er, ganz zugeknöpft, sich nicht auch etwas lüften wolle?" antwortete er: „Wie ich ging, war meine Gemahlinn sehr besorgt, daß ich mich erhitzen und dann erkälten möchte. Sie sagte mir zärtlich, ich sollte mich ja in Acht nehmen und mich nicht aufknöpfen. Dieß habe ich ihr

versprochen, und das will ich auch halten; ich sehe sie dann
um so froher wieder." Im Anblick des schönen natürlichen
Wasserfalls ist, um das interessante Schauspiel besser und
ruhiger genießen zu können, eine bequeme Bank unter grünen Bäumen angebracht. Alles ringsherum ist, wie es von
Fremden, die hierher kommen, zu geschehen pflegt, theils mit
Namen eingeschnitten, theils eingeschrieben. Der Kaiser Franz
lieset das und findet auch folgenden, laut vom ihm herge-
sagten Vers:

„Es giebt halter nur ein Bayernland, und nur ein
Maxel drin!" Und der König antwortet: „Die Bayern sind
schon gut; aber der Maxel konnte wohl besser sein!" Lustig
trillert er darauf aus dem bekannten Volksliede den Vers:

„Es giebt halter nur eine Kaiserstadt,
Es giebt nur ein Wien.
Gott segne Franz den Kaiser!"

Es waren schöne, genußreiche und prächtige Tage, gewürzt von edler Gastfreundschaft und Pietät, welche die hohen Herrschaften in dem anmuthigen Tegernsee miteinander
verlebten. Die Erzählung davon geht fort und fort; die
Kinder haben es von den Eltern vernommen und noch lebt
die Kunde davon in dem einsamen ruhigen Thale, als eine
Sage der Vorzeit.

Man erzählt von dem Kaiser von Oestreich Franz
viele Anekdoten, die alle sein tiefes, liebevolles Gemüth beweisen. Folgende hat eine erhabene Einfalt und in ihr eine
stille Größe, die das Herz anzieht, eben weil sie aus dem
Herzen kommt. Im Sommer auf einem seiner Lustschlösser
zu Schönbrunn wohnend, ging er am Abend mit seiner Ge-

mahlinn in das benachbarte stille Dorf. Hier begegnete ihm ein dürftig gekleideter Mensch, der, eine Schubkarre schiebend, auf derselben einen Sarg hatte, neben dem traurig ein Hund ging. Der Kaiser erfuhr auf Befragen von dem Tagelöhner, daß in dem Sarge die Leiche eines Armen sei. Der Kaiser fragte weiter: „ob der Verstorbene keine Frau, Kinder, Anverwandte und Freunde habe, die ihm zum Grabe folgten?" „Ach!" antwortete der gleichfalls arme Arbeitsmann: „um ihn hat sich Niemand bekümmert, er ist in seinem Elende umgekommen, und von demselben endlich durch den Tod erlöst; nur sein treuer Hund hier hat bei ihm ausgehalten und er will sich nicht von seinem Herrn, der ihn lieb hatte, trennen." „Nun," sagte der Kaiser, „so will ich mitgehen." Und der hohe Herr folgte mit seiner Gemahlinn und seinem Gefolge dem Sarge auf dem Kirchhofe; ernst und nachdenkend stand er am Grabe und verließ dasselbe erst nach der Bestattung, nachdem er mit entblößtem Haupte ein stilles Vater Unser gebetet hatte. *) Die Scene verdient verewigt und sinnlich dargestellt zu werden. Man weiß die glänzenden, prächtigen Hoffeste nicht mehr, die er, umgeben von den Großen seines Reichs, gegeben. Aber daß er, ein mächtiger Herr, dem verlassenen Sarge eines Armen folgt und an seinem Grabe betet, das bezeichnet eine Denkart und Gesinnung, die, je seltener sie ist, ihn um so größer macht. Heil dem Throne, auf dem ein Regent sitzt, der das kann,

---

*) Das Vaterunser kann man in seinem Gedankenreichthum und seiner edlen Einfalt bei allen Vorfällen des Lebens beten. Es hat die Ueberschrift: Weichet von mir, ihr Gedanken, ich will mit meinem Gott reden.

und Heil dem Volke, dessen Oberhaupt in jedem Menschen, auch dem ärmsten, den Menschen sieht und seine Würde ehrt! Wer muß es nicht in der Ordnung und der Natur gemäß finden, daß die Oestreichische Nation mit begeisterter Liebe und Treue an dem angestammten Herrscherhause hängt, da in demselben Kaiser sind, die solche und ähnliche menschliche und eben darum ächt fürstliche Tugenden beseelten!

Dem Deutschen Kaiser Franz lag die gute Deutsche Sache warm am Herzen. Ritterlich und tapfer hat Er unter Anführung des großen Feldherrn, Erzherzogs Carl, mit seiner braven Armee für die Ehre und Unabhängigkeit Deutschland's gekämpft. Es ist anziehend und fesselnd, zu sehen, wie das Zünglein in der Wagschale mörderischer Schlachten hin und her schwankte, bald auf diese, bald auf jene Seite sich neigte, und dann doch im letzten Resultat zum Vortheil des damals großen und glücklichen Riesen sich senkte. Der Kaiser hat der Schlauheit und Gewalt lange weichen und ihr mit blutendem Herzen schwere Opfer bringen müssen. Bei der nahen Verwandtschaft, in der er mit Napoleon stand, den er noch in Dresden auf dem Gipfel des Ruhmes sah, kostete es seinem väterlichen Herzen viel, gegen den Schwiegersohn zu Felde zu ziehen. Aber die allgemeine Sache Deutschland's war ihm wichtiger, als seine eigene, und er schloß an Rußland und Preußen unter dem Generalissimus, Fürsten Schwarzenberg, sich redlich und treu an. In Paris, auf der Höhe des Ruhmes und der Ehre, war er als Sieger ebenso schlicht und einfach, so unbefangen und gehalten, als bei dem glänzenden Congreß zu Wien. Umgeben von regierenden mächtigen Herren, wie von den ersten und interessantesten Männern Europa's, entwickelte er hier

eine glanzvolle Pracht, wie sie seinem reichen Hause eigen=
thümlich ist; aber in der Mitte desselben, blieb er der, wel=
cher er war, und in stiller persönlicher Größe bedurfte er
der irdischen und ihres äußeren Schmuckes nicht. Er ge=
wann in seiner Persönlichkeit, ohne daß er es wollte und
suchte, durch sich selbst alle Herzen, und wenngleich Manche
mit den Resultaten des Wiener Congresses nicht zufrieden
waren, so waren denn doch Alle erfüllt mit Verehrung ge=
gen Franz I. Er folgte stets seinem mit einem klaren prac=
tischen Verstande verbundenen Herzen, und in seinem Her=
zen lebte und webte nur Liebe mit ihren wohlthuenden Seg=
nungen. Die Art und Weise, wie er mit seinem Enkel, dem
jungen Napoleon Bonaparte, umging, war innig und groß=
väterlich. Statt ihn von sich zu entfernen, nahm er den talent=
vollen Knaben zu sich. Mit ihm wohnte er dicht zusammen,
und es geschah die schwierige Erziehung unter seinen Augen.
Er mußte nicht nur bei ihm speisen, er sah und überraschte
ihn auch täglich, und man lieset in öffentlichen Blättern
Züge von Naivetät und Liebe, die ergötzen und rühren. Als
der ehrgeizige und Europa's Ruhe gefährliche Kaiserliche
Jüngling starb, verehrte der Kaiser darin zwar eine weise
Schickung des Himmels; aber der Natur und ihren Impul=
sen immer treu, unterdrückte er ihre rechtmäßigen Gefühle
nicht, und der edle Großvater betrauerte den frühen Tod
des talentvollen Enkels. Alles, was die Welt von dem öf=
fentlichen und dem Privatleben des Kaisers Franz I. gehört
hat, ist der Art, daß man mit Recht eine vortheilhafte hohe
Meinung von ihm hat, und alle diejenigen, welche in seiner
unmittelbaren Nähe und Umgebung lebten, nennen seinen
theuren Namen mit Verehrung und Dank.

Der Kaiser von Oestreich, Franz I., und der König

von Preußen, Friedrich Wilhelm III., hatten viel Aehnlich=
keit miteinander, und darauf gründet sich die persönliche Zu=
neigung, die beide hohen Herren füreinander fühlten. Diese
Zuneigung wurde Sympathie, seit sie sich persönlich kennen
lernten. Vorher voneinander entfernt, und bloß diploma=
tisch artig, welches nicht viel besser als kalt ist, sahen und
sprachen sie sich viel auf dem Heereszuge nach Paris, in
Paris selbst, und dann in Wien und Italien. Sie fühlten
sich zueinander hingezogen; Einer fand Freude und Genuß
am Andern, und sie waren viel beisammen. So wie sie
Beide ehrlich und treu es miteinander wohlmeinten, so
war auch ihr Interesse dasselbe, und ihre Verbindung
war eine natürliche und darum eine wahre und beste=
hende. Daß sie eine bestehende sein und bleiben möge, hat
Friedrich Wilhelm III. noch in Seinem letzten Willen aus=
drücklich gewünscht, und Mißverständnisse und Collisionen
werden ein Band nicht trennen, welches die Natur durch
dieselbe Sprache, mithin auch durch Verwandtschaft der Ge=
sinnung, fest verknüpft hat. In Wahrheit, beide Regenten
waren in den Hauptelementen der Charaktere miteinander
geistig verwandt und man findet die Grundzüge des Einen
in denen des Andern. Nur die Färbung ist anders; dort
Alles im Oestreich'schen Colorit, hier Alles im Preußischen.
Das fühlten Beide offen und gerade, und in dieser Offen=
heit und Geradheit lag der reine Zusammenklang ihrer Ge=
müther.

In dieser Harmonie hat es vorzüglich seinen psycholo=
gischen Grund, daß in dem Lande des Kaisers der König
so gerne war, und Er zur Stärkung Seiner Gesundheit eine

lange Reihe von Jahren in Carlsbad *), lieber noch in dem ihm zusagenderen Teplitz, war.

---

*) Carlsbad ist und bleibt einer der merkwürdigsten und berühm=
testen Badeörter der Welt. Viele Bäder hat der Wechsel der Zeit
und Mode getroffen; Carlsbad nicht, es war, ist und bleibt die
Zuflucht Aller, für welche und deren körperliche Uebel die Na=
tur in ihrer Fülle das wunderbare mineralische Wasser geschaf=
fen hat. Es hat in seinen Temperaturen in dem Schloß=,
Theresen=, Mühl= und Neubrunnen, und dem Sprudel, ver=
schiedene Grade, und steigt vom lauen zum warmen und
wärmeren immer höher bis zum siedend heissen, dem Heros, dem
Sprudel. So wie die Grade der Temperatur sind, sind auch
die Grade der Krankheiten, die vorzüglich ihren Sitz im Unter=
terleibe haben. Darum können diese Quellen Menschen jeden
Alters und jeden Temperaments gebrauchen, und sie gebrauchen
sie, unter der Leitung eines einsichtsvollen, erfahrenen Arztes,
durchgängig mit dem gewünschten Erfolge. Das laue, warme,
wärmere und heiße Wasser hat eine wunderbare Wirkung. Es
durchdringt mit seiner geistigen Wärme alle, auch die verbor=
gensten Theile und die verschlungensten Wege des menschli=
chen Körpers, wohin auch die beste Arznei nicht bringen kann.
Es löst allmählig auf und schafft alle Infarcten weg; es macht
wieder schlank, und klar und gesund die Farbe des Gesichts. Wäh=
rend der still aber fühlbar arbeitenden Gährung in den Einge=
weiden befindet man sich unwohl und bekommt Fieber; ist aber
der Prozeß zu Ende, so tritt das wohlthuende Gefühl der Ge=
nesung ein, die man mit dem treffenden Namen „Silberblick"
bezeichnet. Es ist ein wunderbares Wasser und Hufeland sagt,
daß auch eine sorgfältige chemische Analyse die Wirkung, die es
hervorbringt, nicht erklärt. Die materiellen Bestandtheile
lassen sich zwar finden, aber die geistigen entziehen sich der
Zerlegung und Beachtung. Diese sind das Göttliche; — der
Geist Gottes schwebt über dem Wasser. Wenngleich der bald
leiser, bald lauter brüllende, emporspringende Sprudel glühend
heiß ist, so daß Federvieh darin gebrühet werden kann und
Eier in einigen Minuten hart kochen, so verbrennt es Lip=
pen und Zunge dennoch nicht; man sehnt sich, wenn es seine

Im Jahre 1817 war Er, wenngleich von Jedermann
gekannt, doch nicht als König von Preußen, sondern unter

---

regenerirende Kraft äußert, des Morgens darnach, und eilt
mit seinem Becher zur helfenden Quelle. Die Wärme, die es
durchdringt, ist eigener Art, und das gewöhnliche Wasser,
siedend heiß gekocht in ein sicher hingestelltes hermetisch
verschlossenes Gefäß gethan, ist nach 24 Stunden lau und kalt,
wenn dagegen, ebenso behandelt, das Wasser aus dem Sprudel noch nichts von seiner Wärme verloren hat, wie angestellte
Versuche gelehrt haben. Deßhalb läßt es sich auch nicht ganz
nachmachen und der künstliche Carlsbader Brunnen, dessen Nützlichkeit übrigens nicht in Abrede gestellt werden soll, verhält
sich zu dem natürlichen, wie eine gemalte Blume zu einer
wirklichen. Interessant und lehrreich ist, daß die vielen Brunnen von verschiedenen Wärmegraden, vom lauen schwachen
Schloßbrunnen an, bis hinauf zu dem heißen Sprudel, an einem und demselben Orte liegen, ungefähr nur 15 — 20 Minuten voneinander. Diese verschiedenen Grade der Wärme
sind passend für die verschiedenen Grade der Krankheit, für
welche man Hülfe sucht; hilft der eine Brunnen nicht, so
thut es der andere, und bald wird man inne, welcher zusagt.
Das weibliche Geschlecht zieht in der Regel, seiner Natur treu,
den Sprudel vor, in welchem das Zarte mit dem Starken sich
verbindet, dem männlichen bekommt aber oft besser der viel schwä-
chere Mühl- und Neubrunnen. Dieses heilende Wasser, was
Kaiser Carl auf der Jagd in Verfolgung eines in der Angst
herabspringenden Hirsches (Hirschsprung) entdeckt haben soll,
hat Carlsbad berühmt und blühend gemacht. Man kann sich
daher die Angst und den Schrecken der Einwohner denken, als
eines Tages (1783) die Hauptquellen verschwanden und trocken,
— aber auch ihre Freude, als sie nach 24 Stunden wieder
da waren. Man bringt dieß Verschwinden, wie Geognosten
behaupten, in Verbindung mit dem gerade in dieser Zeit statt-
gehabten fürchterlichen Erdbeben in Calabrien, indem man der
Meinung ist, daß sich die unterirdische Erschütterung mitgetheilt und diese Wirkung hervorgebracht habe. Dem sei nun,
wie ihm wolle, — man steht nachdenkend und verwunderungs-
voll still vor diesem Mysterium der Natur, in deren Inneres kein

dem angenommenen Namen und Titel eines Grafen von
Ruppin in Carlsbad, und wohnte in dem sogenannten stei=

---

erschaffener Geist bringt. Man begreift die schaffende Ursache
in den finsteren, und doch geordneten Abgründen der Erde,
ihren Herd und ihr loderndes, kochendes Feuer nicht; aber
man sieht und freuet sich seiner segensvollen Wirkungen
und der Hülfe, welche Leidende hier finden. Sie trin=
ken mit jedem Becher Reinigung, Stärkung und Genesung,
und es durchströmt neue Lebensluft dieselben um so mehr, je mehr
sie sich dem wunderbaren Heilpunkt mit Andacht und Ruhe,
mit Dankbarkeit und Heiterkeit, nahen und trinken, (Qui curat,
non curatur); denn mit Ernst will die Kur behandelt sein.
Wer hier Hülfe sucht für Krankheiten, für welche Carlsbad
nicht gemacht ist; oder wer nicht sich selbst beherrscht und sei=
ner Lüsternheit folgt; wer die diätetischen Vorschriften des Arz=
tes nicht beachtet, siehet in seinen Erwartungen sich getäuscht, und
oft genug hört man daher die Todtenglocke durch das Thal hallen.
Mit Besonnenheit und Ehrfurcht will das wunderbare Wasser
gebraucht sein. So heilbringend dasselbe ist, so angenehm und
romantisch ist die Lage von Carlsbad. Das heitere, originelle
Städtchen liegt in einem Kessel, von hohen belaubten Bergen
eingeschlossen. Es wird von dem Flüßchen, die Tepel, die
bald voller, bald seichter ist, durchflossen, und hat an den
Ufern derselben nur zwei Straßen. Diese überschauet man mit
ihren netten anlächelnden Häusern, und dieß gewährt einen heitern
Anblick, da die Wohnungen an den hohen Bergen liegen. Die
Hauptstraße liegt hier, zieht sich im halben Monde herunter,
und heißt die alte und neue Wiese. Die Häuser haben größten=
theils drei Etagen, die bequem, oft elegant eingerichtet sind.
Gegenüber, an der einen Seite des Wassers, liegen Buden, wo
allerlei Sachen, größtentheils Stahlwaaren und Böhmisches Glas,
verkauft werden. Diese Straßen sind belebt; man findet Men=
schen aus allen Weltgegenden und kann die hier auf= und ab=
wogende Bevölkerung eine Charte der Welt nennen. (Charta
magna.) In allen Fenstern und vor allen Thüren sieht man
Brunnengäste, die behaglich ihr Frühstück genießen. Das zu=
trauliche Städtchen, in seinen Brücken über die rauschende

nernen Hause an der Wiese. Es machte einen ganz eigenen, seltsamen Eindruck, einen regierenden Herrn, in welchem man den Seinigen sieht und verehrt, in einem fremden

---

Tepel, mit Pferden, die in derselben gewaschen werden; in den Wagen, die vorüber rollen; in der von allen Seiten her ertönenden Musik; in den hohen und merkwürdigen Personen, die hinkommen, hat etwas Anziehendes, und es ist lustig, besonders wenn, was durchgängig der Fall ist, die Kur gelingt, auf und abzugehen. Friedlich und heiter geht man im bunten Gewühl nebeneinander her und macht leicht und bald manche interessante neue Bekanntschaft. Verstimmt über den einförmigen Mechanismus des oft langweiligen Lebens, kommt man mit einem kranken Unterleibe her; aber man orientirt sich, und erkennt die Thorheit, über so viele Erbärmlichkeiten und Kleinigkeiten sich zu ärgern. Einer siehet den Andern wohlwollend an, Jeder hält im Gedränge, wenn die Reihe an ihn gekommen, seinen Becher hin, und es ist, als gäbe man, reich oder arm, vornehm oder gering, stillschweigend das Wort, gegenseitig sich so lange man da ist die Tage zu versüßen. Ist ja das ganze Leben doch' nur ein Vorüber= und Durchgang. So heiter die Stadt, so angenehm ist die Umgebung, nah und fern. Die Berge sind ernst und kühn; die Thäler lieblich und zutraulich; die Felder fruchtbar; die Wiesen üppig; die Dörfer freundlich; die Wirthshäuser behaglich. Die Einwohner und Bürger von Carlsbad sind ein Schlag gutmüthiger, wohlwollender Menschen. Aufmerksam, zuvorkommend, gefällig und treuherzig, machen sie das Leben in ihren netten und reinlichen Häusern auf 3 — 4 Wochen angenehm und bequem. Der Aufenthalt daselbst ist billig, sogar, wenn man sich einschränken will, wohlfeil. Seit Jahrhunderten ist jährlich Carlsbad von Leuten aller Art besucht; und allerdings ist es eine moralische Merkwürdigkeit, daß die Einwohner so gut und bieder geblieben sind. Von grobem Eigennutz und gleisnerischer Ueberlistung findet man keine Spur; dagegen häusliches Glück, Friede, Freude und Eintracht, in den Familien. Alle tragen den Charakter der Oestreichischen Gutmüthigkeit.

Lande zu sehen. In diesem hat er Nichts, in dem Seinigen
als Monarch Alles zu befehlen. Er tritt von der hohen
Stufe der Herrscher=Würde herab auf die eines Privatmannes.
Er wird ein Gast unter den Gästen, wo Jeder als solcher
gleich viel gilt und der Eine um den Andern sich fast gar
nicht bekümmert. Alle Verhältnisse, die sonst im Leben tren
nen und Scheidewände unter verschiedenen Ständen aufrichten
und sondernd hinstellen, sind wie durch einen Zauberschlag
verschwunden. Alle Gradationen an Badeörtern hören
auf, Alles tritt auf das breite Niveau und die Fläche der
Gleichheit. Der Kaiser und der König, der Fürst und der Graf,
der Edelmann und der Bürger, der Beamte und der Kauf=
mann, der Particulier, der Städter und der Landmann,
haben hier aufgehört, es zu sein. Jeder gilt gleich viel, Einer
geht an dem Anderen gleichgültig vorüber; Jeder ist für sein
Geld, Jeder sein selbst, seiner Gesundheit wegen da; Jeder hat
für die Zeit, wo er da ist und die Kur gebraucht, Alles abgelegt,
was ihn sonst von Anderen trennt, und die Stelle, wo er hin
gehört, hat er für diesen Zeitabschnitt verlassen; er fühlt sich frei
als Mensch und ist, was er nach seiner Persönlichkeit sein kann;
Alle treten im bunten Geräusche, Jeder in demselben Bedürf=
nisse, in demselben Wunsche, Einer nach dem Andern, in zufällig
gruppirender Reihenfolge, die Hand ausstreckend an den Brun=
nen hin und empfängt und genießt dasselbe Heilwasser. In die
ser Gleichheit liegt etwas Eigenes, Manchem Unbequemes; aber
für Alle, die in Humanität leben und athmen, etwas Großes und
Erhebendes. Hier wird es klar, daß was Menschen von Men=
schen trennt und entfernt, nur in dem Unterschied der Stände
und der irdischen Güter, nicht im Wesen der menschlichen Natur
selbst nothwendig liegt. Diese Stufenfolge von unten hinauf,
durch alle Grade in der Mitte bis obenhin zur Spitze, ist, bei

der Verschiedenheit menschlicher Verrichtungen, wo Einer des Andern bedarf, ebenso nothwendig zum Wohlsein der menschlichen Gesellschaft, als sie, bei der Mannichfaltigkeit und Fruchtbarkeit menschlicher Anlagen und Kräfte, Fähigkeiten und Neigungen, natürlich ist. Es giebt keine Ordnung, die das Einzelne und Ganze erhält und fördert, ohne Unterordnung, und keine andere Gleichheit, als die vor dem heiligen Richterstuhl der Menschenwürde, des Gesetzes und Gottes. Im bürgerlichen und dem öffentlichen Verkehr desselben ist sie eine Chimäre, und könnte man heute sie einführen, so würde sie sich morgen an der Mannichfaltigkeit und Verschiedenheit der Menschen und ihrer Ungleichheit wieder zerschlagen. Aber dieser Vielheit liegt die generische Einheit zum Grunde, und in ihr besteht die Tragekraft des Ganzen. Diese Einheit verschwindet im täglichen Leben und seinen wechselnden Verhältnissen, wo es Herren und Diener giebt und geben muß, und es giebt viele Untergeordnete, die ihr ganzes Leben hindurch in dieser sie umschließenden Atmosphäre athmen, keine andere kennen, und sich wohl dabei befinden. Aber es thut dem Gebildeten wohl, von Zeit zu Zeit in's Freie zu treten, sich lüftend zu orientiren, sich und seinem besseren Selbst zu leben und, seinen Ideen nachhängend, in süßem Nichtsthun zu athmen und zu schaffen. Kein Ausruhen ist, wenn zugleich die Gesundheit und ihre Kräftigung dieß Opfer verlangt, in dieser Beziehung belebender, als das Verweilen an interessanten Badeörtern, z. B. in Carlsbad, und das Hineingehen in seine Lebensweise besonders in seine alle Verschiedenheit zurückdrängende, und in seine in vielen Schattirungen hervortretende Einheit, gewährt einen reichen Genuß.

So vielseitig und anziehend derselbe ist, so hat er doch Anfangs etwas Befremdendes und Eigenes bei einem Könige, in welchem man den seinigen erkennt. Sonst hat man immer in ihm stets das Oberhaupt und den Landesherrn gesehen; jetzt sieht man in ihm den Fremden; er ist überall in seinem Reiche zu Hause, nur in diesem nicht. Sonst sieht man ihn gewöhnlich in Uniform; jetzt in einem einfachen Civilrocke. Sonst in einem, mit einer weißen Feder geschmückten dreieckigen, jetzt in einem runden Hute. Sonst mit, jetzt ohne Orden. Sonst wohnt er in einem Schlosse; jetzt in einem Privathause. Sonst hat er eine zahlreiche Dienerschaft um sich und vor der Thür; jetzt nur eine kleine. Sonst bleibt Alles vor ihm stehen und grüßt ehrerbietig; jetzt geht Jeder an ihm vorüber und nimmt seinen Hut nur ab, wenn es ihm gefällt. Er ist ein Gast unter den Gästen, und etwas Anderes wollte Friedrich Wilhelm III. nicht sein; Er war es auch nicht, und gerade so war es Ihm recht. Ein Ihm persönlich Bekannter begegnet Ihm in der schönen Dorotheen = Aue. Wie dieser Ihn kommen sieht, bleibt er ehrerbietig mit entblößtem Haupte zurücktretend stehen. Der König, den runden Hut gleichfalls abnehmend, dankt freundlich; setzt aber hinzu: „Gehört nicht hieher! wir sind an einem Badeorte zu Carlsbad, wo Complimente nicht Sitte sind. Es ist nicht nöthig hier. Bin der Graf von Ruppin, der nicht existirt, — brauchen also hier, wenn Sie mir sonst nichts zu sagen haben, von mir keine Notiz zu nehmen." Dieß sagte Er mit einem satyrisch = lächelnden Gesichte, und der Preußische Unterthan mußte, mit seinem Könige zutraulich sprechend, gehen bis an das steinerne Haus. Man sah es dem Herrn an, daß Er sich in dieser Freiheit wohl fühlte. Eine gewisse Behaglichkeit war über Sein gan=

zes Wesen verbreitet und leichter bewegte Er sich, da Alles Schwere und Einengende von Ihm genommen war. Seinem natürlichen Hange zur Einsamkeit konnte Er hier folgen, und Er folgte ihm gerne; man sah Ihn gewöhnlich auf Bergen, oft auf den Höhen, wo man die Stadt romantisch im Thale vor sich hat, ohne alle Begleitung auf= und abgehen. Gern ruhete Er auf heiteren, eine weite Aussicht gewährenden Plätzen aus und hing Seinen Gedanken nach. Er wollte darin nicht gestört sein, und bei einer strengen Brunnendiät, sah Er nie Fremde bei der Tafel; oft nicht Mal Seine Cabinetsräthe und Adjutanten. Doch vermied Er nicht die Gesellschaft; man sah Ihn häufig an belebten Orten; Er wohnte im Sächsischen Saale Bällen, häufiger noch Concerten und dem Schauspiele bei. Vielfach wurde Seine Freigebigkeit in Anspruch genommen, und Er gab nach allen Richtungen hin Königlich. Schlicht und einfach, ernst und voll Würde war der Mensch, der die Königliche Ehre nicht wollte; aber ohne Prunk, ohne Geräusch still umher= gehend, sah man gerade darin den König.

Am Häufigsten sah man Ihn in der Gesellschaft des Gra= fen Capo d'Jstrias und des Staatskanzlers v o n H a r d e n= b e r g. Daß Er voll von Menschenliebe, die keinen Unter= schied mehr findet, und das Gute da schätzt, wo es wahr= genommen wird, und bei Seiner Neigung zur Stille und Einsamkeit auch da, wo Er derselben nach Wahl folgen konnte, gern, aus Neigung, mit diesen beiden geistreichen Männern heiter und frisch umging, ist charakteristisch. Capo d'Jstrias war von großer Leibesnatur, damals schlank und und von gelber Gesichtsfarbe. Zu Corfu (1780) geboren, hatte er etwas Fremdartiges, an dem man gleich erkannte, daß er weit her war. Man sah ihm an und fühlte es, daß er

ein ungewöhnlicher Mensch war. In seinem Auge lag ben=
kender Ernst und eine tiefe Schwermuth. Sein behender,
leichter Gang drückte dennoch Besonnenheit aus. Nicht Ruhe
war es, in der er schlicht und einfach einherging; vielmehr
die Klugheit, wenn man nicht sagen will die Schlauheit,
der sinnenden Ueberlegung. Es umschwebte sein ganzes We=
sen etwas Geheimnißvolles, Diplomatisches. Er war höf=
lich und aufmerksam auf alle ihn umgebenden Dinge; aber
seine innere Lebendigkeit war eine berechnende und abge=
messene. Es fehlte ihm die Unbefangenheit eines heiteren
Gemüthes, und er war mehr tief, als klar. Sichtbar verbarg
er Vieles; seine Brust war ein verschlossenes Archiv. Er
empfing, aber theilte weniger mit; er hörte scharf und sprach
nicht viel. Da, wo er beredt war, lag es ihm daran, zu
gewinnen und zu überzeugen. Er war Geheimer Russischer
Staatssecretair und trug in sich die Geheimnisse des Cabi=
nets. Im Besitze derselben, vermochte er viel, und er sah in
die Zukunft, die er verschleierte. Gewandt und klug be=
wegte er sich auf seinem Gesandtschaftsposten zu Wien. Er
besaß das Vertrauen beider Kaiser, besonders das des Russischen.
Durch seinen Kopf und seine diplomatischen Hände gingen
wichtige Staatsverhandlungen, und auswärtige Angelegen=
heiten kannte er wie einheimische. In den Bemühungen für
die Wiederherstellung der Republik der Jonischen Inseln
war er sehr thätig, wie für die Befreiung der Griechen von
dem Türkischen Joche. Er war ein wichtiger Mann auf
dem Schauplatze der Welt, wie sie damals sich gestaltete;
er sah Alles von Innen heraus scharfsinnig und klar. Es
war interessant, ihn an der Seite des Königs von Preußen
zu sehen; Beide tranken zusammen den Sprudel, besonders
am Abend, wo der Brunnen weniger besucht wird, und

machten nächſtdem weitere Gänge in die umgebende ſchöne Gegend. Der König, ein inniger, treuer Freund und Bundesgenoſſe der beiden Kaiſer, behandelte den Grafen Capo d'Jſtrias, der ihm in ſeiner offiziellen Stellung wichtig war, mit Auszeichnung. In vielen Dingen waren ſie verſchiedener Meinung; beſonders wichen ſie voneinander ab in ihrem Urtheile über Griechenland und deſſen Zukunft. Capo d'Jſtrias, in ſeiner alten heroiſchen und poetiſchen Geſchichte lebend, war enthuſiaſtiſch für die Griechen, glaubend, derſelbe Geiſt ſei noch da und wolle nur geweckt und zuſammengehalten ſein, um Großes zu Stande zu bringen. Der König ſah die Sache anders an. Von den jetzt lebenden Griechen hatte Er keine günſtige Meinung; Er hielt den herrſchenden Geiſt der Nation für noch unreif zur Freiheit. Die Begeiſterung für dieſelbe nannte Er ein Flackerfeuer, und bei Seiner Behauptung beharrend, ſchloß Er dann mit dem Ihm gewöhnlichen Satze: „Die Zeit wird's lehren!" *)

Intereſſanter wurde dieß Beiſammenſein, wenn der Fürſt Staatskanzler von Hardenberg mit dabei war. Dieſer war ein ganz Anderer, als der König und Capo d'Jſtrias; und doch nicht ſtörend, vielmehr geiſtreich eingehend und wohlwollend Theil nehmend. Man durfte ihn nur ſehen, um ihn ebenſo zu verehren, als liebzugewinnen. Sein Geſicht war der klare ſchöne Spiegel ſeines Innern. Die hohe gewölbte Stirn glänzte, als ruhete auf ihr das Licht. Die Augen waren geiſtreich, umſichtig und klug; ſah er Einen

---

*) Dieſe Mittheilung verdanke ich dem Obriſten von Witzleben der durchgängig mit zugegen war.

an, so fühlte man die Nähe eines außerordentlichen Mannes. Die Nase war etwas gebogen und vornehm. Um den
Mund schwebte Gutmüthigkeit, Wohlwollen, und ein Anflug
von Satyre. Das Kinn war rund und fest; die ganze
Physiognomie so, daß man mit Wohlgefallen sie ansah; sie
hatte etwas wahrhaft Vornehmes. Die Gestalt war von
mittler Größe, der ganze Leib nicht-mager, weniger noch
korpulent; aber das Ganze schön geformt. Das Haar voll
und lockigt; aber damals (1817) schon grau, gab es der
ganzen stattlichen Figur die Ehrwürdigkeit eines Staatskanzlers. Die Stimme war sonor und wohlklingend, die Sprache
langsam, ruhig, bedächtig und verständlich, — aber keinesweges
imponirend dictatorisch, und gehalten im Tone der Conversation.
So war die äußere Gestalt Hardenberg's; noch reicher war
sein Inneres. Schon Pütter, der bekannte Professor und
Publicist in Göttingen, sagt in seiner Biographie die prophetischen Worte: „Mit Vergnügen habe ich den jungen
von Hardenberg heute ein testimonium academicum gegeben. Er ist einer der nobelsten und talentvollsten Jünglinge, die ich je näher gekannt habe. Fährt er so fort, als
er rühmlich angefangen hat, so ahne ich für ihn eine glückliche Zukunft, und ich wünsche dem Staate Glück, welchem
er einst dienen wird." In Wahrheit war Hardenberg ein
seltener Mann, der durch seine Fähigkeiten, sein Wissen und
seine vielseitige Bildung, die hohe Stufe erstieg, die er einnahm. Sein Verstand war klar, hell und tief, und vor
seinen geistigen Blicken standen enthüllt alle Hindernisse, die
sich seinen Zwecken entgegenstellten. Er fühlte es von vorne
herein, ob er sie besiegen könne, oder nicht. In jenem Falle
war er ausdauernd und behielt, auch wenn es nicht so scheinen mochte, dennoch die Sache im Auge. Er war ruhig,

gemäßigt, und konnte warten. Sah er aber in diesem Falle
ein, daß er nicht durchkommen konnte, so umging er mit
gewandter Klugheit alle feindseligen Kräfte, ließ sie aus dem
Spiele, und erreichte seine Absicht auf einem anderen Wege.
Durch seine vielen Reisen und sein beobachtendes Sein und
Leben bei Höfen kannte er genau die regierenden Herren,
ihren verborgenen Willen, ihre versteckten Triebfedern, ihre
Einfluß habenden Umgebungen, auch die weiblichen. Unbefangen und heiter ging er durch alle Intriguen, als wenn sie
nicht da wären; er that, als sähe er sie nicht, — und doch
sah und wußte er Alles. Er war ein geborener Diplomatiker,
schlau, glatt und gewandt, und geschickt in der Manipula-
tion obwaltender Verhältnisse. Mit dieser Lebensklugheit,
die man Sagacität nennen kann, verband er, was sehr selten, aber um so rühmlicher ist, Taubeneinfalt. Er war
gutmüthig, wohlwollend und treuherzig. Er scheuete den
Schmerz und mochte ihn bei Anderen nicht sehen. Sein
klarer Verstand und sein edles Gemüth durchblickte die Menschen und ihre Verhältnisse, wie sie sind und wie sie sein
sollen. Er war frei im vollesten Sinne des Wortes und
losgeworden von dem Vorurtheile der Geburt und des Standes. Einheit und Eintracht, Wohlsein und Humanität, war
die Magnetnadel seines ganzen Wesens. Unterdrückung und
Härte war ihm zuwider und er wirkte ihnen überall entgegen. Unabhängigkeit von aller übermüthigen Willkühr war
das Ziel, wohin er wollte. Mit dieser echt menschlichen
Tendenz verband er große, anhaltende Thätigkeit, — er
konnte 8 — 10 Stunden ununterbrochen mit anstrengendem
Ernst arbeiten. Er hatte als Staatskanzler vollauf zu thun,
und es ging ihm viel durch den Kopf; aber Alles war in
demselben geordnet und er vergaß nichts, was er nicht ver-

geſſen wollte. Er hatte es zu thun am Liebſten mit erfahrenen Männern; er liebte die jungen, wenn ſie Genie hatten,
friſch und lebendig waren. Er ſelbſt in den Morgenſtunden
von früh an in ſeinem Berufe thätig, ſtrengte auch Alle an,
die unter ihm arbeiteten. Aber gegen keinen Tüchtigen war
er hart und eigenſinnig, gegen Alle wohlwollend. Er verließ die befahrenen Wege des herkömmlichen Schlendrians,
und war ein Feind des todten Buchſtabens und Controli-
rens. Sich ſelbſt frei bewegend, entfernte er alle unnützen und
lähmenden Feſſeln. Wo er Talent fand, hob er es, und gab
ihm freien Spielraum. Mit dieſen Eigenſchaften eines ausgezeichneten Geſchäftsmanns, deſſen wahren Gehalt er fördernd beſaß, verband er die angenehmſten Formen. Man
übertreibt nicht, ſondern ſagt die Wahrheit, wenn man den
Fürſten Staatskanzler von Hardenberg einen anmuthigen
Mann nennt. Er war die Humanität und Liebe ſelbſt und
kam Jedem, auch dem Geringſten, mit Wohlwollen entgegen. Seine Höflichkeit war aber nicht eine angenommene
und ſtudirte, ſondern eine natürliche, aus dem Herzen
kommende. Nichts Steifes, Abgemeſſenes und Pedan-
tiſches war an ihm; vielmehr Alles unbefangen, los
und lebendig. Auch wenn er Bitten und Wünſche nicht erfüllen konnte, was bei dem Angelaufenen und Vielvermö-
genden oft der Fall war, ſchlug er ſo verbindlich, theilnehmend und tröſtend ab, daß ſelbſt Solche, die ſich in ihren
Erwartungen getäuſcht ſahen, zufrieden mit ſeinem Benehmen dabei von ihm gingen, um ſo mehr, da ſein fühlbares
Wohlwollen immer mit einer gewiſſen Hoheit und Würde
verbunden war. Vielleicht hat es keinen hochgeſtellten Herrn
gegeben, der ſo wenig die Sorgen und Furchen ſchwerer,
oft*verwickelter Geſchäfte auf ſeiner Stirn trug und ſo hei-

ter und angenehm in den Stunden der Erholung war, als
er. Er aß und trank gut, lebte wie ein Fürst; er machte,
wie es ihm zukam, ein großes Haus und sah oft Fürsten,
Diplomaten und andere angesehene Personen bei sich. Er
liebte die Freuden und Genüsse der Tafel; scherzte, erzählte,
ermunterte, und war der angenehmste Wirth. „Meine Herren
und Freunde," pflegte er, wenn er sich mit seinen Gästen zu
Tische gesetzt hatte, zu sagen, „jetzt wollen und müssen wir
Alles vergessen, was Menschen von Menschen trennt. Nach
treuer Arbeit behagt auch der Genuß; wir wollen fröhlich
sein. Herzlich willkommen!" Und er nahm das gefüllte Glas
und stieß an. Seine Heiterkeit, welche jedoch nie die Würde
verlor, theilte sich mit, und man war guter Dinge.

Von Hardenberg und von Stein sind zwei große ori=
ginelle Männer, die sich unsterbliche Verdienste um die Welt
und den Preußischen Staat erworben haben; aber Beide
waren sehr verschiedener, ja heterogener Natur. Von Stein
war hart und unbiegsam wie ein Felsen; von Hardenberg
flexibel und nachgebend. Jener ein Stoiker, dieser, wenn
auch nicht ein Epicuräer, doch ein Mann, der die Freuden
des Lebens genießt. Jener gebot selbstständig den Umstän=
den; dieser beobachtete und sah zu, woher der Wind kam.
Jener war für den Krieg, stieß, trieb und stürmte; dieser
für den Frieden und seinen bedächtigen Aufbau. Jener
paßte für glatte, verwickelte diplomatische Verhältnisse nicht;
dieser ganz und gar. Jener hatte in Allem, was er war
und that, das fortiter in re; dieser das suaviter in modo.
Jener war in seiner Stimmung auf den Ton des Presto
und Fortissimo; dieser auf den des Andante und Allegro
gestimmt. Jener war streng und positiv=christlich gläubig;

dieser zwar nicht ungläubig, aber doch gefiel es ihm, wohl mit Göthe zu sprechen: „Wer darf ihn nennen und wer bekennen: ich glaub' ihn? Wer empfinden und sich unterwinden, zu sagen: Ich glaub' ihn nicht?" Beide, von Stein und von Hardenberg, paßten bei solchen Verschiedenheiten ihrer Natur nicht zusammen; darum brach ihre innere Disharmonie äußerlich aus, sie mieden sich, und Jener machte Diesem Platz; beide große Männer aber, um mit Lessing zu reden: „zu nahe gepflanzt, zerschlugen sie die Aeste sich."

Dagegen war es eine Freude und anziehend, den König und Hardenberg zusammen zu sehen, und Beide blieben beieinander bis an's Ende. In der Nähe und an der Seite des Herrn, dem er im Unglück und Glück mit gleicher Treue ergeben war; dem er mit seinem hellen Geiste, mit seinem edlen Herzen, mit seinen Kenntnissen und Erfahrungen redlich diente; den er in seiner Persönlichkeit liebte, an den er sich gefesselt fühlte, — den verehrten König und Seinen Staatskanzler gehend und stehend in einem lebhaften Gespräch öffentlich zu erblicken, — wohl war es interessant! Er, der König, in angeborener Würde ernst und einfach; Hardenberg, zwar Diener, aber frei und unbefangen. Der König gerade und natürlich; Hardenberg gewandt in der angenehmsten Form. Beiden sah man lange nach; Beide gingen ruhig und langsam ihren Weg, als wenn sie zusammengehörten. Zwar lag in Beiden Verschiedenartiges und Entfernendes; in Hardenberg war Manches, womit der König nicht sympathisirte, und in dem Könige mochte Manches sein, was der Staatskanzler gern anders gehabt hätte. Aber Dieser ehrte an Jenem den klaren, gesunden, praktischen, überall den rechten Punkt treffenden Verstand, die Wahr-

heit und Biederkeit des Charakters; und Jener an Diesem
die richtige Beurtheilung aller vorkommenden Fälle, mit der
erleuchtenden Fackel eines hellen Geistes, mit der sanften
Wärme eines edlen, sich gleichbleibenden Herzens. Dabei
war das Gemüth Hardenberg's zu frei und rein, um eigen-
nützig zu sein. Alles, was zusammenschrumpft und engher-
zig, schlau und berechnend macht, war ihm fremd, und Alles, was liberal, offen und splendide ist, lag in seinem Wesen. Er brauchte viel; aber das Viele hatte er nur, nicht
es zu besitzen und zusammenzuscharren, sondern es wieder
wegzugeben und Andern Freude zu machen. In dem Auf-
wande, den er machte, lag auch nicht Eitelkeit und Groß-
thuerei, sondern etwas ihm und seiner Individualität Ange-
höriges; ihm war eine wahrhaft noble Natur eigen. Von
dieser fühlte sich der König immer wieder angezogen, und
so wichtig Ihm Hardenberg als Staatskanzler war, so lieb
war er Ihm als Mensch. Auf die Beschaffenheit und den
Werth desselben legte Er das meiste Gewicht; und dieß
mußte in guter, sittlicher Ordnung sein, wenn Achtung und
Vertrauen sich bei Ihm einstellen sollte. Der Beamte, auch
der hochstehende, war Ihm theuer und werth nur dann erst,
wenn Er von seinem Leben und Charakter eine vortheilhafte
Meinung hatte. Sehr oft hat man Ihn sagen hören:
„Nicht durch kluge und gescheute Leute, durch Gute nur
wird es gut in der Welt." Sein durchdringender, wägen-
der Blick war darin scharf, richtig und treffend. Ein vorzüglich heller Verstand war Ihm nicht unbequem; vielmehr
hatte Er ihn gerne und freuete sich seiner Lichtstrahlen. Er
suchte Ausgezeichnete auf und sammelte sie um Seine Person und ehrte die Einsichtsvollen. Seine oft vernommene
Aeußerung: „Das müssen Sie besser wissen, als ich!" würde

in Seinem Munde, als König, unpassend gewesen sein und
Ihm geschadet haben, wenn Er durch Seinen klaren, gesun=
den Verstand, der im Praktischen, in Geschäften der Regie=
rung, oft mehr werth ist, als alles gelehrte Wissen, nicht sich
behauptet und immer wieder geltend gemacht hätte. Darin,
unterstützt von innerem und wahren Sinne, lag Sein
Uebergewicht, und obgleich Er sich desselben nicht bewußt
war, wenigstens nie selbstgenügsam es geltend machte, so
verbreitete es doch über Sein ganzes Wesen Ruhe, Zuver=
sicht, und Unbefangenheit. Darin hat es auch seinen Grund,
daß Er gern eminente Köpfe, statt daß Andere sie von sich
entfernen, nicht bloß an sich zog, sondern daß sie auch bei
Ihm blieben und alt wurden, — zum Beweise, daß sie in
Seiner Nähe und Er sich in der ihrigen wohlfühlten. Die
Regierungsgeschichte weniger Landesherren hat die Thatsache
hinzustellen, daß, wie bei Friedrich dem Großen, der auch in
diesem Stücke einzig ist, so bei Friedrich Wilhelm III. so viele
Heroen, wie Blücher, Gneisenau, Scharnhorst, Grolmann, und
Andere mehr, so auch eminente Minister, wie von Hardenberg,
von Stein, von Bernstorf, Wilhelm und Alexander von
Humboldt, von Altenstein, Motz, Maaßen, Ancillon, und
Andere mehr, nicht nur im Amte waren, sondern auch darin
starben; und der Schärfste von ihnen, der früher ausschied,
der Minister von Stein, sprach das wahre Wort: „Der
König ist von uns Allen der Einsichtsvollste; nur
weiß Er es nicht, so wenig, als ein Kind, daß es
unschuldig ist.“

Dieß Anerkenntniß und Gefühl war auch in Harden=
berg. Es drückte sich in seiner ganzen Haltung, in dem auf=
schauenden Auge, in dem Tone seiner Stimme, in der Hu=

manität seiner ganzen angenehmen, würdevollen Persönlich=
keit voll und wahr aus, wenn er vor dem Könige stand
und mit ihm ging. Daß er dieß anerkannte und fühlte,
war schon der Beweis, daß in seinem Innern Saiten la=
gen, die davon berührt wurden und wiederklangen. Wie
sollten sie es nicht, oder vielmehr wie konnten sie anders? Sie
waren ebenso natürlich, als der Wiederhall des Echo's. Die
stille Gewalt, die der König über die Herzen der Menschen
hatte, besonders derer, die Er oft sah und sprach, war über=
wältigend. Derjenige, in dem ein böses Princip lebte und
tief versteckt im Herzen lag, hielt es bei Ihm nicht aus und
entfernte sich; und wer das Gute aufrichtig will und liebt, mußte
durch Ihn besser werden. Es liegt in dem guten Beispiele,
wenn es wahr, kunstlos und natürlich ist, eine magische
Kraft, die wie ein brennendes Licht anzündet und unver=
merkt auf denselben Ton stimmt. Hardenberg aber hatte
das leuchtende Licht in sich selber und das Saitenspiel sei=
nes Innersten tönte rein und harmonisch. Der Staatskanz=
ler war ein kluger, verschwiegener, Alles im richtigen Tacte
messender, dabei offener und gerader Mann, wo er es sein
konnte und durfte. Schon seine stille, sich gleichbleibende
Heiterkeit, seine Klarheit, die, wenn sie auch Vieles ver=
schloß, doch nie lauerte, nie versteckte; seine Natur und ihre
Würde, erhob ihn unendlich über die Schwäche und Ohn=
macht kleiner Seelen. Diese fürchten sich, sind geheimnißvoll,
treten leise auf, gehen auf den Zehen, sind abgemessen und
feierlich. Hardenberg trat überall fest auf, war gerade und
ging gerade; war von Herzen freundlich, aufrecht und auf=
richtig. Wohl hat man überall seine Klugheit, besonders in
diplomatischen Angelegenheiten, gepriesen; nie aber ihn im
täglichen Verkehr der Falschheit beschuldigt. Absichtlich täu=

schen konnte er nicht; dieß war seinem Naturell zuwider: er
sagte gerade es heraus, wenn er nicht konnte und durfte;
er war eine öffentliche Person, und es war ihm am Lieb=
sten, wenn er offen sein konnte.

Als der König die Gnade gehabt, mich zum Mitglied
des Königlichen Staatsraths zu ernennen, war mir in der
deßfallsigen Cabinetsordre gesagt: daß ich an den Fürsten
Staatskanzler von Hardenberg mich wenden und von diesem
näher instruirt werden würde. Ich ging also zu ihm nach
dem angenehm gelegenen, benachbarten Landhause Glienecke;
er besaß damals dasselbe, es war aber weniger schön, als
jetzt, wo es ein Eigenthum des Prinzen Carl ist. Der
Staatskanzler, obgleich in der Sitzung, ließ mich nicht war=
ten, kam vielmehr gleich aus derselben in den Audienzsaal.
Er empfing mich mit herzgewinnender, freundlicher Würde
und wünschte Glück. Ich setzte voraus, daß der Vorschlag
von ihm ausgegangen, dankte ihm also für sein Wohlwollen,
mit der Versicherung: daß ich mich bestreben würde, dessel=
ben würdig zu sein. „Den Dank,“ antwortete offen und
heiter der Staatskanzler, „darf ich nicht annehmen; muß ihn
vielmehr ablehnen. Der Vorschlag ist allerdings von mir
ausgegangen; aber ich habe nicht Sie, sondern einen andern
würdigen Geistlichen, der wenigstens älter ist, vorgeschlagen.
Der König aber hat seinen Namen ausgestrichen und den
Ihrigen eigenhändig hingeschrieben. Ihr Dank gebührt also
allein Sr. Majestät dem Könige, und ich zweifle nicht, Sie
werden das in Sie gesetzte Königliche Vertrauen rechtferti=
gen. Lassen Sie uns dem gemeinschaftlichen Herrn treu und
redlich dienen. Er ist unserer Verehrung und unseres Ge=
horsams ganz würdig. Künftige Woche werden Sie in den

Königlichen Staatsrath eingeführt werden. Jetzt habe ich eben eine Sitzung, und nicht Zeit, umständlicher zu sein. Essen Sie aber, wenn Sie nichts Besseres haben, diesen Mittag bei mir; dann werden sich vor Tische noch die nöthigen Augenblicke finden. Bis zum frohen Wiedersehen!" Er sah mich freundlich an und reichte mir herzlich die Hand. Er erfüllte mit Verehrung, Liebe und Freude. Es ist einem hochgestellten Manne nicht möglich, humaner und in der Humanität anders zu sein, als der Fürst es war. (Viele sind es nicht und ihre Höflichkeit ist fernhaltende Herablassung.) Bei ihm wurde die Güte um so angenehmer, je mehr sie aus dem Herzen kam und wahr und redlich gemeint war. Er hatte nicht nöthig, zu sagen, daß er einen Anderen vorgeschlagen; er hätte den abgestatteten Dank stillschweigend annehmen können. Aber er lehnt ihn ab und ist aufrichtig. Seine edle Natur ist überall da, wo er offen sein konnte und durfte. Da alle Sachen von Wichtigkeit durch ihn und seinen Kopf gingen, so hatte er Vieles zu bedenken, und wiewohl er schon in Jahren vorgerückt war, konnte er noch rüstig und heiter anhaltend arbeiten. Arbeit war sein Element; Thätigkeit seine Lust; Leichtigkeit sein Wesen; Ordnung seine Regel; Gründlichkeit ihm Bedürfniß. Zu seiner Erfrischung und Restauration brauchte er 1822 den Brunnen und das Bad zu Pyrmont, und er war dort mit seinem Bureau und Gefolge.*) Man sah ihn alle Morgen in seiner

---

*) Referent hatte in diesem Jahre Königliche Aufträge in Kirchen-Sachen, besonders in Angelegenheiten der Union in der Simultan-Gemeinde zu Wetter in der Grafschaft Mark. Auf den Rath des Dr. Hufeland, und von diesem empfohlen, nahm er seinen Weg über Pyrmont, um dort einige Wochen zu verweilen,

stattlichen Gestalt und in seinem würdevollen Wesen. die
große prächtige, wie ein Dom gewölbte Allee auf= und ab=

---

und machte die frohe Reise gemeinschaftlich mit seinem Freunde,
dem Regierungsrath von Türk. Derselbe gehört zu den merk=
würdigeren Genossen unserer Zeit; seine humanen Leistungen
erzählt die Geschichte der Gegenwart und wird rühmen die
Zukunft. Hier führe ich ihn auf, weil er in einen merkwür=
digen Conflict mit dem Könige Friedrich Wilhelm III. kam.
Derselbe war uns zufällig mehreremal begegnet, als von Türk
und ich, befreundet, unserer Gewohnheit nach am Abend spa=
zieren gingen, durchgängig nach der Glienicken=Brücke. Des
andern Tages sagte der König, bei der Tafel ihm gegenüber=
sitzend, zu mir: „Scheinen mit dem Regierungsrath von Türk
sehr vertraut zu sein; gehen mit ihm häufig!" Der Herr sagte
dieß ganz gegen Seine Gewohnheit in einem schneidenden, un=
freundlichen Tone, und sah mich an mit einem finstern, messen=
den Blick, so daß dieß mir auffiel und ich nur kurz antwortete.
Nach Tische ging ich gleich zum anwesenden Obristen von Witz=
leben, und hörte, zum Erstenmale, mit Erstaunen, daß der König
in der Meinung stehe, der Regierungsrath von Türk sei ein
arger Demagog. Der König war durch bittere und schmerzhafte
Erfahrungen dahin gebracht, argwöhnisch und mißtrauisch zu sein,
und da Er mit der Sache und mit jedem Menschen es gut und
redlich meinte, so war Ihm die Demagogie ein Gräuel. Vor=
züglich ein hochgestellter Beamter, der nun auch schon verewigt
ist, und dessen Namen und Thun die Vergessenheit decken mag,
sah und sprach den König oft, und machte Ihn durch seine Dema=
gogenriecherei immer argwöhnischer, so daß das lichtscheue, im
Finsteren verborgen schleichende Gespenst der Demagogie dem guten
alten Herrn manche Sorge machte und viele Stunden trübte. Wir
mögen nicht untersuchen, in wieweit diese betrübte Sache durch
wirkliche historische Begebenheiten gegründet ist; aber so viel
bleibt gewiß, daß man ihr ein größeres Gewicht beilegte, als
sie an sich hatte, und daß es vorzüglich hier theils Furchtsame,
theils Boshafte gab, die oft die Unschuldigsten in einen bösen
Verdacht brachten, anschwärzten und verläumdeten. Weil nun
Herr von Türk aus angeborener und grundsätzlicher Liebe am

gehen. Ihn umgaben viele Personen, die größtentheils zu seinem Gefolge gehörten. Er liebte die Pracht; nicht aus

---

Liebsten im Volke lebte und für dasselbe wirkte, theils durch seine Schriften, theils durch sein Amt, das ihm innerer Beruf war, und da wenige Menschen, besonders der Mann, den wir meinen, es fassen und begreifen, wie man das könne, ohne Eigennutz, ohne Entschädigung für die Opfer, die man an Kraft, Vermögen und Zeit, dabei bringt: so war dieß genug, den Herrn von Türk zu einem gefährlichen Demagogen zu stempeln, und daß er es sei, dem Könige selbst durch Zulispelungen in die Ohren, beizubringen. „Das ist abscheulich!" sagte ich entrüstet zum Obristen von Witzleben. „Da haben wir es wieder!" antwortete dieser — „Es wird zu arg! Schmieden Sie das Eisen, weil es noch warm ist; treten Sie der Schlange auf den Kopf; machen Sie die Verläumbung unschädlich; gehen Sie zum Könige, ich will mitgehen." Wir thaten es, und ich sprach mit Lebhaftigkeit. Der König hörte mich ruhig an, und nachdem ich die Denkungsart, die Gesinnung, den Charakter und das gemeinnützliche Wirken des von Türk geschildert hatte, setzte ich hinzu: „Er ist kein Volksverführer, er ist ein christlicher Volksfreund; Gott gebe Ew. Majestät recht viele solcher treuen. Diener und Unterthanen!" Der König sah mich wohlgefällig an, und sagte: „Nun so ist es mir lieb, mein Urtheil zu berichtigen, und von dem allerdings angeklagten Mann wieder eine vortheilhafte Meinung zu haben." Dieselbe legte Er nun auch öffentlich an den Tag; am nächsten Ordensfeste wurde Herr von Türk ausgezeichnet, er erhielt den rothen Adlerorden. Der König interessirte sich unmittelbar für das Civil-Waisenhaus in Potsdam; für die wohlthätige Anstalt zu Glienecke; stiftete mehrere Freistellen; beschenkte die Waisenknaben; redete bei jeder Gelegenheit freundlich mit Herrn von Türk; bewilligte ihm, als er sein Amt als Regierungs- und Schulrath niederlegte, und in ländlicher Zurückgezogenheit sich ausschließungsweise seinen milden Anstalten widmete, sein ganzes Gehalt als Pension. So war der König! den verschuldeten und unverschuldeten Irrthum verbesserte Er, sobald Er ihn erkannte, und gerade dem Verkannten erwies Er Gutes. Einem Solchen blieb Er wohlwollend zugethan bis an Sein Ende. Kei-

Eitelkeit, sondern weil es seiner heiteren Gemüthsstimmung zusagte, frohe Menschen, besonders frische, talentvolle junge Leute, mit denen er am Liebsten arbeitete, um sich zu sehen.

Zu seiner nächsten Umgebung gehörte sein naher Verwandter, der Fürst Pückler-Muscau; dieser war damals in seinen besten Jahren, jugendlich und schön in seiner Gestalt, leicht und gewandt in seinen Bewegungen, gerade und anmuthig in seiner Haltung, vornehm, und doch populär, in seinem ganzen Wesen. Er war voll Geist, und alle Kräfte desselben waren lebendig, los und frei. Er sprach sehr gut, war oft beredt, und seine Gabe der Unterhaltung vorzüglich. Sein Witz ergoß sich nach allen Richtungen hin und man wurde froh in seiner Nähe. Er stand und ging wie auf Sprungfedern und Alles an ihm pulsirte und sprudelte. Obgleich er sich gehen ließ, so merkte man doch, daß er sich in seiner Gewalt hatte. In den Frühstunden, wo die lange, helldunkele Allee von sanfter Musik wiederhallte, war er ernst, oft bis zur Weichheit, gestimmt. Eine tiefe Wehmuth erfüllte seine Seele und man hörte ihn gerne reden über göttliche Dinge. Er sprach davon, wiewohl er die heilige Schrift und die Dogmen der christlichen Kirche kannte, aus Bedürfniß als ein Naturalist, im besten Sinne des Wortes, und Alles quoll ihm lebendig aus dem Innern. Mir, als Geistlichen, war dieß lehrreich, und wenngleich ich, ein evan-

---

ner hat Ihm und der guten Sache mehr genützt, als von Witz-leben; dieß ist vortrefflich und historisch wahr gezeigt in den „Mittheilungen über ihn von Dr. Dorow. Leipzig bei Tauch-niß. 1842."

gelifcher Syftematifer, in den meiften Dingen eine andere
Anficht hatte, fo horchte ich doch, wie man im Walde gern
vernimmt, vielfachem, wenn auch wilden Naturgefang. Der
innige Berührungspunkt zwifchen ihm und mir war fein ihm
befonders werther Vetter, der Sohn des Hufaren=Obriften
von Pückler. Diefen Knaben unterrichtete ich zu Potsdam
im Chriftenthume, und ich liebte ihn fehr, feiner Talente,
Lebendigkeit und Offenheit wegen. Ein liebes Kind, deffen
Wohl uns Beiden am Herzen lag, war das Vereinigungs=
band, das der Oheim durch warme Theilnahme feftknüpfte.
Dieß gab Veranlaffung, über die Evangelien, ihre Kindlich=
keit und eble Einfalt, zu fprechen, und daß der kräftige
Mann in Vollendung feiner Bildung erft dann den höchften
Grad derfelben erreiche, wenn er in feiner Gefinnung wie=
der ein Kind, unfchuldig und unbefangen, werde. Der Fürft
fprach über diefe Höhe im Chriftenthum vortrefflich, und mit
Begeifterung. Seine Ideen waren neu und originell, nicht
von Anderen gehört und nachgefprochen, fondern aus feinem
vollen Innern gefchöpft. So war es faft mit Allem, was
er fprach; Vieles von dem Gehörten fand ich fpäter in dem
humoriftifchen, vielgelefenen Buche „Briefe eines Verftorbe=
nen" wieder, und da es anonym herauskam und viel von
dem muthmaßlichen Verfaffer gefprochen wurde, war es mir
doch fofort gewiß, daß der Fürft Pückler es gefchrieben. Das
Intereffe des Buches liegt in feiner Originalität, und wenn=
gleich es Vieles enthält, was im Leben oft vorkommt, fo ift
doch Alles fo aufgefaßt und dargeftellt, daß es eigenthümlich
anzieht und feffelt. Die meiften Menfchen leben in fremden,
die wenigften in eigenen Ideen. Daher kommt die Trivia=
lität, die auf breiter, vielbefahrener und ausgefahrener
Straße wandelt; man hört wieder und wieder und abermal,

23*

was man schon tausendmal gehört hat; und daher rührt
denn das gähnende Einerlei und die ermüdende Langweiligkeit.
Originelle Menschen dagegen leben und bewegen sich in eigenen
Gedanken, und auch dem Gewöhnlicheren, was täglich vor=
kommt und wiederkehrt, wissen sie eine neue Ansicht abzu=
gewinnen. Ihr Geist, ihr Auge sieht nicht bloß die Ober=
fläche, sondern auch das Tiefere. Sie tragen es hinein, sie
holen es heraus, und weil dabei nichts Gesuchtes, weil Alles
natürlich ist, was von selbst kommt, so geht von ihnen eine
anziehende Kraft aus. Sie werfen Festes und Cohaerentes
in die Oberfläche hinein; dadurch entsteht ein Mittelpunkt,
in welchem sich immer größer werdende Kreise bilden. Man
siehet hin bis sie verschwunden sind; aber in dem Schiff des
Lebens wissen sie selbst mit dem prosaischen Fährmann ein
interessantes Gespräch anzuknüpfen. Ein solcher origineller
Mann ist der Fürst Pückler; er bringt in Alles Geist und
Leben, und wo er ist, da gähnet nie die lange Weile. Vor=
züglich sind alle seine geistigen Kräfte im freien Spiel, wenn
er sie losläßt und es ihm darauf ankommt, sich zu entwickeln.
Wie ein Virtuose ein solcher darum ist, weil er des Instru=
mentes, welches er spielt, — Paganini der Geige, Lißt
des Fortepiano's, — Herr und Meister ist, Töne hervor=
lockt, die man vorher noch nicht gehört hat, und zur Tiefe
herabziehet und zur Höhe empor hebt, wie er will, — so Fürst
Pückler, wenn er redet. So konnte er bei der Tafel, dem
Könige gegenüber, humoristisch, witzig, gewandt, im richtigen
Takte, den hohen Herrn unterhalten, wie Keiner besser, und
es war ihm hierin, wenngleich in einer ganz anderen Manier,
nur gleich der General von Hünerbein. Das Gelingen
besteht hier darin, daß man in steter Beachtung des äuße=
ren Ceremoniells frei und leicht Alles klar auffaßt und

angenehm hinstellt. Die Natur überflügelt die Kunst, und die Kunst überflügelt die Natur; darin liegt der Schlüssel.

Der Fürst Pückler hat einen scharfen, feurigen, muthigen Blick, er kennt keine Furcht, und Gneisenau urtheilte über ihn, daß er ein tüchtiger Husaren-General gewesen sein würde. Neben diesen Eigenschaften des Heroismus und der Virtuosität besitzt er die sanfte, welche Freude und Genuß in der Natur und ihren Schönheiten findet. Dieselben hervorzuheben, sie, besonders in Pflanzungen in angenehmen Gruppirungen, zu schmücken, namentlich windende Gänge anzulegen, heitere Anblicke zu gestalten, herzerhebende Fernsichten zu öffnen, durch unerwartete Wendungen zu überraschen, war und ist sein Studium, sein stilles Sinnen und Denken. Der Park zu Muskau ist einer der schönsten in Deutschland und seine Schriften über denselben gehören mit zu den besten, die man hat. In dem klaren und tiefen Strome seines Lebens floß wenigstens damals, 1822, noch viel wildes, sprudelndes Wasser, welches Manchen begossen und überstürzt hat; es hat sich aber auch an ihm die Zeit und ihre Erfahrung geltend gemacht. In derReife vielseitiger Bildung gehört er zu den geistreichsten und interessantesten Zeitgenossen.

Zu den interessanten Männern, die der Fürst Staatskanzler Hardenberg in seinem Gefolge hatte, gehört auch sein Leibarzt, der Obermedicinalrath und Präsident Dr. Rust. Er gehörte früher zu den Koryphäen berühmter Aerzte in Wien, woher er berufen ward, und an denen auch Berlin mit seinen Instituten so reich ist. Er ist ein durch seine wissenschaftliche Bildung, wie durch seinen Charakter, merkwürdiger Mann. Von Natur gutmüthig und wohlwollend, war er in seiner herrschenden Stimmung heiter, und in seiner Lebensweise kein Verächter der guten Tafel. Sein Beneh= men hatte categorische Entschiedenheit, und er war seines Wissens und Handelns gewiß. Ueberall trat er mit Zuver= sicht auf, welches bei einem Arzte angenehm, sonst aber im geselligen Leben unangenehm, oft verletzend ist. Wie die strengen Orthodoxen die Theorie der Offenbarung mit ih= rem Glauben, die Mängel, Gebundenheit und Gebrechen ihrer Person vergessend, identificiren, und dadurch unduldsam und unverträglich werden, so hatte Rust in seinem medicini= schen Erkennen, wie in seiner Wissenschaft, eine Höhe er= reicht, auf welcher er keinen Zweifel in seine Intelligenz mehr hatte, vielweniger Widersprüche, am Wenigsten von Subordinirten, ertrug. Sein Ruf, die glänzende Lauf= bahn, die er ging, sein Glück und Vermögen, machten ihn selbstgenügsam; Collegen konnten mit ihm sich nicht gut stel= len, aber Laien hörten ihn gern sprechen, und in Mitthei= lungen über naturhistorische Dinge war er ebenso lehrreich, als in seinen Erzählungen über merkwürdige Männer, Städte und Gegenden, unterhaltend. Er ist vorzüglich bekannt ge= worden zur bösen Zeit der Cholera, und stand an der Spitze der Immediat=Commission, die es mit ihr und ihren Schrecken zu thun hatte. Er ging von der Idee aus: sie sei eine ansteckende Krankheit und ihr Contagium sei nur da möglich, wo Contacte einträten. Deßhalb war er für das System der Sperre, und meinte durch dieselbe sie ab= wehren zu können. Es wurden deßhalb strenge Sperrlinien zu Lande und auf den Flüssen gezogen, Quarantainen an= geordnet, alle Communication mit inficirten Gegenden ver= boten; und diese Anordnung kostete viele Millionen.

Ruſt war Leibarzt des Kronprinzen, und als derſelbe
zu Charlottenhof einmal eine große Mittagsfete gab, war
auch er zugegen. Der König kam; als Er ſeiner vor der
Thür anſichtig wurde, redete Er im ſchneidenden Tone ihn
folgendermaßen an: „Habe dieſen Morgen eine Piece geleſen, in welcher behauptet wird, die Cholera ſei nicht anſteckender Natur. Offenbar achtet ſie nicht der Sperre,
ſpringt darüber weg, und Alles, was die gelehrten Herren
über ihre Contagioſität mir geſagt haben, wird durch die
Erfahrung widerlegt. Die Sache der Sperrung koſtet viel
Geld; und am Ende bin ich wieder die Düpe von der
Affaire.“ Ruſt antwortete ehrerbietig, aber unerſchrocken
und feſt: „Man kennt leider noch nicht ganz dieſe geheimnißvolle Krankheit; ich bin aber der Ueberzeugung, daß ſie
anſteckender Natur iſt, auch ſind die beſten Aerzte in Petersburg derſelben Meinung. Ihre weitere Verbreitung muß
alſo durch Abſperrung verhütet werden. Wenn dieſelbe viel
Geld koſtet, ſo haben Ew. Majeſtät durch Ihr landesväterliches Wohlwollen thatſächlich wieder bewieſen, daß das Beſte
ihrer Unterthanen Ihnen am Herzen liegt. Dieſe auf's
Neue beſtätigte Erfahrung im Volke iſt mehr werth, als Millionen.“ Der König ſchwieg und ging weg. *) Ruſt war

---

*) Leider kam die Cholera in's Land, auch nach Berlin und Potsdam, und verbreitete ſich nach allen Richtungen. Man ſah
das Geſpenſt aus dem fernen Norden ſich nahen, und auf einmal war es mitten unter uns, ohne daß man das Wie erforſchen konnte. Furcht, Angſt und Schrecken umgaben das Ungeheuer, und leidenſchaftliche Gemüthsbewegungen machten das
Leiden ärger. Ein jedes Haus, in welches die Cholera, ohne
ſich vorher, wie andere Krankheiten, durch Uebelbefinden anzukündigen, plötzlich einbrach, wurde ſtreng zernirt und von al-

offen und freimüthig, und dabei ehrlich. Einst nahm während seiner Anwesenheit zu Pyrmont bei großer Tafel der

---

lem Verkehr abgeschnitten. Der Befallene, in der Regel ein schnelles, gräßliches Opfer des Todes, wurde, die Angehörigen mochten wollen oder nicht, in einem·sargähnlichen Korb nach der zu diesem Zweck eingerichteten Anstalt sofort weggetragen. Die Träger waren schwarzgekleidete maskirte Männer; und Andere, ebenso gestaltet, gingen voraus, daneben und dahinter, und hielten einen Jeden, auch den nächsten leidenden Verwandten, ab, sich zu nahen, und er durfte nicht folgen. Jeder blieb daheim, wenn sein Beruf es gestattete; die sich aber begegneten, gingen mit zugehaltenem Munde, um sich gegen das Contagium zu schützen, in sich gekehrt, stumm nebeneinander her. Die Kirche, deren Trost und Ermunterung man in dieser trüben Zeit vorzüglich bedurfte, hielt man, wegen der vielen in derselben versammelten Menschen, für gefährlich; sie wurde aber dennoch fleißig, besonders aus der mittleren Volksklasse, besucht. Der Hof hielt während dieser Heimsuchung sonntäglich im Neuen Palais, in einem dazu eingerichteten Saale, Gottesdienst. Der König, welcher sich in Paretz und Charlottenburg so viel wie möglich absonderte, erschien mit Seinen Kindern regelmäßig und die böse Zeit erleichterte die jedesmalige Auswahl des biblischen Textes, die ganze Stellung des Thema's, und unterstützte Ausführung und Anwendung. Gern benken die Hofprediger an diese Tage zurück; so oft sie aber die kleine ausgesuchte Gemeinde erbaueten, mußten sie, ehe Sans souci betreten wurde, sich in einem nahe gelegenen Hause mit Chlor durchräuchern lassen. Das dauerte viele Wochen hindurch, und da Rust und seine Collegen bei ihrer ausgesprochenen Meinung des Contagiums beharrten, so vermied der König mit den Seinigen Alles, was derselben nicht gemäß war; an der Königlichen Tafel wurde mit Vermeidung aller Speisen, die untersagt waren, die genaueste Diät beobachtet. Als aber, der sorgfältigsten Vorsicht ungeachtet, ein Diener in der nächsten Umgebung des Königs plötzlich an der Cholera erkrankte und starb; als, aller kostspieligen Bewachung der

Fürst Staatskanzler von Hardenberg eine große Portion fetter Mehlspeisen. Sein Leibarzt saß ihm gegenüber und fragte in einem categorischen Tone: „Wollen Euer Durchlaucht das essen?" Hardenberg antwortete, wie seine Manier war, freundlich: „Ja, lieber Rust; das ist gerade meine Lieblingsspeise." „Wenn Sie," erwiederte der Arzt, „das incorporiren, dann vernichten Sie die wohlthätige Wirkung des Brunnens von Gestern, Heute und Morgen."

––––––––––

Grenze ungeachtet, sich das Uebel im Lande verbreitete, seltsam sprang und ganze Oerter übersprang, als die Krankheit in ihrer fürchterlichen Praxis alle Theorien widerlegte: da mußte man gestehen, daß sie zu den vielen Erscheinungen der Natur gehöre, die mit einem dem menschlichen Scharfsinne undurchdringlichen Schleier umhüllt sind. Die Schlagbäume, welche Provinzen voneinander trennten, wurden niedergelassen, Handel und Wandel wieder hergestellt, die lästigen Sperren aufgehoben, und **Dr.** Rust, der ihre Anordnung vorzüglich betrieben, bekam von den witzigen Berlinern den spottenden Beinamen: der — Sperling. Die Cholera verschwand; kam wieder, aber schwächer; und hörte, Gott sei Lob und Dank! endlich ganz auf. Als sie so recht im Wüthen war und Anfangs nur Menschen größtentheils aus der untersten Volksklasse hinraffte, schrieb ein reicher, aber bornirter Bürgerlicher, (Stolz und Dummheit sind gewöhnlich miteinander verbunden) an den König, und bat: „Er möge ihn in den Adelstand erheben, da dieser ja, als solcher, gegen die Cholera durch vornehme Abkunft geschützt sei; nur gemeines bürgerliches Pack raffe sie hin. Er wolle gern das schützende Adeldiplom doppelt bezahlen." Es starben übrigens an der verhängnißvollen Cholera der Großfürst Constantin, der Feldmarschall von Diebitsch, der General Graf von Gneisenau, und König Carl X. Das waren doch wohl vornehme Leute! Der Tod klopft ohne Unterschied an die Hütten der Armen und an die Paläste der Reichen. **Pallida mors aequo pulsat pede pauperum tabernas regumque turres.**

Das leckere Gericht stand dampfend und einladend vor dem Fürstlichen Herrn, der gern gut und diese Speise, auf die er sich freuete, vorzüglich gern aß. Er antwortete also im leichten Tone: „Es wird nicht schaden; praesente medico non nocet." Rust aber stand auf und sprach bestimmt: „Ich aber sage, daß diese fette Mehlspeise allerdings Ihnen sehr schadet. Es ist unrecht, daß auf Ihre Tafel Gerichte kommen, welche mit der Brunnenkur so unvereinbar sind. Ich bin hier, um über Ew. Durchlaucht Gesundheit zu wachen; wollen Sie nicht nach der Brunnendiät leben, und nicht thun, was ich haben will, so bin ich hier überflüssig. Ich empfehle mich, noch in dieser Stunde reise ich ab; haben Sie, gnädiger Herr, Aufträge nach Berlin?" „O! bleiben Sie, lieber Rust," sagte Hardenberg, und gab dem hinter seinem Stuhle stehenden Bedienten die verbotene Speise, mit den Worten: „Dem Arzte muß man gehorchen. Das ist brav von Ihnen, daß Sie so für mein Bestes sorgen. Sie sollen hoch leben!" Und er nahm das Glas, stand auf und stieß mit ihm an. Er war und blieb heiter und unbefangen; erzählte geistreiche Anecdoten, und erzählte angenehm.

Der Dr. Rust hatte mir, weil das viele Gehen mich nicht nur ermüdete, sondern auch schädlich echauffirte, gerathen, Bewegung zu Pferde zu machen; die Erschütterung, welche das Reiten activ und passiv verursache, sei besonders dem Unterleibe heilsam. Am anderen Morgen hielt ein Fürstlicher Reitknecht mit einem schönen Pferde vor meiner Thür; und er kam so lange ich in Pyrmont war alle Tage wieder zur bestimmten Stunde. Als ich für diese Güte dem Fürsten Hardenberg dankte, antwortete er mit bezaubernder Anmuth: „Der Rust hat mir gesagt, daß Ihnen täglich eine

Bewegung zu Pferde anzurathen sei. Ich habe die Thiere
einmal hier, und schicke ihnen täglich mein Reitpferd, da
mir das Gehen zuträglicher ist. Wenn dadurch Ihre Ge=
sundheit befördert wird, dann freue ich mich, und ich habe
Ursache zum Dank." Wahrlich, von Hardenberg konnte
man die Kunst lernen, Güte mit Anmuth zu verbinden.
Doch sie ist keine Kunst, sie ist Natur und eine angenehme
Gabe derselben, und nur da, wo sie das ist, kommt sie vom
Herzen und geht zum Herzen.

Zu Hardenberg's liebstem Umgange während seiner An=
wesenheit zu Pyrmont gehörte der dortige Rector; wenn ich
nicht irre, hieß er Köhler. Dieser Rector war ein merk=
würdiger Mann. In den Studien der alten Griechischen
und Römischen Classiker hatte er sich gebildet und mit ih=
rer Weisheit seinen Geist genährt. Er dachte und träumte
griechisch und lateinisch, und er sprach ebenso fertig beson=
ders die lateinische, als die deutsche Sprache. Mit seinen
Schülern las er den Homer und den Horaz, und wenn er
die Primaner reif zur Universität, gewöhnlich nach Göttin=
gen, entließ, so unterrichtete er auch die Tironen in den
Elementen. Er war damals schon alt; aber noch gesund.
Er war stets heiter und vergnügt, obgleich er ein kleines
Gehalt hatte und erbärmlich wohnte. Es lag Freundlich=
keit in seinem Gemüthe, die um so mehr anzog, da sie mit
Stärke guter Gesinnung und Festigkeit erprobter Grundsätze
gepaart war. Er war positiv=christlich in seinem Glauben; der
aber nichts Starres hatte, vielmehr eine Liberalität, deren
Liebe Alles duldete. Man durfte ihn und sein edles vergnügtes
Gesicht nur sehen, um ihn lieb zu gewinnen. Sein ganzes
Benehmen war würdig; er hatte etwas heiter Demüthiges;
gegen Hohe und Vornehme bewies er Ehrfurcht, die aber

entfernt war von aller Kriecherei. Er war ein Mann von altem Schrot und Korn, in dessen Nähe man sich wohl=fühlte.

Diesen alten Rector in einer kleinen Provinzialstadt sah Hardenberg oft und gern bei sich; dieß ist zur Charakterisi=rung des Fürsten Staatskanzler bezeichnend genug. Gewöhn=liche Motive, welche oft die Wahl des Umgangs bestimmen, wirkten hier nicht. Er konnte den unbedeutenden, unwichti=gen Mann, ohne Namen, ohne Ruhm, der in verborgener Stille lebte, den die Welt nicht kennt und nicht kennen wollte, linker Hand liegen lassen. Aber Hardenberg zieht ihn heran, ladet ihn ein, zeichnet ihn aus, — weil der Mann es verdient. Sein Kenner=Auge erkennt inneren Werth, und von dem=selben angezogen, folgt er seiner humanen Zuneigung. Hier ist Alles rein und gut und es schwebt darüber der segnende Geist eines reinen Wohlwollens. Unter den vertraulichen Fittigen desselben sitzt demüthig, aber vergnügt, der alte Rec=tor an der reichen Tafel des Fürsten, oft bei ihm an seiner Seite, und Jeder gönnet ihm den Ehrenplatz. Der Rector unterhält seinen Wirth, nicht aus Pedantismus, sondern aus Neigung, in lateinischer Sprache; er thut es um so lieber, als Hardenberg fertig und geläufig diese Sprache redet. Wol=lend oder nicht (nolentes volentes), müssen Alle daran Theil nehmen; und dieß führt ein vergnügtes Lachen mit sich, so oft dem Priscianus eine Ohrfeige gegeben wird. Der Rector spricht ein sinnreiches artiges lateinisches Disti=chon und sagt zu seinem Nachbar: „Sequens!" Ich saß an der anderen Seite der langen Tafel, und hatte noch Zeit, um zusammen zu stoppeln und den Namen Harden=berg zu parodiren. Wie die Reihe an mich gekommen, ſtand ich, wie meine Vordermänner, mit dem vollen Glaſe in der Hand auf, und ſagte:

A montibus salus.

Qualis rex, talis grex.

Vivat mons gregum!

Von den Bergen kommt Heil.

Wie der Hirt, ſo die Heerde.

Es lebe Hardenberg!

Wer von der frohen Geſellſchaft hätte es denken ſollen und können, daß er Hardenberg, damals noch friſch, geſund und lebensfroh, zum Letztenmal ſah! Bald nachher machte er die Reiſe mit dem Könige nach Italien; vorher ging er nach Karolath *), um einem frohen Familienfeſte

---

*) Bekanntlich iſt die Fürſtinn von Karolath-Beuthen die Enkeltochter Hardenbergs. Der Fürſt von Karolath-Beuthen war mehrere Jahre nicht nur Adjutant des Königs, ſondern auch Sein Freund. Er ſchätzte und liebte Ihn, Seiner edlen Denkungsart und Geſinnung wegen. Die oft gemachte Erfahrung, daß man unvermerkt die Sprach- und Handlungsweiſe deſſen annimmt, den die Seele mit Verehrung liebt und mit dem man täglich umgeht, beſtätigte ſich vorzüglich hier. In dem Könige lag etwas Electriſirendes und man konnte ihm nicht nahe ſein, ohne den Einfluß der ſtillen Kraft Seiner Perſönlichkeit zu fühlen. Dieß war in einer urſprünglichen Aehnlichkeit beider Charaktere bei dem Fürſten Karolath der Fall; ohne daß er es wußte und wollte, war er auf denſelben Ton geſtimmt wie der König. Man ſah dieſelben oft zuſammen in Aſſimilation der Geſinnung, welche die wahre Sympathie erzeugt. Der edle Fürſt, als ſeine hohe Beſtimmung ihn nach Karolath rief, mußte als Oberjägermeiſter und als Mitglied des Staatsrathes oft nach Berlin kommen. In Potsdam iſt es noch in gutem, dankbarem Andenken, was derſelbe den Armen Gutes gethan.

beizuwohnen, und hielt ein Urenkel=Töchterchen bei der Taufe. In Genua wurde er krank, und sein einsichtsvoller Arzt, Dr. Rust, erkannte die Gefahr der Krankheit. Als derselbe ihm Ruhe empfohlen und alle Arbeit untersagt hatte, er= wiederte der fürstliche Greis lächelnd: „Beschäftigung ist mein Lebenselement; vom Arbeiten allein werde ich wieder gesund." Bald nachher rührte ihn der Schlag, und — er starb. Ehre und Dank seinem Gedächtniß! Sein Wirken ist weltgeschichtlich, seinen hellen Geist beseelte eine eigen= thümliche Kraft, alle seine Schritte bezeichneten Weisheit, Liebe und Vorsicht. Das belebende Princip der Entwickelung in freiem Gebrauche der verliehenen Kräfte durchdrang seine ganze Individualität, seine menschliche und amtliche. Bei der Versammlung der ständischen Deputirten sprach er mit reiner Seele die charakteristischen Worte: „Mein ganzes System beruhet darauf, daß jeder Einwohner des Staats, gänzlich frei, seine Kräfte auch frei benutzen und entwickeln könne, ohne durch die willkürliche Macht eines Andern da= ran behindert zu werden; daß die Gerechtigkeit streng und unparteiisch gehandhabt werde; daß das Verdienst, in wel= chem Stande es sich finde, ungehindert emporstreben könne; und daß endlich durch Erziehung, durch echte Religiösität, und durch jede zweckmäßige Einrichtung im Vaterlande, ein Interesse und ein Sinn gebildet werde, auf den unser Wohl= stand und unsere Sicherheit fest gegründet werden kann."

In solchen Aeußerungen sehen und erkennen wir den ganzen Mann, der die menschliche Natur in Jedem ehrte, ihre Bedürfnisse durchschaute, und wohl wußte, was der Mensch= heit Noth thut und ihr aufhilft. Er kannte die Zeit, in der er lebte und für die er wirken sollte; ihre Mahnungen und Forderungen vernahm und ehrte er. Klar stand vor seiner vorurtheilsfreien heiteren Seele die Stellung Preußens in den Europäischen Staaten und welches seine Lebensaufgabe sei. Allein in naturgemäßer fortschreitender Entwickelung fand er, wie das Wohl des Einzelnen, so das des Ganzen. Er liebte unser Vaterland, wie seine biederen Bewohner, und hat sich unsterbliche Verdienste erworben. Niemand erkannte dieß mehr, als der König selbst, an dem er voll Liebe und Verehrung mit ganzer Seele hing. Er rief ihn, wohl fühlend, daß er seiner bedurfte, wiederholt in seine Dienste. Er bediente sich seines Rathes und pflog ihn mit ihm. Er schmückte seine Brust mit dem eisernen Kreuze erster Klasse, erhob ihn in den Fürstenstand, machte ihn zum Staatskanzler und dotirte ihn Königlich, und ließ nach seinem viel betrauerten Tode seine Büste in den Versammlungssaal des Staatsrathes aufstellen. Ehre und Ruhm seinem Andenken bei der Mit- und Nachwelt!

König Friedrich Wilhelm III. wollte die bei Culm (einem Dorfe im Leitmeritzer Kreise, 2 Stunden von Teplitz) gefochtene mörderische Schlacht und den über die Franzosen errungenen Sieg öffentlich ehren. Wohl war dieser Sieg, den die Tapferkeit der Oestreichischen, Russischen und Preußischen Armee glorreich herbeigeführt hatte, der Ehre werth; derselbe setzte den gleichzeitigen Siegen bei Großbeeren und an der Katzbach die Krone auf. Ja man kann sagen, daß der Sieg bei Kulm der Moment war, der den großen Sieg bei Leipzig vorbereitete und möglich machte. Zu dem Ende wollte, mit Genehmigung des Landesherrn, Kaisers Franz I., der König Seinen thätigen Antheil an dieser großen, entscheidenden Begebenheit dadurch an den Tag legen, daß Er zum Andenken an sie und an die heldenmüthigen Preußen, die hier ihren Tod fanden, ein Denkmal errichtete. Dieß geschmackvolle, aber bescheidene, auf einem Piedestal mit einer Pyramide ruhende Denkmal sollte in Begleitung der ersten Compagnie der Garde auf der Stelle errichtet werden, wo Vandamme gefangen genommen wurde. Die feierliche Einweihung, zu welcher schon Alles angeordnet war, sollte am 30sten August 1817 stattfinden; und zwar darum an diesem Tage, weil den 30sten August 1813 der große Sieg errungen war. Der König gab mir mündlich den Auftrag, diese Feier zu leiten und die Rede zu halten. Dabei war ich bedenklich und sagte: „in einem fremden und noch dazu katholischen Lande würde ein evangelischer Geistlicher, wenn er dabei fungiren sollte, unangenehm sein und nicht gern gesehen werden. Da die Feierlichkeit rein militairisch sei, so würde der die Gardisten kommandirende Offizier ohne Anstoß dabei reden können." Der König antwortete: „Ich will Sie nicht zwingen, wenn Sie nicht gern wollen; aber Sie sind im Irrthum; der redliche Kaiser von Oestreich ist mein treuer Bundesgenosse und mein Gönner, der Fürst von Schwarzenberg mein Freund, Böhmen ein befreundetes Land, und man liebt in Teplitz und seiner Umgegend die Preußen und mich. Die Katholiken glauben mit uns an denselben Gott und Erlöser und haben dieselbe Verpflichtung zur Tugend. Wenn sie in ihrem Cultus manches Apartes haben, so hat dieß doch keinen Einfluß auf den täglichen Verkehr und ihr Verhalten gegen uns. Einem Offizier will ich den Befehl, bei der Feier zu reden, nicht geben. Die Einweihung muß eine religiöse sein; denn offenbar ist bei der ganzen Affaire Gott gnädig mit uns gewesen. Ein Geistlicher muß fungiren. Gehen Sie nur; es wird Alles gut gehen." — Und es ging gut.

Den 30sten August 1817 fuhr ich an einem schönen Sommermorgen von Teplitz nach Culm. Der Weg dahin war von Menschen besäet, Alles strömte hinaus, es war, als wenn man nach einem heiligen Orte wallfahrtete. Die Gegend ist romantisch, von Höhen und Tiefen sanft durch= schnitten. Man sieht das prächtige Erzgebirge und in dem= selben reiche Klöster und freundliche Dörfer. Der Schloß= berg und der Mühlenschauer ragen hervor, und die Höhe vor Nollendorf schließt die Scene. Das Denkmal war schon errichtet, aber noch verhüllt; es steht etwas hoch, so daß man auf dieser Stelle hinschaut in' die fruchtbaren Felder. Eine schönere Kanzel giebt es nicht. In der Nähe und in der Ferne war Alles voll von Zuhörern. Den Platz um= gaben die von Potsdam gekommenen Gardisten unter dem Commando des (damaligen) Majors von Röder, und Oest= reichische Soldaten von Leitmeritz. Neben mir standen der General Kleist von Nollendorf und der katholische Pre= diger aus dem benachbarten Kirchdorfe Arbesau mit seinem ehrbaren Presbyter. Die Feier wurde durch drei Kanonen= schläge, deren Töne von den umgebenden Bergen im Thale widerhallten, eröffnet. Viele Tausende sangen mit entblöß= ten Häuptern andachtsvoll: „Nun danket Alle Gott." Es trat eine feierliche Stille ein, die dieselbe blieb, als folgende Worte gesprochen wurden:

„Der Allmächtige, der den Himmel wölbte und die Erde gründete; der Gerechte, welcher die Schicksale der Völker wägt, die Stolzen demüthiget und die Demüthigen erhebt; der Gnädige, der uns errettet und gesegnet hat: — Er sei mit uns in dieser feierlichen Stunde! Ihm sei Anbetung und Ehre, Preis und Dank. Amen."

„Hier, ehrenwerthe, tapfere Männer! ist das gewünschte Ziel Eures Weges, — hier der heilige, durch eine große That bezeichnete Ort, wohin Ihr wollet und wohin, in Uebereinstimmung mit dem erhabenen Beherrscher dieses Landes, Euer König und Herr Euch sendet."

„Seid uns willkommen und gesegnet, ihr herrlichen Höhen; begrüßt von uns Allen mit dankbarer Freude, ihr heiteren Felder, ihr lieblichen Thäler! Wie hebt euer Anblick unser Herz, welche ernste und glückliche Erinnerungen an eine thatenreiche Vergangenheit weckt und erneuert ihr in unserer Brust! — Schauet sie an, sinnend und ernst, diese hier vor uns ausgebreitete Gegend; sie ist der in der Geschichte unvergeßlich gewordene Schauplatz, auf dem heute vor vier Jahren durch die Entschlossenheit unsers theuersten Königs und Herrn, durch die hohe Einsicht unsers gemeinschaftlichen Heerführers, durch den Ueberblick erleuchteter und verbundener Feldherren, durch den Muth und die Tapferkeit der verbündeten Truppen, ein Sieg errungen wurde, der in der Geschichte unserer großen Zeit eine der ersten Stellen einnimmt, ein Sieg, welcher die Erfolge und Wirkungen der andern, unmittelbar vorhergegangenen Siege sicherte und befestigte, und ihnen die Krone aufsetzte, — ein Sieg, an den sich die herrlichsten Entwickelungen und entscheidende Ereignisse knüpften, und dessen Namen und Urheber ein Geschlecht dem andern, von Jahrhundert zu Jahrhundert, in der Geschichte dankbar nennen wird."

„Ein dunkles, schweres Verhängniß lag lähmend auf den
Völkern der Erde; ein finsterer blutdürstiger Tyrann be=
herrschte sie mit eisernem Scepter; getrieben von der Unruhe
eines unersättlichen Ehrgeizes riß er, mit List und Macht
bewaffnet, an sich, wonach ihn gelüstete: Schrecken und Furcht
gingen vor ihm her, Härte und Uebermuth umgaben ihn,
und Jammer und Elend, Thränen und Verzweiflung waren
in seinem Gefolge. Unter seinen zermalmenden Fußtritten
stürzten zusammen die Pfeiler ehrwürdiger Verfassungen;
seine vom Blute unschuldiger Völker triefende Hand zerriß
die zartesten, heiligsten Bande; in den bodenlosen Schlund
seiner Habsucht sanken die Reichthümer und Schätze ganzer
Länder, und ein großer Theil der Erde stellte das Bild einer
schimpflichen Unterjochung dar, die nicht nur das irdische
Glück zerstörte, die in ihren giftigen Einflüssen auch den
freien Geist lähmte und Alles in eiserne Fesseln schlug. —
Der Ewige, der über den Sternen wohnt, der Gerechte, der
in seiner Hand die Wagschale hält, der Allmächtige, der die
Zügel des Weltkreises führt und dem alle Kräfte der Na=
tur segnend und zerstörend gehorchen, — Er, der Gnädige,
hatte die stillen und lauten Gebete von Millionen erhört,
und den Rasenden, der seine Hand nun auch nach dem un=
ermeßlichen Norden ausstreckte, durch die furchtbare Allge=
walt der Elemente zertrümmert."

„Noch einmal versuchte er's, die übrig gebliebenen Kräfte
zu sammeln, und geführt von einem seiner furchtbarsten
Knechte, waren sie bis hieher vorgedrungen. Hier war es,
wo Alles, und dann vielleicht das Letzte, auf dem ernsten
Spiele stand; hier war es, wo der Knoten noch einmal ent=
scheidend sich schürzte; — aber hier war es auch, wo die
Einsicht der Feldherren und der Muth und die Eintracht

der Kämpfer mit kräftigem Arme ihn zerhauen hat; auf diesen Feldern, auf dieser Stelle war es, wo der Allmächtige
dem Verderber in den Weg trat und das Donnerwort:
„Bis hieher und nicht weiter! — Hier sollen sich
legen deine stolzen Wellen!" — ihn zerschmetterte."

„Culm und Nollendorf! theure, unvergeßlich gewordene
Namen, mit dankbarer Rührung sprechen wir euch und eure
Helden aus, und ihr werdet am geschichtlichen Himmel der
verbündeten Völker glänzen, wie ewige Sterne."

„Ja, heilig ist das Land, auf dem wir hier stehen, geweihet die Stätte, auf der wir uns versammelten! heilig
durch Empfindungen des Danks, die den Siegern, heilig
durch Gefühle einer frommen Wehmuth, die den Streitern
gebührt, die im Kampfe für die ersten Güter des Lebens
glorreich fielen, und hier ihren Tod, ihr Grab fanden."

„Den Schauplatz, wo so viel Großes und Herrliches,
so viel Entscheidendes und Folgenreiches geschah, durch ein
einfaches und vielsagendes, Gott und den Erlöser, die Lebenden und die Todten ehrendes Denkmal zu bezeichnen und
zu heiligen, — das erfordert die Wichtigkeit der Sache, das
verlangt das Zeitalter und seine Geschichte, das ist der
fromme Wille und Befehl unsers Königs und Herrn, und
ihn auszuführen, sind wir hier."

„Und er ist ausgeführt. — Sehet, — da steht, —
einfach und anspruchlos, aber schön, sinnvoll und bedeutungsreich, — das Denkmal, zur Ehre des Sieges, dessen Andenken wir feiern; zur Ehre der muthigen Kämpfer, die ihn
mit ihrem Tode erkauften."

„Sei uns gesegnet, — gesegnet vom Herrn! Dankbarkeit und Liebe errichteten dich, — die öffentliche Achtung
nehme dich in ihren Schutz. Sprich jeden Wanderer, der

vorübergeht, ernst und freundlich an, und erhalte frisch und kräftig das Andenken an die herrliche Hülfe, die uns hier geworden. Erinnere Jeden, der sinnend dich anschauet, was es gekostet, uns zu erlösen vom Joche der Knechtschaft, damit er dankbar ehre das Andenken der preiswürdigen Streiter, die hier für die heilige Sache fielen und hier ihren Tod fanden. Wecke in jedem Herzen, das in deiner Nähe schlägt, große Gedanken, ernste Gefühle, fromme Entschlüsse, damit Jeder, als Theil des Ganzen, in sich baue und bewahre, was dem Ganzen Heil und Segen bringt. Sei und bleibe ein Denkmal der Eintracht, des Muthes und der Stärke glücklich verbündeter Völker und ihrer glorreichen Beherrscher; bleibe es bis zu den fernsten Zeiten, und dich und deine Bedeutung segne noch der späteste Enkel.“

„Doch aller Segen und alles Heil kommt allein vom Herrn; unsere Feier soll eine religiöse, eine fromme, eine christliche sein. Lasset uns darum Dem die Opfer unserer Ehrfurcht und unseres Dankes bringen, der am ernsten Tage der blutigen Schlacht mit den Kämpfern war, und den Sieg verlieh — und dem die Ehre und der Dank gebührt.“

„Vor Gott dem Allmächtigen stehen wir hier auf dieser heiligen Stätte; dieß erweitere unseren Blick, dieß erhebe unseren Geist, dieß beflügele unsere Andacht. Kommt und laßt uns beten, beten mit Ehrfurcht, und ein Jeder spreche in seinem Herzen also:

„Hier stehen wir vor Dir, Allmächtiger! in dem offenen Tempel deiner Natur, und beten dich an in Deiner Größe und Herrlichkeit. Ernst und gerührt denken wir des bedeutungsvollen Tages, wo Du auf diesen Feldern der guten Sache, und Allen, die mit frommen Muthe für sie kämpften, den Sieg verlieheſt. Blicke gnädig auf uns herab und laß unſer Beginnen und Werk Dir wohlgefallen."

"Das Denkmal, welches wir hier aufſtellen, iſt ein Denk= mal Deiner wunderbaren Gnade und Deiner herrlichen Hülfe. Nicht unſere Ehre, Deine Ehre ſoll es verkündigen; ſagen ſoll' es Jedem, der vorübergeht und es anſchauet, was Du Großes an uns gethan."

"Der Menſch iſt ein Werkzeug Deiner Hand, und er iſt es um ſo mehr, je weiſer, je beſſer, je kräftiger er iſt. Du, der du die Erde gründeſt und ſegneſt; der Du den Himmel wölbeſt, und alle Elemente und ihre Kräfte trägſt und len= keſt, — Du biſt auch der Lenker der Schlachten, der Geber der Siege, der Wohlthäter des Einzelnen und ganzer Völ= ker. Was ſind und haben wir, was wir nicht durch Dich wären und nicht von Dir hätten! Der helle Gedanke, der den Sieg dachte und ordnete; die Kraft, die ihn einleitete, fortſetzte und vollendete; der Muth, welcher, um ihn zu er= ringen, freudig das Leben hingab: — o! dieß Alles, es war ein Geſchenk Deiner Güte, und wie an jenem unvergeßlichen Abende, da der glorreich beendigte Tag zuerſt die Herzen er= freuete, Dein gnädiges Angeſicht dem Heere leuchtete und Alles betend vor Dir hinkniete, ſo beten wir auch heute mit inniger Rührung Deine Huld und Gnade an. Wir ſind zu ſchwach, ſie ganz zu denken; zu ohnmächtig, ſie würdig auszuſprechen; — aber Du mißbilligſt und verwirfſt es nicht, wenn, ſo gut wir es vermögen, Denkmäler die Stellen be= zeichnen, wo wir Deine Hülfe erfuhren, — damit auch die Nachwelt Deine Thaten rühme, und unſere Kinder und En= kel auf Dich hoffen und Dir vertrauen, wie wir in großer Noth auf Dich hofften und Dir vertrauten. Herrlich und unausſprechlich haſt Du unſer Vertrauen belohnt; wie auf

so vielen Feldern, so hast Du auch auf diesen Deinen Bei=
stand geoffenbaret, und von einem Berge zum andern, von
einem Strome zum andern, hallet laut wieder die frohe
Kunde:

„Es hat ein Gedächtniß seiner Wunder unter
uns gestiftet der gnädige und barmherzige Herr!"

„Heilig! heilig! heilig! ist der Herr der Heer=
schaaren und alle Lande sind seiner Ehre voll."

„So weihen wir denn dieses Denkmal ein mit Empfin=
dungen der tiefsten Ehrfurcht, die Dir gebühren; mit Ge=
fühlen des frommen Danks für die Eintracht, mit der hier
die verbündeten Heere kämpften; des Dankes für den Muth,
mit dem sie und ihre Helden ihr schweres Tagewerk ruhm=
voll vollbrachten; mit Empfindungen eines tiefbewegten, weh=
muthsvollen Dankes für die unerschütterliche Treue, mit der
viele von ihnen im heißen Kampfe fielen, und hier ihren
Tod, hier ihr Grab fanden. Dankbar ehrt ihr treues An=
denken König und Vaterland. Sie ruhen in Frieden; in
Frieden auf diesen Höhen, in diesen Thälern, auf diesen Fel=
dern. Wir weinen an ihren Gräbern Thränen dankbarer
Rührung. Wie über ihren Gräbern die Sonne still und
segnend scheint, wie auf ihren Gräbern die Blume sprießt,
und die fruchtbaren Saaten wogen, so ist aus ihrem helden=
müthigen Tode Segen und Wohlthat für uns erwachsen.
Wie theuer ist uns euer Andenken, ihr frommen Streiter!
Heilig ist die Erde, die eure Körper deckt; heilig dieß
Denkmal, das eure Verdienste ehrt; innig die Achtung, der
Dank, den jeder Vorübergehende jetzt und bis zu den ent=
ferntesten Zeiten euch mit gerührtem Herzen bringt, und brin=
gen wird. Gnädiger, laß die Bewegungen unserer Herzen
Dir wohlgefallen, und tröste und erhalte besonders die, die

unter den Todten, die hier ruhen, einen theuren Vater und Gatten, einen geliebten Bruder und Freund beweinen. Und so sei denn dieses Denkmal Deinem Schutz und Deiner Obhut empfohlen, Allwaltender! Immer bleibe es, errichtet von unserm Könige und Herrn in einem befreundeten Lande, ein theures Unterpfand der Eintracht der Völker und ihrer Beherrscher."

„Kröne mit Deiner Huld und Gnade unseren theuersten König für und für. Segne Ihn, Sein Haus, Seine Armee, Sein Volk und Land; erhalte in unserm und dem Herzen unserer Nachkommen das Andenken an die Wohlthaten und Segnungen, die wir Ihm auch in Hinsicht auf diesen Tag verdanken. Laß Ihn, den Vater des Vaterlandes, das Glück Seiner Staaten und Völker sehen, und alle Seine Unterthanen Ihm und Seiner Sache treu sein, bis in den Tod."

„Segne, o Gott! den erhabenen Kaiser von Oestreich, unsern theuren Bundesgenossen, den verehrten und geliebten Beherrscher dieses Landes, dieser Fluren und ihrer Bewohner; segne das ganze Kaiserhaus und Alle, die demselben anverwandt und zugethan sind, mit Gnade, Friede und Freude. Dein Wohlthun erfreue sein Volk, seine Armee, und den von ihr geehrten und geliebten Heerführer derselben. Laß Deinen Segen ruhen auch auf diesen Fluren und ihren Bewohnern, daß sie nach den Stürmen des Krieges, die sie erschütterten, der Wohlthaten des Friedens froh werden mögen."

„Vor Dir gedenken wir mit dankbarer Rührung unsers erhabenen Bundesgenossen, des Kaisers von Rußland. Segne ihn, sein Haus, alle Angehörigen desselben, sein Volk, seine Armee, sein Land, mit Allem, was groß und glücklich macht."

„Laß es fest und unverrückt bestehen, das heilige Band der Eintracht, das alle Fürsten Europa's miteinander verbindet — zum Heil ihrer Völker; zum Preise seines herrlichen Namens; zur frohen Hoffnung auf eine ungetrübte glückliche Zukunft. Ja wir Alle hoffen mit fester Zuversicht auf Deine Hülfe, und weihen uns Dir mit Allem, was wir sind und haben. Erhöre uns, Allsegnender! um Deiner unendlichen Liebe und um Jesu willen. Amen."

Der Held des Festes war der tapfere und humane General Kleist von Nollendorf, der durch sein Dazwischenkommen mit dem von ihm commandirten Corps die Schlacht entschieden und den Sieg herbeigeführt hatte. Ihn zu charakterisiren, sagt de la Motte Fouqué von ihm: „daß er von der Höhe herab, wie ein Bergstrom, brauset; mit dem Degen in der Faust die Feldschlacht vorwärts bringend, commandirend siegreich leitet, und zugleich ab und zu nach seinem schnaubenden und schäumenden Rosse blickt, um es abzulenken, damit sein Huf kein in dem Wege kriechendes Thier zertrete." Wenn diese poetische Hyperbel so viel sagen soll, als: Der General Graf Kleist von Nollendorf war ein Held und zugleich ein liebevoller Charakter, ein sanfter Menschenfreund, so ist es wahr. Auf eine seltene Art war Muth und Demuth, Stärke und Milde in ihm vereinigt, und Keiner sah es ihm an, daß er so viel vermochte, so schlicht und einfach ging er einher. Als von dem Siege bei Culm die Rede war und man ihm Verbindliches darüber sagte, antwortete er: „Das hat Gott gethan; mit meinem Corps war ich das Werkzeug seiner segnenden Hand. Keinesweges war es Verabredung und Plan, sondern ein glücklicher Zufall, daß wir hierher kamen. Vielmehr wollten wir

durch Böhmen nach Schlesien, und wußten nicht, was vor=
ging. Daß wir zur rechten Zeit und Stunde kamen und
etwas zum Siege beitrugen, war eine gnädige Schickung des
Himmels, aber nicht unsere Weisheit." *) Der Mann hat
sich unsterblich gemacht und sein edles Geschlecht heißt „die
Nollendorfer"; aber groß ist er, durch die Wahrheit seines
Charakters, die, fern von aller Eitelkeit, keiner erborgten
Ideen, um sich zu schmücken, bedarf. Der wahre, echte und
bleibende Schmuck ruhet unvergänglich nur da, wo innerer
Werth ist, der durch männlichen, bescheidenen und heiteren
Ernst sich kund giebt.

Auf einem benachbarten, hochgelegenen Schlosse wurden
die Preußen und die Oestreicher, wie Alle, die dazu gehör=
ten, (ich glaube durch Munificenz des anwesenden Fürsten
von Schwarzenberg) festlich zu Mittage gespeist. Alle Ein=
geladenen waren mit= und durcheinander, ohne Unterschied
der Geburt, des Standes und Ranges. Das Oestreich'sche
und Preußische Militair, gute Cameraden und treue Waf=
fenbrüder, saßen zusammen und ließen sich's bei den vollen
Schüsseln und Flaschen mit den übrigen Gästen wohlsein.
Es herrschte eine allgemeine Fröhlichkeit. Auf das Wohlsein
des Kaisers von Oestreich und Rußland, wie des Königs
von Preußen, des Generalissimus Fürsten von Schwarzenberg,
Blüchers von der Katzbach, und Kleists von Nollendorf, u.
A. m., wurden herzliche Toaste gebracht; alle Seelen waren
voll von der Größe und dem Glück der damaligen Zeit;

---

*) Man vergleiche damit die mündliche Aeußerung des Königs
über den Sieg bei Culm im ersten Theile dieses Buchs, S.
384 und 385.

ihre Eindrücke waren noch frisch und lebendig; das große
Werk war gelungen und fertig; Alles war gut; Keiner dachte
an das, was Menschen von Menschen trennt; Alle waren
Brüder, wo Jeder mit dem Andern es von Herzen redlich
meint. Eine schöne, unvergeßliche Stunde!

Vorzüglich gefiel mir auch der katholische Pfarrer (wenn
ich nicht irre, hieß er Schäfer) von dem Kirchdorfe Arbesau.
Ein gebildeter, würdiger, gesetzter Mann; treuherzig und
gutmüthig, schlicht und einfach, ein wahrer Hirt seiner Ge=
meinde. Schon hatte es mir wohlgefallen, daß er zuvor=
kommend sich an mich anschloß und als Pastor der Gemeinde
der in seinem Kirchensprengel angeordneten religiösen Feier=
lichkeit mit seinem Presbyter beiwohnte. Er that das mit
reiner Seele offen und es lag in seinem frommen Gesicht,
wie in seinem ganzen Wesen, etwas Johanneisches, was sanft
anzog, so daß ich ihn liebgewann und ihm solches gern an
den Tag legte. Es währte nicht lange, so waren wir gute
Freunde und Brüder, als wenn wir uns schon lange ge=
kannt hätten. Gern gab ich ihm das verlangte Concept
meiner Rede, die er wollte zum Besten seiner durch den
Krieg arm gewordenen Gemeinde drucken lassen. *)

---

*) Dieß geschah mit einem Titelkupfer des Denkmals und einer
wohlwollenden Vorrede des Herausgebers. Der Kaiser und
das Kaiserliche Haus, die Magnaten in Wien und Prag, wie
im Oestreich'schen überhaupt, der König von Preußen, die rei=
chen Einwohner zu Berlin u. s. f. nahmen die kleine Schrift
wohlwollend auf, und so unbedeutend sie ist, so brachte sie doch
so große Summen ein, daß viele Häuser in dem durch den
Krieg herunter gekommenen Arbesau wieder aufgebaut und
viele Arme unterstützt werden konnten. Daß ein katholischer

Nach meiner Zuhausekunft stattete ich dem Könige Bericht ab über den Hergang der Sache, und es fiel folgen-

---

Paſtor eine in ſeiner Gemeinde gehaltene Rede eines evangeliſchen mit einem empfehlenden Vorworte herausgab, fiel damals 1817 nicht auf; Niemand fand darin etwas Beſonderes, Jeder es vielmehr in der Ordnung und hatte ſeine Freude daran. Der würdige Mann und ich wurden gute Freunde, wir beſuchten uns ſo oft ich in Teplitz war. Seinem Umgange verdanke ich auch in wiſſenſchaftlicher Hinſicht genußreiche, frohe Stunden. Ich weiß nicht, ob er noch lebt; ich drücke aber dem katholiſchen redlichen Pfarrer zu Arbeſau im Geiſte brüderlich die Hand und freue mich, ihn im Himmel wiederzuſehen. In meiner Jugend wußte man nichts von Intoleranz und Gehäſſigkeit zwiſchen Katholiken und Proteſtanten; man hörte nichts von Proſeliten = Macherei; die katholiſche, reformirte und lutheriſche Gemeinde wohnten friedlich mit= und nebeneinander, und mein ſeliger Vater lebte freundſchaftlich mit den Patribus des dortigen Franziskaner Kloſters; und ſpäterhin, als ich Prediger zu Hamm wurde, hatte ich vielen Umgang, und oft kirchliche gemeinſchaftliche Geſchäfte mit dem geiſtreichen Concionator Poſſo. Gemiſchte Ehen kamen im täglichen Verkehr mit der ſtädtiſchen katholiſchen Gemeinde und den benachbarten Münſter'ſchen häufig vor. Als Regel galt: Die Söhne folgen dem Vater, die Töchter der Mutter, oder wie die jungen Eheleute unter ſich darüber eins geworden ſind. Oft trafen ſich in ſolchen Häuſern bei der dortigen Seelſorge die Geiſtlichen verſchiedener Confeſſion; aber nie geriethen ſie in Streit, ſie lebten vielmehr, wie es Chriſten geziemt, friedlich und freundlich miteinander. Jeder blieb innerhalb der Grenzen ſeiner Kirche und von dem intoleranten Dogma der Alleinſeligmachenden war gar nicht die Rede. Eine Toleranz ohne Differentismus war im Schwange, und die verſchiedenen Gemeinden hatten einen und denſelben Kirchhof vor dem Thore, in demſelben Gehege, ohne Abſonderung. Man fühlte es, wie vollends thöricht die Separation unter den Todten ſei, die in Frieden nebeneinander liegen, wo alle Fehde ein Ende hat. So war es überall, ſelbſt am Rhein, wo der jetzige würdige Biſchof **Dr. Roß,** ſonſt

der (aus meinem Diarium wörtlich und genau auf=, und nun abgeschriebener merkwürdiger) Dialog vor. Auf die kurze Erzählung des glücklichen Erfolges sagte der König:

Prediger in der Landgemeinde zu Budberg, mit seinem Nachbar und Freund, dem katholischen Pfarrer, die Schulen, welche Kinder aus verschiedenen Confessionen frequentiren, besuchte, und wo Einer den Andern collegialisch vertrat. So soll es, so kann es, so muß es sein, und so ist es überall, wo die bivergente Theologie convergente Religiosität und wahre Frömmigkeit geworden ist. Auf diesem Höhepunkt athmet der lebendige Geist der Liebe, die sich nicht ungeberbig stellt und Alles verträgt. Bei meinem öfteren Aufenthalte in Carlsbad war der fast tägliche Umgang mit dem ehrwürdigen **Dr.** Bischof S a i l e r mir Bedürfniß. Einst nahm er eins von den Büchern, die auf meinem Tische lagen, in die Hand, fragend: „Was lesen Sie in diesem dulci otio?" Es war der Thomas von Kempis, von ihm mit einer Vorrede und Anmerkungen herausgegeben, und daneben lag Faust von Göthe. Er sprach heiter und wahr über beide heterogene und doch homogene Schriften. Täglich fanden wir uns am Mühl= und Neubrunnen, und angegriffen von demselben, führte ich den ehrwürdigen Greis und begleitete ihn bis nach seiner Wohnung. Mit Tausenden segne ich sein Andenken. Gleiche Freude gewährte mir an demselben Orte der Umgang mit dem katholischen Prälaten und Erzbischofe P y r k e r zu Erlau, bekanntlich einem geistreichen, interessanten und edlen Manne. Der Unterschied der Confession trennte uns nicht, was tiefer und höher liegt, als diese, vereinigt. Bornirte Köpfe sind intolerant, klare und umfassende tolerant, und weite Herzen bewegen sich in weiten Räumen. Zwar giebt es, wie in Allem, was geistig ist, so besonders in der Religion, ein Festes und Ewiges, welches keiner Veränderung unterworfen ist. Der Mensch, der Christ macht sich nicht nach seinem Belieben willkürlich, der Eine so, der Andere anders, seine Religion selbst, sie ist ihm, gleich seinem Gewissen, gegeben; sie mußte ihm, wie die Völkergeschichte lehrt, geoffenbart werden. Das Göttliche in ihr richtet sich nicht nach unsern Einfällen, wir müssen unsere Neigungen in Uebereinstimmung

„Charmant! habe ich Ihnen nicht vorher gesagt, daß
Alles gut gehen würde?"

---

bringen mit ihren Lehren und Vorschriften, womit wir, so lange
wir leben, vollauf zu thun haben. In dem Wechselvollen, das
unser Leben in allen seinen Lagen und Verhältnissen umgiebt,
müssen wir ein Wechselloses haben, um, dieses festhaltend,
durch jenes gut und glücklich durchzukommen. Nur auf diesem Wege erringen wir die Durchbildung, die allein würdig
und glückselig macht. Uns darin zu Hülfe zu kommen, ist
die Kirche da, mit ihrer zusammenhaltenden Kraft, ihren Institutionen und Heilmitteln; auch diese sind ewig und unverän-
derlich, wie ihr Zweck. Alles Andere ist Beiwerk, und wenn
die durch die Propheten des alten, durch Christum und seine
Apostel des neuen Testaments geoffenbarte ewige Wahrheit die
Kirche, mit allen ihren Andachtsübungen, nur zum Mittel macht,
so macht die römisch-katholische Kirche dieselbe mit ihren her-
rischen und hierarchischen Kräften zum Zwecke selbst. Dieß ist
der wesentliche Unterschied; es ist aber hier der Ort nicht, denselben umständlich klar zu machen. Das ist aber auch nicht
nöthig; denn die römisch-katholische Kirche hat dessen selbst
nicht Hehl und ihre ganze Einrichtung und Stellung und Herrschaft beweiset es sattsam. In dieser hierarchischen Anmaßung
liegt aber die Petrification des Irrthums, den die Reforma-
toren erkannten, und den unsere Zeit erkennet. Sie wird ihn
immer klarer erkennen und immer lebendiger fühlen, je mehr
die römisch-katholische Kirche ihre Sache zur Spitze treibt, und
als Glaubensdogmen festhält, was, ungegründet in der heiligen
Schrift, als Menschensatzung kein vernünftiger Katholik mehr
glaubt. Es ist bequem, zu bekennen: „Ich glaube, was die
Kirche glaubt"; aber das gilt nur, so lange der finstere Aberglaube gilt; von ihm zum Unglauben ist nur ein Schritt, denn
nach einem ewigen Naturgesetz berühren sich sehr bald die Extreme. Abergläubisch können die Menschen beim Lichte des
19ten Jahrhunderts nicht mehr werden, ungläubig, ohne Trost
und ohne Hoffnung, wollen sie nicht sein, sie werfen also, mün-
dig geworden, das unwürdige Gängelband weg und auf eigenen
Füßen stehend, brechen sie sich selbst eine freie Bahn, um ihre

„Ich muß zu meiner Beschämung und Freude beken=
nen, daß das meine Erwartung übertroffen hat."

„Ich wußte das vorher. Die Böhmen haben ihren
Kaiser Franz sehr lieb, und derselbe verdient es, seiner Vor=
trefflichkeit wegen. Wir sind nicht bloß Bundesgenossen,
sondern auch gute Freunde. Das weiß man. Der Unter=

---

denkende Vernunft und ihr mahnendes Gewissen zu befriedigen.
Der Lebenskeim ist reif geworden, die Schale fällt von selbst
ab. Seit dem hocus-pocus mit dem Rock in Trier hat die
römisch=katholische Kirche in sich selbst einen Feuerbrand gewor=
fen, der überall zündet und eine verzehrende Flamme wird.
Das Schisma ist darum so arg, weil es von Genossen aus=
geht, und es wird immer ärger, je mehr die Kirche bei ihrer
Hierarchie beharret. Kein Mensch kann buldsamer, friedfer=
tiger sein, und mehr geneigt, die Ansichten und Ueberzeugungen
Anderer in Ehren zu halten, als Friedrich Wilhelm III. es war;
es ist weltkundig, wie Er als König in Seinem Lande die Ka=
tholiken ebenso geliebt und behandelt hat, wie die Protestanten,
ja wie Er vor der evangelischen Kirche die römische durch reiche
Dotation begünstigte; gleichwohl ist Er mit schnödem Undanke,
mit Hohn und Spott von ihr behandelt worden. Nach der
unwürdigen, unglücklichen Geschichte in Cöln ist der alte, fin=
stere Geist des Aberglaubens, der Intoleranz und des Hasses
zurückgekehrt und tief in das Leben eingedrungen. Feindselig
stehen sich überall die Parteien einander gegenüber; Alles schrei=
tet vorwärts, nur hier tritt uns ein feindseliges Rückwärts
entgegen. Möchte man bedenken, was zum Frieden dient!
Der Herr der Kirche hat die Wurfschaufel in der Hand, seine
Tenne zu fegen. Das Unkraut wird er verbrennen mit ewi=
gem Feuer, und den Weitzen in seine Scheunen sammeln. Die
furchtbare Nemesis schreitet langsam, aber sicher, durch's Leben;
sie erscheint, wenn man am Wenigsten es glaubt, jedem Ein=
zelnen, wie ganzen Völkern, und bei ihrer Heimsuchung kün=
digt sich tief die strafende Stimme an: „Das haben wir
verschuldet an unserm Bruder Joseph."

schied der Confession kommt hier nicht in Betracht, hat nichts mit dieser Sache zu thun. Der Pfarrer zu Arbesau ist ein vortrefflicher Mann."

„Ein wahrer Priester Gottes und ein Freund der Menschen; aber so sind auch nicht alle katholischen Prediger."

„Sind denn alle evangelischen Geistlichen vortrefflich? Daß sich Gott erbarme! Würden Sie so gehandelt haben, wenn ein Katholischer fungirt hätte?"

„Ja!" konnte ich getrost antworten.

„Sie werden doch nicht leugnen wollen, daß ein katholischer Priester mehr über seine Beichtkinder vermag und in einem höheren Grade das Vertrauen seiner Gemeinde besitzt, als ein evangelischer."

„Ich kenne viele evangelische Geistlichen, besonders in meinem Vaterlande, die im hohen Grade das Vertrauen ihrer Gemeinde besitzen, und wahre Väter derselben sind. Wenn die katholischen aber in der Regel sich mehr dessen erfreuen, so kommt dieß her vom Beichtstuhle."

„Eben vom Beichtstuhle; das finde ich aber vortrefflich. In der Privat=Beichte, die jeder gute katholische Christ alle Jahre halten muß, liegt eine adstringirende zusammenhaltende Kraft; dagegen in der allgemeinen Beichte, wie sie größtentheils bei uns ist, und wie die neuen Herrn Theologen sie wollen, etwas Laxes und Dissipirendes. In der katholischen Kirche ist Zusammenhang und Einheit; in der einen ist es ebenso wie in der anderen; man mag kommen, wohin man will, überall dasselbe. Bei uns ist der eine Prediger ein Supranaturalist, der andere ein Rationalist, der dritte ein Pietist, und wie die Isten alle weiter heißen. Ueberall anders."

„Es ist noch die Frage, worin die wahre Einheit der Kirche besteht. Einförmigkeit ist Letargie, Mannichfaltigkeit

Leben. Ganz unverkennbar sind unsere Geistlichen gebildeter."

„Desto schlimmer, wenn sie nicht zugleich moralisch gut sind. Eine Aufklärung, die nicht besser macht, ist nicht viel werth. Nein, nein, es ist bei uns noch lange nicht so, wie es sein müßte."

„Das muß ich leider zugeben. Aber es ist in der römisch-katholischen Kirche auch nicht so, wie es sein müßte; noch weniger, als in der protestantischen."

„Der Ausdruck: protestantisch; ist mir zuwider; wollen wir denn zu protestiren nie aufhören! Jeder protestirt, und will seine ungewaschenen Einfälle geltend machen. Darüber gerathen Tausende in Zweifel: Keiner weiß mehr, woran er ist. Die Kirche will und muß uns zur Gewißheit und zum Frieden bringen. Der Name Protestant ist bekanntlich nur historisch."

„Ja, Ihre Majestät! ursprünglich. Er ist aber auch stereotypisch dogmatisch geworden. Er bezeichnet richtig das Wesen und den Geist der Evangelischen Kirche, die nie aufhören darf und wird, gegen Alles, was der heiligen Schrift und der gesunden Vernunft und dem sittlichen Gefühl zuwider ist, zu protestiren."

„Das ist was Schönes! Also protestiren gegen jede Autorität?"

„Nicht gegen jede; nicht gegen die geoffenbarte göttliche; ihr gehorchen wir ehrfurchtsvoll. Aber wir protestiren gegen jede menschliche Autorität, wenn sie etwas verlangt, was der heiligen Schrift zuwider ist. Man muß Gott mehr gehorchen, als den Menschen."

„Weiß wohl! Aber solches Urtheil ist subjectiv. Diejenigen, welche die Autorität verwerfen, stellen oft dagegen ihre eigene hin; darum hat uns der Egoismus dahin gebracht, daß wir viele Autoritäten haben. Jeder folgt der seinigen. Daraus entsteht Confusion und Alles geht auseinander. Befindet sich äußerlich wohl nicht die katholische Kirche unter der Autorität des Papstes?"

„Wohl? auch die Denkenden, auch die wahrhaft Gläubigen, auch die Echtfrommen? Das möchte ich bezweifeln. Niemand, wie Gott, ist heilig; kein Mensch; ein Jeder hat seine Mängel und Gebrechen. Darum ist auch Keiner infallibel, Jeder sündiget, darum irret auch Jeder. Der Christ gehorchet Gott und dem Erlöser. Dem kann er auch Alles sagen; aber es ist dem Herzen und Gewissen zuwider, in Sachen der Religion Menschen, die hinfällig sind und sterben müssen, zu gehorchen."

„Aber die Kirche ist doch heilig?"

„Ja, wenn sie auf Gottes Wort gegründet ist, also auf die Heiligkeit der Wahrheit (in abstracto); und die ewige Wahrheit findet der Mensch (in concreto), wenn er sie liebt und im redlichen Streben nach der Heiligung sie sucht. Damit bestehet die Ehrfurcht und Achtung vor menschlicher, von Gott angeordneter Autorität vollkommen. Wir ehren Ew. Majestät als unsern rechtmäßigen, angestammten König; wir lieben Sie zugleich und können für Sie und unser Vaterland das Leben lassen, weil Sie auch gerecht und ein frommer Menschenfreund sind." *)

---

*) Wenn man aus diesen und ähnlichen Aeußerungen des Königs schließen wollte, es habe in Seinem Glauben eine Hinneigung zum Katolicismus gelegen, so würde man Ihn gänzlich mißverstehen, und Ihn, was ganz und gar nicht in Seiner Seele lag, einer versteckten Zweideutigkeit, die den Mantel nach dem Winde hängt, beschulbigen. Er schätzte und liebte nur das

Der Hochselige unvergeßliche Herr lächelte und entließ mich; im Weggehen sagte Er noch: „Grüßen Sie von

----

Gute und Wahre, was auch in der katholischen Kirche liegt,
und war als König den Bekennern derselben mit gleichem Wohlwollen zugethan, als denen der Evangelischen. Der Unterschied
der Confession galt bei Ihm, als Regent, nichts, wenngleich Er
die guten Teplitzer und ihre Nachbarn in der angenehmen Umgegend, und, erfreuet über den guten Erfolg, welchen die Einweihung des von Ihm gesetzten Denkmals zu Culm hatte, den
würdigen katholischen Pfarrer zu Arbesau vorzüglich liebte.
Aber als Christ war Er persönlich mit voller Seele und aus
Ueberzeugung ein orthodoxer Evangelischer Bekenner; Er schätzte
die Reformation, als die größte Wohlthat; Er kannte sie, ihre
Geschichte und ihr System vollkommen und speciell genau, und
ehrte und fühlte Seine hohe Würde, der Schutzherr der Evangelischen Kirche in Deutschland zu sein. Gleichwohl hatte sich
das Gerücht verbreitet und lange behauptet: der König von
Preußen sei ein heimlicher Katholik und würde mit Seinem ganzen Hause zur katholischen Kirche übergehen. Dieß
Gerücht erhielt Nahrung, als Er am Rhein die katholische
Kirche bischöflich wieder herstellte und reich dotirte. Man fand
auch in der eingeführten Liturgie eine geheime Hinneigung zum
katholischen Cultus, theils schon in solcher, vorzüglich aber
darum, weil Vieles in dieselbe aufgenommen war, was aus der
alten Zeit stammte, wo es noch keine römische Kirche gab, und
welches dieselbe beibehalten hat. Die Entdeckung: der König
sei katholisch geworden, war gemacht; das „Man sagt" wurde
wahrscheinlich, die Wahrscheinlichkeit Gewißheit; das Gerücht
war fertig und verbreitete sich nach allen Richtungen. Ein
mir befreundeter Mann hat, als Augen = und Ohrenzeuge, mir
erzählt, daß der Professor Krug, (den wegen seiner Vielschrei-
berei der gelehrte und geistreiche Professor Domherr Dr. Titt-
mann sehr naiv „Hans in allen Gassen" nannte) in Leipzig, in
einer großen, und gemischten Gesellschaft aufstehend, laut gesagt habe: „Meine Herren! ich theile ihnen eine traurige Neuig-
keit mit. Heute schreibt mir im Vertrauen mein Berliner Cor-
respondent, daß, was man schon lange gefürchtet, geschehen ist:

mir den wackeren katholischen Pfarrer zu Arbesau. Mit Ver=
gnügen sehe ich der von ihm herauszugebenden Einweihungs=
rede entgegen, und werde ich freudig mein Contingent geben."

Der König war gern in Teplitz. Das Bad, welches
Er brauchte, und der Brunnen, welchen Er trank, bekamen
Ihm wohl. Vom körperlichen Befinden hängt die Gemüths=
stimmung ab; es ist das Glas, durch welches man alle äu=
ßeren Gegenstände ansieht. Diese erscheinen heiter, wenn man
gesund, und trübe, wenn man krank ist; so ist es auch bei
festen Menschen. Nur findet sich der merkwürdige Unter=
schied, daß diese in ihren Grundsätzen still, ruhig und erge=
ben, Menschen aber ohne sie launenhaft, reizbar und ver=
drießlich sind, sobald Tage kommen, die nicht gefallen. In
Teplitz gefiel dem Könige Alles; die Wohnung, die Men=
schen, die Gegend, Alles sagte Ihm zu. Wenn Er mehrere
Wochen, oft 3, auch wohl 4, hier war, legte Er Alles ab,
was Ihm als Regent lästig und unbequem war, und wie=
wohl Ihn Alle kannten und wußten, wer Er war, so wollte
Er doch nicht als König gelten. Als solcher zeichnete Er
durch nichts sich aus; nicht durch Uniform und Degen, — Er
war in Seiner einfachen Civilbekleidung, wie in Seinem
ganzen Sein und Wesen, ein Gast unter den Gästen. So
war Er in Seinem wahren Esse und vergnügt in Seinem
Gott. Vor Tische, der noch frugaler und einfacher als sonst
war, ging Er gewöhnlich mit Seinem Freunde, dem Ober=
Kammerherrn Fürsten von Wittgenstein, in den sogenannten

„der König von Preußen ist ein Krypto=Katholik und wird
nächstens zur römischen Kirche übergehen. Sein Beichtvater,
der Bischof Eylert, ein verkappter Jesuit, hat schon längst die
Tonsur." Risum teneatis amici!

Fürstengarten. Es war eine wahre Freude, den stattlichen
Herrn die lange gerade Allee auf und ab behaglich wandern
zu sehen. Gewöhnlich war sie angefüllt und die Meisten,
welche wußten, daß Er da war, gingen hin, um Ihn zu se=
hen. Das wußte Er; aber es blähete Ihn nicht, auch be=
engte es Ihn nicht, Er erwiederte freundlich jeden Gruß,
sprach bald mit Diesem, bald mit Jenem, und liebte es im
Freien, mit Fremden, die Ihm vorgestellt wurden, zu gehen.
Wenn Er Allen gerecht geworden, suchte Er einsame Wege
in dem schönen Fürstlichen Garten auf, und man sah Ihn
oft an dem großen Teiche und in den an den Ufern sich
hinziehenden buschigten Gängen. Zuletzt vor Tische machte
Er einen weiteren Gang in's freie Feld und hatte Seine
Freude an den dort häufigen Rebhühnern und wilden Fa=
sanen. Mit heiterem Angesichte betrachtete Er diese fröh=
lichen Thierchen, stand stille, ging leise vorüber, störte sie nicht
und jagte sie nicht auf. Langsam und behaglich schlenderte
Er, als wenn Er da zu Hause wäre, durch die belebten
Straßen der heiteren Stadt; die Bürger derselben kannten
Ihn und grüßten Ihn zutraulich. Zur bestimmten Zeit war
Er wieder zu Hause, und in einer kleinen Gesellschaft aus
Seiner allernächsten Umgebung bei einem frugalen Mahle
sehr gesprächig und innerlich vergnügt. Nach Tische sah man
Ihn oft in süßer Muße wohlgemuth auf der Brücke, die
über den breiten Fahr= und Fußweg hochgeschlagen war
und Seine Wohnung (das sogenannte Fürstenhaus) mit der,
wo das Personal des Cabinets sich aufhielt, bequem verband.
Hier ging Er langsam auf und nieder; stand dann stille,
hatte Seine Freude an den Menschen, die von dem benach=
barten Steinau kamen, oder dahin gingen, und redete von
der Höhe herab auch wohl Bekannte an. Nachmittags ging

Er wieder, und bestieg entweder die sogenannte Schlacken-
burg, oder noch lieber den die ganze reizende Gegend beherr-
schenden hohen Schloßberg; Er suchte auf und stand gern
auf derselben Stelle, wo Er mit Seinem Bundesgenossen
und Freunde, dem Kaiser Alexander, in's Thal blickte und
der Schlacht zusah. Er rief das Andenken an die wichtige
Begebenheit mit ihren Einzelnheiten in die Seele zurück, —
und sah dann mit Augen des Dankes nach der Höhe von
Nollendorf, woher Kleist mit seinen Truppen kam. Von
dem auf dem Schloßberge wohnenden Ziegenhirten ließ Er
sich herumführen und hörte ihn, wiewohl Er Alles dahin
Gehörige schon wußte, ruhig an. Während der reich beschenkte beredte Hirt erzählte, sah der Herr nach den lüstern
fressenden Ziegen mit ihren hüpfenden Lämmern. Das weite
Schlachtfeld besah Er oft und genau, Er sprach zu dem
neben ihm sitzenden Adjutanten von Witzleben, oder zu dem
Obristen von Malakowsky, *) ungemein lebhaft und be-

---

*) Ein origineller, interessanter, von dem Könige sehr geliebter
Mann. Er hatte ein langes, pockennarbiges Gesicht und sah
immer aus, als wenn er mit seinen raschen Garde=Husaren
einhauen wollte. Er war voll steter Heiterkeit; sein Humor
mitunter geistreich; sein Witz überraschend treffend; seine Satyre schalkhaft; seine Erzählungsgabe vortrefflich, — sein Gemüth bieder. Er verstand es, mit dem Könige umzugehen, und
wußte Maß und Tact zu halten. Die Denkungsart und das
Eigenthümliche seiner ganzen Persönlichkeit war der Art, daß
man zurück von ihr auf die des hohen Herrn, der ihn gern
hatte und täglich bei sich sah, schließen konnte. Wenn Er an
Witzleben den denkenden Ernst liebte, so liebte Er an Malakowsky den vergnügten Geist. Oft zog Er ihn auf; aber da
der Geneckte dieß gleich merkte, so erwiederte er schnell mit einem
geistreichen Scherze und ließ nichts auf sich sitzen. Der Spaß

zeichnete die Felder, wo die Franzosen, die Russen, Oestrei=
cher und Preußen, standen und fochten. Viele näheren Um=
stände und Zwischenvorfälle gab Er an, wodurch Seine Re=
lation noch interessanter wurde. In Culm stieg Er aus;
verweilte auf der Stelle, wo der Französische General Van=
damme gefangen wurde, und wo das errichtete Denkmal
steht. Von diesem ging Er zu den später von dem Kaiser
von Oestreich und seinen Soldaten erbaueten großen, präch=
tigen historischen Monumenten, welche bewiesene Tapferkeit
verewigen. — Bei dieser Gelegenheit sprach Er gern und mit
wahrer Hochachtung von dem regierenden Landesherrn, sei=
ner Weisheit und Mäßigung. Er rühmte die Tactik und
den Heroismus der Oestreichischen Feldherren, die Bravour
der Generale, Offiziere und Soldaten, und lobte die Ein=
sicht und den Europäischen Ueberblick des Haus= und Staats=
Kanzlers Fürsten von Metternich, den Er Seinen Freund
nannte. „Auch darum," setzte Er hinzu, „ist mir hier so
wohl und bin ich hier im fremden Lande so gern, weil es

---

war immer der Art, daß Alle auflachten und sich köstlich amü=
sirten. Gerade dieß gefiel dem Könige, der mit darum ge=
wöhnlich so ernst blieb, weil alle Anderen feierlich und gehalten
waren. Malakowsky verstand es, in Alles Humor zu bringen
und Heiterkeit um sich zu verbreiten; aber solches ist eine
Gabe der Natur, die sich nicht nachmachen läßt, und nachge=
macht mißlingt, so daß die Pointe fehlt. Der Husaren=Obrist,
nachheriger General, wußte überall dieselbe zu treffen. Man
erzählt eine Menge lustiger Anecdoten, die zwischen ihm und
dem Könige vorfielen; und noch in Seinem Testamente ge=
dachte der Hochselige Herr seiner und setzte ihm ein Legat aus.
Er war ein edler Mensch, und gab, wiewohl er viele Kinder
hatte, sehr gern. Der treue Diener folgte bald seinem Herrn
in die Ewigkeit.

einem edlen Herrn angehört, mit dem und deſſen glorrei=
chen Hauſe und braver Nation ich befreundet bin. Oeſtreich
und Preußen ſind natürliche Alliirte; Beide, umſchlungen von
deutſchen Banden, verknüpft zu einem Zwecke, haben ein
und daſſelbe Intereſſe." *)

Den ſchönen offenen Weg nach Culm nahm oft der
König und lebte dann in großen Erinnerungen an eine un=
ruhige, gewaltige Zeit, und freute ſich der ruhigen und ihrer
Früchte. Nicht ſelten fuhr Er aber auch in einſame Gegenden
und nahm die Straße, die nach dem Erzgebirge hinführt.
Die benachbarten herrlichen blauen Berge winken und ſind
reich, auf Höhen und Thälern, an Naturſchönheiten aller Art.
Eine ſolche Einladung zu ihren ſtillen Genüſſen trug Friedrich
Wilhelm III. in Seiner Bruſt und Er folgte gern ihren
ſanften Zügen. Er kam durch geſegnete Dörfer und freuete
ſich der fruchtbaren Aecker und grünen Wieſen; Er liebte
es, mit Landleuten auf den Feldern und am Wege zu reden.
Die ſchlichten und geraden Bauern und Bäuerinnen ſprachen
offen und unbefangen, und ahneten es nicht, daß der freund=
liche einfache Herr der König von Preußen war. Wenn Er
Kinder zuſammen ſah, ließ Er halten, und warf unter ſie
eine Handvoll blanker neuer Thaler. Fröhlich ſprangen ſie,
und mit großen klaren Augen ſahen die Knaben und Mäd=
chen dem fremden Herrn nach, jauchzend ihren Müttern die
gewordene Freude zu verkünden. In reichen und armen
Klöſtern ſprach Er oft ein; redete mit dem Abte oder Guar=

---

*) Ich darf nicht noch daran erinnern, daß ich dieſe und ähnliche
Mittheilungen dem Augen= und Ohrenzeugen von Witzleben,
zum Theil aber auch dem Obriſten v. Malakowsky, verdanke.

dian; erkundigte sich nach ihrer Ordensregel; besah die Kirchen, die Er in allen Formen liebte und von deren Structur und Bauart, nach dem Geschmack der alten, mittleren und neuen Zeit, Er genaue technische Kenntnisse hatte; stellte sich vor die Fenster der Sääle hin und 'sah in's Weite. Gewöhnlich, wenn man es nicht schon wußte, wer Er sei, war Er unter einem fremden Namen da, und beschenkte die armen Klöster jedesmal reichlich. Aber Er stieg höher und höher, bis Er den Gipfel des vorliegenden Berges erreicht hatte. Angekommen, setzte Er sich dann hin und schauete in die offene, weite Aussicht, und freuete sich aller Herrlichkeit. Das liebliche Thal mit seinem reichen Inhalte, seinen Dörfern, einzelnen Häusern, seinen Hügeln, das Schlachtfeld von Culm, und das ihm liebe Teplitz, — Alles lag in mannigfacher Gruppirung vor Seinen sinnenden Blicken. Lange sah Er schweigend hin und fühlte sich, angehaucht von frischer, reiner Bergluft, wohl. Er liebte die Berge und war gern auf heiteren, weit in's Land hineinschauenden einsamen Höhen.

Uebrigens würde man irren, wenn man aus dieser Lebensweise auf Sinnen= und Vergnügungslust beim Könige schließen und glauben wollte, Er habe mit Nichtsthun im Müßiggange Seine Zeit zugebracht. Dieß war bei Seinem geregelten Leben, in welchem jede Stunde ihr angewiesenes Geschäft hatte, moralisch unmöglich. Nichts ist widriger an dem Menschen, und wenn er in einem noch so kleinen Wirkungskreise lebt, als das Herumgehen und Luleien; Mißmuth, Flachheit und Leere ist dann die unvermeidliche Folge. Ein guter Kopf und ein reiches Herz hält den Müßiggang nicht lange aus; er ist und wird unerträglicher als die schwerste Arbeit. Planmäßige nützliche Beschäftigung und geordnete

Thätigkeit ist die Seele des Lebens. Es giebt keine Erholung, als nach der Anstrengung; kein Ausruhen, als nach der
Arbeit. Sie war dem Könige zur andern Natur geworden;
Er war und blieb derselbe, wenn Er Seinen Ort veränderte;
etwas scheinen zu wollen, was Er nicht war, lag nicht in
Seinem Wesen; Er ging Seinen gewohnten Gang, Er
mochte sein, wo Er wollte. Sein Cabinet war mit dem
nöthigen Personal stets bei Ihm; die Mitglieder desselben
hatten stets vollauf zu thun. Alle Morgen hielt Er, nur
zu einer anderen Zeit, Seine gewöhnlichen Vortragstunden.
Alle Tage kamen Couriere, und Er las die neu eingegangenen
Vorstellungen, regierte Sein Land und leitete Seine auswärtigen und inneren wichtigen Angelegenheiten auch da, wo
Er nicht König war, und ließ nie die Zügel der Regierung
aus der Hand. Viele bedeutende Cabinetsordern sind von Teplitz
ausgegangen; es trägt Alles, was von daher kam, einen noch
milderen Charakter, und viele Pensionen sind daselbst bewilligt.
Der König war in einer ungemein heiteren Stimmung und
die Befreiung von allem lästigen Ceremoniell that Ihm wohl:
man sah es Ihm an, daß Er frei athmete. Er konnte alles
Einengende an einem Badeorte von sich thun. —

Auch die Sonntagsordnung, indem Er regelmäßig zur
Kirche ging, behielt der Vielbeschäftigte bei, und gewiß war Er
auch darum so heiter, weil er alle göttlichen und menschlichen
Gesetze ehrte und befolgte. Auf einer Reise nach Carlsbad
kam ich nach Teplitz und hielt mich daselbst zwei Tage auf.
Es war gerade Sonnabend, als ich, von der ländlichen Vorstadt Steinau, wo ich logirte, kommend und nach der Stadt
gehend, den König auf der vorhin erwähnten Brücke sah,
von welcher Er mir noch nachrief: „Werden wohl Morgen

zur Kirche gehen! Es predigt ein excellenter Geistlicher, der mich jedesmal erbaut hat." — Dieser predigte denn bei voller Kirche kurz und gut über die Verehrung Maria's, als Mutter des Heilandes. Er ging in seiner Betrachtung von der Würde und der Liebe einer frommen Mutter aus; bewies aus der heiligen Geschichte, daß Maria eine solche fromme Mutter gewesen; machte dann die Anwendung auf die Mütter seiner Zuhörer, und redete herzandringend vortrefflich von ihren Pflichten gegen sie, wenn sie noch lebten, oder wenn sie schon in der Ewigkeit seien. In vielen Augen sah ich Thränen der Rührung. Ich bewunderte den Mann, der bei einem angenehm natürlichen Vortrage ein reiches, fruchtbares Thema in so kurzer Rede von etwa 20 Minuten erschöpfend und gewandt zu behandeln wußte. Die schöne katholische Kirche liegt etwas höher, angenehm am großen Platze, in der Nähe des Fürstlichen von Clari'schen Schlosses. Der statt= liche König schritt, den runden Hut in der Hand, in Civil= kleidung, freundlich grüßend, durch die ehrerbietig dastehende Masse von Menschen, größtentheils Landleuten, und ging in den Fürstlichen Garten. Hier sagte Er zu mir: „Nicht wahr, der katholische Geistliche hat gut und praktisch ge= predigt? Ich höre ihn gern an jedem Sonntag; in seinen Reden kommt nichts vor, woran ein Evangelischer Anstoß nehmen könnte. Was mir vorzüglich gefällt, ist die gedrun= gene Kürze, bei der man andächtig bleiben kann. Der Mann sagt mit wenigen Worten viel, statt daß Andere mit vielen Worten wenig sagen." — „Was die Kürze der Predigten und überhaupt ihre Gestalt betrifft," sagte ich, „so hat unser Luther eine naive Vorschrift gegeben." „Wie heißt die?" fragte der König. „Sie lautet so: Tritt frisch auf; thu das Maul auf; hör bald auf." „Das ist charmant!", sagte Er,

„das will ich behalten; sagen Sie's noch mal!" Und ich
hörte oft, wenn von der Kürze der Predigten die Rede war,
den König seit dieser Zeit diesen Vers hersagen. Er berief
sich dann auf die Auctorität Luthers, mit dem Zusatze: „Der
hat es doch wohl gewußt!" *

---

*) Noch an dem nämlichen Tage, — es war im Monat Juni im
Jahre 1825, — reiste ich nach Tische etwas spät ab, um noch in
gutes Nachtquartier zu erreichen und des andern Tags bei guter
Zeit in Carlsbad zu sein. Es sei dem geschwätzigen Alten ver=
ziehen, wenn er hier einer, in psychologischer Hinsicht lehrreichen,
merkwürdigen Lebensrettung, wiewohl sie zunächst nicht hierher
gehört, gedenkt. Kaum war ich einige Stunden gefahren,
als ein über das Erzgebirge sich wälzendes, immer näher
rückendes, schweres Gewitter mich überfiel. Es wurde immer
dunkler und zuletzt ganz finster. Es donnerte und blitzte fürch=
terlich, so daß meine raschen Pferde scheu wurden und durch=
gingen. Da sie aber auf einen frisch gepflügten Acker kamen,
so ermüdeten sie bald, und der Kutscher, der sich auf dem Bocke
gehalten, bekam sie wieder in seine Gewalt. Wenn die Gegend
durch den Blitz erleuchtet wurde, sah ich mich nach einem Hause
um, wo ich einkehren konnte; entdeckte aber nichts. Ich ergab
mich, hielt unter dem erschrecklichen Gewitter und Platzregen
still, und dachte an Frau und Kinder zu Hause. Endlich sah
ich in weiter Entfernung ein bald fackelndes, bald verschwin=
dendes, dann aber wieder in der finstern Nacht zum Vorschein
kommendes Licht. Da müssen Menschen sein! — wir fuhren auf
Kreuz= und Querwegen also zu, und nach einer Stunde etwa,
es war Abends bald 9 Uhr, erreichten wir eine elende, armselige
Hütte. Wir waren froh, hier zu sein, und die Pferde wenigstens
unterstellen zu können. Wie ich unter Blitz und Donner ein=
trat, kam mir ein arm gekleideter Mann mit einem wilden
Gesicht entgegen, und auf die Frage: „ob ich mit meinem Fuhr=
werke bis das schwere Unwetter vorüber hier verweilen könne?
ich wolle es gern bezahlen!" antwortete der Kerl barsch: „Das
kann der Herr halten, wie er will," und sah mich an mit fatalen
Augen von oben bis unten. Ein halb gekleidetes Weib hatte

In Teplitz wohnen wenige, oder gar keine Evangelische Christen; aber Viele dieser Confession sind da zur Zeit der

—————————

zwei Kinder, eins auf dem Rücken in ein Tuch gebunden und das andere fast nackt auf dem Arme, in der Hand aber einen brennenden Kienspan, der von Zeit zu Zeit wieder erlosch. Dann war es Nacht in der Hütte, und ich sah bei dem Blitz in eine Ecke gekauert ein altes Weib mit einem glühenden Medusenblick. Inzwischen war der Kienspan wieder angezündet und loderte hoch auf. Auf die Frage: „ob das nicht gefährlich sei, und ob es nicht besser wäre, ein Licht anzustecken?" erfolgte ein höhnisches Lachen, mit dem Zusatze: „Ja Lichter! erst haben! bekümmere der Herr sich um seine Sachen!" Ich war also still; ging auf und ab, und sehnte mich fort. Noch unheimlicher wurde mir, als Männer und Frauen mit großen Packen, scheu sich umsehend, eintraten, und ihnen mehrere Juden mit Judasgesichtern folgten. Die kleine Stube war voll; das Gesindel sah mich an und redete heimlich miteinander. Es war mir nun nicht mehr zweifelhaft, wo ich war. Ich ging wieder nach den Pferden; mein alter ehrlicher Friedrich zitterte am ganzen Leibe und sagte mir ängstlich: „Zwei Kerle hätten soeben den Wagen umschlichen, hineingesehen und ihn betastet, und er hätte sie sagen hören: „Gewehre hat er nicht bei sich!" — O Herr, wir sind hier in eine Spitzbuben-Herberge gerathen; machen Sie, daß wir von hier fortkommen!" „Das geht in diesem Augenblicke nicht," antwortete ich leise; „es ist stockfinstere Nacht, wir kennen nicht Weg, nicht Steg. Wir sind in Gottes Hand; wir wollen beten, daß er uns behüte." Das Gewitter, welches sich verzogen zu haben schien, kehrte zurück; es donnerte, blitzte und regnete fürchterlich, und wie ich wieder in die Hütte zurückkehrte, kam ein so entsetzlicher, schmetternder Schlag, daß es war, als wenn Alles getroffen wäre und untergehen sollte. Erschreckt sanken Alle auf die Kniee und die Katholiken sagten unter vielem Schlagen an die Brust ihr Pater noster und ihr Ave maria, die Juden ihre Gebetsformeln nach ihrem Ritus her. Es war ein weinerliches, Mark und Bein durchbringendes, angstvolles Geschrei. Nicht dieser Nothruf ergriff mich; aber wohl der Anblick der hingestürzten Creaturen,

Babesaison. Es gehört mit zu den lehrreichen, psychologischen Erscheinungen, daß man oft vermißt, was man nicht

---

welche die Nähe und Allmacht ihres Schöpfers fühlten. Davon
gerührt, folgte ich dem innern Antriebe und verlangte Stille.
Diese trat ein, und ich sagte her und commentirte den 139sten
Psalm. Als ich zu der Stelle kam: „Spräche ich, Finsterniß
möge mich decken, so muß die Nacht auch Licht um mich sein,
denn auch Finsterniß nicht finster ist bei dir und die Nacht
leuchtet wie der Tag, Finsterniß ist wie das Licht," da fiel ein
Blitz und erhellte die finsteren Räume. Dieß machte einen so
tiefen Eindruck, daß Allen Furcht und Zittern ankam. Die
Knienden standen auf und küßten mir Einer nach dem Andern
die Hand; man sah mich schüchtern an, besonders die Weiber,
welche weinten; die Männer aber setzten ihre Hüte nicht wieder
auf. Inzwischen dämmerte zu meinem Troste der Morgen.
Als ich den Wirth fragte: was ich bezahlen müßte? (der Kutscher
hatte nur ein Glas Brantwein gehabt) wurden mir sechs Thaler abgefordert. „Sechs Thaler?" fragte ich in der Betonung
der Verwunderung. Und der Kerl antwortete mit entstellter
Geberde: „Was! ist das dem Herrn noch zu viel? Hätten Sie
nicht das gute Wort gesprochen, es wäre anders geworden;
oder?" — „Das ist etwas Anderes," fiel ich rasch ein, und
gab das Verlangte. Ich machte, daß ich aus der Spelunke
kam und fuhr fort. Jetzt sah ich erst, wie ich mich von der
Landstraße in Schluchten hinein verirrt hatte; als ich endlich
auf den rechten Weg kam, wurde mir wohl um's Herz. Das
Gewitter war vorüber, die Sonne ging prächtig auf, der
Sommermorgen war schön, und ich sang:

Als Angst und Noth sich mir genaht,
Da hörtest Du mein Flehn
Und ließt nach Deinem gnädgen Rath
Mich nicht darin vergehn.

Ich konnte nicht aufhören. Als ein frischer Morgenwind über
die wogenden Getreidefelder wehete, fiel ich ein:

Der kleinste Halm ist deiner Weisheit Spiegel,
Du Luft und Meer, ihr Auen, Thal und Hügel,
Ihr seid sein Loblied und sein Psalm!

hat, und gleichgültig gegen das ist, was man hat. Der Mensch zu Hause, in dem gewöhnlichen Geleise des Lebens

---

Die Erde und das Leben auf ihr hat seine Schatten=, aber auch seine Lichtseiten. Oft ist es ein Vorhof der Hölle und die Menschen sind Teufel; oft aber auch ein Vorhof des Him= mels und die Menschen sind Engel. Es ist billig, daß ich gegen eine unangeehme Erfahrung, eine entgegengesetzte, wohl= thuende, mittheile. Im Jahre 1829 reiste ich im Monat Junius auf den Rath meines Arztes nach Marienbad. Ich hatte den angenehmen Weg über Zeit genommen und wollte den Tag noch nach Hof. Als ich am Abend auf der Baier'schen Grenze in das Kirchdorf Doepen kam, wo ich meinen Paß vorzeigen mußte, sagte der Chaussee=Inspector: „Ich würde nicht rathen, noch nach Hof zu fahren. Da zieht ein schweres Gewitter auf. „Sie kommen mitten darein, sie sind heuer schlimm; Sie können hier im Dorfe, wo ein gutes Wirthshaus ist, bleiben!" Gern befolgte ich diesen guten Rath; die böse Gewitternacht im Erz= gebirge war mir noch im Andenken. Am Wege ging auf und ab ein stattlicher Herr. Kaum war ich in dem guten ländlichen Gasthofe eingerichtet, als ein herrschaftlicher Jäger kam, der Empfehlungen von seinem Herrn, dem hier auf seinem Ritter= gute wohnenden Baron von Heinitz, brachte: „er habe von dem Chaussee=Wärter gehört, ich werde die Nacht in Doepen bleiben; ich möchte doch den Abend bei ihm und seiner Familie zubringen!" Wiewohl ich davon Niemand kannte, so nahm ich doch dankbar die Einladung an, und wurde sehr gütig aufgenommen. Da von den Oberpräsidenten von Vincke und von Bassewitz, mit welchen Herr von Heinitz auf dem Pädagogium zu Halle ge= wesen, und vom Könige von Baiern und der Kronprinzessinn von Preußen die Rede war, so wurde die Unterhaltung bald lebhaft, und bei Tische zutraulich, so daß mir wie einem längst Bekannten um's Herz wurde. Als ich spät mich dankbar em= pfahl, reichte mir die liebenswürdige Frau von Heinitz den Arm; sie, Mann und Kinder, wollten mich begleiten bis zur Thür. Ich verstand natürlich darunter die Hausthür; der mit Kerzen vorangehende Bediente öffnete aber die Thür zu einem prächtigen Zimmer, in welchem mein Mantelsack lag und ein

und seiner alltäglichen Geschäfte, ist oft ein ganz Anderer in
der Fremde. Von andern Gegenständen und Menschen um=
geben, herausgerissen aus seiner gewohnten Lage und versetzt
in eine fremde Welt, wo Alles ganz anders ist, als daheim,
orientirt er sich, frei von Allem, was ihn, verschuldet oder un=
verschuldet, einengt und drückt, leichter, und sein Blick in's
Leben und seine Bedürfnisse wird unbefangener und richtiger.
Oft geht man indifferent an seiner Kirche vorüber und beachtet
die Prediger nicht, die an derselben stehen; man fühlt aber
ihren Werth, wenn man in einer Gemeinde lebt, die an=
derer Confession und uns fremd ist. So ist es gegangen
noch Allen, die in die Fremde, in der man keine Glaubens=
genossen und ihre Gemeinschaft nicht fand, verschlagen wurden.
Und gesetzt, Männer, Väter und Frauen, wären in diesem
Stücke kalt und abgestorben, so werden sie doch nicht wün=
schen können, daß es mit ihren Kindern ebenso sei und werde.
Die Unruhe und Leere, die sie mit sich herumtragen, läßt
sich nicht aus dem Sinn schlagen; sie kündigt sich wenigstens
in stillen, ernsten Stunden, die, man mag sie wollen oder
nicht, doch kommen, so an, daß man Stillung und Befrie=
bigung sucht. Genug, die Evangelischen, die jährlich nach
Teplitz kommen und gerade da waren, wandten sich mit ihren

---

bequemes Bett stand. „Hier," sagte die anmuthvolle Haus=
frau, „werden Sie wenigstens besser ausruhen." Am frühen
Morgen war die ganze liebenswürdige Familie schon in einer
Rosenlaube versammelt und ich frühstückte mit ihr. Von Ma=
rienbad schickte ich ihr ein Glas, mit der Inschrift: „Ich bin
ein Gast gewesen, und Ihr habt mich beherbergt."
Es sind jetzt 16 Jahr her, und ich weiß nicht, ob der Herr
und die Frau von Heinitz noch leben; aber das Andenken an
sie lebt fort in meinem Herzen. —

Wünschen, eine Evangelische Kirche mit ihrem Pfarrer daselbst für sich und ihre Glaubensgenossen als Eigenthum zu haben, an den anwesenden König von Preußen Friedrich Wilhelm III. Derselbe antwortete: „Die Herren gehen wahrscheinlich zu Hause Sonn= und Festtäglich zur Kirche, da sie eine für die wenigen Wochen ihres Aufenthaltes hier wünschen. Ist ein edles Bedürfniß, welches ich sehr ehre. Ich für meine Person gehe in die katholische Kirche, und erbaue mich an den guten christlichen Reden, die ihr Prediger hält. Ich wünsche, daß alle hier anwesenden Badegäste einer andern Confession dieß auch thun mögen. Uebrigens bin ich in Teplitz, und Gast, wie jeder Andere, und habe hier nichts zu befehlen. Der Landesherr, der in dieser Angelegenheit allein zu bestimmen hat, ist der Kaiser, ein vortrefflicher Herr an Denkungsart und Gesinnung. Ich kann mich für das Gesuch auch nicht verwenden, weil dadurch die ganze Sache eine Richtung er= hielte, in welcher es so aussieht, als wenn sie von mir aus= ginge. Der Antrag muß von denen selbst geschehen, von welchen er kommt, und wird er genehmigt, so werde ich nicht nur gern meinen Beitrag geben, sondern mich auch selbst, so oft ich hier bin, zu der evangelischen unirten Gemeinde halten."*)

Es offenbart sich auch in diesem Benehmen eine prak= tische Lebensweisheit. Sehr viele Verdrießlichkeiten und Un= ruhen, welche unsere Tage trüben, entspringen aus verletzten Collisionen. Diese werden aber immer verletzt, wenn man, was so bald und so leicht geschehen, das nähere und nächste

---

*) Nach eigenen mündlichen Mittheilungen von Ihm.

Recht des Andern nicht bedenkt, und sein eigenes, oft ent-
ferntes, wohl gar nur vermeintes, imponirend eindrängt.
Jeder Mensch ist in diesem Stück empfindlich und leicht auf
den Fuß getreten, und das unbefugte Einmischen in fremde
Angelegenheiten erträgt Keiner. Daher entspringen fast alle
Injurien, die, einmal ausgesprochen und zugefügt, Erbitterung
erzeugen und Menschen von Menschen immer weiter entfernen.
Die Unbefangenheit verliert sich; es verbreitet sich eine
drückende Atmosphäre, und die Luft, welche man in diesem
Dunstkreise einathmet, ist darum schwül, weil man Mißtrauen,
wohl gar die stille Brütung von Rache, fühlt. Darum soll
man sich nie in fremde Dinge mischen, und noch weniger in
ein anderes Amt eingreifen. König Friedrich Wilhelm III.
hatte auch in diesem Stück einen gesunden Blick und einen
richtigen Tact. Nie war Er hastig und zufahrend; in Allem
moderat, überlegsam und ruhig. Gern blieb Er stets innerhalb Seiner Grenzen, bewegte sich leicht auf Seiner Peripherie,
und ehrte die Rechte Anderer. „Wo Rechte sind, da sind auch
Pflichten," ist eine von Seinen immer wieder vorkommenden
Maximen. Nicht viel bewegtes und hochgestelltes Leben mag
es geben, welches so rein ist von Ungerechtigkeiten, als das
des Königs, und waren sie in irrigen Voraussetzungen begangen, so trieb Ihn, sobald Er dieß erkannt, eine innere Unruhe,
es wieder gut zu machen und den Verletzten mehr als zufrieden
zu stellen. Nichts Menschliches war Ihm fremd; aber um
das Fremde, was Seines Amts nicht war, bekümmerte Er
sich nicht. Er bewegte sich und blieb in Seinem Element,
und je freier von heterogenen Bestandtheilen, je reiner und
klarer es blieb, desto lieber war es Ihm. Der Diplomatik
ist Vorsicht, Klugheit, Verstellung und Mißtrauen eigen;
dieß scheint in ihrer Natur und Stellung zu liegen, und

umgarnt von einem mächtigen, hinterliſtigen Gegner, ſah Er
— der Redliche — ſich genöthigt, oft anders zu ſcheinen,
als Er dachte und war. Aber dazu taugte Er nicht; Er
überließ das Tergiverſiren, Simuliren und Laviren, dem Staats=
klugen. Als aber die Luft in Europa wieder klar und rein ge=
worden war, und drei hohe Herren an der Spitze der öffentli=
chen Angelegenheiten ſtanden, die alle drei mit der guten Sache
der Menſchheit es gleich ehrlich und rechtſchaffen meinten, da
ſchlug, des unnatürlichen Druckes müde, freier und leichter
das Herz. Unbefangen und offen ging Friedrich Wilhelm III.
durch alle Colliſionen; Er ſchlichtete ſie weiſe; Er erhielt,
bekannt mit dem Jammer des Krieges, den langen Frieden;
Er und Seine Redlichkeit hatte die allgemeine Meinung der
Welt für ſich; Seine Stimme galt; Sein gefeierter Name
hallte überall wieder; nie trübte ſich Sein Coalitions=Ver=
hältniß mit Rußland und Oeſterreich; die Erhaltung des
guten Einverſtändniſſes mit Seinen hohen Bundesgenoſſen
war Ihm über Alles wichtig und lag Ihm ſo warm am
Herzen, daß Er deſſen noch in Seinem Teſtamente gedenkt.
In dieſem Bewußtſein und der innern Ruhe, die es mit ſich
führte, war Ihm wohl; — heiter konnte Er zurück, um ſich
und vorwärts blicken, und Er kam bei Seinem Aufenthalte
in Teplitz vorzüglich zu dieſem Genuſſe.

Er war auch darum gern dort, weil Er wußte, daß
man Ihm gut war, und Ihm überall, wo Er auch hintreten
mochte, die erquickende Luft der Liebe entgegen kam. Man
merkt dieß ſehr bald; das Gefühl ſagt es. Liebe erweckt
Gegenliebe; es liegt in dieſer Wechſelwirkung die magnetiſche
Kraft der Sympathie. Freilich wirkte hier der Eigennutz;
aber wo wirkt er nicht? wo liegt er nicht im, wenn auch
verſteckten, Hintergrunde? Der regelmäßige Beſuch des Kö=

nigs von Preußen; Sein alljähriges Wiederkommen; Sein
öffentliches Erscheinen; Sein Besuch der häufig frequentirten
Oerter, des Schauspiels, der Concerte und Bälle; Seine
Theilnahme an dem sonntäglichen Gottesdienste, — lockte Viele,
in und außer dem Lande, nach Teplitz; alle Einwohner und
Hausbesitzer hatten davon Nutzen, und der Badeort sah es
als Ruhm und Ehre an, daß ein König alle Jahre hinkam
und dort sich gefiel. Die ganze Gegend sah Ihn als ihren
vorzüglichen Erretter an, besonders nach dem Culmer=Siege,
und auf dem Wege dahin, hatte man, zum Andenken daran,
ein Denkmal errichtet. Dieß gefiel zwar dem Könige nicht,
da die Oestreicher und Russen ebenso viel als die Preußen
zum glorreichen Ausgange der Schlacht beigetragen und mit=
gewirkt hatten, und Alles, was Seine Person hervorhob,
Ihn mehr in Verlegenheit setzte, als erfreuete; *) aber es
war damit kein Geräusch, welches Er nicht leiden konnte,
verbunden, und Er ehrte und verstand den guten Willen.
In Teplitz, selbst in einer seiner Vorstädte, hat Er eine Ba=
deanstalt für gichtkranke Preußische Soldaten, die abwechselnd,
bald kürzere, bald längere Zeit, in derselben auf Königliche
Kosten von Aerzten behandelt und gepflegt werden, errichtet,
und Er ging von Zeit zu Zeit hin, sich selbst nach den Pa=
tienten zu erkundigen und redete mit ihnen. Mit vollen
Händen gab Er den Armen der Stadt und ihrer Umgebung,
auch den Nothleidenden aus höheren Ständen; Er bewilligte
Vorschüsse, die Er nicht wieder bekam, und auch nicht haben
wollte; kein Tag verging, an dem Er nicht Vorstellungen

---

*) Dieß Denkmal hat der König, wie man sagt, bei der Nacht
heimlich wegnehmen lassen.

und Bitten erhielt, und Er gab immer; Viele, sehr Viele, waren nach Teplitz gekommen, um Seine Hülfe in Anspruch zu nehmen, und fanden sie; nie ermüdete Er, und oft fragte Er Seinen Kämmerier: „Haben wir noch Geld?" *) und wenn drei oder vier Wochen um waren, an denen der hoch= selige Herr, mäßig und frugal in allen Dingen, am Wenig=

---

*) Der Geheime Kämmerier Timm sagte mir, daß er 100,000 Tha= ler in Golde mit nach Teplitz nehmen müsse, und in der Regel von dieser Summe nichts wieder mitbrächte; in Zeit von 3 bis 4 Wochen wären sie rein, größtentheils an Hülfsbedürftige, ausgegeben. Einmal habe er zum Könige gesagt: „Der und der Mann hatte bekommen, gleich darauf seine Frau auch, die sich aber einen fremden Namen gegeben;" der König habe aber kurz geantwortet: „Schlimm für die Leute selbst, wenn sie mich hintergangen haben; dann wird das Geld ihnen keinen Segen bringen; thut mir leid für sie!" Der König war nicht ver= schwenderisch, vielmehr sparsam; aber Er war sparsam, um geben zu können. Und dabei sehr gewissenhaft. Einst hatte der würdige und fromme Bischof D. Dräseke in der Kapelle des König= lichen Palais gepredigt. Nach der Predigt sprach der König mit ihm, und erkundigte sich nach seinem Kirchsprengel. Der Bi= schof sprach auch von einem rechtschaffenen Geistlichen, der, schlecht besoldet, nun vollends durch vieles Unglück, welches ihn und seine Familie betroffen, verarmt sei; die Noth sei groß; ob demselben das Geld gegeben werden dürfe, welches beim Ausgange aus der Kapelle auf einem ausgestellten Teller ge= sammelt sei? Der König willigte sehr gern ein. Als aber der Bischof kaum weggegangen war, wurde er zurückgerufen, und der König sagte: „Mir ist soeben eingefallen, daß das in dem Becken gesammelte Geld jedesmal die Armen der Domgemeinde erhalten; ich darf es also nicht verschenken, gehört nicht mir, die müssen es haben; sind Almosen, über die bereits bestimmt ist; der brave Mann soll aber dadurch nicht leiden; ich werde Ihnen durch den Kämmerier ein Geschenk einhändigen lassen!" und der erfreute Bischof erhielt für den von ihm empfohlenen armen Geistlichen ein größeres Königliches Geschenk.

ften für Seine Person brauchte, war eine große Summe
ausgegeben. Er gab aber flugs, und „Der giebt doppelt, wer
schnell giebt": Er gab aber gern, und „einen fröhlichen Geber
hat Gott lieb;" Er gab, ohne sich etwas damit zu wissen,
denn „Seine linke Hand merkte nicht, was die rechte that".
Er gab ohne moralische Anmerkungen und so, daß das An=
nehmen nicht schwer, sondern leicht wurde. Der liebe Herr,
— man mußte Ihn lieb gewinnen! Er blieb anspruchlos,
schlicht und einfach. Je mehr und still Er Gutes wirkte,
je reicher Sein Leben an Werken in Gott gethan wurde,
desto bemüthiger ging Er einher.

Die Teplitzer sahen Ihn deßhalb nicht allein darum
gern unter sich, weil sie von Seiner Anwesenheit Vortheil
hatten und Er jedesmal eine große Geldsumme in Circu=
lation setzte, sie hatten Ihn auch persönlich lieb; sie sprachen
viel von Ihm, ehe Er kam und wenn Er da war. Sie
sahen Ihn, da Er alle Jahre wieder kam, als einen stehenden
Gast an, der zu ihnen gehörte. Das Fremde und Befrem=
dende, wenn ein König kommt, hörte auf, Er wurde dort
einheimisch, als wenn Er dort zu Hause gewesen wäre. Er,
Königlich in Seinem ganzen Wesen, war dann kein König,
sondern ein Gast unter den Gästen, ein Bürger unter Bür=
gern. Das wußte, das fühlte, das sah man Ihm an. Er
war leutselig in Allem, was um Ihn und an Ihm war.
Ueberall begegneten Ihm gute, freundliche Blicke, von Seinem
permanenten Hauswirthe und dem Bademeister an, bis auf
jeden Einwohner, der Seiner ansichtig wurde. Wenn man
Ihn kommen sah und Er vorüber ging, eilten Väter und
Mütter mit ihren Kindern an die Hausthür, von Ihm einen
Gegengruß zu bekommen, und man sah Ihm nach. Alle
Herzen schlugen Ihm entgegen. Die Kinder liefen vor Ihm

nicht weg, sondern standen still, hörten zu spielen auf, und blickten Ihn offen und treuherzig an. Mehr als die Erwachsenen haben die Kleinen, wenn sie gesund, fröhlich und noch unverdorben sind, ein richtiges physiognomisches Gefühl, in welchem sie sich, sie wissen nicht warum, abgestoßen oder angezogen fühlen. Es ist dieß ein Zeugniß, das ein selten trügender innerer Impuls lebendig ausstellt, und es ist immer ein gutes Zeichen, wenn unschuldige Kinder gern und von selbst an Jemand heranspringen, und dieser kindlich mit ihnen umzugehen weiß. Eine innere Stimme rief sie zu Friedrich Wilhelm hin; sie fühlten, daß der ihr Mann sei. Einen Haufen froher, größtentheils auswärtiger, mit ihren Eltern anwesender Knaben, die sich balgten, fand Er in der sogenannten Fasanerie. Er stand still, sah sie an, und freuete sich ihrer. Einen von ihnen, der Ihm besonders wohlgefiel, und dem Er in's offene, lebensfrohe Gesicht sah, fragte Er: „Wie heißt du, und wer ist dein Vater?" „H..r!" antwortete das Kind. „Was ist der? „Pastor zu W — g und Seminar-Director." „Da hast du einen würdigen Vater; ich kenne ihn; hat mich in der Stadt und Schloßkirche herumgeführt. Grüß ihn von mir und sage ihm, daß er nun auch Superintendent sei." (Die Ernennung war soeben in Teplitz geschehen). Konnte diese Nachricht dem Vater angenehmer mitgetheilt werden, als durch seinen kleinen lieben Sohn? Und sie kam vom Könige selbst. Er war ein Menschen- und Kinderfreund; darin mag es mit liegen, daß alle Frauen und Mütter Ihm so ergeben waren; man kann den Weg zu ihrem Herzen sich nicht sicherer bahnen, als durch Liebe zu ihren Kindern, und wer die Kinderwelt liebt und von ihr geliebt wird, der führt ein frisches, sich immer verjüngendes, gemüthliches und patriarchalisches Leben.

Von der Verehrung und Anhänglichkeit, die der König
in Teplitz fand, hatte Schreiber dieses selbst einen komischen
und zugleich rührenden Beweis. Bei seinem kurzen Aufent=
halte daselbst und seiner Durchreise nach Carlsbad wünschte
er noch ein kühles Bad zu nehmen. Der Bademeister in
Steinau konnte ihm aber keins geben, weil alle um diese
Zeit (es war noch nicht 5 Uhr des Morgens) besetzt und be=
stellt waren. Es lag mir aber daran, gerade in dieser
Stunde eins zu bekommen. Ich bot also, in Hoffnung, da=
durch zum Zweck zu kommen, das Doppelte des festgesetzten
Preises; der Bademeister beharrte aber hartnäckig bei seiner
Weigerung, und setzte endlich, dieselbe zu verstärken, hinzu:
„Sie bekommen jetzt kein Bad um 5 Uhr, und wenn Sie
der Bischof von Rom wären." Lakonisch antwortete ich:
„Zwar bin ich nicht der Bischof von Rom; aber doch der
Bischof von Potsdam." Der Mann sah mich an mit großen
Augen. „Na, wirklich?" sagte er, und nahm die Mütze ehr=
erbietig ab. „Sie stehen also in Diensten Seiner Majestät
des Königs von Preußen und sind Sein Unterthan?" — „So
ist es!" „Das ändert die Sache; Sie sollen sogleich ein
Bad, und zwar das beste haben; der Andere, für den es be=
stimmt ist, kann warten." Ich wollte das nun nicht annehmen,
aber der vorhin kalte und abgemessene Bademeister war jetzt
freundlich und in mich dringend, mit dem Zusatze: „er würde
das schon entschuldigen." Indem er mich in das Zimmer
führte, sagte er: „Für den König von Preußen habe ich
Alles über. Der ist ein Herr wie ein Kind. Ich sage
Ihnen, Er ist eine Seele von Mann. Noch gestern ging
Er vorbei, gar nicht stolz; Er grüßte vielmehr sehr leut=
selig. Ein guter und mächtiger Herr, das muß ich sagen!"
Die Meinung des ehrlichen Bademeisters zu Steinau

war die allgemeine. Wo man hinhörte, vernahm man dasselbe Urtheil über den König, in allen Classen und Ständen, bis herab zu den Geringsten, — das Urtheil blieb sich gleich. Er war ein Mensch unter Menschen (homo ad hominem), und da Er das ganz in der Ordnung fand, und sich so hingab, wie Er war, so suchte Er darin Nichts; Alles an Ihm war natürlich. Die meisten Menschen, besonders die aus den höheren Ständen, nehmen ihre Geburt, ihren Rang und Reichthum mit sich; Friedrich Wilhelm III. ließ aber den König zu Hause. Täglich fühlte Er den Druck der Krone und die Last der Regierung; wenn Er einige Wochen in's Freie trat, that Er von sich Alles, was Ihn einengte. Das Rein = Menschliche trat dann in Ihm hervor; Er folgte gern diesem Zuge und dachte sich die Menschen alle so, wie sie sein sollten. Zwar lag bei einer der praktischen Vernunft untergeordneten Phantasie keine idealische Träumerei in Ihm; wohl aber ein mildes, wohlwollendes Herz. Ihm war wohl, wenn Er der Stimme desselben folgen konnte, und Er folgte ihr, wo Er keine Rücksichten fand und ungehindert handeln konnte. Es grenzt fast an das Unglaubliche, wie weit Er darin ging; oft weiter, als der wohldenkende Privatmann; aber Er fand Genuß darinn, ein Privatmann zu sein.

Auf dem Wege nach Dresden, hinter Großenhayn, kommt man an ein Chausseehaus, welches einen Spring hat, der kaltes, klares, vorzügliches Wasser sprudelnd giebt. Hier pflegte der König immer zu halten und ein Glas zu trinken. Die jedesmal reich beschenkte Frau, ein altes gutmüthiges Mütterchen, war, festlich angezogen, jedesmal mit einem auf blankem, in Blumen stehenden Teller frisch geschöpften Glase perlenden Wassers am Wagen des Königs, um Ihm solches, unter Versicherung ihrer Freude und Theilnahme, zu reichen. „Es geschieht," sagte sie dießmal unter Thränen, „heute zum Letztenmale; mein Mann ist von der Sächsischen Regierung eine halbe Stunde von hier auf eine andere Chaussee versetzt und des Weges kommen, wenn Ew. Majestät nach Teplitz reisen, Sie nicht; auch ist daselbst kein so gutes Wasser." „Sein Sie darum nicht traurig, gute Mutter," sagte theilnehmend der König; „wer weiß, ob wir uns nicht wiedersehen;" — und der König fuhr alle Jahre, so oft Er nach Teplitz reiste, eine halbe Stunde weiter, um die alte Frau zu sehen und zu beschenken. *) So hoch schätzte Er, selbst gutmüthig, reine Gutmüthigkeit. **)

---

*) Nach der Mittheilung eines Sächsischen Predigers.

**) Auch in Paretz, Seinem lieben Landgute, war Er so und konnte Er so sein. Der Ortsprediger erzählte mir, als Augen- und Ohrenzeuge, folgende Begebenheit. Einst sah Er einen etwa 8jährigen Knaben, den Sohn eines Schäfers, mit Namen Friedrich Belz, der seit seinem dritten Jahre allmählig in Folge von Scrofeln lahm an Händen und besonders an Füßen geworden war. Er bot den bekümmerten Eltern an, daß wenn sie ihr Kind einer ärztlichen Behandlung und nöthigenfalls einer Operation unterwerfen wollten, Er Alles bezahlen wolle; sie möchten sich bedenken. Sie nahmen es an, und der Knabe war über ein halbes Jahr den geschicktesten Aerzten Berlin's anvertraut, die besonders durch Sehnendurchschnitte zu helfen suchten, — allein vergeblich. Das Uebel wurde schlimmer und hat später noch zugenommen. Als der König im folgenden Jahre denselben Weg durch's Dorf machte, stand Er vor der Wohnung des Knaben still, ließ sich denselben vorführen, und als seine Mutter, schmerzlich bewegt, den Verlauf der Sache erzählte, sagte Er mit herzlicher Theilnahme: „Denen, die Gott lieben, müssen alle Dinge zum Besten dienen. Wir

In Berlin und Potsdam war Er es weniger, wenigstens nicht allein, und Er konnte und durfte es nicht in der

---

haben es gut gemeint, aber der Herr hat es anders beschlossen."

Eben auf solchem Gange redete Er die Ehefrau des eme-
ritirten alten Schullehrers Spilling an, eines Greises von damals 80 Jahren, die vor der Hausthür spinnend saß. Der
König fragte: „Wie geht's dem alten Manne, seitdem er sich
zur Ruhe gesetzt hat?" „Ganz wohl," antwortete die Frau,
„dem fehlt nichts, als ein Sessel zum Ausruhen." Und schon
am andern Morgen brachte ein Königlicher Packwagen aus
Potsdam dem gerührten Greise einen bequemen Lehnstuhl mit,
auf dem er noch heute mit dankerfülltem Herzen ausruht.

Die Bauernknaben des Dorfes hatten auch vom Könige
eine Landwehruniform erhalten, und spielten oft zu ihrer und
der Zuschauer Belustigung Soldaten; sie besaßen kleine Gewehre, Kanonen und Fahnen. Bei einem solchen Spiele hatten sie sich veruneinigt und ein widerspänstiger, vierschrötiger
Bauernjunge war von einem jungen vornehmen Herrn, der com-
mandirte, tüchtig durchgeprügelt worden. Von seiner Ueberlegenheit macht er aus Ehrfurcht keinen Gebrauch, und schweigt;
endlich aber verläßt ihn die Geduld, — er sieht den König in der
Entfernung durch das Gebüsch, läuft auf Ihn zu und spricht:
„Herr König, der Herr von N. hat mich so geschlagen, daß
mir alle Glieder wehe thun." „Das ist nicht recht," antwortet der hohe Herr; „ich habe das Prügeln verboten und abge-
schafft. Subordination muß sein; aber ihr spielet ja nur! Warum, du bist stark und stämmig, läßt du dir das gefallen?
Wenn du einmal ein tüchtiger Landwehrmann werden willst,
so mußt du keine feige Memme sein." Der Knabe läuft um,
stellt sich wieder in Reih und Glied, und als er nochmals geschlagen wird, wehrt er sich, und nun kehrt sich die Scene um.
Der König sagt aber zum Cadetten: „Merke dir das für's
ganze Leben und mißhandle nie den gemeinen Mann. Er ist
so gut Mensch, wie wir Menschen sind."

Außer solchen Soldatenspielen fanden zu Paretz im Freien
noch andere Spiele und Tänze, Verkleidungen und Vorstellungen mancherlei Art statt, woran vorzüglich die Prinzen und

Regierung sein, wenn die Liebe nicht als Schwäche erscheinen sollte; und schwach war Er nie, Er blieb vielmehr mo=

der Hofstaat in ungezwungener Heiterkeit Theil nahmen. Aus der ganzen Umgegend strömten natürlich viele Menschen als Zuschauer herbei: denn der König gönnte gern Anderen ein Vergnügen. Unter den Zusehenden befand sich einst der vorhin erwähnte lahme Knabe aus Paretz, der, auf seine Krücken gestützt, auch etwas sehen wollte von all' der Herrlichkeit. Aber immer versperrte die wogende Menge ihm die Aussicht und er war in Gefahr, umgestoßen und beschädigt zu werden. Niemand achtet seiner in der allgemeinen Freude und er wollte schon betrübt zurückweichen. Aber des Königs Auge hatte ihn bemerkt und Sein Herz die Bekümmerniß des Unglücklichen mitempfunden. Sogleich sandte Er einen Königlichen Jäger, ließ den armen Knaben holen und auf den erhöheten Stufen bequem bei sich niedersetzen. Der König stand nachher auf, wie bei kommender Abenddämmerung das Spiel aus war, und ging allein; Er nahm den stillen Weg, den Er zuletzt mit Seiner Luise gegangen, und dachte wehmüthig ernst der Abgeschiedenen.

Ein solches zartes Wohlwollen gegen alle Menschen, besonders gegen Leidende und Unglückliche, war nicht Wallungen und Impulse in flüchtigen vorübergehenden Augenblicken sondern fester Charakter, dauernde Stimmung, Pulsschlag und Athem, — so handelte Er immer. Einst fuhr Er bei dem Predigerhause zu G. vorbei. Es gefiel Ihm hier in stiller, ländlicher Abgeschiedenheit, und Er nahm, hier ausruhend, auf dem Sopha des Predigers D. vor der Hausthür Platz. Des andern Tages schickte Er einen neuen eleganten Sopha, mit sechs Stühlen und einem Tische. Gern kehrte Er bei Predigern ein. Man kannte im Volke Seine Herzensgüte, erzählte davon eine Menge Anecdoten und nannte Ihn darum allgemein „den Guten". Es fielen in dieser Beziehung manche komische Dinge vor. Einst gingen zwei Berliner Frauen aus der unteren Klasse zusammen bei der Anatomie vorbei, in welchem großen Gebäude damals die Singakademie ihr Local hätte, und dieselbe sang in ihren Singübungen gerade so laut, daß man es auf

ralisch fest bis an Sein Ende. Liebe hielt Er mit Recht für den höchsten Grad menschlicher Veredlung; diese erreichen aber nur Wenige. Alle, die noch nicht auf der hohen Stufe ihrer stillen Kraft und ihrer milden Herrschaft stehen, verstehen sie und ihren Geist nicht, sie würde also hier nicht angebracht sein, vielmehr gemißbraucht werden. Zwar fühlen Alle ihre Wohlthaten und die Güte derselben, und preisen denjenigen, von welchem sie ausgeht; aber man würde sich sehr irren, wenn man glaubte und hoffte, sie dadurch zu gewinnen. Dauernd gewinnen für das Gute kann man nur die Guten. Diejenigen, welche es noch nicht sind, haben zwar auch Momente, in welchen sie den hohen Werth der Humanität fühlen; aber es sind nur Wallungen, die bald wieder verschwinden, und das eingewurzelte, zur andern Natur gewordene Böse kehrt bald wieder zurück. Gerechtigkeit gehört Allen an und Jeder, auch der Geringste, kann sie verlangen; aber Güte gebührt allein Solchen, die sie zu schätzen und zu gebrauchen wissen; doch muß diese bei jener stets durchschimmern, so daß Jeder siehet und fühlet, man habe es mit einem wohlwollenden Herrn zu thun. Bei Weitem die meisten Menschen wollen nach dem strengen Gesetze, durch die Furcht vor seiner Strafe, behandelt und gehandhabt sein. Die schöne Idee, Alles durch Liebe zu gewinnen, gehört in die Platonische Republik; ist aber unausführbar in einer Welt, wie sie wirklich ist, wo Viele zwar

---

der Straße hören konnte. Die eine Frau fragt die andere: „Was ist das hier für ein großes Haus?" „Weeß sie det nicht, Frau Gevatterinn? Det ist die Antomie." „Wat is det, die Antomie?" „Da schneiden sie den Leuten die Leiber auf." „Barmherziger Gott, hört mal, wat sie schreien; wenn det der jute König wüßte!"

essen und trinken, aber nicht angestrengt arbeiten wollen. Die consequent ernsten Väter haben die besten Kinder und die strengen Herren die gehorsamsten Diener. Die Gottseligkeit ist eine schöne, milde Frucht der Gottesfurcht. Friedrich der Große war, wie seine entschiedene Liebe für die Wissenschaften, sein Hang zur Natur und zu seinem stillen Sans souci; seine Lust an Musik, vorzüglich an den Adagios seiner Flöte, seine Zuneigung zu Thieren; seine Milde für treue Diener; seine treue Freundschaft; seine liebevolle Anhänglichkeit an seine Schwester — sattsam beweisen, von Natur milde und seiner herrschenden Gemüthsstimmung nach wohlwollend und gütig. Aber als König war er hart und streng, aus Princip, besonders gegen seine Minister, denen er das Meiste anvertraut hatte, und er nannte sie auch: „Er" und „Ihr". Gegen alle Beamten, die er Tintenkleckser hieß, war er fixirend und unerbittlich, — gegen den gemeinen Mann aber, den Bürger, den Bauer, und seine Soldaten, zutraulich, gesprächig und leutselig. Friedrich Wilhelm III. hatte zwar ein anderes Gemüth, das von Natur weicher war, wie Er denn überhaupt von ganz anderen Kräften beseelt war: aber Sein Regierungsprincip, modificirt und gefärbt von der Zeit, in welcher Er lebte und wirkte, war ernst legal. Keinesweges erschien Er bei'm ersten Auftreten gefällig und zuvorkommend, vielmehr kalt, zurückhaltend und mißtrauisch. Seine Haltung war gerade und imponirend, Sein ganzes Wesen knapp, Seine Sprache kurz, Sein Benehmen abfertigend, so daß man Ihn für dictatorisch hielt, und da, wo man Ihn nicht kannte, Ihn verkannte. Wenn Er etwas Ihm Mißfälliges sah und hörte, konnte Er sehr heftig werden, und Viele haben Ihn so gesehen. Sein „Dahinterfassen", wie Er es nannte, war dann so, daß Alle, die es traf, sich fürchteten. Es lag etwas in Ihm und in Seiner ganzen Persönlichkeit, das in ehrerbietiger Entfernung hielt, bis man Sein Vertrauen gewonnen hatte. Er kannte die Menschen und wußte, wie sie genommen werden mußten; wiewohl nicht zu läugnen ist, daß Sein Mißtrauen Viele entfernt hat. Das ist zwar zu beklagen; aber schlimmer wäre es gewesen, wenn Seine Güte Schwäche gewesen wäre, die in Mißbräuchen Ihn hintergangen hätte. Und täuschen ließ Er sich nicht, wenigstens in Seiner Umgebung nicht, und selbstgemachte Erfahrung galt Ihm über Alles. An den Maßstab des Wirklichen hielt Er Alles, was ausführbar war; was nicht, durchschaute Er bald, und Sein praktischer Blick war sicher und fest. Einst war von Hamburg und seiner Verfassung die Rede. Es wurde gerühmt, daß kein Bürger in seinen jährlichen Abgaben nach seinem Gewinn und Vermögen taxirt und Keinem eine bestimmte Summe, die er zu entrichten habe, vorgeschrieben, Jedem vielmehr nach seinem Bürgereide und nach seinem Gewissen es überlassen würde, nach seinen Umständen frei und ehrlich zu geben, was er für seine Person für recht und für das Wohl des Ganzen ersprießlich halte. Dieß öffentliche Vertrauen erwecke Vertrauen, Pflicht- und Ehrliebe. Man handele nicht dem zuwider und die öffentliche gute Meinung, die man von Jedem habe, sei im Verkehr und an der Börse für den Credit so wichtig, daß man um Alles in der Welt nicht dem vortheilhaften Rufe einen unrechtmäßigen Vortheil und der Lüge aufopfere. Der Zweck würde also erreicht, ohne Controlen, Register und Listen, die nicht nur in der Besoldung vieler Beamten Alles kostspielig und schwerfällig machen, sondern eine Gezwungenheit, und mit derselben Mißtrauen, Hinterlist und Betrug herbeiführen. Der König

antwortete: „Vortrefflich! ich kenne das. Iſt aber nur
thunlich und ausführbar in einer durch einen mächtigen, in's
Weltmeer fließenden Strom begünſtigten merkantiliſchen Republik. In derſelben iſt der Vortheil des Einen der Nutzen
des Anderen. Durch denſelben hängt Alles, von oben
herab und von unten herauf, zuſammen, und die Theile
bilden ein geſundes, lebendiges, cohaerirendes Ganzes. Es
iſt eine ſchöne Sache um das öffentliche Gewiſſen, und habe
dafür allen Reſpect; auch hat Hamburg vortreffliche, kluge
Männer und eine reſpectable Bürgerſchaft; ich wollte, ich
könnte mal incognito daſein. Aber ſein Abgabenſyſtem läßt
ſich auf uns nicht anwenden; in einer großen Monarchie iſt
Alles ganz anders, als in einer kleinen merkantiliſchen Republik, die nur wenige Meilen im Umfange und nur einen
Centralpunkt hat. Berlin iſt nicht der Mittelpunkt der
Preußiſchen Monarchie; jede Provinz hat ihren eigenen, und
das Enſemble iſt kein Handelſtaat, wenigſtens haben wir
keinen Welthandel, wie Hamburg. Auf das Gewiſſen von
Millionen ſich zu verlaſſen und darauf zu bauen, iſt eine
bedenkliche Sache, und Controlen ſind leider nöthig; die Herren von der Feder mögen es aber wohl damit übertreiben! Man
rühmt jetzt den deutſchen Zollverband, und ich habe dadurch die
Einheit Deutſchland's mit wollen befördern helfen, wiewohl
meine Staatskaſſen davon bis jetzt Schaden haben. Ob aber
in Hamburg j e d e r Einwohner für das allgemeine Beſte
jährlich frei und ehrlich das giebt, was er geben kann und
ſoll? — ich will es glauben, aber ich habe es nicht zu un-
terſuchen. Bei der Unvollkommenheit aller menſchlichen Dinge
mag es wohl auch kein Eldorado ſein." *)

---

*) Dieſe Unterredung und die Aeußerung des Königs fiel in Teplitz vor.

Man muß gestehen, daß der gewöhnliche Ernst des Kö=
nigs eine oft starke Beimischung von Finsterem hatte, und
dann an's Verdrießliche grenzte; aber dieß machte Seine
bald wiederkehrende Güte um so angenehmer, und diese war
nie ohne Würde. Gerade diese glückliche Mischung in Sei=
ner Stimmung erfüllte auf der einen Seite mit Ehrfurcht, auf
der andern mit Vertrauen, zwar nicht diejenigen, welche Ihn
nur selten sahen und hörten, besonders dann, wenn Er ironisch
und satyrisch war. Dieß war Er aber sehr oft; zwar immer
in der Schattirung feiner und gewandter Formen, aber desto
schlimmer für den, dem es galt. Man wußte dann nicht
recht, wie man mit Ihm daran war; Widerspruch reizte
Ihn; man schwieg still und fürchtete Ihn, — aber mehr, als
nöthig war, wie Alle wissen, die durch öfteren Umgang Ihn
genauer kannten. Gutmüthigkeit schimmerte immer durch
und kehrte stets zurück, wenn sie ihr Element fand. Wo Er
dasselbe sah, bewegte Er am Liebsten sich darin und Er
konnte dann nicht nur Derbheiten vertragen, sondern Er
freute sich und lachte selbst darüber. *)
 In Teplitz, wo Er Alles entfernt hatte, was Ihm Sor=

---

*) Man weiß viele Vorfälle der Art aus Seinem Leben, unter
    andern folgende Scene. Der König konnte es nicht leiden,
    wenn auf Reisen Sein Gefolge vor Ihm war, weil dann, frü=
    her als Er auf einer Station, wo die Pferde gewechselt wur=
    den, angekommen, die Menschen zusammenliefen und Spectakel
    machten, was Ihm unangenehm war; Er war darum gern
    voraus und überraschte, wo Er dann, wenn Er sich nicht auf=
    halten wollte, schneller reiste; Sein Gefolge mußte deßhalb
    nach Ihm eine Stunde später abfahren. Zu Seinem Erstaunen
    sieht Er dennoch die Wagen desselben, die Er hinter sich glaubte,
    schon vor dem Posthause zu Crossen, wo Er eben ankam, halten.

gen und Verdrießlichkeiten machen konnte, und wo man
möglichst alles Unangenehme von Ihm abhielt, war Er fort=
während in einer guten milden, ruhigen Stimmung. Nur
in einer solchen sahen und kannten Ihn die Teplitzer, und
sie freuten sich Seiner gesegneten Gegenwart. Gewöhnlich
läßt man den besten Menschen erst dann volle Gerechtigkeit
widerfahren, wenn man sie nicht mehr hat; oft verkennt
man sie, thut ihnen unrecht, kränkt und beleidigt sie, hat
gegen sie Vorurtheile, ihre Feinde und Gegner erdichten
Fehler und Vergehungen, — ihre Schwächen und Unvollkom=
menheiten hebt man hervor und schwärzt sie an, und Jeder,
auch der Beste, erfährt Nackenschläge. Niemand hat eine
lange Reihe von Jahren dieß mehr erfahren, als Friedrich

Ungehalten, fragt Er: „wie das zugehe?" Der Ihn im Wagen
begleitende Adjutant Witzleben bemüht sich, es damit zu ent=
schuldigen, daß jene Wagen wohl einen Richtweg gefahren sein
möchten. „Dummes Zeug! kann auch den Richtweg fahren,
brauche nicht hinterher zu klappern." Der Adjutant erkundigt
sich näher, und hört nun, daß jene Wagen einen Wiesen=Weg
eingeschlagen, der aber zu unsicher gewesen sei, um den König
darüber zu führen. Der König beruhigt sich aber damit nicht,
fährt vielmehr fort, zu knittern und zu brummen. In diesem
Augenblicke hat der Postknecht das Schmieren der Räder am
Wagen des Königs, (in dem Er sitzen geblieben war), vollen=
det, und um den unzufriedenen Herrn zu beruhigen, erhebt er
sich von seiner Arbeit, und sagt, zwar ungeschickt, aber bieder=
herzig, zum Könige: „Geben Ihre Majestät sich doch zufrieden;
wat hilft det ville Reden; et jung doch eenmal nich anders!"
Im ersten Augenblicke war der König betreten über solche un=
gebührliche Keckheit; im nächsten aber wandte Er sich lächelnd
gegen den Adjutanten, und sagte im heitersten Tone: „Nun
wissen wir mit Einemmale ganz deutlich, woran wir sind!"
und setzte in heiterer Stimmung Seine Reise fort.

Wilhelm III., und Er hat im Unglück, namentlich in den Jahren 1806—1813, eine Periode gehabt, wo die öffentliche Meinung gegen Ihn war. Aber dieselbe erklärte sich dann um so mehr für Ihn, nicht bloß in Seinem Reiche, bei Seinen Unterthanen, sondern auch im Auslande, besonders seit der Stiftung des deutschen Zollverbandes. Er stand auf der Höhe der Ehre und des Ruhmes, als Er alle Jahre nach Teplitz kam; wie sehr aber das Glück und seine Gaben unser Urtheil leiten und bestimmen, weiß Jeder; Keiner widersteht seinem stillen, aber mächtigen, zauberischen Einflusse. Wer mit 6 Pferden angefahren kommt, zieht die allgemeine Aufmerksamkeit auf sich; und derselbe Mann, der in diesem Aufzuge ehrerbietig begrüßt und von gefälligen Dienern umgeben war, wird nicht beachtet, wenn er schlicht und einfach zu Fuße einhergehet. So ist die Welt, die das Ihrige lieb hat; sie kann nicht anders!

Der König liebte in Seinem wahren und einfachen Charakter es nicht, Geräusch und Aufsehen zu machen; still zog Er ein, still lebte Er, still ging Er einher. Man schätzte und ehrte Ihn um so höher, je Königlicher Er in Seiner Gesinnung und Handlungsweise war; von dieser schloß man thatsächlich auf die Würde Seines Charakters, und Sein äußerer Werth galt um so mehr, je gehaltreicher Sein innerer war. Die Verehrung und Anhänglichkeit wuchs mit jedem Jahre. So war es, so blieb es, bis an Sein Ende. Fünf und zwanzig mal *) war Er, größtentheils hintereinander, da gewesen, und in 25 Jahren lernt

---

*) Der Verfasser hat genau nachgezählt; er kann sich aber in dieser Zahl irren, und zu viel oder zu wenig angegeben haben.

man schon den, der einen offenen und geraden Charakter hat, auch wenn er ein König ist, kennen. Er war da gewesen, und hatte, ohne daß Er's suchte, Alles erfreut. Nun kam Er nicht wieder; Er war zu den Vätern gegangen, und diese Nachricht erfüllte ganz Teplitz mit Thränen. Man vermißte, man beweinte Ihn, und viele Stimmen von denen, welchen Er im Stillen Gutes gethan, wurden jetzt laut. Es war, als wenn der berühmte Badeort seinen Glanz verloren hätte, nun Er nicht mehr hinkam. Viele berühmte, in der Geschichte glänzende Männer waren in dem unvergleichlichen Badeorte gewesen, aber von hohen Herren Keiner, der ihn so treu geliebt und so innig geliebt wurde, als Friedrich Wilhelm III. Sein Bild, Seine Gestalt stand Jedem vor Augen; man nannte Seinen theuren Namen mit Rührung. Dieß Gefühl, welches Alle im Herzen trugen, ging in Gesinnung, und die Gesinnung in That über. Die Bewohner der Stadt und des Landes errichteten unter Zuströmen des Volkes mit frommer Feierlichkeit, Andacht und Liebe, auf einer angemessenen Stelle an Seinem Geburtstage, den 3ten August 1841, Ihm ein ansprechendes Denkmal. Ein Genius hat eine Siegerkrone in der Hand, segensreich und schirmend; auf der Vorderseite des Epitaphiums ist das Brustbild des Königs in vergoldetem Erz. Die Hauptseite trägt in goldenen Buchstaben die Inschrift:

Honori et memoriae
Friedrici Wilhelmi III.
regis borussorum
grata Teplitz dedicavit
1841. *)

*) Die Errichtung dieses Denkmals, wofür sich ganz Teplitz und

Der Kaiser von Rußland, Alexander I., war gestorben;
im Anfange des Jahres 1835, wurde nun auch zu seinem

---

das Königreich Böhmen interessirte, fand bei dem Wiener Hof
und dem Kaiser Ferdinand vollen und reinen Anklang; besonders zeigte sich dabei thätig und theilnehmend der Haus- und
Staatskanzler, der edle Fürst von Metternich. Und so ist und
bleibt in ewigen Zeiten dieß Denkmal, errichtet in einem fremden Lande, ein stiller und beredter Zeuge, nicht nur in einer
dankbaren Stadt und Umgegend, sondern auch der treuen und
aufrichtigen Bundesgenossenschaft zwischen Oestreich und Preußen.

Ein würdiges Denkmal zum Gedächtniß Friedrich Wilhelm III. will und wird (1846) die Stadt Potsdam errichten.
Hier ward Er (nicht im Schlosse, sondern in einem Privathause) geboren. Als ein guter Sohn liebte Er Seine Vaterstadt und wuchs in ihrer Stille auf. Als Kronprinz war Er
hier gern und hatte in ihren angenehmen Gärten, in dem Ihm
lieben, zutraulichen Paretz, den Frühling Seiner ehelichen
glücklichen Liebe verlebt und die ersten süßen Vaterfreuden genossen. Theure Erinnerungen wurden und blieben in Seinem
Herzen wach, — Er hatte Potsdam lieb! Der Stadt that
Er in Seiner langen Regierung, wo Er konnte, Gutes. Er
half ihr durch Verlegung zweier ansehnlichen Landescollegien
aus dem bevölkerten Berlin; Er vermehrte das Militair, Seine
schönen Garden, und bauete ihnen Casernen; Er unterstützte
und beschenkte reichlich die Gelehrten-, Gymnasial- und Bür-
gerschulen; Er stiftete neue, Er verbesserte alle Institute; Er re-
parirte alte, Er baute neue große, prächtige Häuser. Den Armen-
Anstalten ließ Er alle Jahre, wie bei erfreulichen Ereignissen
im Vaterlande und in Seiner Familie, große Wohlthaten zu-
fließen und unterstützte täglich die Nothleidenden, besonders die
verschämten Hausarmen. Man sah Ihn oft allein im Ueber-
rock und in der Feldmütze die stillen entlegenen Straßen auf-
und abgehen; Jeder kannte Ihn und überall begegneten Ihm
dankbare, frohe Gesichter. An Sonn- und Festtagen besuchte Er die Kirche, und Er kam daher mit Seinen Kindern
wie die Andern. Er fuhr mit Seiner Familie in einem ge-

Bätern versammelt und bei seinen hohen Ahnherren in Kaiserlicher Gruft beigesetzt der Kaiser von Oestreich, Franz I. —

wöhnlichen Korbwagen und besuchte gern die nächste Umgegend
und ihre Bewohner. Er lebte still und verborgen, und nur
an den weisen Einrichtungen, die Er traf, und den großen
Wohlthaten, die Er verbreitete, merkte man, daß Er ein König war. Er war bemüthig und gottesfürchtig, und nie verließ Ihn das Bewußtsein, daß Er Alles nur von der Gnade
Gottes habe. Er sah Jeden an mit Seinem edlen, offenen
Königlichen Angesichte, und Jedem ward wohl bei Seinem Anblicke. Nie ist ein König, als solcher, und als Mensch,
wahrer und herzlicher von allen Volksklassen, reich und arm,
jung und alt, geliebt worden, als Er. Kein Wunder, daß
der Gedanke, Ihm ein angemessenes Denkmal zu errichten, allgemeinen Beifall fand; — kaum war er öffentlich ausgesprochen, als Jedermann eilte, seinen Beitrag zu geben. Die Maßregeln, die man getroffen, um die nöthige ansehnliche Summe
zu decken, erschienen gleich als unnöthig: so stark war die an-
bringende Theilnahme. Selbst Knechte und Mägde brachten
freudig ihr Schärflein. Mein verstorbener Kutscher, Ferdinand
Klein, Sohn eines redlichen Bauern aus Pommern (der, als
endlich der Befreiungskrieg losbrach, selbst mit 5 Söhnen
kämpfte, von denen nur 2 mit ihm aus dem siegreichen Kriege
wiederkehrten) wollte seinen monatlichen Lohn von 13 Thalern
ganz zu dem Denkmal hingeben. Als ich ihm das seine Kräfte und
Verpflichtungen Uebersteigende widerrieth, sagte er mit Thränen im Auge: „Für den alten Herrn habe ich Alles über; ich
kann einen Monat trocken Brod essen. Nie werde ich vergessen, wie Er leutselig war, wenn Er bei uns die Front der
Garde vorüberging, uns ansah und sagte: Guten Tag, Cameraden!" Ein Monument, welches Liebe und Dankbarkeit errichten, hat wahren, innern Werth; es lebt und spricht in der
Gesinnung, der es sein Dasein verdankt. Anfangs war beschlossen, daß der Hochselige, schlicht und einfach wie Er war,
und am Liebsten unter uns wandelte, wie wir Ihn am Oefter-
sten gesehen haben, in Seinem zugeknöpften Ueberrocke, mit der
Landwehrmütze in der Hand, dargestellt würde. Dieß wurde

Ein merkwürdiger Herr; verehrungswürdig durch seine hohe
Stellung; merkwürdig durch seine Schicksale; liebenswürdig

---

aber nachher nicht für gut, sondern für angemessener gefunden,
Ihn als König, mit den Königlichen Insignien, Krone und
Scepter, in Uniform abzubilden. Als Ort der Aufrichtung
schlug ich vor den Raum vor der Hof= und Garnisonkirche,
weil der Boden hier fest, der Platz groß genug, aber nicht zu
groß ist, um von den umstehenden Häusern nicht gedrückt zu
werden und dadurch klein zu scheinen; um die Rückseite besser
zu verdecken, und weil die Kirche dem Gottesfürchtigen ein
lieber Ort war, den Er gern besuchte; das Ganze in dieser
Umgebung sei auch im Geiste und Sinne des Verewigten. Die=
ser Vorschlag wurde aber nicht angenommen, sondern der präch=
tige, in der Mitte der Stadt liegende große Wilhelmsplatz ge=
wählt und das Centrum desselben schon den 3ten August 1844
durch eine religiöse Feierlichkeit eingeweiht und der Grund=
stein zum hohen Standbilde gelegt, welches den König, stehend
in Lebensgröße, darstellen wird. Die wirkliche Aufstellung wird
erfolgen, sobald das Werk fertig sein wird. Der Künstler,
welcher es aus feinem reinen Marmor verfertiget, ist der be=
rühmte Bildhauer der meisterhaften Amazonengruppe, der Pro=
fessor Kiß. Als Einschrift habe ich vorgeschlagen:
„Die dankbare Vaterstadt dem Vater des Vater=
landes, König Friedrich Wilhelm III."
Die Theilnahme des jetzt regierenden Königs Majestät,
Friedrich Wilhelm IV., hat sich wieder hier in ihrer ganzen
Pietät offen an den Tag gelegt.
Die wackere Bürgerschaft der guten Stadt Potsdam hat
auch in dieser Angelegenheit nur von guten, lobenswerthen Sei=
ten sich gezeigt. Sie thut und verrichtet Alles für das allge=
meine Beste, ohne Eitelkeit und Geräusch. Die Städte=Ord=
nung hat Leben, Geist und Thätigkeit in sie gebracht. Sie ist
ihrem angestammten Könige und Seinem Hause unerschütterlich
treu und anhänglich dankbar. Sie ist kirchlich gesinnt und
in ihren braven gebildeten Familien herrscht viel häusliches
Glück. Sie ist friedfertig, thätig und lebensfroh; in ihrer
Mitte läßt sich gut leben. Nie war Potsdam wohlhabender

durch seinen Charakter, intereſſant durch ſeine Perſönlichkeit. Wiewohl ſein ſchwacher, zarter Körperbau ein **nicht** langes Leben verſprach, ſo wußte man doch, wie mäßig und **nach der** Regel er lebte. Er hatte viele Stürme feſt beſtanden, und mit ſeinen getreuen Unterthanen hoffte Europa ſeine lange Erhaltung. Sein Tod kam darum der Verehrung und Liebe, die man allgemein für ihn fühlte, viel zu früh. Er wurde aufrichtig betrauert und es ſind viele Thränen um ihn geweint worden. Man dachte daran, wie einſichtsvoll er regiert, wie redlich mit der guten Sache und jedem Menſchen er es ge- meint; ſein hohes geweihetes Beiſpiel, das er im Unglück und Glück gegeben, ſtand verklärt vor Augen und man ſah ihm mit Wehmuth nach. Niemand empfand im Auslande den Verluſt, welchen die Welt erlitten, tiefer und aufrichtiger, als Friedrich Wilhelm III. Er liebte Kaiſer Franz I. per- ſönlich; Er hatte Vertrauen zu ihm, und Vertrauen iſt bei jeder Verbindung, auch der diplomatiſch=politiſchen, Haupt- ſache, und Grund eines dauerhaften Beſtehens. Die ge- ſchloſſene Alliance war nicht bloß durch Umſtände der da- maligen Zeit gegen einen gemeinſchaftlichen ehrgeizigen feind- ſeligen Gegner, der Alles klein und ſich nur groß machen wollte, durch Klugheit herbeigeführt, ſie war auch eine natur- gemäße und ruhete, als eine feſte Grundlage, auf gemein-

---

und bevölkerter, als unter Friedrich Wilhelm III. und IV. Die Nähe von dem großen prächtigen Berlin, iſt freilich ange- nehm; ſchadet, weil Berlin einen feſtern Markt und mehr Auswahl hat, Potsbam aber auch, vorzüglich allen Gewerbetreibenden, mehr noch wie ſonſt, ſeit der Zeit, daß man auf der Eiſen- bahn in drei viertel Stunde hinkommen kann. So hat Alles zwei Seiten, ein jedes commodum auch ſein incommodum; ſo liegt es in unſerer beſten Welt.

schaftlichem Deutschen Interesse. Sie war, wie in den vereinig=
ten Nationen, so in den Oberhäuptern derselben, noch mehr als
eine politische, sie war auch eine moralische Vereinigung, deren
zusammenhaltende Bande unauflöslich und ewig sind; sie war
Sympathie, Einigung der Herzen, und diese ist stärker, als
der trennende Unterschied der äußeren Confession. Das Innere
derselben liegt in einer ganz anderen Gegend, als die ist,
welche die Hierarchie der Kirche abgrenzt; sie steht über der=
selben und hat ihre Lebenswurzeln in einem reinen Boden,
der von Himmelsluft angehaucht und befruchtet wird. Beide,
der Kaiser und der König, fanden und erkannten und liebten
sich als Menschen, und als solche verknüpft, hatte ihr Bund
seine volle Bedeutung und Würde. Ihre beiderseitige Wahr=
heit und Wahrhaftigkeit, ihre gemeinschaftliche Redlichkeit
und Biederkeit, ihre edle Einfalt und Mäßigkeit und Mäßi=
gung, ihr ganzes Sein und Wesen, bezeichnete eine geistige
Verwandtschaft, in welcher Einer den Andern wiederfand.
Das vorige Mißtrauen, welches beide Häuser, das Oestreich'sche
und Preußische, voneinander scheu entfernt hielt, und die
feindselige Spannung, welche aus alten längst entflohenen
Zeiten stammte, war verschwunden in der aufrichtigen Freund=
schaft, die Beide füreinander hegten. Dem Könige war
solche so wichtig, daß Er ihrer noch in Seinem letzten
Willen gedenkt, und den Wunsch ausspricht: „Daß Preußen,
Rußland und Oestreich sich nie trennen mögen; ihr Zu=
sammenhalten ist der Schlußstein der großen Europäischen
Alliance."

Dieses Testament schrieb Er den 1sten December 1827,
also 13 Jahre vor Seinem, 8 Jahre vor dem Tode Franz I.
Die Verbindung mit ihm und seinen Staaten hielt Er —

nicht aus Schwäche der Furcht, die Er nicht kannte, sondern aus voller Ueberzeugung, daß in ihr die Wohlfahrt des Ganzen ruhe, wie ein Palladium desselben fest; Er vermied mit großer Vorsicht Alles, was sie schwächen, Er that Alles, was sie befestigen konnte. Nun, selbst alt, stand Er isolirt da, verlassen durch den bittern Tod Seiner treuen Bundesgenossen, mit denen Er im Schweiße Seines Angesichts den Kampf der Freiheit über den gemeinschaftlichen mächtigen Gegner siegreich gekämpft hatte. So wie Er den frühen Tod Seines Bundesgenossen und Freundes Alexander beweint hatte, beweinte Er jetzt den Hingang des Kaisers Franz. Die Nachricht davon erschütterte Ihn; der heilige Bund, den Er mit Beiden geschlossen, war nun, wenn auch nicht in der Sache, doch in den Personen, aufgelöst; Er allein war noch übrig geblieben; Er war, Seiner Natur nach wenn ein tiefer Schmerz Ihn drückte, still, und sprach nicht, als Er in der Kirche das nun von Cypressen umschattete brüderliche Trifolium sinnend betrachtete. Das Königliche Haus trauerte mit Ihm nicht bloß äußerlich, sondern auch innerlich von Herzen.

Aber auch die Preußische Nation theilte diesen Schmerz. Sie ehrte die Verbindung mit dem Kaiser von Oestreich und liebte den Heimgegangenen. Die Erzählungen von seinem populairen Edelmuthe lebten überall und waren von Munde zu Munde gegangen; sie erhielten eine verstärkte Bedeutung, nun er nicht mehr war. Die Armee hatte größtentheils auf dem Heereszuge gegen Frankreich und in Paris ihn gesehen und liebgewonnen. Die Soldaten sangen mit den Oestreich'schen auf ihren Märschen das Nationallied: „Gott segne Franz, den Kaiser," und die Nachricht von seinem erfolgten Tode betrübte sie. Die Schauspiele waren geschlossen, öffentliche Vergnügungen eingestellt, und die ganze Preußische Armee legte Trauer an.

In derselben aber fühlte den erlittenen Verlust vorzüglich das Grenadier=Regiment Kaiser Franz, welches den glorreichen Namen des verewigten Monarchen trägt und in ihm seinen erhabenen Chef verehrt. Den ausgesprochenen Wunsch, zu Ehren des Vollendeten eine kirchliche Gedächtnißfeier zu halten, erfüllte der König, ganz in der Uebereinstimmung mit den Bedürfnissen und Empfindungen Seines Herzens.

Zu dem Ende rückte das Kaiser Franz Grenadier=Regiment von Berlin in Potsdam (den 14. März 1835) still ein. Am Morgen des andern Tages stellte es sich mit seinen in Trauerflor gehüllten Fahnen und Trommeln in dem Lustgarten auf; alle Militair=Musik schwieg, und still ging es, dem Könige vorbei, in die Hof= und Garnisonkirche. Ebendahin verfügten sich der König, der Kronprinz, die Kronprinzessinn, und sämmtliche Prinzen und Prinzessinnen des Königlichen Hauses; eine große Anzahl von Generalen, höheren Offizieren und höheren Civilbeamten. Insbesondere hatte sich auch die hohe Kaiserlich Oestreich'sche Gesandtschaft eingefunden, um an der heiligen Feier Theil zu nehmen. Den noch übrigen Theil in der Kirche füllten Personen aus allen Ständen und an den Seiten des schwarzbekleideten Altars standen die Träger der in Trauerflor gehüllten Fahnen des Regiments. Das Ganze machte einen imponirenden Eindruck; Jeder fühlte die Bedeutung der frommen Trauerfeier, und es herrschte in ihr die Stille der Wehmuth.

Der Gottesdienst begann mit Absingung einiger Verse aus dem Liede: „Jesus meine Zuversicht.“ Der Hofprediger Grißon hielt die zum Gedächtniß der Verstorbenen bestimmte

Liturgie, und den dadurch erzeugten frommen Eindruck suchte nachstehende Rede zu beleben:

Jesaias 57, Vers 2.

„Die richtig vor sich gewandelt haben, kommen zum Frieden und ruhen in ihren Kammern."

„Lebhaft und mit erneuertem Schmerz ruft diese ernste, wehmuthsvolle Stunde die ganz ähnliche in unser Herz zurück, die uns an diesem heiligen Orte vor nun bald zehn Jahren zur frommen Gedächtnißfeier des früh vollendeten Kaisers von Rußland, Alexanders I., versammelte. Wie damals, so bringen wir heute, auf Veranlassung unsers gnädigen Königs und Herrn, die stillen Opfer der Ehrfurcht, der Dankbarkeit und Trauer, dem Gedächtniß des nach Gottes Willen nun schon von seinem großen Tagewerke abgerufenen Kaisers von Oestreich, Franz I."

„Alexander — und Franz! vollwichtige Namen in der Geschichte unserer Zeit; Namen, an die sich die Erinnerungen großer, unsterblicher Thaten knüpfen; Namen, welche die späteste Nachwelt noch mit Verehrung und Dank nennen wird. Miteinander auf's Innigste durch gleiche Gesinnungen und Zwecke verbunden, bewahrt diese Kirche ein einfaches, schönes Denkmal, auf welchem wir die Stifter des großen geheiligten Bundes in dieser Vereinigung erblicken, zur Erinnerung an jene ernste, große, entscheidende Zeit, die sie und ihre treu verbundenen tapferen Heere mit ihren Kämpfen, Siegen und Segnungen herbeiführten."

„Was kann ansprechender, rührender und erhebender sein, als wenn von diesem so hochwichtigen Bunde der Dritte, unser König und Herr, das hohe Gedächtniß Seiner beiden erhabenen, nun vollendeten Bundesgenossen, wie früher des Ersten, so jetzt des Zweiten, in Gegenwart des Regiments,

das seinen verherrlichten Namen trägt, gottesdienstlich ge=
feiert wissen will, und Selbst mit Seinem Hause an dieser
Feier Theil nimmt."

„O! wir fühlen es, diese Stunde ist eine große, bedeu=
tungsvolle Stunde in unserem Leben, und wir wünschen uns
Allen dazu die rechte Stimmung. Das göttliche, belebende
Wort wird sie uns geben; denn kann man den verewigten Kai=
ser von Oestreich mit einem Zuge richtiger und vollständiger
bezeichnen, als wenn man mit unserem Texte von ihm sagt:
„Er hat richtig vor sich gewandelt?"

„Er hat richtig vor sich gewandelt, er ist gekommen zum
Frieden und ruhet in seiner Kammer."

„Und damit ist uns denn der Inhalt zur Feier seines
Gedächtnisses gegeben; sie soll sein:

eine fromme,

eine ehrende,

eine dankbare Feier."

„Eine fromme. Der wahren Verehrung, der auf=
richtigen Liebe ist es, besonders wenn sie trauert, tiefgefühltes
Bedürfniß, nach allem langen irdischen hin und her Reden
über den erlittenen Verlust da Trost und Beruhigung zu
suchen, wo sie allein dauernd zu finden ist, bei und in Gott,
in festem Glauben an den Erlöser. — Der Tod eines mäch=
tigen Herrn, dem ein großes, vielumfassendes Reich anver=
traut war, und der mit Ernst, Gerechtigkeit und Liebe re=
gierte, ist eine tiefe und weiteingreifende Begebenheit, die nicht
ohne große Folgen bleiben kann."

„Es lassen sich namentlich in einer so aufgeregten und
bewegten Zeit, wie die unsrige, dabei unzählige Fragen und
Zweifel aufwerfen, wo der Eine den Andern mit Einwürfen
überbietet. In solchem Wechsel, in solcher Verschiedenheit

schwankender menschlicher Ansichten und Meinungen, wo Jeder die seinigen geltend machen will, liegt weder Belehrung, noch Trost, und man kann nicht Theil daran nehmen, ohne an Ruhe zu verlieren."

„Denn was sind alle Urtheile, Schlüsse und Berechnungen kurzsichtiger, ohnmächtiger Menschen vor dem Ewigen, der Vergangenheit, Gegenwart und Zukunft mit Einem Blicke überschauet, mit unbeschränkter Macht die Welt regiert, über alle Kräfte im Himmel und auf Erden gebietet, und sie segnend und zerstörend lenkt, wie er will?!"

„Darum haben Christen ganz andere Gesichtspunkte und Maßstabe. Ihnen sind alle Veränderungen in der Welt, besonders so großartige, in ihren verborgenen Ursachen und Zwecken, die kein menschlicher Verstand zu durchschauen vermag, Fügungen, Schickungen einer höheren, unsichtbaren, Alles leitenden Hand. Das untrügliche Wort Gottes, die bestimmte Lehre des Erlösers, läßt sie darüber nicht in Ungewißheit, und benimmt ihnen alle Zweifel. Sie wissen: Der Menschen-Leben stehet in Gottes Hand; Er nur allein hat Gewalt über Leben und Tod. Einem Jeden ist ein Ziel gesetzt, das er nicht überschreitet, und wie der Tag der Geburt, so ist die Stunde des Todes von der höchsten Weisheit unabänderlich angeordnet. Gottes Vaterstimme ist es, die edle, fromme Fürsten abfordert, daß wenn die vergängliche Krone ihrem Haupte entsinkt, sie die unvergängliche empfangen."

„Wie trostvoll und beruhigend ist das milde Licht, welches damit auf unsere fromme Gedächtnißfeier fällt! Wir klagen und trauern mit dem erhabenen Kaiserhause und dem ihm angehörigen Staate, daß sein geheiligtes Oberhaupt, dem

Verehrung, Dankbarkeit und Liebe das längste und glücklichste Leben wünschte, jetzt schon in die Nacht des Todes sich geneigt hat, und die Thränen von Millionen fließen an seiner Gruft. Aber kein blinder Zufall, kein absichtsloses Ohngefähr hat es also herbeigeführt. Nein, der allmächtige und gnädige Gott, der den theuren Kaiser für den Thron seiner Väter geboren werden ließ, auf diesem Throne mit Macht ausrüstete, mit Weisheit, Gerechtigkeit und Milde segnete, mit der Liebe seiner Völker beglückte, hat ihn, reif geworden für eine höhere Ordnung der Dinge, in eine bessere Welt von seinem mühevollen, schweren Tagewerke abgerufen, und ihm nun des ewigen Lebens unverwelkliche Krone gegeben. Wir preisen seine Huld und Gnade, daß er den hohen, edlen Herrn, bei einem zarten, schwachen Körper, zum Segen seiner Völker bis zum Antritt des acht und sechszigsten Jahres erhielt. Millionen Herzen danken für das unendlich viele Gute, was er in den drei und vierzig Jahren seiner glorreichen Regierung stiftete, danken für das sanfte, selige Ende, das in voller Geistesgegenwart und heiterer Seelenruhe sein musterhaftes Leben krönte und verherrlichte. Die Welt fühlt schmerzlich den Verlust, den sie durch diesen Tod erlitten; aber wir vertrauen Gott, ehren seine Schickung, unterwerfen uns in Demuth seiner Führung, und beten an seinen heiligen Namen. Ja, unsere stille, wehmuthsvolle Gedächtnißfeier sei eine christlich-fromme."

„Und eine e h r e n d e. Die geprüfte, auf Thatsachen sich gründende, allgemeine Meinung, die sich nicht bestechen läßt, hat längst in merkwürdiger Uebereinstimmung über den hohen Werth des verewigten Kaisers entschieden, und sein Lob, wie es in weiter Ferne ertönt, ist am Lautesten in der Nähe, wo man am Genauesten ihn persönlich kannte. In dem schönen einfachen, doch vielsagenden Zuge, den unser Leichentext angiebt: „Er hat richtig vor sich gewandelt,“ erblicken wir den hohen, edlen Herrn, wie er war, dachte und handelte: ernst, einfach und schmucklos, redlich, bieder und aufrichtig, zu dem man gern und bald Vertrauen faßte. Tief im Herzensgrunde wahrhaft gottesfürchtig und religiös, nach den Grundsätzen und dem Glauben seiner Kirche und darum in seinem ganzen Thun und Lassen gewissenhaft und gerecht. Fern von Stolz und Uebermuth, und doch in ungeschminkter Würde und stiller Größe Ehrfurcht ein= flößend. Unerschütterlich fest, besonnen und beharrlich in allem dem, was er als wahr und recht erkannte, und sicher und ruhig mit Erfolg dem Verderben der Zeit entgegenwir= kend. Gefaßt, still und gottergeben im vielfachen, schweren Unglück; anspruchslos, einfach und mäßig, immer sich gleich bleibend im glänzenden Glück. Ein Freund und Beförderer des Friedens; ein mächtiger Beschützer des Rechts, der Sitte und Ordnung; ein Vorbild und Muster in allen öffentlichen und häuslichen Tugenden. Ein treuer, zärtlicher Gatte, ein liebevoller Vater seiner Kinder, die Seinen liebend bis an's Ende; sie segnend noch in der Todesstunde voll inneren Frie= dens, zu dessen ungetrübtem Genusse er jetzt gelangt. ist. Ja, er hat richtig vor sich gewandelt, so steht vor unsern Augen das Bild des vollendeten Kaisers, als Mensch, als Christ, als Regent, den sein treues Volk mit Begeisterung liebt, den Europa verehrt, dessen Tod die Welt betrauert. Ja, mit voller Seele stimmen wir ein in diese Verehrung denn unsere Gedächtnißfeier ist nicht bloß eine fromme und ehrende, sie ist auch noch

eine dankbare. Das wechselseitige, gute Einver= ständniß und Vertrauen der Herrscher ist Wohlthat für ihre

Völker; es stärket ihre Kraft, belebet ihren Muth und be=
festiget ihr Glück. Was kann es für das Heil der Mensch=
heit Schöneres und Größeres geben, als wenn Regenten
großer Staaten, denen Gott Macht und Gewalt verlieh, in
wahrhaft aufrichtiger Gesinnung und wechselseitiger Achtung
sich für die höchsten Zwecke und Güter des Lebens, für Auf=
rechthaltung gesetzlicher Ordnung, Tugend und Wohlfahrt,
vereinigen?! Wer mag berechnen, wieviel Böses dadurch
verhindert und erstickt, wieviel Gutes dadurch in weiten
Kreisen geweckt und gefördert wird?!"

„Und wie könnten wir da vergessen der ewig denkwür=
digen Kriegsjahre und der mächtigen, kräftigen Hülfe, die
der vollendete Kaiser der gemeinschaftlichen guten Sache red=
lich, aufrichtig und ausdauernd widmete? Wie sollten wir
nicht dankvoll anerkennen und rühmen, wie des Verewigten
Augenmerk seit jener Zeit unablässig auf die Erhaltung des
Friedens, der Ordnung und Eintracht unter den verschiedenen
Mächten gerichtet war?! O! wie bedeutungsvoll ansprechend
lebt diese freie dankbare Anerkennung offenkundig fort in dem
hier anwesenden Regimente, das in dem nun verewigten
Kaiser seinen erhabenen Chef verehrte, und des hohen Vor=
zugs gewürdigt ist, — wachend über Pflicht und Ehre, —
seinen unsterblichen Namen zu tragen. Und den Schmerz
dieses tapferen Grenadier=Regiments Kaiser Franz theilt
die ganze Preußische Armee in Anlegung der Trauer."

„Wie damit unser König und Herr das Andenken des
Verewigten öffentlich ehrt und Seine unerschütterliche Freund=
schaft darin bethätigt, so hat auch der verewigte Kaiser die=
selbe aufrichtige Gesinnung treu bewahrt bis an sein Ende.
Darum erfüllet sein Tod das Herz unseres Königs mit leb=
haftem Schmerz; Sein ganzes Haus, das Vaterland und

wir theilen diesen gerechten Schmerz, und Dank und Weh=
muth und Rührung durchdringen unsere Seele in dieser
heiligen Stunde."

„Wohl Dir, Vollendeter! Du haft richtig gewandelt,
nun bist Du zum ungetrübten Frieden gekommen; Deine
abgelegte Hülle ruhet in der Gruft Deiner Ahnherren in
ihrer stillen Kammer, Dein unsterblicher, verklärter Geist aber
freut sich der Ernte Deiner reichen Saaten. In Deiner
edlen Gesinnung, in Deinem thatenreichen, musterhaften Leben,
in der innigen, dankvollen Liebe und treuen Anhänglichkeit
Deiner Völker, hast Du Dir ein unvergängliches Denkmal
errichtet. Mit= und Nachwelt nennen mit Verehrung Deinen
Namen und segnen Dein Gedächtniß. Gottes reicher Segen
walte über dem hohen Kaiserhause, und erfülle alle Glieder
desselben, besonders auch die erhabene verwittwete Kaiserinn,
die in dem Reichthum ihrer Frömmigkeit, Milde und Tu=
gend, den Lebensabend des Verewigten verschönerte und be=
glückte, mit seinem Frieden, und erquicke ihre trauernden
Herzen mit dem Troste ewiger Hoffnungen. Auf dem er=
lauchten Sohne ruhe das reiche Erbe seines nun in Gott
ruhenden Vaters: Frömmigkeit, Gerechtigkeit und Milde, —
und Gottes segnende Gnade sei mit dem Kaiser Ferdinand,
seiner Regierung und seinem Volke!"

„Uns Allen aber, o Herr! gieb Einsicht, Kraft und Treue,
richtig zu wandeln bis an's Ende, und laß dann auch uns
durch einen seligen Tod zu Deinem Frieden kommen."

Nach dem Gottesdienste, der mit Gesang und dem Se=
gensspruche geschlossen wurde, ließ die hohe Oestreich'sche
Gesandtschaft, Se. Excellenz der Wirkliche Geheime Rath,
Kämmerer und bevollmächtigte Minister und Ritter Herr

Graf von Trautmannsdorff-Weinsberg, sich das Manuscript dieser Gedächtnißrede erbitten; und zugleich erhielt ich den Königlichen Befehl, sie drucken zu lassen, damit ein Jeder von dem Grenadier-Regiment des Kaisers Franz zum Andenken an die ernste, heilige Stunde ein Exemplar dieser Gedächtnißschrift empfange; der König sagte mir aber mündlich, daß ich sie an des jetzt regierenden Majestät, den Kaiser Ferdinand, durch den Fürsten von Metternich Durchlaucht schicken möchte. Ich that das, und erhielt von dem Haus- und Staatskanzler Fürsten von Metternich eine Antwort, die ich als Document der damaligen Zeit und zum neuen Beweise, daß dem wahrhaft großen Manne und seinem Gemüthe Nichts klein ist und auch das Kleine und Unbedeutende einer kleinen, bald vergessenen Rede durch seine Behandlung groß wird, hier wörtlich treu mittheile:

„Hochwürdiger Herr Bischof!"

„Ich erfülle den Befehl Seiner Majestät, des Kaisers, meines allergnädigsten Herrn, indem ich Euer Bischöflichen Hochwürden Seinen gerührten Dank für die von Hochdenselben dem Andenken Seines verewigten Herrn Vaters, des Kaisers Franz Majestät, gewidmete Gedächtniß-Rede, von welcher Sie auch ein Exemplar an Se. K. K. Majestät eingesendet haben, ausdrücke."

„Dem Gefühle Seiner Majestät nach war es nicht möglich, die erhebende Feier, welche Seine Majestät der König der Erinnerung an Seinen von Gott zu sich berufenen Freund und Bundesgenossen veranstaltet hatte, in einfach ergreifenderen Worten zu verherrlichen, als Solches in jenen geschah, welche Euer Bischöflichen Hochwürden am 15. März, an geweiheter Stätte gesprochen haben. Hochdieselben haben zur Lösung der Ihnen gewordenen Aufgabe die beste Beredsamkeit gewählt, — jene des Herzens, sie allein bringt zum Herzen, sowie sie aber nur einem Herzen entspringen kann, welches von dem Gegenstande, der gefeiert werden soll, erfüllt ist. Die treue Schilderung der Tugenden und seltenen Eigenschaften, welche den verklärten Monarchen auszeichneten; die glänzende Gerechtigkeit, welche Euer Bischöflichen Hochwürden in Ihrer Rede den Verdiensten, die Er Sich um die gemeinschaftliche Sache Europa's erworben, angedeihen lassen; die rührende Erwähnung endlich der innigen, nur durch den Tod zerstörbaren Freundschaftsbande, die Ihn an den König, Ihren erlauchten Herrn, knüpften, verbürgen Euer Bischöflichen Hochwürden ebenso gewiß die dauernde Erkenntlichkeit aller Oestreicher, als diese Züge hinwiederum geeignet sind, in der Brust aller treuen Unterthanen Ihres Königs Anklang zu finden."

„Gestatten Eure Bischöflichen Hochwürden geneigtest, daß ich bei Vollziehung des mir gewordenen Kaiserlichen Auftrages auch diese meine persönlichen Gefühle gegen Hochdieselben geltend mache, zugleich auch die Versicherung meiner Euer Bischöflichen Hochwürden unwandelbar gewidmeten, vollkommensten Hochachtung hinzufüge.

Wien, den 13. April 1835.

von Metternich."

An
Sr. des Herrn Bischofs D. Eylert Hochwürden
zu Potsdam.

Dieses von formellen, diplomatisch=artigen, aber nichtssagenden gewöhnlichen kurzen Ministerial=Rescripten sehr verschiedene, in die vorliegende Sache mit Interesse eingehende, wohlwollende und gemüthliche Schreiben des Haus= und Staatskanzlers Fürsten von Metternich theilte ich dem Könige mit. Er las es mit sichtbarer Aufmerksamkeit, bezeigte Seine warme Theilnahme, und indem Er es zurückgab, sagte Er mit wehmüthigem Tone: „Ja, der redliche Kaiser Franz war mein Gönner und aufrichtiger Freund. Nun ist auch er nicht mehr hier."

Tief empfand Er seinen Tod und betrauerte ihn. Seine beiden Bundesgenossen, Alexander und Franz, an die Ihn theure, werthe Bande knüpften, waren nicht mehr. Er war nur noch übrig, und damals schon 65 Jahre alt. Zu den Leiden und Prüfungen des Alters gehört vorzüglich, daß liebe Menschen, die man eine lange Reihe von Jahren kannte, und an welche Vertrauen mit seinen Erinnerungen fest knüpft, da hingehen, von wo man nicht wiederkommt. Einer nach dem Andern scheidet aus, und der Gräber werden viele, deren Bewohner man kannte. Je älter, desto einsamer und verlassener wird Alles ringsumher; die junge Welt ist nicht mehr für uns und wir sind nicht mehr für sie. Die Stille der Einsamkeit sagt zu und mahnet an die letzte Nacht. Bei regierenden Herren, deren Leben bunter ist, und die mehr an den steten Wechsel der Sachen und Menschen, an ihr Auftreten und Verschwinden, an ihr Kommen und Weggehen gewöhnt sind, soll es anders sein. Bei Friedrich Wilhelm III. war es nicht anders, und Er empfand um so tiefer und länger, je weniger Er es äußerte und je stiller Er war. Dazu kommt, daß Er, ganz von der gewöhnlichen Regel und Erfahrung abweichend, mit den Jahren immer milder ward. Seine natürliche Heftigkeit verlor sich fast ganz; je reicher Sein Leben an Erfahrungen wurde, um so ruhiger sah Er Alles an. Freilich war Sein Lebensabend heiter; Er sah sich von guten und glücklichen Kindern, von blühenden Enkeln umringt; Sein Volk, nach schweren Drangsalen wieder frei und glücklich, liebte Ihn als seinen Vater; das Ausland und die Welt ehrte Ihn; Seine rathende Stimme wurde verlangt und befolgt. Aber Alles, auch der Umstand, daß Er der Senior unter den Europäischen Fürsten war, erinnerte Ihn an Sein Alter und Er konnte und wollte die treuen Bundesgenossen und Freunde Alexander und Franz nicht vergessen.

Man würde Ihn verkennen und Ihm Unrecht thun, wenn man Seine mit den Jahren zunehmende Milde und Gelassenheit nicht als die reife Frucht Seines Charakters, sondern als die natürliche Folge Seines Alters ansehen und darin die Schwäche finden wollte, welche Greisen eigen ist. Freilich machte sich auch an Ihm die Zeit und ihre stille fortgehende, aufreibende Kraft geltend. Man sah es Seinem Körper an, daß er verfiel, und an vielen Dingen merkte man, daß die Zügel schlaff wurden; auch daß Er Manchem, von dessen Treue und Rechtschaffenheit Er versichert war, zu viel vertrauen mochte, so daß Seine Augen die Schärfe und Sein geistiges Vermögen die Energie nicht mehr hatten, mit der Er Alles in Seinem Reiche controlirte. Aber Alle, die in Seiner Nähe lebten, wissen, daß Er fortwährend die Munterkeit und Lebendigkeit behielt, die in Seinem Wesen lag, und solche vorzüglich bei solchen Dingen äußerte, die Ihm wichtig und interessant waren. Dahin gehörte vorzüglich die Armee, der im Volke selbst liegende äußere Schutz des Staates, und sein innerer, die Kirche. Seine frühere Theilnahme an dem Flor der katholischen war, wiewohl Er nie eine Unbilligkeit und Ungerechtigkeit beging, doch gestört und getrübt durch die fatale Geschichte mit dem Erzbischofe in Cöln, bei welcher Er sich von den Ultramontanern im In= und Auslande gänzlich in undankbarer Vergessenheit Seiner früheren frommen und toleranten Gesinnung, verkannt sah. Desto wärmer lag Ihm am Herzen die Wohlfahrt der Evan= gelischen Kirche, wiewohl Er in ihr Vieles fand, was Er scharf tadelte, und anders wünschte und verbessern wollte. Nie, auch in Seinen letzten Jahren nicht, hat Er aufgehört, lebhaften Antheil daran zu nehmen. Auch dann nicht, wenn die Sache politisch bedenklich war. Er scheuete in einem solchen Falle, wenn Er Seine Theilnahme als Pflicht er= kannte, nicht Schwierigkeiten, noch Hindernisse; traten die= selben ein, so ließ Er doch den Gegenstand, den Er einmal liebgewonnen, nicht fallen; Er ruhete nicht eher, bis Er alle Gefahren glücklich besiegt hatte und ließ es sich große Summen kosten, um Seinen guten Zweck zu erreichen. Es lebte und sprach in Ihm das Andenken Seiner unsterblichen Ahnherren, besonders des großen Churfürsten, und in Seiner Königlichen Würde war Ihm nichts theurer und wichtiger, als der erste protestantische Fürst in Deutschland, der Patron und Schutzherr der Evangelischen Kirche und Aller, die sich zu ihr bekennen, zu sein und solches zu bethätigen.

Ein redender Beweis ist die merkwürdige und allbe= kannte Begebenheit der Evangelischen Zillerthaler, die sich 183⅞, also zwei Jahre vor dem Lebensende des Königs, zutrug *) und die Er selbst leitete. Daß diese der

---

*) Die in sich ehrwürdige und in ihrem historischen Hergange höchst klare und einfache Sache der Uebersiedelung der Evan=

Lightning Source UK Ltd.
Milton Keynes UK
UKHW011848271218
334507UK00009B/427/P